Yinguang's Thought, the Pure Land Beliefs
and Ultimate Concern

世界宗教研究丛书

卓新平◎主　编
曹中建　金　泽◎副主编

印光思想、净土信仰与终极关怀

黄家章　著

社会科学文献出版社

佛法原是教人了生死的，非只当一种高超玄妙话说说。
　　　　　　　　　　——印光

宗教观的宇宙乐观主义……可能最清晰地表达在净土宗中。
　　　　　　　　　　——约翰·希克

总　　序

　　世界宗教在我们所经历的世纪之交、千纪之交空前活跃，并在中国出现了前所未有的迅猛发展。如何去认识、研究和理解世界宗教，这是我们在全球化时代所面临的一项重要任务。在中国当代社会政治、思想文化氛围中，人们已体会到宗教的普遍存在，并开始关注宗教问题，关心宗教研究，将宗教的作用及影响与现实社会的生存及发展密切关联。不过，在对宗教的认知和理解上，人们的见解和观点显然仍存有分歧，这给我们争取达到宗教审视之共识带来了种种困难，却也提醒并促使我们多层面、多角度地认识世界宗教的存在，观察其演变发展。

　　在对各种世界宗教的复杂体认中，大致有如下两种视角：

　　一是把宗教作为人类精神及社会生活的"常态"来看待，从世界宗教中体悟出人的社会性、人本性、文明性和超越性。对此，宗教研究者有诸多表述，反映出其对宗教所关涉的主体或客体、集体或个体、内心或外在的不同侧重。例如，奥托认为宗教是"与神圣的交往"，在此突出人对"神圣"或"神圣者"的信仰。缪勒也指出宗教是人"领悟无限的主观才能"，即人的内心的本能、气质、人寻求超越的渴望。斯特伦把宗教理解为"使个人和社会经历一种终极的和动态的转变过程"，其所言"终极转变"即从深陷于一般存在的困扰而彻底转变为体验到一种"最可信的和最深刻的终极实体"，由此在这种"构成生命的终极源泉"中确立自己的存在，使自己的精神变得充实和圆满。斯塔克则认为宗教是人之本性寻求补偿的体现，因而要追求一种具有超越性的信仰生活。宗德迈耶尔对此曾强调"宗教是人类对于超越经验的共同回答"。蒂利希则突出宗教是"人的终极关怀"，希望从这种关怀中体现出人的精神活动及其本真意义。总结这些宗教理解，伊利亚德以宗教是一种"人类学常数"来说明宗教与人的密不可分，认为"人"就是具有宗教情结的人格存在，人的本质特性与宗教本质特性有着内在关联，人性乃宗教存在的本体性前提，有人就有宗教。宗教作为这种人性的"普遍性"还被柏格森所坚持，他宣称在从古到今的人类社会中，或许在某一时段、某一地域有可能找不到科学、艺术或哲学，但绝不会找不到宗教。

在上述对宗教的"常态"认知中，一般会把宗教的表现形式理解为作为"内在形式"的"宗教性"和作为"外化形式"的"宗教建构"，在宗教的功能形式上则将其理解为"超越性"形式和"安慰性"形式。比较存在形态的"宗教性"与"宗教建构"，我们会发现其"宗教性"以信仰内在的形式而给人"虚玄"之感，相关内容多涉及人的思想、精神、意念、情感；其外化形态的"宗教建构"则以其"实在"和"具体"性而反映出人类社会关系的构建，并以各宗教的社会、民族外观来代表与之相应的客体文化形态；在此，蒂利希认为宗教是文化的实质，文化是宗教的表现形式，其相互呼应则可展示文化的表层繁复与宗教的深层蕴涵之有机共构。但在宗教与文化的关系理解上亦可换位，即把宗教看作人类的精神、文化形式，是其"象征化"或"符号化"。论及这种宗教与文明的关系，道森认为"伟大的宗教是伟大的文明赖以建立的基础"，"宗教是界定文明的一个主要特征"。这样，宗教不离人类的文化构建及文明发展，并成为许多文化体系中的核心价值观和许多民族社团的精神家园。而在对宗教功能形式的认知上，一方面可看到宗教"超越性"形态的"终极性"旨归和对人类"自我升华"的憧憬，另一方面则可从其"安慰性"形态上体悟到宗教补偿功能所表现出的一种理想化的对"现实的幻想"，以及由此折射出的"社会的倒影"。它旨在使"此岸的缺陷"为"彼岸的充盈"所弥补，以宗教的慰藉来应对今生今世所遇到的一切，从而达到人们精神上的解脱。对此，恩格斯曾总结说，"一切宗教都不过是支配着人们日常生活的外部力量在人们头脑中的幻想的反映，在这种反映中，人间的力量采取了超人间的力量的形式"。恩格斯从这种对宗教的"常态"理解中，进而指明宗教性乃"包含有人类本质的永恒规定性"。

二是从"问题意识"的视角来看待宗教，即认为宗教的出现乃是人的存在或意识"出了问题"，宗教作为社会反映即为社会的"问题"反映。

如果基于这种对"问题"的评价，那么宗教的存在就不一定是社会的"常态"，甚至可能会被理解为一种"不正常"的状况。其实，在此所论及的"社会常态"乃一种被"理想化"、被人为拔高了的"常态"，或者在现实中根本就不存在，充其量也只是个别的、短暂的存在。从问题意识来理解宗教，则会关注人们反映这种问题的社会表层和心理内层，以及二者的复杂交织。在对个人心理内在的分析上，弗洛伊德创立了其深蕴心理学，并将其探究与宗教认知相关联。在他看来，宗教乃说明人的意识、人的心理状况出了问题，宗教实际上是表现出人的"有限性"、"依赖感"、精神压力和负担；而且，原初的宗教之诞生，就已反映出人与其"父母情结"相关联的"负罪感"，故此亦折射出人的心理问题。宗教所揭示的社会问题，则在马克思的经典表述中清晰可见。马克思曾深刻指出，宗教即"颠倒了的世界观"，是"现实的苦难的表现"，而且还是"对这种现实的苦难的抗议"；宗教之所以被马克思视为"人民的鸦片"，就在于宗教表现出"被压迫生灵的叹息"、"无情世界的感情"、"没有精神的制度的精神"。因此，马克思的问题意识实质上是其对宗教的同情和对产生出宗教的"问题"社会之揭露和批判。

当然，今天如果仍然从"找问题"的角度来看待并理解宗教，那么认识者本身至少会在潜意识上对"宗教"的存在及发展是持有怀疑或批评的看法的，即认为宗教反映出了一种"有问题"的社会存在，而且它并非社会主流所肯定、承认或希望的现象。显然，上述两种视角会带来对宗教"价值"、"意义"的不同观点，而且各自在对宗教的社会定位之审视和判断上也势必会有不同。尽管在今天看来单纯从"问题意识"上评说宗教已经暴露出了其不足和缺陷，这两种视角的宗教认知应该说却都是有其意义和必要性的。这些不同的视角能促使人们更加全面、客观并综合性地看待宗教。当然，以平常心来看待作为人类社会"常态"的宗教是在一般性、普遍性意义上所言的，而发现、审视宗教所反映的社会问题则应基于其特殊性，以及其时空关联性。

其实，宗教在"使人类的生活和行为神圣化"的过程中，会在人的精神上实施其最强有力的社会指导及控制。其积极方面会引导人们朝向崇高、达到升华、超越自我，而其消极方面也可能让人陷入偏执、狂热或痴迷。为此，贝格尔认为"宗教在历史上既表现为维系世界的力量，又表现为动摇世界的力量"，因而有必要从其利、弊，正、负等双向功能上来看待宗教的社会作用。但我们对之仍需有主流性、总体性的把握。在精神文化意义上，对宗教核心价值观的认识和挖掘，既可对宗教得以存在的社会获得更为深刻的体认，又能积极引导宗教适应并促进与之相关的社会发展。正如道森所言，"宗教是历史的钥匙，不理解宗教，我们就无法了解一个社会的内在形态"；而在宗教与社会的关系中，"若把某种文化看作一个整体，我们就会发现，抑或有悖于人类社会的价值与规范的宗教，如果引导得体，也会对文化产生能动作用，并为社会变革运动提供动力"。由此而论，宗教对于人类社会存在有着极为重要的意义和非常复杂的功能。我们认识和研究宗教，应该持有"客观认识"、"积极引导"的态度。

为了对世界宗教有客观、真实、全面、深入的理解和研究，我们组织了《世界宗教研究丛书》，以基于上述考量来在宗教探讨上求真求实。在此，我们在面对世界宗教时，既会对之持有体认人类社会文化现象的"常态"，也会有我们自己在研究上的"问题意识"。编辑、出版这套丛书，我们并不着眼于在研究世界宗教之范围上的系统、整全，而是重在其个案研究，具体分析，触及相关的人或事，以便能从点滴积累开始来面向世界宗教的浩瀚大海，纳百川之细流而汇入其汪洋博大。因此，我们希望从大处着眼、从小处入手，积少成多、渐成规模，以一种实在性、持久性来探究源远流长、丰富多彩、错综复杂的世界各种宗教现象。"不积跬步，无以致千里；不积小流，无以成江海"，我们将锲而不舍，始终保持这种研究的开放性和开拓性。

卓新平
中国社会科学院世界宗教研究所
2009 年 7 月 1 日

序

黄夏年[*]

黄家章先生的专著《印光思想、净土信仰与终极关怀》即将付梓出版，嘱我写序一篇，这是好事。学研有所成，是书出版，功德圆满，可贺可庆，人生一大快事焉！

净土宗是中国佛教八大宗派之一，创自唐代，宋代以后开始广泛流行，自明清以来已经俨然成为中国佛教的主流之一，与禅宗并立，深深地影响了佛门内外。至今，以念佛为特点的净土宗仍然是中国佛教中最有力的一支，许多寺院都有念佛堂。在日常法事与佛教的重大活动中，念佛也是不可缺少的重要内容之一。

念佛思想是佛教最早出现的理论之一。佛教徒出于对佛的尊敬，敬念佛的名号。在佛教的禅观中，曾经有过专门的念佛观想训练，其意则在于以念佛而训练自己的思维，从而生起正信。念佛成为大乘佛教的宗派思想，则又与佛教所强调的西方极乐世界有关，因为大乘佛教教义说，众生只要在生前念诵西方世界的教主阿弥陀佛的名号，就会被阿弥陀佛接引。生死是每个人都会面对的最大问题，也是每个宗教要去解决的现实问题。佛教提出"了生死"的说法，就是要人在生死面前勇敢地面对，不要去执著于生死，同时在死后也会有一个好去处，这个去处就是西方极乐世界。念阿弥陀佛的名号，也是大乘佛教徒生前所企盼的修行目标之一，并由此发展出一些与之有关的理论，例如实相念佛、称名念佛等。

以念佛为特点的净土宗发展到现在，以印光法师的贡献最为著名。印光

---

[*] 黄夏年，中国社会科学院世界宗教研究所研究员，世界宗教研究杂志社副社长、编审。

法师是民国以来的佛教著名高僧之一，他所修持的净土念佛法门在汉传佛教界里影响很大，被时人称为净土宗的第十三代祖师。从净土宗初祖慧远到印光十三祖的1000余年的时间里，净土宗的理论一直呈现出不断丰富的过程。印光大师是汲取历代祖师佛法思想又加以创新的一代宗师，他对净土宗义的弘扬，不仅继承了佛教的思想，而且还在儒佛道三教融合方面都有创新。特别是印光大师抓住了众生的面对生死问题的共性，用积极的心态去改变众生的生活态度，提倡护生与慈悲的思想，具有极其重要的现代意义。

民国是佛教经历了明清衰落之后开始重新振兴的时期，佛教界为了能够让佛教重新取得曾经有过的地位与辉煌，想尽各种办法，提出各种不同的思想。曾经有人提出，佛教要想在中国社会中重新产生影响，应该以唐代鼎盛期的佛教为例，重新恢复唐代佛教的八宗或十宗的宗派佛教，于是这时开始有了以宗派为特点的弘扬佛教之大师。例如虚云老和尚恢复禅宗道场，弘一大师以宣传律宗为己任，谛闲老和尚专门宣传天台教义，慈舟老和尚是华严座主，持松法师修习密宗，欧阳竟无弘扬法相宗，印光大师是净土宗的代表，众所瞩目的太虚大师则是强调八宗并弘之人。民国佛教正是在这个繁复多元的背景下，得以重新崛起，佛教在社会上再次产生了广泛影响，而这一切离不开印光法师所做出的贡献。净土宗在他的影响下，成为在佛教徒中最受欢迎的信仰，其本人也受到了朝野人士的崇拜。

家章先生20世纪90年代中后期开始研究印光法师思想与净土信仰，在2004年以《印光思想与终极关怀》在中山大学通过其博士学位论文答辩后，再经过近10年的增益研究，在博士学位论文的基础上完成此专著，这是一件很有意义的事情。印光大师一直为研究者所关注，据我所知，海峡两岸都有这方面的硕博士论文发表，但以"了生死"为题的研究应该说还不多，因为这是谈终极关怀的思想，而这个思想受到重视，与近年来海外在这方面的研究和推动有重要关系。佛教以"了生死"作为自己的终极关怀，这是佛教的优良传统，而且这个传统可上溯到佛祖释迦牟尼，但是由于种种原因，我们自己的资源却没有被开发出来，殊为可惜。家章先生现在正在开发这个资源，并对此做出深入的研究，其专著中心突出，取材弘富，富有启发。可谓累积多年，终发一击，嘉佑佛门，惠我士林，是可叹又可畏也。

2013年5月19日于北京

目 录

导论 研思印光思想与净土思潮的视域、路径与意义 …… 1
  一 净土信仰、净土宗与印光 …… 1
  二 曾被忽视的净土信仰、净土宗与印光思想研究 …… 3
  三 逐渐受到应有重视的净土宗和印光思想及其研究 …… 10
  四 本书的主题、三个视域、问题意识与研思径路 …… 15

第一章 净土信仰、弥陀净土与净土宗 …… 28
  一 佛教净土信仰的流变 …… 28
  二 净土立宗 …… 33

第二章 印光其人其行其著 …… 35
  一 印光生平与《印光法师文钞》的面世 …… 36
  二 《净土五经》与弘扬净土 …… 39
  三 著作、重要论文与书信 …… 41

第三章 印光的弥陀净土思想 …… 44
  一 佛法教人了生死 …… 44
  二 末法时代的净土法门 …… 53
  三 唯心净土与彼岸净土的统合 …… 57

四　修持的三大宗纲：信、愿、行 ··· 60
　　五　临终程序：临终三大要 ··· 66

第四章　印光的禅净观与诸宗观 ·· 77
　　一　"宗"与"教"不宜混淆 ··· 77
　　二　界定禅净之别 ··· 82
　　三　重释禅净四料简 ··· 86
　　四　佛教诸宗观 ··· 94

第五章　印光的儒佛并举思想 ··· 105
　　一　儒佛之融合与儒佛之同异 ··· 105
　　二　"释氏之孝"与"儒者之孝" ·· 112
　　三　居尘学道，在家修行 ·· 116
　　四　在家修行三要务 ·· 120

第六章　印光讲述的故事及其净土义理 ··································· 141
　　一　印光讲述的11则故事 ··· 141
　　二　为什么要注重讲故事？ ··· 150

第七章　纵比较：净土宗重要祖师与印光的弥陀净土思想之比较 ··· 153
　　一　初祖慧远与印光的弥陀净土思想之比较 ·························· 156
　　二　善导与印光的弥陀净土思想之比较 ·································· 165
　　三　八祖莲池与印光的弥陀净土思想之比较 ·························· 179
　　四　九祖蕅益与印光的弥陀净土思想之比较 ·························· 195
　　五　弥陀净土是净土宗的共同信仰归宿 ·································· 211

第八章　横比较：晚清民初佛学大家与印光的净土思想之比较 ··· 214
　　一　杨文会的弥陀净土观 ·· 215
　　二　虚云的弥陀净土观 ·· 224
　　三　弘一的弥陀净土观 ·· 233
　　四　太虚的弥勒净土与人间净土观 ·· 248

目录

　　五　欧阳竟无对净土的否弃 ⋯⋯⋯⋯⋯⋯⋯⋯⋯⋯⋯⋯⋯ 261
　　六　肯定净土之主流、否定净土之支流及其各自的趋归 ⋯⋯⋯ 266

第九章　点比较：印光、史怀哲和章太炎对《太上感应篇》的误读及其价值 ⋯⋯⋯⋯⋯⋯⋯⋯⋯⋯⋯⋯⋯⋯⋯⋯⋯⋯⋯ 272
　　一　印光对《感应篇》的解读 ⋯⋯⋯⋯⋯⋯⋯⋯⋯⋯⋯⋯ 272
　　二　史怀哲对《感应篇》的解读 ⋯⋯⋯⋯⋯⋯⋯⋯⋯⋯⋯ 275
　　三　章太炎对《感应篇》的解读 ⋯⋯⋯⋯⋯⋯⋯⋯⋯⋯⋯ 276
　　四　印光、史怀哲和章太炎对《感应篇》的误读 ⋯⋯⋯⋯⋯ 277
　　五　误读的理论依据及其价值 ⋯⋯⋯⋯⋯⋯⋯⋯⋯⋯⋯⋯ 279

第十章　印光思想与弥陀净土信仰的终极关怀意蕴 ⋯⋯⋯⋯⋯ 281
　　一　向死而生的终极关怀 ⋯⋯⋯⋯⋯⋯⋯⋯⋯⋯⋯⋯⋯⋯ 282
　　二　儒佛双美的道德关怀 ⋯⋯⋯⋯⋯⋯⋯⋯⋯⋯⋯⋯⋯⋯ 292
　　三　护生慈行的生命关怀 ⋯⋯⋯⋯⋯⋯⋯⋯⋯⋯⋯⋯⋯⋯ 304
　　四　临终关怀：终极关怀与世俗关怀的联结时点 ⋯⋯⋯⋯⋯ 325
　　五　印光思想具全了作为宗教的系统化蕴涵 ⋯⋯⋯⋯⋯⋯⋯ 333

附录　印光思想研究综述 ⋯⋯⋯⋯⋯⋯⋯⋯⋯⋯⋯⋯⋯⋯⋯ 335

参考文献 ⋯⋯⋯⋯⋯⋯⋯⋯⋯⋯⋯⋯⋯⋯⋯⋯⋯⋯⋯⋯⋯ 343

后　　记 ⋯⋯⋯⋯⋯⋯⋯⋯⋯⋯⋯⋯⋯⋯⋯⋯⋯⋯⋯⋯⋯ 363

导论　研思印光思想与净土思潮的视域、路径与意义

一　净土信仰、净土宗与印光

汉唐时期佛教传入中国，是有文字历史之后，中外文化与宗教（主要是中印文化与宗教）的第一次波澜壮阔的交流与交融，交流与交融的最高峰是印度佛教与中土文化碰撞激荡后形成的中国化佛教，佛道儒三教得以并立，各有所长，各有所擅。佛法对中国其后的社会、文化与世道人心有着深刻的影响，改善了中国的社会与文化生态，并直达国人的精神心灵深处，有直指人心的治心功效，成为中国不惑智慧的主要构成之一。这也就是南宋孝宗赵昚在《原道论》中已经道出的：

> 或曰：当如何哉？曰：以佛修心，以老治身，以儒治世则可也，又何惑哉！[1]

净土信仰是中国化佛教的核心信仰意识之一。

佛教历史中的净土信仰源自印度，[2] 其后在汉传佛教中得以中国化。中国佛教在隋唐经历了各宗的异起兴盛后，各宗多以净土宗信仰的弥陀净土为归，净土宗与禅宗得以脱颖而出，宋元明清时则已汇成了禅净合

---

[1] （元）释念常：《佛祖历代通载》，载《大正藏》第四十九册，第692页。
[2] 参见汪志强《印度佛教净土思想研究》，博士学位论文，四川大学，2006，第21~37页。

流的主流。到了近现代，已蔚然呈现出净土宗一枝独秀的态势，① 影响遍及东亚尤其是东北亚佛教。② 从信仰的角度看，净土宗几近成为汉传佛教的代名词，成为对中国佛教尤其是民间佛教信仰有着最深远影响的宗门。佛教信仰终为"南无阿弥陀佛"一语所浓缩，一句弥陀有三藏十二分教的分量，念佛生西、弥陀净土成为佛教信众的终极寄托与承载。以念佛来总持一切佛法，摄万念于一念，融诸行于一行。净土法门作为佛法众法门中拥有最多信众的最高法门，③ 简洁纯粹到了极致，在佛教信众与准信众中，得以普摄上中下三根，俗语所谓的"家家阿弥陀、户户观世音"，成为佛教信众内最流行、最理想也最典型的修持表征。

从宗教哲学的角度看，净土宗弘扬着"宗教观的宇宙乐观主义"④。自古及今，净土宗的极乐净土信仰与意识，深刻而广泛地影响着包括中国在内的东亚世界的幸福观。

迄今为止，中国净土宗共有十三代祖师。

在中国佛教史中，作为大师级人物的印光（1861～1940年），纵向定位，被尊为中国佛教净土宗的第十三祖，是生活年代距今最近的一位祖师；横向定位，印光与虚云、弘一和太虚并列为佛教"民（国）初四大师"，即中国近代佛教的四大高僧，佛门内还有论者直接称誉印光为四大师之中的第一人。⑤

---

① "佛法东来垂二千年，其普及深入社会者当推禅净二宗。禅则独被上根，净则普被上中下三根，故净宗宏传尤盛。"参见高鹤年《〈印光大师画传〉跋》，载《印光大师全集》第七册，台北佛教出版社，1991，第452页。
② "唯佛教诸宗，在华各昌一时而浸衰，独莲宗（引注：净土宗）递代增盛，旁流及朝鲜、日本、安南，靡不承中国之统。"参见太虚《莲宗十三祖印光大师塔铭》，载《印光大师全集》第七册，第4～5页。
③ "净土法门，深大圆广，统摄无量，而居佛法中最高之位也。故吾人对此不可不明信奉行。"参见太虚《〈佛说无量寿经〉要义》，《太虚大师全书》第29册，第2416页。
④ "宗教观的宇宙乐观主义……可能最清晰地表达在净土宗中。"参见〔英〕约翰·希克《宗教之解释——人类对超越者的回应》，王志成译，四川人民出版社，1998，第216页。
⑤ 大醒法师曾说过"印老（引注：印光）不特为净土宗师，实为全中国第一尊宿。……论今日中国佛教之大善知识，印老虚老（引注：虚云）为两大砥柱，得弘一法师为雕梁画栋，即成为佛教庄严之殿堂。"参见陈海量编辑《印光大师永思集》，载《印光大师全集》第五册，第2601～2602页。在另一文中，大醒法师说："在近二十年中的中国佛教界，能尊称为第一流高僧的僧侣，首推印光大师与太虚大师……这个事实，一者可以二老的皈依徒众之数量断定，二者可以二老对中国佛教的实际贡献证实。因印老年高戒长，有几十年的修养功夫，我们恭敬尊重他为全中国的第一尊宿。"比较大醒法师的这两处文字，意思并不完全一致，然而对印光法师作为民国时"全中国的第一尊宿"的历史定位，却是一致的。

导论　研思印光思想与净土思潮的视域、路径与意义

印光的这两项纵横历史定位，内涵依据有五。一是他的道德与为人。二是他在弥陀净土信仰上的修持及其功夫。三是他的思想与文章。四是他的信仰和思想在现代汉传佛教信众圈中所具有的极大影响力。五是他对净土宗发展的历史性贡献。概括言之，印光的佛学思想是以净土宗的弥陀净土信仰来融摄佛教各宗，"千余年来各宗合流归于净土的趋势至印光而集其大成。"①

民初四大师之一的弘一法师（李叔同）在出家后，诚心拜印光为师，有云："朽人于当代善知识中，最服膺者，惟印光法师。"②

同为四大师之一的太虚法师则指出："沿至清季民初，尽一生精力，荷担斯法（引注：净土法门），解行双绝者，则印光大师也。"③

印光在佛门内地位之崇高，仅举两位大师以上之评语，即不难窥见其中的一斑。

二　曾被忽视的净土信仰、净土宗与印光思想研究

相对于民国高僧与宗教学术界对净土宗与印光的颇高评价，20世纪后半叶即便是到了90年代，大陆佛教学术界对于净土思潮与净土宗的研究，显得薄弱乃至暂付阙如，④ 对于印光思想的研究，也同样如此。⑤

---

① 陈扬炯：《中国净土宗通史》，江苏古籍出版社，2000，第541页。
② 弘一：《致王心湛》，载林子青编《弘一法师书信》，三联书店，1990，第221页。又，"二百年来"另一说为"三百年来"，参见《印光法师文钞三编》（下），福建莆田广化寺，1990，第1143页。
③ 太虚：《莲宗十三祖印光大师塔铭》，载《印光大师全集》第七册，第4~5页。
④ 黄夏年先生在1996年时指出："有的佛教课题过去就不大有人去做，其原因多种，或许是难度太大，或许是投入太多，或许是有风险，但是这些课题确实很有意义。例如，净土宗是我国影响最大的一支派别，在宋代以后，主要是它与禅宗并立在中国大地。可是由于净土宗的研究不大好做，因此至今也无人写出这方面的专著。"参见黄复年《1995年中国佛学研究综述——兼谈当前佛学研究有关问题》，《宗教学研究》1996年第4期。
⑤ 如高振农先生所著的《佛教文化与近代中国》（上海社会科学院出版社，1992）中，对杨仁山、欧阳竟无、太虚、康有为、梁启超、谭嗣同、章太炎、杨度、冯友兰、熊十力、胡适、侯外庐，以及印光对其有重大影响的弘一、丁福保等人均有专门章节论述，唯独对印光、虚云与谛闲等重要的佛教大家没有专门章节论述，于印光对弘一、丁福保等 （转下页注）

印光思想、净土信仰与终极关怀

探究其中的主因，至少有三点值得一提：其一，对净土思潮、净土宗的常识判认所致。其二，20世纪上半叶的时代与思想大变局，直接加快了因传统宗教衰退而导致的终极关怀的断裂与失落。其三，与印光的信仰纯粹与做人低调有关。

首先，历史上广义的净土信仰——不论是主观内归的唯心净土还是客观外依的弥陀净土、弥勒净土，自西晋以降，就逐渐成为佛教信仰的归宿。到佛教兴盛的隋唐时期，弥陀净土成为各种净土信仰的主流，形成与其他佛教宗派比肩的净土宗。但与佛教多数宗派不同，净土宗没有形成纯粹独立的宗派组织与直接的法嗣传承制度，主要靠佛门中的高僧大德来提倡念佛法门，提倡信众念一句"南无阿弥陀佛"或"阿弥陀佛"以求往生西方弥陀净土，此意此举超越了上中下根之分，在广大佛教信众中得以流布，整体呈现出具流派而非宗派、重信仰而非知解、重修持而非玄思的特征。这也就很容易给学术界留下净土宗缺少学理、缺少哲理的初始印象，以至于认为包括印光在内的各家净土信仰观，连大字不识一个的愚夫愚妇也能修行，无甚秘密可究，无甚堂奥可窥，①加之与学者的已有学术训练

（接上页注⑤）人的无可取代的重要影响，也无提及。李向平先生所著的《救世与救心——中国近代佛教复兴思潮研究》（上海人民出版社，1993），麻天祥先生所著的《反观人生的玄览之路——近现代中国佛学研究》（贵州人民出版社，1994）和《晚清佛学与近代社会思潮》（河南大学出版社，2005），也大体如此。从注重佛教哲学的角度看，当时的这些取舍有一定的确当性。但就佛教文化与近代中国关系、中国近代佛教复兴思潮和近现代中国佛学的话题展开论述时，印光、虚云等和他们的思想显然都是不可绕过的高山。对国内佛学学术界在20世纪后半叶的这些取向，陈永革先生指出："在近代佛教思想家中没有印光法师的宏名，因而在近代佛教对社会思潮急剧变迁的弘法回应中也寻不到印光法师的痕迹。这实在难以与印光法师在民国佛教的地位相应。"参见陈永革《佛教弘化的现代转型：民国浙江佛教研究（1912-1949）》，宗教文化出版社，2003，第147~148页。

① 何光沪先生在《"使在"、"内在"与"超在"——全球宗教哲学的本体论》一文中，就将佛教区分为两类："一是低俗层次的佛教，二是高雅层次的佛学。"将"佛教"与"佛学"分立，并将"如来佛"、西方世界的"接引佛"和包括净土宗义理等归于前类。参见冯达文、张宪主编《信仰·运思·悟道》，中山大学出版社，2003，第34页。实际上，净土宗既有"佛教"的教义成分，也有"佛学"的学理成分，其普摄上中下三根的包容性，既容纳低俗层次的"愚夫愚妇们"，也始终吸纳着高雅层次的知识精英们——慧远、白居易、柳宗元和近现代的林则徐、弘一、丁福保、徐蔚如、聂云台和范古农等，都是其中的典型。

与取向的距离，①故对净土信仰与净土宗，对包括印光在内的净土宗大家的研思，也就暂付阙如。海外佛学学术界对净土宗思想不乏译介，美国学术界对净土宗的研究集中在宋之后，对宋之前的净土思想与净土宗，则只有零星研究。②虽然如此，因多方面因素的制约，有关研究也屡有遗珠之憾。③

也正因为此前国内学术界对净土宗的历史与信仰的研究相当薄弱，李富华先生主编的《佛教学》（2000年出版），就将净土宗列为佛学研究的难点之一。④

经认真细究，笔者认为净土信仰与净土宗因简单也就不必深入研究的预设印象，未必就是真确的。仅以印光为例，认真阅读尤其是思考印光那160万字⑤的书信文章，认真细究印光的思想，即可见他依据佛经尤其是《净土五经》来立论，系统地把握了千余年来净土宗思想的精髓，力倡弥陀净土信仰。他在面对传统文化主流时，主儒佛互资，力求融合入世与出世法。对于中国佛教各宗，他明确提出了不宜混淆"宗"与"教"之分，主张即使是禅、教、戒、净兼修，也必以净土为归，更直接提出唯有念佛法门才适合时人的唯一选项。他在永明延寿的《禅净四料简》的基础上，认为禅唯自力，净兼佛力，比较禅净二法，净最契机，等等。相较于同时

---

① 近代以来，不仅是佛教四众中的僧人和居士继续研究佛学，一些哲学家和学者也竞相研习佛学，并将佛学思想作为自己建立理论体系的理论依据之一，重要的大学都开始讲授佛学课程，如梁漱溟、汤用彤、熊十力等均先后在北京大学开讲佛学，梁启超和王恩洋则分别于清华大学和四川大学讲佛学。从此，佛学逐渐进入中国哲学史和中国思想史的领域，成为其重要的组成部分之一。在中国哲学史和中国思想史的专著里，佛学思想也被列为重要内容之一，典型如胡适尤其是冯友兰在编写《中国哲学史》时，佛学思想是不可绕过的重要章节。但这对于净土信仰与净土宗的研究，并没有带来直接、正向而积极的促进作用，原因之一，或就是刘长东先生所指出的："净土教的特征是信仰性浓厚而哲理性淡薄，而我国佛教学界的学者有不少是从事哲学研究出身者，其学术兴趣与净土教的教派特征间的差异，盖为造成净土教研究滞后的原因之一。"参见刘长东《晋唐弥陀净土信仰研究》，巴蜀书社，2000，第5页。
② 李四龙：《欧美佛教学术史——西方的佛教形象与学术源流》，北京大学出版社，2009，第268~269页。
③ 典型如在〔美〕霍姆斯·维慈的《中国佛教的复兴》（王雷泉、包胜勇、林倩等译，上海古籍出版社，2006）中，在论述近现代中国佛教复兴的主题时，仅主要论及了杨文会与太虚，却缺乏就印光、虚云和弘一分别对复兴净土宗、禅宗和律宗所作巨大努力与贡献的研究，这显然就不是一般的遗珠了。
④ 李富华：《佛教学》，当代世界出版社，2000，第359页。
⑤ 《印光法师文钞》（上、中、下册），张育英校注，宗教文化出版社，2000，版权页。

代佛门的其他大家名家，印光的思想及其信仰所推崇的念佛法门，具有最大的包容度，他的思想深度与广度，不逊于晚明四大师，而且更直面中国社会近现代所发生的巨大转型与变迁，更深植在中国近现代社会的信仰思潮之中。思想影响方面，在现代佛门龙象群体中，印光的佛学思想，在虚云、太虚和弘一这些一代高僧的心中，同样引起了深深的共鸣，获得了佛门高僧的一致推崇。既不忘下里巴人的信仰需要，又不乏阳春白雪的信念共鸣，正表明了印光的思想及其内蕴的终极关怀主旨，具有普适性，真切而活泼地体现了佛陀主张的众生平等观与普度众生观。这些初看似简单，然深究其中，却是内有乾坤的。对于认为净土宗、净土法门过于浅显的世俗误识，印光、弘一等大师早已判认这种误识并不成立，如弘一法师就直指人们在面对净土法门时，是"深者见深，浅者见浅"①，如人过河，河之深浅，确实不是非亲历的外人旁观者尤其是道听途说者所能知晓的。

其次，20世纪上半叶的中国，正处在5000年未遇的时代大变局中，在这个大变局中，时代思想的主流呼声是要冲破几千年皇权社会的人身依附关系而求解放，科学的引入与民主的启蒙，成为时代语言中最令人关注的主题。五四运动后，科学与民主已经成为主流文化的主要追求，相应的诉求也就近乎成为这个特殊时代的一种终极追求，作为"民主"与"科学"的"德先生"与"赛先生"，也就成为新引进的"德菩萨"与"赛菩萨"，"一方面'五四'知识分子诅咒宗教，反对偶像；另一方面，他们却极需偶像和信念来满足他们内心的饥渴。一方面，他们主张面对现实，'研究问题'，同时他们又急于找到一种主义，可以给他们一个简单而'一网打尽'的答案，逃避时代问题的复杂性。就是在这样一个矛盾的心态之下，他们找到了'德先生'和'赛先生'，而'德先生'与'赛先生'在他们的心目中已不啻变成了'德菩萨'与'赛菩萨'。"② 换言之，举目向洋的知识分子将当时孜孜以求而不可得的"科学"与"民主"，变成新

---

① "古今诸大善知识，尽力提倡'净土法门'，即前所说之《佛法宗派大概》中之'净土宗'。令无论何教者，皆兼学此'净土法门'，即能获得最大的利益。'净土法门'虽随宜判为'一乘圆教'，但深者见深，浅者见浅，即唯修人天教者亦可兼学，所谓'三根普被'也。"参见弘一《佛法学习初步》，《弘一大师全集》第七册，福建人民出版社，2010，第575页。

② 张灏：《五四运动的批判与肯定》，《启蒙的价值与局限》，山西人民出版社，1989，第54页。

偶像和新信念，其思想实质，依然是追求信仰，依然是信仰在高歌。但新问题也随之产生了：由"德先生""赛先生"变成"德菩萨""赛菩萨"的"民主"与"科学"，作为两项在现实世界，即此岸世界可能实现的理想，能成为大众信仰的真正的终极关怀吗？

新问题还没有新答案，更直接更残酷的打击已接踵而至。同一时期，作为传统宗教之一的佛教，虽没有如儒学因"孔家店"的招牌而面临被完全打倒推翻的最直接冲击，但当一些地方势力寻找各种借口来侵夺寺院及寺院地产的"庙产风波"之风刮起时，作为传统佛教承传主体的僧尼们，就直接面临着被没收田产、房产等不动产，以至被逐出庙门，沦入投宿无着的生存窘境。名僧八指头陀寄禅为此而气不过，亲到北京向有关政府部门投诉，终致因愤怒至极而病逝。[①] 其后，在一系列不期而至的人祸战乱与饥荒中，尤其是在"文化大革命"时期，佛教僧尼居士们或死于非命，或颠沛流离，或被迫还俗，或被批斗游街受尽侮辱，财产、生命乃至个人的信仰选择，每每没有得到最基本的尊重……现实的生存压力再加上对宗教信仰的直斥讨伐，更促使传统佛教进一步演变为边缘文化，佛教僧尼们进一步演变为边缘人乃至荒野孤魂。

20世纪70年代末80年代初，国内进入改革开放后，社会是百业待兴，佛教与佛学也开始缓慢地进入了复兴的阶段，在传统文化热中甚至出现了禅宗热和禅文化热，这直接呼应了当时国内学术界与知识界处在拨乱反正的时期，急需思想解放与冲决网罗的氛围；[②] 这还跟禅宗和禅文化独有的活泼与艺术品格密切相关，[③] 跟禅宗和禅文化独有的可提升俗世生活的功能密切相关。[④] 作为纯信仰的净土宗、弥陀净土信仰，在学术界依然没有受到应有的重视，这种状况一直延续到90年代末。

最后，作为佛教净土宗一代宗师的印光，其一生的大部分时光，生活在

[①] 于凌波：《中国近现代佛教人物志》，宗教文化出版社，1995，第14页。
[②] 黄家章：《也谈禅文化热与中国知识分子心态》，《中国图书评论》1990年第4期，《新华文摘》1990年第10期转载。
[③] 黄家章：《视角的认同：禅与艺术的比较观》，《博览群书》1987年第8期。
[④] 黄家章：《恋中之禅》，《博览群书》1989年第12期。

虽是国家与思想的边缘地区，但是佛教信仰中心地区之一的普陀山①——观音菩萨的道场中，在那一片被称为"海天佛国"的海中孤岛上，海潮梵音、暮鼓晨钟、弥陀声声伴青灯古佛，印光在闭关、读经、著文、做功课、回复书信……生活在晚清民国时期的印光，始终执著地坚守着传统佛教信仰的领地，他发出的诸如"如来不出世，万古冥如夜游"②之类的语句及由类似语句构成的语境，或被同时代的一些有思想无信仰者或无信仰无思想者、深刻者或浅薄者同声嘲笑着，却是他最真实的内在的信仰心声。其中的缘由，在于佛陀与传统佛教教义早已指出，个体生命的历史就是生老病死的历史，包括人类在内的众生有情生命的历史就是生老病死的历史，为了最终解脱生老病死，就要有相应的般若心路与相应的功夫修持。印光对弥陀净土的信愿行，印光的所思所言所写，要而言之，就是这样一条般若心路与相应功夫修持的记录与写照。我们今天在阅读印光的绝大部分书信文论时，如果不是事先知道印光是生活在19世纪下半叶到20世纪上半叶的中国佛教净土宗的一代宗师，那么，对他的印象，就很容易被导回到1000年或数百年前，而不是100年或数十年前弥陀净土信仰的氛围中。

其中的原因何在？答案很简单，在被世人视为风云激荡、变幻不已的晚清与民国时代，在印光的思想世界中，依然是微澜不兴、处变不惊的。对他而言，净土信仰是第一的，念佛法门是第一的，往生净土是第一的，超越现世的生死轮回是第一的，只要通过信仰修持来保证落实这些第一，那么，社会、家庭和个人的种种变故，就是不足挂齿的。一言以蔽之，他是以不变的信仰来应对万变的世事变迁。自古及今，千古人生难在一死，而有情生命终归是要死的，通过弥陀净土信仰及相应的修持来解脱死亡的羁绊，化世俗的"极悲"为佛法的"极乐"，那么，如何死？何时死？死在何地等问题，也就不成其为问题或仅是限于事物处理层面上的问题了。他早年那近乎与世隔绝的生活，③已演化成为一种意味深长、风骨独立又

---

① 普陀山在中国佛教四大名山中的排名，有一个由排名第三逐渐演变成位居首位的历史演变过程。参见潘桂明《"四大名山"的形成与发展》，《中国居士佛教史》下册，中国社会科学出版社，2000，第817~828页。
② 印光：《吉林哈尔滨创建极乐寺疏》，《印光大师全集》第一册，第410页。
③ 印光自述为："三十余年不任事。"参见印光《大师自述》，《印光法师文钞三编》（上），第1页。又云："经年无一人来访，无一函见投。"参见印光《〈印光文钞续编〉发刊序》，《印光法师文钞续编》上册，苏州灵岩山寺印本，第2页。

导论　研思印光思想与净土思潮的视域、路径与意义

坚持不懈的信仰象征。他对传统佛教尤其是净土宗的虔诚信仰与强调，使其在生时，即使是在佛教僧团的内部，也曾被小部分新潮青年僧人视为守旧人物的代表。① 这些，多少也可以解释佛教学术界在20世纪后半叶即便是到了90年代，在研究近现代佛教时，何以对谭嗣同乃至杨度等非纯粹佛教人物及其非纯粹佛学思想的关注，也远远多于对印光、虚云、谛闲等纯粹佛教人物及其纯粹佛学思想的研究，与学术界关系密切的出版界，乃至对印光其人其著也感到极度陌生，以至出现了最不应该出的错误。②

只是，认知上的陌生与理解上的欠缺和困难，不应也不可能继续成为不进行相应研究和相应思考的理由，不应成为保持相关研究停滞的理由。身为净土宗一代宗师的印光，其信仰与思想中的世俗关怀和终极关怀的智慧蕴涵及其所产生的广泛影响，从来就不是与生活在政治中心或边缘地区、归属主流文化或边缘文化成正比的，也未必是与其在市面上是否走俏成正比的——这方面的典型例子之一，是早在唐朝，身为岭南一樵夫的慧能，就在当时偏远边缘的岭南地区，说出了一部记载着中国人的说法而唯一被称为佛"经"的《六祖坛经》。在过去千百年里，这本书深刻地影响着中国社会，深刻地影响着中国人的思维与思维方式，深刻地影响着中国的世道人心。③ 印光的信仰与思想源自佛教传统，与提倡现代佛教革新运动的太虚相比，其思想取向是保守的，但这并没有妨碍印光名满中国佛教界内外。这些现象，看似矛盾，实不矛盾，对此的合理解读，重点就蕴涵

---

① 印光自述曾在当时的报纸上被称为"第一魔王"，谛闲、范古农列为第二、第三，马一浮则被称为"破坏佛法之罪魁"。参见印光《复唐大圆居士书二》，《印光法师文钞三编》（下），第733页。此公案还可参见陈永革《佛教弘化的现代转型：民国浙江佛教研究（1912-1949）》中的有关历史陈述，见该书第166页。自然，与此相反的观点更多，比如弘一法师在1921年3月《致毛子坚》一信中，有言"音（引注：弘一，法名演音）于当代缁素之中，最崇服者于僧则印光法师，于俗则范大士（引注：范古农居士）"。参见中国佛教协会编《弘一法师》，文物出版社，1984，第147页。

② 1995年8月花城出版社在出版《信愿念佛》时，在"印光大师著"前冠"［台湾］"。而印光终其一辈子，生活在大陆，未曾有一步踏足台湾。此错，恰是印光及印光思想当时在国内遭到漠视的一个典型小注脚。举个反例，不会有哪家国内出版社出版美国版（即使是英文版）《红楼梦》时，在"曹雪芹著"前冠以"［美国］"的。

③ 黄家章：《慧能佛教思想对我国社会的影响》，《中国哲学史研究》1987年第2期。

在印光的相应思想及其蕴涵的终极关怀因素中，蕴涵在其无比彻底的终极追求及意蕴悠远的终极关怀的情怀中。

印光并不匮乏思辨的才赋和相应的成果，这即便仅从他的《净土决疑论》《"宗""教"不宜混滥论》等著名论文中，也可窥出端倪。印光将信仰奉为至高无上，他的所有思辨建立在信仰基础之上，信仰远重于思辨，换言之，思辨是为信仰论证的。以信仰为基础与以思辨为基础的相异点之一，是以思辨为基础的随机思辨，由于依据不同的先设前提规定，结论往往会出现不能解决的类似"二律背反"式的难题；而在有着明确先设前提规定的信仰中，这种难题却是可以迎刃而解的。如印光所坚持的护生思想，就是以坚持众生佛性平等的先设信仰观念为前提的；他强调传统佛教的因果观念，就可直接导引出独立个体生命必须为自己的所有思言行负全责的伦理观；他坚信三世时空观，身体力行地念佛祈愿往生，大力提倡净土宗的终极关怀，具体界定临终三大要的临终关怀，等等。他的护生思想所最大限度包含的和平主义倾向，因果思想所导出的悲天悯人观，往生思想所内蕴的终极关怀和积极入世时所掩不住的出世情怀，等等，都将包括人在内的众生生命视为目的，绝非视为单纯的手段或工具。他的这些观点及其内蕴，在包括所有人在内的众生生灵更易也更多被涂炭的20世纪上半叶（两次世界大战均发生在这一时期），更多地传递出了一种不合时宜的悲悯与悲情，对于世俗社会所流行的暴力竞争、纯功利倾向和乐不思归乃至沉沦苦海的入世倾向，多少都会起到一种既消解又清醒的作用，特定时期难免有如空谷足音般的寂寞，不可能被世俗社会尤其是占据中心地位的主流意识形态所重视。

三　逐渐受到应有重视的净土宗和印光思想及其研究

跨过了2000年，进入了21世纪的第一个10年，在此时点的前后，国内有关净土宗与印光的出版物及学术研究，都有了较大乃至实质性的改观。

学术界在对净土宗信仰思想阐释和历史研究的方面，成果屡出，典型成果如《净土宗教程》①《中国净土宗通史》②《清代净土宗著述研究》③,等等。在对净土宗祖师及其思想的研究方面,继 20 世纪 80 年代可谓得风气之先的《慧远及其佛学》④ 之后,《善导法师传》⑤《道绰法师传》⑥ 和《昙鸾法师传》⑦ 等面世。

再看有关印光的出版物与学术研究著述。

第一,印光著作出版方面,在以苏州灵岩山寺、福建莆田广化寺等为代表的佛寺与佛教团体继续刊印《印光法师文钞》及其《续编》《三编》之外,各地各类出版社涉及印光文钞、印光嘉言录之类的各种书籍也不断出现,⑧ 典型如丛书"印祖文库",已经出版了《印光法师话家庭教育》《印光法师话慈善公益》《印光法师话素食护生》《印光法师话处世为人》《印光法师话修身养性》《印光法师话禅与净土》和《印光法师话儒学》⑨等多本,一个佛教大师的文章能以"文库"的形式编选出版,在国内的相应年代,几乎是仅见的现象。而且就笔者所见,不论是在实体书店还是在网络上,这些出版物经常很快因售罄而脱销。

第二,进入网络时代之后,印光的作品在网站、博客、微博、微信上比比皆是,其文章与思想在网络上得到了更广泛、更迅捷的传播。

以上两方面,充分反映出印光思想在今天的民间社会有着巨大而持久的影响力,这与他的弥陀净土思想与修持普适上中下三根,尤其是垂注到有心向佛的"愚夫愚妇们",可谓是密切相关。按此前所引的大醒法师所说,较之别的法师,印光在 20 世纪三四十年代,已经拥有最多的皈依徒众;即使到了今天,

---

① 魏磊:《净土宗教程》,宗教文化出版社,1998。释大安:《净土宗教程》(修订本),宗教文化出版社,2006。该书行世,还有庐山东林寺等多种版本。
② 陈扬炯:《中国净土宗通史》,江苏古籍出版社,2000。
③ 于海波:《清代净土宗著述研究》,巴蜀书社,2009。
④ 方立天:《慧远及其佛学》,中国人民大学出版社,1984。
⑤ 陈扬炯:《善导法师传》,宗教文化出版社,2002。
⑥ 陈扬炯:《道绰法师传》,宗教文化出版社,2000。
⑦ 陈扬炯:《昙鸾法师传》,宗教文化出版社,2000。
⑧ 参见本书文后所列的"参考文献"。
⑨ "印祖文库"丛书由北京大方广华严书局选编,包括《印光法师话家庭教育》(弘涛注释)、《印光法师话慈善公益》(余池明注释)、《印光法师话处世为人》(朱延锋注释)、《印光法师话儒学》(余池明选注)、《印光法师话素食护生》《印光法师话修身养性》《印光法师话禅与净土》,华东师范大学出版社,2012。

在民国四大师中，印光的思想与信仰影响力，还是位居第一的。①

第三，对印光生平及其思想的学术研究，在广度与深度上也获得了新的拓展。其中最有代表性的成果，第一部分是对印光的生平研究，代表作是《印光法师年谱》②《印光大师年谱长编》③和《印光法师》④。第二部分是对印光的思想研究，在2004～2005年，不约而同地出现了三篇从不同角度以印光思想为研究主题的博士学位论文，它们分别是《印光法师研究》⑤《印光思想与终极关怀》⑥和《印光教育思想研究》⑦。其后的2009年，出现了《印光"因果正信"居士观研究》⑧。另外，还有多篇以印光思想为研究主题的硕士学位论文。

因《印光法师研究》《印光思想与终极关怀》和《印光教育思想研究》这三篇博士学位论文迄今尚未正式出版，⑨以下对它们略作简介。

《印光法师研究》对印光法师的生平与思想进行了较系统的研究，指出印光作为近代佛教改革和复兴的灵魂人物，主张以六道轮回、善恶报应及了生脱死等因果事实来适时有效地宣扬佛教的核心义理，以敦伦尽分、闲邪存诚的伦理内省方法来确立佛教的现实生活基础，以诸宗分界、净土为归的判教思想来指导佛教的弘传和发展，以拣择剃度、勤修定慧的制度规范来推动佛教丛林之复兴。对印光法师一生的弘法活动及其佛学思想进行总的概括，因果可以说是其贯彻始终的纲领。就对佛教因果思想的正面宣扬来看，与近代其他佛门代表人物相比，印光法师更加侧重因果事实的宣传及理论核心的说明，而非因果理论的系统诠释和推演，其重心主要是

---

① 最近的一次网络调查数据显示，佛教徒对于"近现代佛门十位大德高僧，你最想亲近哪位?"的问题，选择印光、虚云、弘一和太虚的比例，分别为20.97%、19.35%、9.68%和0.81%。参见于海波《佛教徒现状考查——以地藏缘论坛为例》，《宗教学研究》2011年第4期。
② 沈去疾编著《印光法师年谱》，天地出版社，1998。
③ 夏金华：《印光大师年谱长编》，台北花木兰文化出版社，2011。
④ 灵悟：《印光法师》，宗教文化出版社，2011。
⑤ 周军：《印光法师研究》，四川大学2004年博士学位论文。
⑥ 黄家章：《印光思想与终极关怀》，中山大学2004年博士学位论文。
⑦ 杜钢：《印光教育思想研究》，北京师范大学2005年博士学位论文。
⑧ 李明：《印光"因果正信"居士观研究》，宗教文化出版社，2012。
⑨ 《印光思想与终极关怀》《印光法师研究》和《印光教育思想研究》的纸质文本，均见中国国家图书馆"博士论文"馆藏本。电子版本可在相关网址中查询，http://res4.nlc.gov.cn/home/index.trs? channelid=3。

在轮回、伦常及净土等三个方面，三者虽深浅不同，却又互为依靠、不可分隔。立足于清末民初儒学衰绝及佛教脱离现实生活的具体情况，印光法师明确提出了援儒入佛、以佛济儒的文化互补主张。

《印光思想与终极关怀》通过史论结合，对印光的佛学思想进行述评，并以此为基础，力图紧扣宗教作为终极关怀的主旨，揭示印光思想何以能作为佛学终极关怀的一种选择。该文引言部分着重说明解读印光思想的方法与径路。正文的有关章节主要涉及的内容有：简要考察净土信仰、净土宗和印光的生平与著述。阐明印光的弥陀净土思想，核心在面对生死时如何反省人生的价值。依据印光对佛教各宗派尤其是禅宗与净土宗的比较，说明他专一地弘扬弥陀净土的历史与理论依据。分析印光对儒佛道德伦理的比较与抉择，揭示他对佛法如何提升世俗人群知行的相应思考与举措。评述印光思想所蕴涵的终极关怀与世俗关怀意识，并有机地结合现代宗教学、生态学等相关学说，指明印光的终极关怀思想具有普适性。结语部分则概括总结了印光的思想品格及其历史地位。在该文的附论中，其一是通过阐述和分析印光与同时代佛教多位大师在净土观上的同异，确认其思想特点与价值；其二是就印光、史怀哲和章太炎对《太上感应篇》的误读，讨论了由此引申出的思想史的解释问题。

《印光教育思想研究》指出，中国传统教育的主体架构体系是由儒家（儒教）、道家（道教）与佛教教育所建构而成。净土宗是中国佛教的一大主流宗派，因而，净土宗教育在整个中国佛教教育领域中占据着主导地位。阿弥陀佛本愿是净土宗教育目的得以创建和流布的理论与实践根源所在，核心内容是往生，以"净业三福"为主要表现形式的教育内容，以"信、愿、行三资粮"为纲宗的修学方法等。印光的教育思想是在中国近现代佛教教育整体上处于枯朽衰败和日趋衰亡的时代背景下提出的，他的教育思想理念继承了净土宗传统教育思想理论的精髓，并对之加以契理契机的发挥和阐扬，从而在近现代社会的中国佛教信众中产生了异常深广的影响，并对中国近现代佛教教育从濒临衰亡逐渐走向新生和复兴，并进而实现由传统向现代的转轨，做出了不可或缺的贡献。印光的教育思想体系彰显着鲜明的"儒佛兼具，以佛摄儒"的特征。在教育目的上，他主张将儒家"入世成人式"的教育价值目的取向与佛教净土宗"往生成佛式"的教育价值目的取向有机结合起来。在教育内容上，他大力崇尚以儒家所推崇的道德伦常教育为基础性教育内容，并进而借助因果报应这一关键性教育内容所发挥的中介和枢纽作用，达成对净土法门的有效修学，从而为净土宗修行者最终成功往生阿弥陀佛净土做好最充分的准备。在具体施教过程中，他尤其注重对言传身教法、应机施教法与答疑解惑法等几种主要教育方法的合理运用，受到了众多佛教信众的感戴和欢迎，这也大大奠定了印光在中国近现代佛教教育史上所享有的崇高声望和所具有的显赫地位的坚实群众基础。[①]

作为一种标志，这些著作和博士学位论文的出现，表明对净土宗和弥陀净土信仰、对印光尤其是印光思想的研究，在学术层面上正在逐渐被重视，而以印光思想为研究主题的多篇论文也得以面世。[②] 这种情况，是对以往研究空白的一种填补，内中自有合理的历史与社会发展逻辑，它们不仅是中国佛教历史长河的一种延续，更建立在当下这样一种宏大的社会文化背景之中，即"自改革开放以来，在社会文化领域，一场规模空前的宗教文化复兴运动已经开始，与此同时，一场具有中国特色的宗教学话语构建也势在必行规模空前"[③]。信仰宗教者在不断增加，[④] 是这场宗教文化复兴运动的人本活水源头，相应的统计数据也为此提供了佐证。2010 年 7 月公布的一项抽样调查数据显示，当今 85% 的中国人有某些宗教信仰或某些宗教信仰活动的实践；在中国已有 2000 年历史的佛教，在最近 30 年发展最为迅速，信仰者人数也最多；18% 的国人自我认同为佛教信仰者，意味着国内有约 1.85 亿的佛教信仰者；在世界五大宗教中，佛教对中国社会的影响最为广泛，正式皈依的信徒也最多。[⑤]

通观 20 世纪下半叶的前 30 年，因为信仰之错位而导致的信仰研究之

[①] 在对印光教育思想进行系统研究的基础上，杜钢先生将研究的视域进行了拓展，并于 2007 年完成了题为《中国佛教净土宗教育研究》的博士后论文（华东师范大学）。
[②] 这一时期，周军、杜钢、孙勇才、王公伟和黄家章等作者研究印光和净土宗的学术论文题目，可参见本书文后的"参考文献"。
[③] 邱永辉：《中国宗教报告（2011）总报告》，载金泽、邱永辉主编《中国宗教报告（2011）》，社会科学文献出版社，2011，第 2 页。
[④] "对于二三十年来，我国信教人数不断增长的判断，几乎没有人持怀疑态度。"参见王作安《我国宗教状况的新变化》，《中央社会主义学院学报》2008 年第 3 期。
[⑤] 李向平、王莹：《中国基督徒有多少？美国普度大学中国宗教与社会研究中心：最多为 3000 万》，《中国民族报》2010 年 8 月 24 日。

错位，对净土信仰、净土宗和印光的研究，因被遗忘、被忽视、被压抑而难以展开。20世纪80年代后尤其是进入21世纪后，信仰逐渐回归正途，直接促进了对信仰的研究也逐渐回归正途，对净土信仰、净土宗和印光及其思想的研究，也逐渐被开发乃至被重视。"活"在中国社会中的净土信仰与净土宗，"活"在中国佛教中的印光，不仅是历史的，也是现实的，还必是未来的——这三者，尤其是后二者，构成了相关研究的意义与价值之所在，"当生活的发展逐渐需要它们时，死历史就会复活，过去史就会再变成现在的。"[①] 历史并不全是故纸堆，当下的背景与语境，决定着历史和历史研究的价值与意义。我们现在回顾与研究历史，不是为了去凭吊历史的精神坟茔，不是为了发怀古之幽情。重要的是，我们步向未来的指路牌，都是历史提供的。当下的一刻，马上在下一秒钟就成为历史，历史连接着未来，有历史才有文化与文明，才使我们避免尴尬地站在一个前无古人又后无来者的孤寂点位上。实物历史如此，信仰与思想观念的历史也如此，历史唯有进入我们当前的视域，才会被我们所了解，进而理解。

四　本书的主题、三个视域、问题意识与研思径路

本书主题以印光思想为研究重点，然后以印光思想为交汇点，将之与净土宗古代思想和近现代净土信仰思潮进行纵向横向比较研究，以发见净土信仰、净土宗与印光思想所蕴涵的终极关怀意旨。相应主题的确定与写作，在一定程度上是因为以往学界对净土信仰、净土宗尤其是对印光的漠视而引发的，填补空白的想法倒还在其次。

印光思想是植根于弥陀净土信仰的思想，作为宗教，其中还确实有被现代科学主义视为迷信的成分，但这能够成为他的思想被漠视的根据吗？答案未必是肯定的。漠视对信仰的研究，多少也折射出当下时代的一个特征，即通过对信仰作所谓新潮而时尚的嘲讽来否定信仰，多解构乃至只解

[①] 〔意〕贝奈戴托·克罗齐：《历史学的理论和实际》，傅任敢译，商务印书馆，1982，第12页。

构，而少建构乃至无建构，以至出现普遍的信仰危机。而当信仰演化成危机并带来一系列恶果时，回顾历史，结合当下，展望未来，我们或许可以深刻地省思到："在人们日常生活与交往中真正起主导作用的是不可'理喻'的日常情感与信仰。而且迄今为止，在世界上影响最深远的人物，亦不是科学家、政治家，而是信仰的创发者。《论语》、《圣经》，诸种佛典，提供的都不是严格的知识的或'理'论的意义。提供知识的或'理'论说明的著作或人物，总要被遗忘；而缔造信仰的著作与人物，即便一次一次宣布被打倒了，却一次又一次重新复活，重新赢得敬崇。"[①] 结合在100多年前，托尔斯泰曾对不同的学说及其不同影响做过的一番比较，那种"被认为是一种迷信和谬误"，却"仍然能回答人们关于真正的生命幸福的询问"并"转变了千百万人的生活"[②] 的内涵与场景，吾辈在研究印光的净土思想及其广泛影响时，也是可以得到具体印证的。

本书将围绕一个主题和三个视域来展开相关的论述。

主题：以历史为经，以宗教学为纬，揭示弥陀净土信仰与印光思想所蕴涵的终极关怀意旨。

三个视域如下。

第一视域，因为印光思想多分散在他数量众多的书信与演讲录中，并非如一些思想家那样有系统化的论著与自觉的思想系统建构，故本书首先对印光思想进行体系构建性的研究。

第二视域，是在纵向历史坐标上，将印光思想与慧远、善导、莲池和

---

① 冯达文：《旧话重提：理性与信仰》，《中国哲学的本源——本体论》，广东人民出版社，2001，第4页。
② "人类伟大智者的所有学说由于自身的伟大而使人们如此震惊，以致凡夫俗子总要给这些学说涂上超自然的神秘色彩，认为这些学说的奠基者是半人半仙；这本来是这些学说的重大性的证明，可是这一情况却成了使书呆子们觉得这些学说不正确、落后的最好佐证。亚里士多德、培根、康德和其他人的无足轻重的理论从来就只是一小部分读者和敬仰者才能理解的东西，由于其自身的虚假性从来就没有对群众产生过影响，因此也就不会遭到迷信的歪曲和修正，这种说明它们的无足轻重的特征反倒被认为是它们真理性的证明。而婆罗门的、佛家的、查拉图斯特拉的、老聃的、孔子的、以赛亚的、基督的，所有这些人的学说，却被认为是一种迷信和谬误，原因只是它们转变了千百万人的生活。过去和现在几十亿人都按着这些迷信生活，因为即使是在被歪曲的状态下，它们仍然能回答人们关于真正的生命幸福的询问；这些学说不仅被人赞同，而且一直是许多世纪中优秀人物思维的基础。"参见〔俄〕列夫·托尔斯泰《论生命》，《天国在你们心中》，李正荣、王维平译，上海三联书店，1997，第21~22页。

导论　研思印光思想与净土思潮的视域、路径与意义

蕅益等净土宗祖师的净土思想进行纵向比较研究。

第三视域，是在横向历史坐标上，对同时代佛教大师、大思想家的相关思想进行比较研究。其一，对印光与杨仁山、虚云、弘一、太虚和欧阳竟无等现代佛学大家的净土思想进行比较研究；其二，以《太上感应篇》作为一个思想标本，比较研究印光、史怀哲和章太炎对《太上感应篇》的误读及其价值，进行点的比较研究。

在以上的三个视域中，第一视域是本书的重点和基础点，第二、第三视域则是试图在更长和更宽的历史时空中，比较更多的思潮、思想与思考点，以便更好地通过历史来认知与理解现实，[1] 尝试通过这三个既有区别又有纵横关联的不同视域，在共时态与历时态中研思弥陀净土信仰与印光思想，紧扣宗教即终极关怀的主旨，拓展主题的深度与宽度。

问题意识始终贯穿本书。好问题的提出与明确化，甚至比为问题提供一个答案更加重要，[2] 因为这会引来多元化的思考和结论。具体而言，本书回答或是力图回答以下问题但不局限于以下问题。

为什么"阿弥陀佛"是中国佛教徒见面与告别的问候语？

为什么中国佛教徒天天念诵"阿弥陀佛"或"南无阿弥陀佛"的佛号？

为什么说念诵一句"阿弥陀佛"的功德等于诵读了一部《大藏经》？

为什么一个合格的净土宗信徒首先必须成长为一个道德的人？

为什么说"人情如水，因果如堤"决定了净土宗信众必须成为道德人？

"菩萨畏因，众生畏果"如何说明了菩萨与众生的观念落差之一，在于一念？

为什么净土宗信众要戒杀护生？

为什么说净土宗是纯粹和平主义的宗教？

---

[1] "研究历史的主要途径就是将它视为一个长时段。这当然不是唯一的途径，但借助它，可以揭示出无论过去的还是现在的所有重大的社会结构问题。它是唯一一种能将历史与现实结合成一个密不可分整体的语言。"参见〔法〕费尔南·布罗代尔《论历史》"前言"，刘北成、周立红译，北京大学出版社，2008。

[2] 哥德巴赫猜想、李约瑟问题等都是好问题的经典个案——虽然它们至今尚未得出最终的答案。

17

印光思想、净土信仰与终极关怀

为什么净土宗信众临终关怀有三大要点？

为什么净土宗可以在中国佛教百花园里一枝独秀？

为什么今天1.8亿的中国佛教信仰者大多信仰阿弥陀佛净土？

为什么净土宗被国外学者称为"宗教观的宇宙乐观主义"？

为什么弘一法师推崇印光法师为中国佛教近二三百来的第一人？

为什么说印光是中国净土宗思想的集大成者？

为什么净土宗始祖慧远提倡观想念佛，印光则提倡持名念佛？

为什么印光极力提倡佛化家庭的建设？

为什么印光自称"常惭愧僧"？

为什么印光选择弥陀净土？

为什么太虚选择弥勒净土？

为什么大才子李叔同会毅然出家变身为弘一法师？

为什么说宗教即终极关怀？

为什么阿弥陀佛净土信仰是众多终极关怀中的一项优选？

为什么说"宗"与"教"有别？

……

这些问题看似零散，却整体性地关涉本书的主题，它们不仅是历史问题，不仅是学术问题，更是现实问题，是现实中的信仰问题，是事关在现实中维系世道人心的大问题。笔者深信，我们唯有问题意识明确，才可能在历史与现实中寻到或接近相应问题的答案，唯如此，研究的价值与意义才更能凸显。包括弥陀净土信仰在内的有生命力的信仰，一定是根植于民间的，而不仅仅是存在于书文之中；禅有日常性，[①] 净土信仰更可以体现在日常生活中，平常心是道，道在百姓日用间。包括佛教在内至今还发挥着世界性影响的传统宗教，一定是在过去千百年历史里一直发挥着有益于维系世道人心的作用，一定是有益于和谐族群、社区和社会的构建的；从对人类社会未来的智慧展望中，一定是有助于为万世开太平之盛举的。包括佛教净土信仰在内的宗教，在过去的数千年里，表达了人类最深层的死亡恐惧与寻求解脱的愿望，并提出了解脱的路径，对此倘若不去认真地了

[①] 参见〔日〕铃木大拙《通向禅学之路》第六章"禅的日常性"，葛兆光译，上海古籍出版社，1989，第54~71页。

解进而同情地理解，我们将没法了解和理解我们先人的文明与文化，以至于没法了解和理解自身的生存价值与意义。那些仅能保留在书文中的信仰与宗教，就如博物馆的藏品，已经远离当代人的真实生活，更不用说那些因相关书文湮灭或根本未曾进化保存到书文之中而已然消失的信仰与宗教，更是已经被无尽的历史黑洞所吞没。

因此，问题意识的明确和这些问题的明确，直接引导本书在对弥陀净土信仰思潮作纵向横向比较后，从历史与现实联系和信仰延续的逻辑义理上看，都可以顺利而且是顺理成章地从历史切入现实，以佛陀和大师们的历史智慧来反观现实。在中国社会的现实土壤中，一如既往地根植于民间的弥陀净土信仰，作为古老而依然有着旺盛生命力的信仰，存在于佛门内外流行的那一句"阿弥陀佛"的问候语和告别语中，存在于作为公众假日的"佛诞佳节人天喜，祥云福气满香江"[①]的香港佛诞节中，存在于当今中国亿万心中有佛的佛教徒和与佛有缘的准佛教徒的言行举止和心灵中……这些都是现实的，而且将会成为历史的。一切真历史都是当代史，笔者心仪、重点关注与阐述的，是历史，是真历史，是当代史，而不仅是编年史。[②] 编年史需要年谱般数字上的精确，历史中的宗教、哲学思想与智慧，则可以超越数字时空，所以，"如是我闻"的佛陀讲法发生在何年何月何日？孔子到底是在何年何月何日讲"朝闻道"的？类似问题，在编年史中是天大的问题，在历史、哲学与宗教智慧中，则可以忽略不计，作为后来的认知者尤其是感悟者，完全可以得意忘言。

学术界老前辈的经验之谈中，有这么一条：大问题要越做越小，小问题要越做越大。[③] 换言之，研究大问题时，要通过越做越小才不会流于空泛；研究小问题时，要越做越大才可能得到拓展与提升。研究宏观大论题时，要善于大中见小，所谓天地一指万物一马也；在研究微观小论题时，要善于见微知著，所谓一颗小水珠也能折射反映出太阳的七色光芒。对

---

① 觉光：《在"佛历二五五六年佛诞浴佛大典"上的致辞》，《法音》2012年第5期。
② "历史是活的历史，编年史是死的历史；历史是当代史，编年史是过去史；历史主要是思想行动，编年史主要是意志行动。一切历史当它不再被思考，而只是用抽象词语记录，就变成了编年史，尽管那些词语曾经是具体的和富有表现力的"。参见〔意〕贝奈戴托·克罗齐《历史学的理论和实际》，第8页。
③ 秦晖：《教泽与启迪：怀念先师赵俪生教授》，腾讯网，http：//view.news.qq.com/a/20110926/000040_7.htm。

此，笔者即使是笔意不能至尤其是肯定不能全至，至少也是心向往之的，这是自己始终保持问题意识并试图寻求答案的立足点。

在此需说明的是，本书的前半部分是对印光思想进行体系构建性的研究，这就要求对印光的佛学思想作述评，"述"属历史学的归纳整理，力求系统又突出重点；"评"则是结合史实进行相应思考及作出结论，属宗教哲学的评价，力求注意公允持中，保持开放、交流的态度。"述"的相关重点，在于对印光有关思想作系统而非划分时段的述评。之所以如此，内因在于，印光的净土之道基本上是一以贯之的，按印光的自述，就是"光之学识，无随方就圆之妙"①。在印光成名之后的人生不同时期，他的思想没有因信仰困惑或思考立足点的游移而导致的矛盾与差异。外因则在于，印光的原典资料在历时性上的匮乏，以印光与弘一的来往书信为例，不仅是弘一致印光的书信已不可寻觅，②而且就以保留下来的印光致弘一的五封信函为例，其写作时间已删除。这看似是技术性的处理，但在思想实质上，却表明其文其思更注重具有超时性的信仰信念而非即时性的史实史料，这也正是宗教经典的特征之一。结合历史，我们不难看到，虽然许多佛经、《道德经》以及《圣经》等的写作年月已不能确知，但这并不妨碍它们的流传，不影响它们对后来者的启迪和教化，这也是宗教和哲学经典与其他学科如历史、政治经典的最大不同点之一。如此，也就有利于本书具体的研究，可更侧重于对印光整体思想作系统的梳理和把握，以缓和"述"与"评"的内在紧张。

在归纳梳理了印光的弥陀净土思想体系、对印光思想与中国净土思潮作纵向横向比较之外，本文还借鉴了宗教学尤其是现代西方宗教学的一些重要概念、义理乃至方法，对相关内容进行了相应的演绎与评价。

其中的主因，是包括净土宗在内的中国佛教，是一种有着逾千年悠久历史的宗教信仰，相关的研究也是由来已久。而作为一门独立学科的宗教学却是一门新兴的交叉性或综合性的人文学科，如果以宗教学的倡导者缪勒（Friedrich Max Muller）的《宗教学导论》（1893年出版）——此书被后人誉为宗教学的奠基之作——为起步的标志，其探索历程也不过100多

---

① 印光：《复潘对凫居士书一》，《印光法师文钞三编》（上），第123页。
② 参见林子青编《弘一法师书信》"前言"，第5页。

年，以至有研究者要用"少年思想气象"来描述作为学科的宗教学。宗教学是什么？缪勒的回答是："只知其一，一无所知。"（He who knows one, knows none.）① 只懂一种宗教者，其实并不懂宗教。与这个观点类似的思路，对我们自然不陌生，因为华夏的老祖宗早就说过"声一无听，色一无文，味一无果，物一无讲"②。单一声响构不成音乐，单一颜色组不成文采，单一味道煮不成美食，单一事物因没有比较，也将无法品评，故必须在拓展的视野与视域内，通过比较才能出真知，只知其一不知其二者，显然不是真知人。

另外，在20世纪的数十年间，包括宗教传统在内的中国传统文化断层的失落、社会剧变和意识形态的强势与偏差，乃至师法榜样的取舍不当，国内包括宗教学在内的众多学科建设出现了荒芜、失语或发展受到了延缓，在宗教学尤其是宗教学原理方面的建树与域外有着不小的差距，③ 所以，吾辈研究要避免"只知其一，一无所知"的景况，避免"物一不讲"的困窘，举目向洋，奉行理性的拿来主义，也就几乎是华山一条路。此外，笔者在必要的段落，之所以适时引用海外学者的结论，原因还在于对一些关键问题的答案寻求，他们确实有"旁观者清"的方面，而且这也多少证明对于印光式的中国传统乃至保守僧侣的个案研究，也是可以放置在全球普世价值的宽大视域中进行。"操千曲而后晓声，观千剑而后识器"④，对宗教信仰的研究，在义理上也同样不例外。

在借鉴引用域外宗教学的一些重要概念、义理和方法的方面，保罗·蒂里希（Paul Tillich）尤其值得一提，他提出的概念如"终极关怀"，定义如"宗教，就这个词的最广泛和最根本的意义而言，是指一种终极的关怀"⑤，他在方法论上提出的"相互关联"法，即一方面考虑人类生存的处

---

① 参见张志刚《宗教学是什么》，北京大学出版社，2002，第1~15页。
② 《国语·郑语》。
③ 国内"在1978年前的八十多年间，从比较严格的意义上讲，现代意义上的宗教哲学专著仅仅出版了一本，这就是1928年由青年协会书局刊行的谢扶雅的《宗教哲学》"。参见段德智《关于"宗教鸦片论"的"南北战争"及其学术贡献》，《复旦学报》（社会科学版）2008年第5期。
④ 刘勰：《文心雕龙·知音》。
⑤ 〔美〕保罗·蒂里希：《蒂里希选集》（上），何光沪选编，上海三联书店，1999，第382页。海外华文圈对"Tillich"的另一流行译名为"田立克"。

境，另一方面又考虑基督启示的信息，并且"力求把这种处境中包含的问题与这种信息中包含的答案相互关联起来"① 等等，对于本书的整体构思与写作都有着重要的影响。

正是因立足于"终极关怀"之义和"相互关联"之法，在本书的有限篇幅里，重点选择了印光这位生活时代距离吾辈不远的一代宗师作为主要的研究对象，思考其行其思。结合本书的主题，笔者深知，如果仅是就印光的弥陀净土思想而论述，当难免"只知其一"之弊，故也就选择了从宗教思想个案的比较角度，比较考量了印光与中国历代和同时代的主要净土思想，这是避免因"只知其一"而导致"一无所知"之狭隘结论的路径之一。② 故在系统评述了印光的主要思想后，就是力求通过合纵（纵论历史）加连横（联系同一时代）的比较研究，考究印光思想对慧远、善导、莲池等净土宗古代大家思想的传承与集大成；考究印光的思想对弘一的巨大影响，印光与杨文会、虚云、太虚在净土信仰上的同异，他们的净土观，他们的互动，通过反思弥陀净土与弥勒净土、人间净土信仰的共存态，作为参照之一，以裨益对印光及其弥陀净土思想认知的加深；具体地研究缕析印光对同时代佛教四众尤其是居士佛教的重要影响。文意的内蕴，也就关注到了印光思想与历代和同时代佛门中人的信仰、世俗关怀与终极关怀的纵横联系，进而可以关注到现代人的生存处境所面对的问题，以及印光思想中所包含的答案中可以或可能产生关联或启迪的内容。换言之，在此重提印光，重新研思印光思想和弥陀净土信仰思潮，不仅是重提一段面对生死的不乏古风古韵的信仰智慧，也不仅是挖掘信仰思想史上的一块活化石，更不是欲抒发思古之幽情雅好，重要的是，存在是合理的，笔者更关注的是历史与现实存在是合理的，历史答案凸显并支持着解决现实问题的迫切

---

① 〔美〕约翰·麦奎利：《二十世纪宗教思想》，高师宁、何光沪译，上海人民出版社，1989，第459页。
② 另外的路径，是依据夏普（Eric J. Sharpe）在阐述缪勒名言时所说的："只从单一的宗教传统来论证，就等于使自己切断了新的知识源泉"。参见〔英〕埃里克·夏普《比较宗教学史》，吕大吉、何光沪、徐大建译，上海人民出版社，1988，第39页。这就意味着，对印光及其所归宗之净土思想、对净土思潮的更全面研究与评价，必须置于与世界各主要宗教的比较尤其是平等对话的语境中，才可能实现。这些，显然在一个更大的课题内才能涵容，也是本书暂付阙如而只能俟诸来日的。笔者在本书中的一些当下体悟之论，一些引文，或也就有了雪泥鸿爪之伏笔意蕴。

性。本书的径路，就印光思想与中国净土思潮的纵横比较展开阐述，也就糅合了弥陀净土信仰与终极关怀的双主题词。

论题所及，还有必要对"佛法"和"佛学"的范畴作一谨慎的辨析。在现代佛学大家中，太虚是将佛教、佛法和佛学同等齐观的。① 方立天先生则指出，在学术界内，一种观点是从狭义的角度来看待佛学，认为佛学专指佛教的学理、学说，不包括修持实践；另一种观点则认为佛学包括戒、定、慧三学，包含实践与理论两个方面。② 可见，从广义上言，佛法即佛学，佛学即佛法；就狭义而论，佛教重在教法的弘宣，佛法重在法则与修持，佛学则偏于学理。

本书将在广义的层面上使用"佛法"与"佛学"的范畴。③

原因在于以下三个方面。其一，如果单独剥离出佛教的学理（"慧学"）当作"佛学"来强调，佛学就容易仅在思想层面上被解释为形而上之学，脱离了寓于形迹的宗教践履。但"慧学"从来就不是独立的，按印光的看法：

> 佛法广大如法界，究竟如虚空。克论其要，唯戒定慧三法而已。然此三法，互摄互融，不容独立。④

佛法从来就不是与人生脱节的高头华章，纯理论构建从来就不是佛法的归宿点，佛法始终是将人导向有最高价值的终极关怀的：

> 佛法原是教人了生死的，非只当一种高超玄妙话说说。⑤

---

① "佛是最彻底的觉悟者，所觉悟的因果法，不是另外有一个神，他是把觉悟的都指示出来，使大家都能觉悟而同到达完美微妙的境界，这就是佛教，亦可名为佛学，佛法。"参见太虚《佛法原理与做人》，《太虚大师全书》第5册，第180页。
② 方立天：《佛教哲学》，中国人民大学出版社，1991，第3~4页。
③ "近现代著名学者佛学文集"丛书中收录有《印光集》（黄夏年主编，中国社会科学出版社，1996），编者将印光视为"近现代著名学者"，将《印光集》视为"佛学文集"，当也是就此角度来立论的。
④ 印光：《〈梵网经心地品菩萨戒疏注节要〉跋》，《印光大师全集》第一册，第616页。
⑤ 印光：《复唐大圆居士书》，《印光大师全集》第一册，第202页。

这一点，连现代的域外思想家也已经充分地意识到，如雅斯贝尔斯就有言："佛陀之教不是认识体系，而是救济之道。"①

其二，将佛教的学理单独当作"佛学"来强调，在现今时代，直接强化了佛教学理的研究者与佛教僧尼的隔膜，这对前者的研究抑或后者的修持，均非相得益彰之举。更不必说这对于佛教四众的信仰，更多地体现出了一种学理上的傲慢，却也离佛教信仰的传承者及其传承宗旨更遥远了。

其三，如果不作具体辨析就将"佛学"等同于"佛教哲学"，也是存在问题的，因为这不仅消解了"佛学"所特有的信仰内蕴，而且忽视了"佛学"迥异于那些依靠理性思辨而不乏玄奥倾向的哲学之关键处，如果要将"佛学"等同于"佛教哲学"，那也必须有相应的界定，如有研究者就将佛学称为一种"消灭哲学的哲学"②，颇意味深长。

按蒂里希在《信仰的动力》中道及的观点，哲学和宗教信仰都同样关注终极事物，但二者的差别在于，哲学是透过概念，信仰则是透过象征。但这种本质上的差别并不导致二者的漠不相关，就哲学而论，一种真正有影响力的哲学往往出自哲学家自身的终极关怀，在其自身之内总是同时涵括了哲学真理和信仰真理，以至于可说是一种"哲学信仰"。而信仰之中亦有许多概念分析的成分，信仰者（尤其是神学家）也往往要透过纯粹理性的思辨来处理信仰问题。③ 此外，我们当然可以从哲学的角度来看待、感悟宗教，尤其是感悟佛教。④ 尽管如此，哲学和信仰却没有彼此控制的权利。况且，宗教的核质在信仰，信仰即使是涉及彼岸、来世的非此岸、非现世的问题，也有既定的信念，而且这些信仰与信念有着明确的历史传承；哲学的核质则在于怀疑与思考，"哲学事业的特征是，它总是被迫在起点上重新开始。它从不认为任何事情是理所当然的。它觉得对任何哲学问题的每个解答都不是确定或是足够确定的。它觉得要解决这个问题必然

---

① 转引自〔日〕池田大作《我的佛教观》，潘桂明等译，四川人民出版社，1990，第102页。
② 杨庆丰：《佛学与哲学》，《佛学与哲学——生命境界的探寻》，台北顶渊文化事业有限公司，1989，第9页。
③ Paul Tillich: *Dynamics of Faith*, Harper & Row. 1957, pp. 89-95.
④ 典型如鲁迅的以下感悟："释迦牟尼真是大哲。我平常对人生有许多难以解决的问题，而他居然大部分早已明白启示了，真是大哲！"参见许寿裳《亡友鲁迅印象记：许寿裳回忆鲁迅全编》，上海文化出版社，2006，第46页。

要从头做起。"①宗教与哲学因此而难免相悖乃至分道扬镳,"哲学家讨论的问题本身尽管很有价值,但是却远远地离开了信仰宗教和不信仰宗教的人们的真实忧虑所在。"②

回到宗教哲学的研究路径上言,按赫德森的说法,宗教哲学就是要对宗教教义和宗教行为进行"非教条化的研究"③,在学术立场上必须持守客观性原则。这是笔者认同并欲遵循的原则。

还须说明的是,笔者认同中村元的这么一种观点:"无论在何种场合,纯抽象性或观念性的佛教,在现实中并不存在。在现实的社会生活中保存着的某种佛教信仰,已经被那个时代、那个地方或那个人添上了某种色彩,而这些被添上色彩的佛教,才是实际上佛教的真面目。"④佛教如此,佛学思想亦如此。所以,单纯地讨论纯抽象性或观念性的佛学思想,远非如具体地讨论佛陀、慧远、慧能、印光、弘一、太虚等的佛学思想和唯识宗、禅宗、净土宗等的佛学思想,更能接近对佛学核质的认识。大时代及大时代的宏观叙述值得关注,大时代中的历史个案同样值得关注。这也正是笔者在写作本书时,更重个案而非通论分析的内在依据之一。

在这样的基点上,尤其值得重温汤用彤先生以下一段语重心长的心得之语:

> 佛法,亦宗教,亦哲学。宗教情绪,深存人心,往往以莫须有之史实为象征,发挥神妙之作用。故如仅凭陈迹之搜讨,而无同情之默应,必不能得其真。哲学精微,悟入实相,古哲慧发天真,慎思明辨,往往言约旨远,取譬虽近,而见道深弘。故如徒于文字考证上寻求,而乏心性之体会,则所获者其糟粕而已。⑤

---

① 〔德〕M. 石里克:《哲学的未来》,《哲学译丛》1990 年第 6 期。
② 〔波兰〕柯拉柯夫斯基:《宗教:如果没有上帝……》,杨德友译,三联书店,1997,第 4 页。
③ Yeager Hudson, *The Philosophy of Religion*, Mountain View, CA: Magfield Publishing Company, 1991, p. 8. 转引自张志刚《宗教哲学研究——当代观念、关键环节及其方法论批判》(增订版),中国人民大学出版社,2009,第 7 页。
④ 〔日〕中村元主编《中国佛教发展史》中册,天华出版事业公司,第 762 页。
⑤ 汤用彤:《汉魏两晋南北朝佛教史·跋》,《汤用彤全集》第 1 卷,河北人民出版社,2000,第 655 页。

印光思想、净土信仰与终极关怀

佛法是宗教，也是哲学。研究者须有"同情之默应"，才能认知佛法中的宗教智慧之深与情绪之真。又须有"心性之体会"，才能颖悟佛法中的哲学精微之道，否则，徒获文字表象，当不易了悟文字之中所蕴涵的生命智慧。

即使已经说明如上，当笔者对印光思想和弥陀净土信仰作"述评"，尤其是"评"时，无异于一次游离于信仰之外的思想探险。以思辨来诠释信仰，笔者就时不时要接受这样一种拷问："如果一个人把自己的观点当作绝对标准的观点，那么，不是存在着歪曲其他宗教的严重危险吗？尤其是如果我们没有忘记，我们只能从外部来观察别的宗教时，这不是很明显吗？"[①] 确实，当类似身在此山中的教内人领受着不识庐山真面目之讥时，居于山外的吾辈，是否就已完整而又具体地认识到了庐山的真面目呢？

问题当前，笔者不能不感到踌躇。解题的方略也就是在不失敬重的前提下，对相关论题作尽可能谨慎而细致的开放性思考，而且不奢望得出一劳永逸的结论。毕竟，开放的思考不同于特定的宗教信仰，前者重在多角度地提出问题并寻求多种答案，后者则要对问题给出唯一且标准的信仰答案。

进一步言之，开放性思考更多是力求从"了解"加"理解"的角度切入，"了解"要客观，"理解"则有异于"信仰"，按斯特伦的研究结论："'理解'不同于'信仰'，一个人虽不信仰某种宗教形态（或加入它），但却能够理解它。'理解'意味着懂得其他人如何有可能使之相信自己所做的事情，并为之加上自己所认定的假设。而'信仰'则意味着接受有关生活的特定假设，并根据它们安排自己的生活。"[②] 具体地说，"理解"包括三方面，一是对主题的思索与感觉，能心领神会过去与现在。二是在某种关联中整合材料，这种关联不是平分秋色地看待某一经验中的各种因素，而是提出一些概念和问题，使人们可以在特定的方式里理解材料。三是保持开拓的精神，进一步发展多种多样的可能性，同时绝不能把自己的

---

① 〔美〕约翰·麦奎利：《二十世纪宗教思想》，高师宁、何光沪译，第431页。
② 〔美〕斯特伦：《人与神——宗教生活的理解》，金泽、何其敏译，上海人民出版社，1991，第19~20页。

思想封闭起来，而把其他的价值取向拒之门外。做到了这三点，重义理又不乏温情与敬意的"理解"，也就包含但不等同于仅是知识认知或知识白描式的"了解"。

这些都是笔者选择并力求在本书中实现的学理取向。即使是文意未必能至，但始终是心向往之。

第一章 净土信仰、弥陀净土与净土宗

佛教自东汉传入中国后，在魏晋与玄学合流，成熟于隋唐——中国化佛教得以形成的时期。这种形成的突出标志之一，是中国佛教各主要宗派[①]的成立及其佛学理论的基本定型。

一 佛教净土信仰的流变

隋唐以降，历经数百年的演变，中国佛教的各主要宗派，以禅宗与净土宗最为兴盛。禅宗以曹溪南宗为主，强调当下顿悟，利可及上根，却不易利及中下根；农禅合一制度又使其影响力多局促在佛寺内，俗世的影响已不及净土宗。历经宋元时期各宗归净土尤其是禅净合流的思潮后，以普利三根为追求的净土宗，最终成为佛门内影响最大的宗派，"户户阿弥陀，家家观世音"就是其流布的最大表征。净土信仰是佛教之所以成为佛教信仰的核心支柱之一，在中国佛教的系统内，门户不同的各宗派及同宗异派系之间，虽教相教义有差距，但在尊崇净土信仰的方面，却是几无二致的，差异仅在净土信仰投向于心内或心外。这也就足以使以弥陀净土信仰为主旨的净土宗不同于其他宗派，更具超宗派的超然地位。从理路上看，具体分析净土信仰与净土宗的信仰内涵，有助于看清佛教作为世界三大宗教之一所特具信仰内涵的主要构成；研究净土宗的宗派演变及其影响力的

[①] 史学界对中国佛教的宗派历来有多种说法，代表性看法有八宗、十宗、十三宗说，以八宗说为主流。其中，周叔迦先生主八宗说，可参见《周叔迦佛学论著集》所收录的《中国佛教史》《八宗概要》，中华书局，1991。

扩衍，则可窥见佛教信仰主要特色之一斑。

历史地看，净土信仰在前，净土立宗在后。

净土信仰作为一种思潮，源自印度部派佛教后期的佛本生故事，这些故事叙述了佛陀前世曾为国王、婆罗门、商人、女子、象、猴等，通过不间断地实践菩萨行而终于成佛。[①]

其后，佛教过渡到了大乘佛教，以三世和三千大世界的浩瀚时空观为基础，宣扬在过去、现在和未来世，在三界十方，菩萨通过修持般若而成佛的，并不仅是释迦牟尼佛一人，而是多如恒河之沙。菩萨修行时发不同本愿，即在未来成佛时建成相应的净土。本愿是净土的誓愿，净土则是本愿的落实。佛不是唯一的，菩萨不是唯一的，菩萨的本愿不是唯一的，本愿成则净土成，净土世界同样也不是唯一的，十方有无量佛，十方也就有无量净土世界，一佛一净土，一净土一佛。净土世界的丰富，决定了净土信仰不是单一化而是多元化的。大乘佛教的诸经论记载了众多的净土，先后较具信仰影响力的有阿閦佛净土、药师佛净土、文殊净土、弥勒净土、唯心净土和阿弥陀佛净土。在这些净土中，唯心净土信仰净土唯心所变，存在于众生心中。其余的诸佛净土，则是诸佛在因位行菩萨道时所发本愿，再经多劫功德累积而建成的位于娑婆世界之外的实体净土，是众生往生之乐土。

具体考察这些净土信仰的历史，以弥勒净土、唯心净土和阿弥陀佛净土最具规模和历史影响。

（一）弥勒净土信仰

在佛教净土观念在中国流传演变的过程中，最初盛行的是弥勒净土信仰。

弥勒信仰始自晋朝有关佛典的传译，流行于南北朝，自东晋到隋唐时期，道安（312～385年），天台宗的智顗（538～597年）、灌顶（561～632年），法相唯识宗的玄奘（602～664年）、窥基（632～682年）等著

[①] 关于佛陀本生的记载，散见于《六度集经》（《大正藏》第三册）、《譬喻经》（《大正藏》第四册）、《贤愚经》（《大正藏》第四册）、《生经》（《大正藏》第三册）、《菩萨本行经》（《大正藏》第三册）和《菩萨本缘经》（《大正藏》第三册）等。

名僧人就是奉持弥勒净土信仰的。

弥勒具有两重身份，一是在兜率天宫说法的弥勒菩萨，二是将来下生人间的弥勒佛。故此后者被各阶层的别有所图者利用到非纯粹信仰的方面，典型如武则天在改唐为周时，就以弥勒化身自居，自称"慈氏越古金轮圣神皇帝"，所谓的"慈氏"即弥勒。民间同样是不断有人自称是"弥勒下生"即降生来吸引信徒，反对隋唐王朝。从宋朝到元末，更是先后蔚然成长为弥勒教与白莲教，直接挑战当时的世俗皇权政权，白莲教还成为推翻元朝的主要生力军之一。从维护政权统治的原则出发，唐玄宗、朱元璋等历朝最高统治者，先后明令禁止民间人士假借"弥勒下生"之名从事各种不利于王朝统治的活动，禁断弥勒教，相关禁令对弥勒下生信仰的冲击甚大。①

（二）弥勒净土与弥陀净土的比较

在弥勒信仰流行的同时，弥陀净土信仰也逐渐开始流行。

弥陀净土信仰所崇信的西方阿弥陀佛净土，梵语音为苏诃缚帝（Skuhavati），汉译为极乐世界、极乐国土、安乐净土、安乐世界、安乐国、赡养净土、赡养世界、赡养国等，又被称为西方净土极乐世界，或简称西方。在所有十方三世一切诸佛的诸净土之中，弥陀净土是被介绍得最多的一种，在现存的大乘经论中，记载阿弥陀佛及其净土之事的，有200余部。②

东晋时，道安的弟子慧远（334～416年）就转而信奉阿弥陀佛，率弟子同道123人发愿往生西方极乐净土，慧远因此被后世尊为中国净土宗的始祖。

到了隋唐，弥陀净土与弥勒净土的优劣比较，成为当时学僧们关注的重点问题之一。如道绰（562～645年）就当时有人"愿生兜率，不愿归西"的倾向，指出：

此义不类。少分似同，据体大别，有其四种。何者？

---

① 参见陈扬炯《中国净土宗通史》，第199～217页。
② 汪志强：《印度佛教净土思想研究》，第79页。

第一章　净土信仰、弥陀净土与净土宗

一、弥勒世尊为其天众转不退法轮，闻法生信者获益，名为信同；著乐无信者，其数非一。又来虽生兜率，位是退处，是故经云："三界无安，犹如火宅。"

二、往生兜率，正得寿命四千岁，命终之后，不免退落。

三、兜率天上虽有水、鸟、树林，和鸣哀雅，但与诸天生乐为缘，顺于五欲，不资圣道。若向弥陀净国，一得生者，悉是阿毗跋致，更无退人与其杂居；又复位是无漏，出过三界，不复轮回；论其寿命，即与佛齐，非算数能知；其有水鸟、树林，皆能说法，令人悟解，证会无生。

四、据《大经》，且以一种音乐比较者。《经赞》言："从世帝王至六天，音乐转妙有八重，展转胜前亿万倍，宝树音丽倍亦然。复有自然妙伎乐，法音清和悦心神，哀婉雅亮超十方，是故稽首清净勋。"[1]

在道绰看来，弥陀净土与兜率净土同为净土，实有大区别。一是弥勒菩萨在兜率净土说法，闻法者中，有生信者，也有"其数非一"无信者；不如生在弥陀净土者，均闻法生信。又生在兜率净土者，位是退处，退则依然轮回在犹如火宅的三界，难获安净；生在弥陀净土者，则全获不退。二是往生兜率净土，能长寿，寿命也仅是4000岁（约57.6亿年人间寿），命终还得退落。三是兜率净土的水、鸟和树林虽能发和鸣悦雅之音，但仍与诸天之乐一般，顺于五欲而不是有助于修圣道。如果生在弥陀净土，全得"不退转"即"阿毗跋致"，不与退人杂居，已出三界，不复轮回，寿与佛齐，不可算数；弥陀净土的水、鸟、树林皆能说法，令人生悟，证会无生。四是通过一种音乐来比较两种净土的优劣者，道绰列举了昙鸾的《赞阿弥陀佛偈》，弘扬极乐净土胜于兜率净土的观念。

因在信仰义理上稍逊一筹，弥勒信仰就随着弥陀净土信仰的兴起而逐渐沉寂，加上来自统治阶层的禁令打压，弥勒信仰在隋唐之后就渐趋衰落。弥陀净土信仰则成为中国净土思潮的主流，其信仰者在各朝各代都不乏名僧与名士，并广泛地深植民间，净土宗也就得以逐渐形成。

---

[1] （唐）道绰：《安乐集》卷上，载《大正藏》第四十七册，第9页。

（三）唯心净土与弥陀净土的合一

在弥陀净土信仰成型之时，以六祖慧能为代表的禅宗南宗祖师，根据《维摩诘所说经》的"随其心净，则佛土净"思想，形成了"即心即净土"的唯心净土信仰。

典型如大珠慧海对于"愿生净土，未审实有净土否？"之问，给出的答案是："经云：欲得净土，当净其心，随其心净，即佛土净。若心清净，所在之处，皆为净土。比如生国王家，决定绍王业，发心向佛道，是生净佛国；其心若不净，在所生处，皆是秽土。净秽在心，不在国土。"[①] 一个人即使是生在大富大贵的国王之家，净秽之别，在于内心而不在国土的净秽，鲜明地表达出唯心净土的主旨思想。

到了宋代，身为禅宗传人的永明延寿（904~975年）在义理上，主张唯心净土与修持往生弥陀净土是一致的，提倡禅净兼行。他在所著《万善同归集》中，引证唐代慈愍三藏之说云："慈愍三藏云：'圣教所说，正禅定者，制心一处，念念相续，离于昏掉，平等持心。若睡眠覆障，即须策勤念佛，诵经礼拜。行道讲经说法，教化众生，万行无废，所修行业，回向往生西方净土。'"[②] 进而主张禅定与念佛相结合，修持万行，往生净土。此后，禅净双修逐渐成为佛门中人的普遍修持方式，唯心净土与弥陀净土的合一也就日趋成为主调。

在元代，天如惟则禅师具体阐发了禅净同一说："参禅为了生死，念佛亦为了生死。参禅者直指人心，见性成佛；念佛者达惟心净土，见本性弥陀。既曰'本性弥陀，惟心净土'，岂有不同者哉？"[③] 参禅与念佛禅的终极目的相同，都是通向了生脱死、达惟心净土和见本性弥陀的径路，两者本质一致。

明末，被后人尊为净土宗八祖的莲池（1535~1615年）在看待唯心净土与弥陀净土的关系时，有言：

[①] （唐）大珠慧海：《大珠禅师语录》卷下，载《中国佛教思想资料选编》第2卷第4册，中华书局，1983，第200~201页。

[②] （宋）永明延寿：《万善同归集》卷上，载《大正藏》第四十八册，第963页。

[③] （元）天如惟则：《天如惟则禅师语录》卷二，载《续藏经》第七十册，第767页。

> 有谓：“唯心净土，无复十万亿刹外更有极乐净土。”此唯心之说，原出经语，真实非谬，但引而据之者错会其旨。夫即心即境，终无心外之境；即境即心，亦无境外之心。即境全是心，何须定执心而斥境？拔境言心，未为达心者矣。①

"唯心净土"说出自佛经是真，但以此否定弥陀净土的存在，就属不符佛经原意的虚妄之说。心境相即，心境合一，无心外之境，也无境外之心。以净土唯心来否定弥陀净土之境，不是达心之见。莲池还进一步强调念佛具万行，持名念佛是往生弥陀净土的最主要法门，明确地把禅净双修统一落实在持名念佛的修持上。

唯心净土，还是弥陀极乐净土？这个问题是如此的重要，以至自隋唐以来的每位信仰净土的佛教大师都要思量并阐述一番。当这个问题在"本性弥陀，唯心净土"的答案中获得普遍的认同后，指归弥陀净土的净土宗就义理无碍地涵摄了唯心净土信仰，各种净土信仰的流传，也就以尊信弥陀净土的净土立宗作为归结。

二 净土立宗

净土宗亦称"莲宗"，其立宗依据是《无量寿经》《观无量寿经》《阿弥陀经》和《往生论》，以发愿往生阿弥陀佛西方净土为终极信仰。

净土宗与中国佛教其他各宗的主要区别之一，在于其宗派传承无师徒直接授受、衣钵相传的法嗣制度，仅是在精神信仰层面上延续着对弥陀净土信仰的薪传不息。② 故净土宗历代祖师的传承，在时空上也就呈非连续的跳跃态。

宋朝的石芝宗晓（1151～1214年）在《莲社始祖庐山远法师传》和《莲社继祖五大法师传》③ 中，明确尊慧远为净土宗的初祖，并列出了六代祖师的谱系，开净土宗确立祖师说之先河。自宋至现代，关于净土宗的祖

---

① （明）莲池：《净土不可言无》，《竹窗随笔》，金陵刻经处光绪二十四年刻本，第58页。
② 日本佛教界因此将净土宗称为"寓宗"或"附宗"，意指净土宗的义理为其他诸宗所兼学，而寄寓于其他宗派中。参见陈扬炯《中国净土宗通史》，第358页。
③ （宋）宗晓编《乐邦文类》，载《大正藏》第四十七册。

师传承,在宗晓的六祖谱系后,随历史的不断扩衍,历代有增益,先后有七祖谱系、八祖谱系、十一祖谱系、十二祖谱系、十三祖谱系乃至十四祖谱系。①

时至今天,以十三祖谱系最为僧尼界与史学界所认同。

净土宗十三位祖师的具体排序、朝代、主要驻锡地、名录和生活年代为:

始祖:东晋庐山东林寺,慧远(334~416年)。
二祖:唐朝长安光明寺,善导(613~681年)。
三祖:唐朝南岳弥陀寺,承远(712~802年)。
四祖:唐朝五台山竹林寺,法照(？~?,传法于770年左右)。
五祖:唐朝睦州乌龙山,少康(？~805年)。
六祖:北宋杭州永明寺,延寿(904~975年)。
七祖:北宋杭州昭庆寺,省常(959~1020年)。
八祖:明朝杭州云栖寺,莲池(1535~1615年)。
九祖:明朝北天目山灵峰寺,智旭(1599~1655年)。
十祖:清朝虞山普仁寺,行策(1626~1682年)。
十一祖:清朝杭州梵天寺,实贤(1686~1734年)。
十二祖:清朝北京红螺山资福寺,际醒(1741~1810年)。
十三祖:晚清民国普陀山法雨寺,印光(1861~1940年)。

---

① 道源:《净土宗与佛教之世界化》,载张曼涛主编《净土思想论集》,大乘文化出版社,第331页。

第二章　印光其人其行其著

印光，陕西郃阳（今合阳）人，俗家姓赵，名绍伊。[①] 出家后，法名"圣量"，字"印光"，别号"常惭愧僧"。[②]

印光是中国近现代净土宗的一代宗师，他圆寂后，被佛教缁素公许为莲宗第十三祖。[③]

对此定位，一开始还有人抱着一些疑问，如曾有佛教居士向印光的杰出俗家弟子之一的李炳南居士（雪庐老人）询问："印光大师往生后列为莲宗十三祖，此事乃系暂时性，尚未确定，未确定之缘由，盖因福州鼓山涌泉寺住持高僧虚云大师，及天童寺圆瑛大师尚未圆寂，须俟二位高僧往生后，佛教会方能作最后之决定。"李氏的回答是："名分已定，人心已归，岂能朝三暮四，随意变更。况虚公为当代禅德，自有其本宗地位；瑛师禅净双修，如紫柏、憨山诸师相同，后人自然奉之为祖。但不必定以数字相承而别也。"[④] 这种说法，在虚云大师与圆瑛大师已先后圆寂的今天看来，确已成为唯一不二的公论。

要研究印光的佛学思想，有必要先关注他生平中的几个重要转折点，他的净土修持、重要书信与著作。

[①] 陈海量在《印光大师小史》中言："郃阳古曰'有莘'。昔贤伊尹，躬耕其处，故大师俗讳'绍伊'，以志景仰。"参见陈海量编辑《印光大师永思集》，福建莆田广化寺佛经流通处，第14页。

[②] "印光"名字之意，或说是出自佛语"印海发光"。参见白郎编《茫茫归途——弘一大师印光大师绝世真言》，四川人民出版社，1995，第106页。

[③] 或也有视印光为净土宗十二祖的，但未得众许。太虚对此有言："依悟开法师所订者，（印光）应为十二祖。以印师在九祖后加行策为十祖，命终后，其学人依次递推，遂居十三。"参见太虚《中国佛学》，浙江省佛教协会，1994，第176页。

[④] 李炳南：《佛学问答类编》，载《净土丛书》第十五册，台湾印经处印行，1981，第608页。

一　印光生平与《印光法师文钞》的面世

史载,印光的个性刚毅,颖悟力强。他自幼即随兄治儒学,"颇以圣学自任,和韩(引注:韩愈)欧(引注:欧阳修)辟佛之议。"① 后来他的眼睛患疾,几至失明,继而猛省,转而专研佛典,始悟前非,顿革先心。

清光绪七年(1881年),印光在终南山南五台莲花洞寺落发出家,皈依道纯长老。次年,印光在湖北竹溪莲华寺晒经时,读到了残本《龙舒净土文》,"而知念佛往生净土法门,乃即生了生脱死之要道。"② 未久,印光在陕西兴安双溪寺受具足戒。在寺中,他因善书写,得以负责戒期中所有写法事宜,全力以赴后,"写字过多,目发红如血灌。……因此目病,乃悟身为苦本,即于闲时专念佛号;夜众睡后,复起坐念佛;即写字时,亦心不离佛。故虽力疾书写,仍能勉强维持。及写事竟,而目亦全愈。由是深解念佛功德不可思议,而自行化他,一以净土为归。"③ 他这种终极信仰的个体选择,被后人视为具有非凡的历史意义:"净土法门得以中兴,实肇端于此。"④

光绪十二年(1886年),年已26岁的印光赴北京怀柔,到净土道场红螺山资福寺专修净土念佛法门,发愿继承东晋时庐山东林寺慧远所创导的莲宗遗风,为此自号"继庐行者",以明其志。在其后的三年中,他"念佛正行而外,研读大乘经典,由是深入经藏,妙契佛心,径路修行,理事无碍矣"⑤。光绪十六年,他至北京龙泉寺任"行堂"一职。是年冬,他行脚东三省,于白山黑水中,持一钵而苦行。清光绪十七年,印光住圆广寺。

光绪十九年(1893年),普陀山法雨寺化闻法师到京恭请佛藏,印光与他相晤,并应他之邀约而伴行,南下到法雨寺,安单藏经楼。

光绪二十三年(1897年),印光与虚云法师会晤于法雨寺。是年夏,

---

① 真达等:《中兴净宗印光大师行业记》,载《印光法师文钞三编》(下),第1131页。
② 真达等:《中兴净宗印光大师行业记》,载《印光法师文钞三编》(下),第1132页。
③ 真达等:《中兴净宗印光大师行业记》,载《印光法师文钞三编》(下),第1132页。
④ 《印光大师画传》,《印光大师全集》第五册,第2798页。
⑤ 真达等:《中兴净宗印光大师行业记》,载《印光法师文钞三编》(下),第1132页。

应寺众的一再坚请，印光开讲《弥陀便蒙钞》，讲毕，即于寺之珠宝殿侧闭关修持。

光绪二十四年（1898年），印光在法雨寺闭关，写作《与大兴善寺体安和尚书》（日后成为《增广印光法师文钞》的首篇）。

同年，印光与到法雨寺凭吊化闻和尚的高鹤年居士（1872～1962年）初次晤谈，对高氏简略开示了净土宗信、愿、行的修持法。其后经年，印光与高鹤年两人多有信函往来与直接面晤交流，这也隐含了本欲隐居在普陀山法雨寺修持的印光日后得以名满天下的契机。

清宣统三年（1911年）夏，印光与太虚法师会晤于普陀山，印光颇嘉许太虚的诗文，作二偈赠之，太虚亦以二偈和之。

至民国元年（1912年），印光出家已逾30年。在此期间，他"始终韬晦，不喜与人往来，亦不愿人知其名字，以期昼夜弥陀，早证念佛三昧。然鼓钟于宫，声闻于外，德厚流光，终不可掩"①。是年，高鹤年居士携印光的数篇文稿，刊登于上海的《佛学丛报》，署名"常惭"。当时的印光虽未广为人知，文字般若却已引发了教内善根们的高度关注。

民国6年（1917年），徐蔚如居士印行《印光法师信稿》，内收《与其友》三函。次年春，徐蔚如居士在京印行《印光法师文钞》，内收文稿22篇。徐氏再至普陀山拜会印光，获稿颇多，并承佛友录稿寄达。

民国8年（1919年）秋，徐蔚如居士印行《印光法师文钞续篇》，内收文稿38篇。是年冬，徐氏与商务印书馆接洽，重付排印。次年，徐氏对《印光法师文钞》复有增益，于上海商务印书馆出铅印本，于扬州藏经院出木刻本。

民国15年（1926年），线装四册的四卷《增广印光法师文钞》由中华书局排印，是为正编《印光法师文钞》。其后，在上海佛学书局、苏州弘化社不断重印。随着《印光法师文钞》及其续篇的广泛流布，"由是而慕师道德，渴望列于门墙之善男信女，日益众多。"② 以至"各地闻风皈依者日必数起，且有函求训示者，日或数十封。（印光）虽精神矍铄，从容

---

① 真达等：《中兴净宗印光大师行业记》，载《印光法师文钞三编》（下），第1133页。
② 真达等：《中兴净宗印光大师行业记》，载《印光法师文钞三编》（下），第1134页。

应付"①。与其他佛门大师的文集不同，《印光法师文钞》及其续篇、三篇，主要由印光给四众弟子尤其是俗家弟子的书信组成，这也正是印光的弘教特点之一。

民国24年（1935年）2月1日，年已75岁的印光因"去冬夜校书于电灯下，目大受伤"而作《谢绝函件启事》，同时刊于《新报》《申报》和《佛学》（半月刊）上。但他的慈悲心决定了他不可能真正做到此点，故在圆寂前的几年，他还是写了不少传世的信文，结合来函者的各种人生遭际与信仰弥陀净土时遇到的各种问题来提供答案，以弘扬净土之教。文字平实无奇，是这些信文的最大特色。②

晚年的印光，为免声名之累及俗事之扰，多次在苏州报国寺长期闭关修持。

民国26年（1937年）初冬，日寇燃起的战火弥漫苏州城，年已77岁的印光难以继续于报国寺静修，遂顺灵岩山寺监院妙真和尚及众弟子恳请，移锡灵岩山寺安居。

民国29年（1940年）10月，印光提议妙真任灵岩山寺住持，获众僧赞同。十一月初四，他对妙真留下口头遗嘱："汝要维持道场，弘扬净土，不要学大派头。"后预感时至，③不复他语，只是念佛，在大众念佛声中安详西逝，世寿八十，僧腊六十。④

晚年的印光虽因《印光法师文钞》的流布而名声在外，却依然一如既往地淡泊名利。针对当时不少佛教僧众热衷经忏、追逐世俗名利和忽视修持的倾向，他个人明确提出了独具特色的"三不"原则，即"一生不与人结社，即中国佛教会，亦无名字列入"。"一生不收一剃度徒弟，不接住一寺"⑤。并终其一生而力行笃行贯彻之。在当时鱼目混珠、泥沙俱下的僧尼团体中，印光是佛门内名副其实的清流人物及其象征，他重实际修持，反

---

① 乔智如：《印光大师高行记》，载陈海量编辑《印光大师永思集》，第22页。
② 虚云法师对此评曰："不标新，不炫奇，所谓道在平常日用间"。参见《〈印光大师画传〉序》，载《印光大师全集》第七册，第527页。
③ 克尔凯戈尔在论及宗教预感时，有言："预感是尘世生命对更高处的怀念"。此语甚适合点评印光、弘一等高僧的临终预感。克氏之语，参见刘小枫主编《20世纪西方宗教哲学文选》（上卷），上海三联书店，1991，第453页。
④ 真达等：《中兴净宗印光大师行业记》，载《印光法师文钞三编》（下），第1143页。
⑤ 印光：《大师自述》，载《印光法师文钞三编》（上），第1页。

对铺张渲染，以文字般若的力量，以一己独立的风骨、人格、佛格的力量，以一己独立的严谨修持、身教重于言教的方式，对包括弘一法师等高僧在内的广大佛教信众产生了深刻的影响。

印光一生以往生净土为追求，蔑视来自世俗的各种荣耀，屡称："光无实德，若颂扬光，即是敛大粪向光头上堆。"① 强烈反对弟子们对自己的崇拜，反对他人称自己为菩萨。② 对来自政治层面的褒奖，印光也同样如此对待，如在民国11年（1922年），因印光的道行卓越，民国政府徐世昌总统特题赐"悟彻圆明"之匾，印光对此同样是淡然对之，若罔闻知，或又言增己惭愧。③

二 《净土五经》与弘扬净土

近现代的一系列战乱，令佛教典籍与佛教寺院受到了严重乃至毁灭性的破坏。印光对此痛心疾首，并发愿十分重视佛教文化与净土道场的建设，并为此而身体力行之。

民国11年（1922年），印光应定海县知事陶在东之邀，修订了《普陀山志》。接着，他又次第重修了《清凉山志》《峨眉山志》和《九华山志》，为佛教四大名山的文化建设，写下了浓重的一笔。

印光数十年如一日，募捐刻印和流通佛经善书无数，尤其在整理、刻印和赠送净土宗经典方面，做了大量的工作。在传统《净土四经》（即《无量寿经》《观无量寿经》《阿弥陀经》和《华严经·普贤行愿品》）的基础上，④ 他将《楞严经·大势至念佛圆通章》加入，扩为《净土五经》，广为刊印。他校勘了《净土十要》《净土圣贤录》等一大批典籍，并为此

---

① 印光：《致德森法师书三》，《印光法师文钞三编》（上），第5页。
② 如在1937年春，杨信芳女士梦见观音言"印光和尚是大势至化身，四年后化缘毕矣！"遭印光严斥，更不许其对别人说，"否则非我弟子"。参见陈海量编辑《印光大师永思集》，载《印光大师全集》第五册，第2462、2596页。
③ 印光对此评曰："悟尚未能，遑论圆明？瞎造谣言，增我惭愧。"参见于凌波《中国近现代佛教人物志》，第33页。
④ 净土宗所依的经典，与中国佛教其他宗派相比，是较少的，古时相传只有"三经一论"。在清朝咸丰年间，魏源居士将《华严经》最后的一卷即《普贤行愿品》列在三经之后，成为《净土四经》。

写了不同的序、跋，倾力刊印流通。民国 19 年（1930 年），他指示明道法师在上海觉园佛教净业社内创建"弘化社"佛经流通处。次年，该佛经流通处迁往苏州报国寺，影响盛极一时。

民国 21 年（1932 年），印光为灵岩山寺题额，恢复"灵岩寺"旧称，作《灵岩山寺永作十方专修净土道场及此次建筑功德碑记》，订立了五条规约：

一、住持不论是何宗派，但以深信净土、戒行精严为准。只传贤，不传法，以杜法眷私属之弊。

二、住持论次数，不论代数，以免高德居庸德之后之嫌。

三、不传戒，不讲经，以免招摇扰乱正念之嫌。堂中虽日日常讲，但不招外方来听耳。

四、专一念佛，除打佛七外，概不应酬一切佛事。

五、无论何人，不得在寺收剃徒弟。①

并规定凡有违以上任一条者，立即出院。此规约谴责"今人多多谋夺他人道场"，弘扬了"以己所有者让人"之举，② 进一步明确了住持传承不论宗派的开放原则，传承是只传贤，不传法，透露出了变革传统子孙传法制度的信息，是奠定灵岩山寺作为当代十方专修净土道场的根本举措。

成名后的印光，深明"法不自宏，宏之在人"③、"法不孤起，道在人宏"④ 之理，多次在上海、无锡、苏州等地讲经，⑤ 作提倡净土念佛法门的演讲，响应热烈。如民国 15 年（1926 年），年已 66 岁的印光住无锡佛学会内，三日间求皈依之男女弟子就达 200 余人。民国 18 年（1929 年），拟应广东皈依弟子之赴香港之请，后因江浙佛地信众尤多，应真达法师等的一再坚留，遂辞。同年十二月初八，在沪世界佛教居士林作开示（范古农居士作法语记录）。民国 25 年（1936 年）10 月，年已 76 岁的印光出关至上海觉园，

---

① 《印光大师全集》第二册，第 1285~1286 页。
② 《印光大师全集》第二册，第 1286 页。
③ 印光：《乌尤山寺新建藏经阁记》，《印光大师全集》第一册，第 688 页。
④ 印光：《三圣堂万年簿序》，《印光大师全集》第一册，第 599 页。
⑤ 印光深知"上海为全国枢要之地"。参见印光《〈上海世界居士林佛学研究丛书〉序》，《印光大师全集》第一册，第 572 页。

参加丙子护国息灾法会，讲三皈五依，收皈依弟子甚众。他在教内外的交往，一直以其人格与平实的传教而感人至深，并为社会所传颂。①

清末戊戌变法时，时任湖广总督的张之洞以《劝学篇》上奏清廷，主张改全国 70% 的寺庙、寺产为学堂及其财产。其后，各地占夺寺庙寺产作校产乃至占为私有的风波四起，并延续到了 20 世纪上半叶。面对这股由社会权贵力量所掀起的风潮，印光多次主持策划保护佛教庙产的举措，挺身护教。

民国 16 年（1927 年），因政界内有政客屡提庙产兴学之议，后又颁驱僧夺产的具体条例，印光特函呈时任内政部长的赵次陇设法，有关条例遂无形取消。后又继焦易堂居士等大力斡旋，始得将有关条例修正，僧侣得以苟安。

民国 24 年（1935 年），民国政府全国教育会议议决：将全国庙产作教育基金，寺庙全部改为学校。并将此议呈请内政部、大学院备案。时任中国佛教会理事长的圆瑛法师与大悲、明道法师及黄涵之、屈映光居士等，同往报国寺叩关请示印光，印光即以卫教相勉并示办法。闻言后的诸缁素即返沪开会，举派代表入首都请愿，教难得以解除。

民国 25 年（1936 年），印光支持、协助德森法师卫护江西寿量寺等地庙产，其时江西庙产危殆，三起风潮已历四载，是年始获保全，等等。②

印光以普度众生之心，常参与救灾等慈善事业，热心社会赈济，且不涉虚名。如民国 19 年（1930 年），他闻陕西荒旱，即汇银 1600 圆至郃阳赈灾。次年，他闻上年赈灾专款被人挪用 160 元设立"印光学校"与"圣量会"，不胜叹息，即于正月二十九日致函郃阳赤东村的村保长及族中父老，要求立即取消"圣量"名目，并另付 200 元作学校基金，此要求很快得以落实。类似的事例还有不少，此不赘述。

三 著作、重要论文与书信

《印光法师文钞》闻名于世后，随着时间推移，还出了"增广"版。

---

① 如 1927 年 10 月某日，印光在上海闸北太平寺，接受弘一法师的拜访，同来者有叶圣陶、周予同等七八人。叶氏以《两法师》一文记之，后该文收入中学语文课本，在社会上流布颇广，传颂者甚众。
② 以上事项参见真达等著《中兴净宗印光大师行业记》，载《印光法师文钞三编》（下），第 1135、1138 页。

妙真法师搜辑的《印光法师文钞续编》、罗鸿涛居士搜辑的《印光法师文钞三编》，也陆续面世。台湾广定法师搜辑的《印光大师遗教》之文，则与《印光法师文钞三编》多相同而不尽同。可以肯定的是，从《印光法师文钞》《印光法师文钞续编》到《印光法师文钞三编》所搜罗的文章，并非印光遗世文章的全部。考虑到当时社会的动荡，此当非个别孤立的个案也，印光部分遗文的再发现，还是可以期待来日的。

其后，广定法师更广搜印光文稿及有关的纪念文章，编辑成《印光大师全集》六册，后又出"增订"版共七册传世，是研究印光的思想与生平的权威资料汇集。

《印光法师文钞》的面世，直接奠定了印光在净土宗的地位，是促进中国近现代佛教复兴的最重要的信仰文本之一，其价值与意义明显，其影响远远超出了印光本人所生活的时代。

传印法师指出，《印光法师文钞》在中国现代佛教史中的地位十分重要和关键：

> 被誉为"小三藏"。实为末法之慈航，暗夜之明灯，是现代众生修习佛法尤其净土法门之最佳指南。[1]

于海波先生则从学术的角度指出：

> 《印光法师文钞》是清末民国时期本愿净著述的集大成者，具有气势磅礴的特点，它的出现，极大地丰富了善导流本愿法门的学说，是清末本愿净著述复兴的重要标志之一。[2]

在印光圆寂的前后，不仅是《印光法师文钞》在佛教信众中风行，而且根据《印光法师文钞》编选出的各种语录体著作，较之《印光法师文钞》的风行，有过之而无不及。在这些语录体的著作中，有《印光大师嘉言录》

---

[1] 传印：《〈印光法师手书金刚经〉刊印缘起》，载《印光法师手书金刚经》，中国书店，2012，第1页。
[2] 于海波：《清代净土宗著述研究》，巴蜀书社，2009，第265～266页。

《印光大师嘉言录续编》《印光大师文钞菁华录》《印光大师法语》(以上收录在《印光大师全集》第四册),《印光大师开示》《印光大师言行录》《印光大师遗墨》(以上收录在《印光大师全集》第五册)和《印光大师遗教摘要》(收录在《印光大师全集》第六册)等,类似著作的版本之多、印数之巨,在 20 世纪的佛教界,无人能出其右。另外,印光法师的部分单篇论文、书信和往生人物记等,也为不少史料论著编选集所收录。

印光生前就极力反对对自己的所有颂扬性文字。① 即使如此,有关他的纪念文章还是如雨后春笋,层出不穷,尤其在他身后,已经结集的有《印光大师永思集》《印光大师永思集续编》(以上收录在《印光大师全集》第五册)和《印光大师纪念文集》(增订本)(收录在《印光大师全集》第七册)等,内中的有关文章,对于了解印光生平、研究印光的思想和近现代的中国佛教思潮与流变,是不可忽视的重要史料。

在印光逾百万言的论著与书信中,最能体现其思想核质的重要论文与书信有《净土决疑论》《净土法门普被三根论》《"宗""教"不宜混滥论》《佛教以孝为本论》《因果为儒释圣教之根本说》《普劝戒杀吃素挽回劫运说》《一函遍复》《临终三大要》《净土指要》《家庭教育为天下太平之根本发隐》《人字发隐》《〈净土五经〉重刊序》《复弘一法师书》《与大兴善寺体安和尚书》《复安徽万安校长书》等。通过这些论著与书信,可以把握到印光作为一代宗师的信仰指向及其所思所想。

记载印光思想的文本,如一切有影响的文本一样,有着巨大的影响力,《印光法师文钞》及其续编、三编(随着新佚文的不断发现,还出了"增广"版),收录了印光逾千的书信、论文、演讲录,文字逾百万,在过去的数十年间不断重印,在 20 世纪的后 70 年至今天,对海峡两岸和华文圈的佛教四众,产生了相当广泛的影响,尤其对当代居士佛教的影响更大。

时至今日的网络时代,《印光法师文钞》等文本更通过现代快捷的互联网,在全球的汉传佛教界产生巨大的影响。

---

① "(印光)生平不求名誉,他人有作文赞扬师德者,辄痛斥之。"参见弘一《略述印光大师之盛德》,《索性做了和尚——弘一大师演讲、格言集》,上海三联书店,1995,第 75 页。

第三章　印光的弥陀净土思想

包括人在内的众生，有生必有死。死亡是神秘的，故死亡事实对于自古到今作为类的人，始终都是一个因人因时因地因文化之异而有不同解法的谜。回顾历史，总结现实，死亡作为一种不可回避的事实，每每给有正常心智的主体带来心灵上的最大震撼，给主体的自主意识带来最深刻的恐惧，相应的问题也就步死亡事实接踵而来：不可否认也不可回避的死亡是合理的吗？在不可避免的生命终结之前，人的精神就是完全无能为力的吗？死亡是否就意味着个我生命的彻底断灭？死亡是否表明一种永恒的沉寂？如何超越死亡而获得安身立命之所？如何彻底安顿身心？如何超越死亡所带来的恐惧？等等。对于这些问题，由佛陀原创的佛教，提出了独特的解释模式，进而开出了异于世俗常识的特殊的信仰理路。

在这方面，印光尝自书"念佛待死"[1]这四个字，将自我在面对死亡时的被动状态，通过虔敬的弥陀净土信仰而转化为主动，进而消除对死亡的恐惧。这四个字是他主张在弥陀净土中了生脱死的高度凝练语。

一　佛法教人了生死

在20世纪三四十年代，经历过抗日战争时期的出家僧尼或在家居士，多知在印光法师的墨迹中，有两幅著名的中堂，即《死字中堂》与《生字中堂》。

---

[1] 乔智如在《印光大师高行记》的悼文中有言："永嘉周孟由昆季，至山参访，见寮房门上书有'念佛待死'四字，知其中必有高人，叩关顶礼，始知即公（引注：印光）。"参见乔智如《印光大师高行记》，载陈海量编辑《印光大师永思集》，第21页。

第三章　印光的弥陀净土思想

这两幅中堂所书的内容，分别是：

死——学道之人念念不忘此字，则道业自成。释印光书　时年八十①

生——若生西方，庶可与佛光寿，同一无量无边矣。智生鉴　印光书②

它们之所以著名，在于《死字中堂》道出了净土宗信仰成立与存在的前提，那就是死亡对于包括人在内的有情生命的定性，念念不忘死的定然，才能萌生出强烈的永生追求并实现之，成就往生弥陀净土的道业。在印光看来，欲修净土者，必须明晓一个"死"字"好得很"，"直须将一个死字，挂到额颅上。"③ 又说，净土法门"亦无奇特奥妙法则，但将一个'死'字贴到额颅上，挂到眉毛上"④。这是他的夫子自道，也是他对净土信众的要求。《活字中堂》则指出成就道业的具体结果，即往生到西方极乐世界，与佛拥有同一无量无边的寿命，这也就是净土宗信众修持的终极目标。

印光对生死的敏感，对往生的强烈期盼，源自对人生短暂的明确认识。他个人出家的契机就在于"悟世无常，八苦是良师"⑤。平日与人交流，他经常就生命的短暂而警示同道：

光阴迅速，时序更迁。刹那刹那，一念不住。⑥
光阴短促，人命几何？一气不来，即属后世。⑦

现世的生命是如此的脆弱，所谓人的生命"一气不来，即属后世"之说，秉承的正是佛陀的思想。在佛陀的恢弘而颇具沧桑感的时空观中，相比于浩瀚

---

① 印光：《死字中堂》，《印光大师全集》第五册，第2892页。
② 印光：《生字中堂》，《印光大师全集》第五册，第2893页。
③ 印光：《复宁波某居士书》，《印光大师全集》第一册，第253页。
④ 印光：《复邓伯诚居士书二》，《印光大师全集》第一册，第50页。
⑤ 陈海量：《印光大师小史》，《印光大师永思集》，第14页。
⑥ 印光：《示某比丘尼》，《印光大师全集》第一册，第783页。
⑦ 印光：《复张云雷居士书一》，《印光大师全集》第一册，第262页。

的宇宙，包括人在内的一切生命不仅是渺小的，而且生命自身的生死距离，也是十分短暂的。对此，在最早传译到中国的佛经即《四十二章经》①中，有这样一段发人深省的对话：

> 佛问诸沙门："人命在几间？"对曰："在数日间。"佛言："子未能为道。"复问一沙门："人命在几间？"对曰："在饭食间。"佛言："子未能为道。"复问一沙门："人命在几间？"对曰："呼吸之间。"佛言："善哉，子可谓为道者矣！"②

人的一生，不论是长寿如彭祖，或是夭折似遗腹，生与死的距离，只不过是在呼吸之间——佛陀的这项关于生命短暂的比喻之妙，较之庄子的"人生天地之间，若白驹之过隙"（《庄子·知北游》），有过之而无不及，更能促使求道者对生死有一种发自内心的深刻而又强烈自觉的迫切感。唯有如此的迫切感者，才堪"为道者"，进而在摆脱无明的遮蔽和诸多痴心虚求的相缠，终得以觉悟，才可能深知短暂的个我人生，虽似有千头万绪千万事要做，但既然人生天地间不过是短如呼吸间，时不我待，那就唯有把握那仅存于呼吸之间的一线生机时，去"了生死"之事，才是人生头等的大事。

印光生活的年代，从1861年到1940年，那是一个尤其轻贱生命——包括人和动植物所有众生的生命——的年代，自第一、第二次鸦片战争发生后，先后经历了惨烈的鸦片战争所导致的外敌入侵、太平天国洪杨事变、八国联军入侵、晚清崩溃前的各种起义、民国军阀混战、1924～1937年的两次国内革命战争、中国抗日战争等，都先后发生在这个轻贱人命如草芥的年代。仅是持续8年的中日战争时期，就直接或间接地导致了1500万～2000万中国人的死亡。③

将时间拉长一些，在1931～1945年的抗日战争时期，中国军民共伤亡

---

① 印光称誉此经"文义明显，人易领会"。参见印光《〈佛说四十二章经〉新疏序》，载《印光法师文钞三编》（下），第774页。
② 《四十二章经》，载《大正藏》第十七册，第724页。
③ 费正清、费维楷编《剑桥中华民国史1912～1949年》（下），刘敬坤等译，中国社会科学出版社，1998，第623页。

3500多万人；在1931年9月至1945年9月，共歼灭日军155.8万余人。①这也正是中华民族最濒于生存危亡边缘的一段非常时期，是5000年以来前所未有的大变局时期。生活在这么一个天灾尤其是人祸频繁不断的时代，印光耳闻目睹的人命如草芥、众生朝不保夕的状况，而接踵而来的天灾尤其是人祸所导致的非个别而是巨大团体人群的横死（如南京大屠杀），更使生命的无常与死亡显得格外触目惊心。面对斯时斯景，一个人能够生存活着，多自认是一种侥幸。印光则依据佛教因果律来看待无常的世界，指认这是一种宿业所致，从而更激起了求道之心与修道之业的迫切感。对此，印光有这么一段夫子自道：

> 今之时，是何时也？南北相攻，中外相敌，三四年来，人死四五千万。自有生民以来，未闻有如此之惨凄者。又复风吹、水冲、地震、瘟疫，各处频频见告；又兼水旱，不一年中，每兼受其灾，诸物之贵，比昔几倍。当斯时也，幸而得生，敢不竭力专修净业，以期往生净土乎？！敢以幸得之身，游逸其志，不注定一法，而泛泛然致力于不契时机之法门乎？！②

进一步来说，不论是生命的非自然死亡（横死）或是自然死亡（好死），死亡对于有自主意识的人，都是最惨烈的。印光直接道出了死亡给人所带来的惨惧及其不可回避性：

> 世间最可惨者，莫甚于死。而且举世之人，无一能幸免者。③

正因为在死亡面前，人皆不可逃避，于是，印光发出了具有浓烈宗教意味的永恒之问：

> 然人生世间，无论久暂，终有一死。其死不足惜，其死而所归之

---

① 中国国家博物馆《复兴之路》展板所提供的数字。参见黄家章博客，http://blog.sina.com.cn/s/blog_5222c19e010184i7.html。
② 印光：《复永嘉某居士书五》，《印光大师全集》第一册，第119~120页。
③ 印光：《临终三大要》，《印光大师全集》第二册，第1134页。

处，可不预为安顿乎？①

这项永恒之问，也就是印光思想的原点。归根结底，他的思想与修持就是要给这项永恒之问提供一项信仰性的答案，在信仰中安顿生命，在信仰中一劳永逸地寻到一种永恒的安身立命之所。

要达到安顿生命的目标，作为净土宗人的印光，径路是回到佛陀的教义中。

2000多年前的释迦牟尼，正是困惑于人的生、老、病、死，②痛感生命的无常，死亡的不可抗拒，③才弃王位而去寻求解脱之道，并最终获得觉悟的。佛陀的教义指出，在现世此界生活的众生，都不可避免地要经历"四苦"即生、老、病和死之苦。在这"四苦"中，从时间次序上看，死亡之苦是位居最后的，却又是最关键的，因为对众生的生命体而言，死是一种合乎因果律的结局，是今生今世的生老病诸苦的最终归结。释迦牟尼悟道前的沉思与悟道后的宣教，始终是围绕着如何使众生解脱苦难、了生脱死的这个核心问题而展开的，这个核心问题是如此重要，问题的最终解决又是如此迫切，使得在此之外的对其他玄学论题的探讨，都变得无关紧要了。④按佛陀的教义，死亡是个我此生的一种合乎因果律的结局，是生老病诸苦的最终归结，由于生命的轮回流变，非觉悟者的死亡就意味着转世，死亡并不是生命的一种彻底断灭和永恒沉寂，却是个体生命在现世此生中，能否彻底断灭生老病死诸苦的一个最关键的转折时刻，据此也就可得出向上或向下的正负不等、不尽相同的结果。佛陀为此悟出了能使人出脱生老病死这"四苦"的"八正道"，即正见、正思、正语、正行、正命、

---

① 印光：《复黄涵之居士书一》，《印光大师全集》第一册，第311页。
② 对于释迦牟尼首次直面死亡的场景，《佛本行经·现忧惧品第九》是如此记述的："天化命过人，宗亲随丧车，披发而啼哭，问曰是何等？以至诚示吾。尔时诸侍御，便为具足说：日迫至枯老，痛流精汗竭，八节之利锯，镌刻寿命树。……普世死所执，如何畅笑语?!"参见《大正藏》第四册，第64～65页。
③ 《中阿含经》对"死"的定义是："命终无常，死丧散灭，寿尽破坏，命根闭塞，是名'死'也。"参见《大正藏》第一册，第462页。
④ 佛陀认为探讨诸如"世有常，世无有常？世有底，世无底？命即是身，为命异身异？"等玄学论题，是徒老无益之举，就如同面对被箭所伤者，不是首先考虑拔去箭头加以治疗，而是先去考究箭的构造、弓的形状等问题。参见《中阿含经》，载《大正藏》第一册，第803～805页。

正方便、正念和正三昧。① 佛陀所言及的苦、集、灭和道谛的四谛说，则宣示了能否解脱生死的奥蕴。然后，关键就是主体的信仰觉悟与修持选择了，即：

> 今有四谛法，如实而不知，
> 轮转生死中，终不有解脱。
> 如今有四谛，已觉已晓了，
> 已断生死根，更亦不受有。②

佛教信众之所以生信，之所以要修持，就是要消除死亡给人的自主意识所造成的最深刻恐惧，了生脱死。从根本上言，佛法给世人提供的，正是这么一条直面死亡而又引导人了生脱死的途径。

这种意识，在佛教传入中国后，在一代又一代佛门人的信仰觉悟中获得了广泛的共鸣，如晚明佛教四大师之一的憨山在《梦游集》中，就说得很明白：

> 从上古人出家本为生死大事，即佛祖出世，亦特为开示此事而已，非于生死外别有佛法，非于佛法外别有生死。所谓"迷之则生死始，悟之则轮回息"。③

既然在生死之外没有佛法，佛作为能通过佛法而"了生死"的觉者，是超越轮回的觉悟者。每一代人中每一位与佛有缘者，依然通过佛教教义来寻求解脱生死的智慧与途径。在19世纪下半叶与20世纪上半叶，印光就是他们中的典型代表，他承接佛教尤其是中国佛教净土宗的历史思想，直接道出了佛陀说法的终极目标：

> 生老病死，人各具有，如来说法，首先陈之。盖欲令众生悟出苦

---

① 《增一阿含经·四谛品》，载《大正藏》第二册，第631页。
② 《增一阿含经·四谛品》，载《大正藏》第二册，第631页。
③ 憨山：《示妙湛座主》，《憨山老人梦游集》卷三，载《续藏经》第七十三册，第476页。

印光思想、净土信仰与终极关怀

之要道，证本具之佛性，由兹永离幻苦，常享真乐也。①

如来……说法度世，愿欲一切众生直下了生脱死，亲证无上觉道而已。②

佛法原是教人了生死的，非只当一种高超玄妙话说说。③

换言之，如果人不是必有一死，那么，类似于净土宗这样一些专注于解决生死问题的宗教，就失去了存在的前提基础。就世间法而言，一个有为者对死亡的恐惧，有时不我待的紧迫感，往往是其在俗世建功立业、追求成功的原动力。就出世间法而言，一个智者对死亡的恐惧，则是其追求宗教觉悟的最深层也最弥久、最强大也最丰富的原动力。佛陀如此，耶稣如此，印光亦如此。2000多年前如此，2000多年过去了，今天也还是如此。故印光根据佛教的有关教义，作了以下判认：

北俱卢洲之人，了无有苦，故不能入道。南阎浮提苦事甚多，故能入佛道，以了生死者，莫能穷数。使世间绝无生老病死、刀兵水火等苦，则人各醉生梦死于逸乐中，谁肯发出世心，以求了生死乎?!④

"北俱卢洲"（梵文 Uttarakuru）是印度佛教所言的"四洲"中最胜的一洲，该洲形如椅面或伞盖，其居民寿足千岁，平等安乐，唯无苦难领受，故无佛出世。而"南阎浮提"即"四洲"中的"南赡部洲"（梵文 Jambudvipa），该洲形如车厢，其居民勇猛强记而能造业行，能修梵行，有佛出其土。⑤

印光据此理而反观现实世界，说明此世间时时发生的生老病死、刀兵水火等苦，正是追求脱苦出世的必要导引。生活在现实世界的有情众生，都想避苦趋乐，但众多的苦难对于众生却是如影随形，就其过程而言，具体是：

---

① 印光：《法雨寺建如意寮募缘疏》，《印光大师全集》第一册，第434页。
② 印光：《复陈锡周居士书》，《印光大师全集》第一册，第67页。
③ 印光：《复唐大圆居士书》，《印光大师全集》第一册，第202页。
④ 印光：《复袁福球居士书》，《印光大师全集》第一册，第217页。
⑤ 参见《阿毗达磨俱舍论》卷十一，载《大正藏》第二十九册，第57~61页。

> 婆婆之苦，无量无边，总而言之，不出"八苦"，所谓生、老、病、死、爱别离、怨憎会、求不得、五阴炽盛。此八种苦，贵极一时，贱至乞丐，各皆有之。①

就苦的表现形式作分类，主要是有"三苦"：

> 此世界苦，说不能尽。以"三苦"、"八苦"，包括无遗。"三苦"者，一苦是"苦苦"；二乐是"坏苦"；三不苦不乐是"行苦"。"苦苦"者，谓此五阴身心，体性逼迫，故名为"苦"。有加以恒受生老病死等苦，故名"苦苦"。"坏苦"者，世间何事，能得久长？日中则昃，月盈则食，天道尚然，何况人事？乐境甫现，苦境即临。当乐境坏灭之时，其苦有不堪言者，故名"乐"为"坏苦"也。"行苦"者，虽不苦不乐，似乎适宜。而其性迁流，何能常住？故名之为"行苦"也。举此"三苦"，无苦不摄。②

诸苦对于众生如影随形，众生不堪忍受，本能地表现出了趋乐避苦的意愿与行为选择——醉生梦死，正是其中的一个极端。③

而诸佛对众生所不可逃避的痛苦，则有另一种态度和取向：

> 诸佛以八苦为师，成无上道。是苦为成佛之本。④

对作为觉悟者的诸佛而言，现世之苦就成为一种动力，成为转苦为乐、转愚为智的直接催化剂。可见苦难是学道的最直接的契机，反之则不然，印

---

① 印光：《复陈锡周居士书》，《印光大师全集》第一册，第69~70页。
② 印光：《〈初机净业指南〉序》，《印光大师全集》第一册，第514页。
③ "对生命抱持希望是明智呢，还是愚不可及的行为？这问题要视人死后还有没有希望。……同类的死使人知道有一天自己也会死。所有的希望如果因死亡而终结，那么任何希望都是愚蠢的。寄望一个不可靠的不论再美好过一天也就接近死亡的一天的未来是多么愚不可及！在这种情况之下，正确的生活艺术不是'今朝有酒今朝醉'，还能是什么？"参见〔德〕孙志文《现代人的焦虑和希望》，陈永禹译，三联书店，1994，第120~121页。
④ 印光：《复袁福球居士书》，《印光大师全集》第一册，第217页。

光对此有言："富贵难学道……良以富贵之人，骄慢成性，奢侈为心；尚不能谦光待物，卑以自牧。有何能息虑忘缘，虚心求道乎?!"[1]

死亡作为有情众生苦难的极致与聚焦点，黄泉路上无老少，概莫能外。佛教教义直截了当地指出这一问题，对于求觉悟的智者或求归宿的信仰者，无疑有着棒喝警醒、醍醐灌顶的作用。这，既是智者通过觉悟来求解脱的原动力，也是信仰者通过信仰皈依来求解脱的原动力。即使对于未知未觉者，要认可死亡的事实，首先带来的也是一种压倒一切的巨大的恐惧。

那么，死之后何往？魂归何处？依据佛理，生命是轮回的，死亡不是终结，不是结束，死亡只是轮回流变的一个关节点，是再生的一个关键点，故印光有言：

> 实则"死"之一字，原是假名。以宿生所感一期之报尽，故舍此身躯，复受别种身躯耳。[2]

依佛教的轮回转世观看来，死亡不过是舍弃现有的此身躯而复受别种身躯而已。对于人而言，轮回转世的再生有二途：其一是消极的、否定性的再生，即在六道内转世轮回，循环往复，无穷不已。[3] 其二则是积极的、肯定性的永生，即往生净土。佛教的转世说，从因果链条的连续序列中说明生命的来龙与去脉，简明言之，一要说明"我从哪里来？"二要说明"我到哪里去？"

> 知死生之可悲，当求所以了生死之法，则可悲者，转为可乐也。

---

[1] 印光：《示某比丘尼》，《印光大师全集》第一册，第784页。
[2] 印光：《临终三大要》，《印光大师全集》第二册，第1134页。
[3] 莫言的著名小说《生死疲劳》中所描述的主角人物西门闹及其生死的故事情节，就是在六道轮回的框架内展开的。这里的关键节点有二，一是生，二是死；生与死的要义则是疲劳，是疲劳不堪。莫言的这样一种文学描述，其灵感起源于佛法的启示，其寓意则蕴涵着东方思维尤其是佛教思维的精髓。对生死的这样一种思维与智慧，在西方世界以基督教为主的语境中，并不易被理解，这方面很典型的一个事例是《生死疲劳》在被翻译成瑞典文时，书名已被改成《西门闹跟他的七次人生》。参见陈文芬《莫言听少年说故事》，香港《明报》月刊，2013年1月号。

若不求了生死之法，徒生悲感，有何所益?!①

既然有生必有死，既然生死为人生的头等大事，既然转世可以通过弥陀净土修持来避免，那么，如何在生命的轮转中转悲为乐？这也就是最关键之所在。印光的佛学思想，始终是围绕着了生脱死这个解脱论的核心问题而展开的，他之所以推崇净土宗的念佛法门，原因只有一项，仅在于：

念佛之人，不贪生，不怕死。②

念佛人做到了既不贪生又不惧死，也就勘破了生死。

二　末法时代的净土法门

印光秉承大乘佛教尤其是净土宗的教义，认为令常人感到恐惧的死亡，只不过是一种轮回流变，是生命种类角色的一种变换与生存领地的一种迁徙，现世的生存只是生命流变中的一个驿站。这种生命流变也就是"六道轮回"，死亡也就意味着另一种复生：

须知自己一念真性，本无有死。所言死者，乃舍此身而又受别种之身耳。若不念佛，则随善恶业力，复受生于善恶道中。③

这种复生，必须有足够作为生命体的"六道"周旋轮回的浩瀚空间与无限的时间。佛教教义对"世界"的定义认识，已经保证了此点。按佛经所说："世为迁流，界为方位。汝今当知东西南北、东南西南、东北西北，上下为界；过去未来现在为世。"④ 三世的时间观念，打通了过去、未来与现在的分隔，从而使接纳此观念者，能形成或是唤醒一种前后贯通的如梦后大醒般的感受，从而有别于那些拘泥地站在现实土壤上而毫无宗教感的

---

① 印光：《〈净土问辨功过格合刊〉序》，《印光大师全集》第二册，第1190页。
② 印光：《陈了常往生事迹发隐》，《印光大师全集》第一册，第735页。
③ 印光：《临终三大要》，《印光大师全集》第二册，第1335页。
④ 《楞严经》卷四，载《大正藏》第十九册，第122页。

印光思想、净土信仰与终极关怀

人,后者极易产生一种类似前无古人、后无来者的无所依傍的孤独感。对于"善恶道",印光据佛经所言,具体地加以说明:生命降生于"善道",即生于"人道"与"天道";降生于"恶道",即生于"畜生道""饿鬼道"和"地狱道";如生于"阿修罗道",则是善恶道交集。生命如不能超脱轮回,那就会轮回转世于这六道中,周而复始、循环往复、毫不间断,也就是佛法所言的"六道轮回"。

在印光看来,在有情众生的生命流变历程中,存在着"四难",即"人身难得,中国难生,佛法难闻,生死难了"[1]。这"四难"的难度,呈连续递加的趋势。中国净土宗信众此生能转世为人而非"恶道",能降生中国而非外国,进而在中国得以听闻佛法尤其是净土佛法,皆是宿世修为之幸报。信仰觉悟之所系,出离轮回也就成为净土宗信众的无上追求,他们生命历程的关键,在于了生死。即使面对的是生死难了,难了还须了。印光推崇净土信仰的使命,尽在于此。

随之而来的问题就是,既然要了生死,那么,了在何方?用世俗的语言而论,既然死亡不是永恒的寂灭,那么,死者又应魂归何方?对此,一种学说是否提供一种超现世超现实的终极性设定与信仰,也就是宗教学说与世俗学说的主要分水岭之一。

净土信仰及其后兴起的净土宗,给出的超现世超现实的终极设定是"净土"。"净土"即佛土,全称清净土、清净国土、清净佛刹,是佛所居住的世界,是脱离一切恶行、烦恼和垢染的处所,是净土宗的信众超脱生死与拔离苦难的最理想领地。与净土相对存在的则是秽土,秽土包括欲界、色界和无色界等三界,三界为不完满、不周延、充满痛苦的"迷界":"三界无安,犹如火宅,众苦充满,出离莫得。"[2] 两者对比是如此的强烈,故让人信仰净土、修持念佛的最好途径就是:"宜常与谈说六道轮回之苦、极乐世界之乐。"[3]

佛有十方佛,净土有十方净土。印光发愿往生的是弥陀净土。

在现存的大乘经论中,约有1/3共200多部的经论,有阿弥陀佛及其

---

[1] 印光:《印光法师开示》,《印光大师全集》第五册,第2241页。
[2] 印光:《〈佛说轮转五道罪福报应经〉集解题词》,《印光大师全集》第一册,第810页。
[3] 印光:《复周孟由昆弟书》,《印光大师全集》第一册,第337页。

净土的记载。"阿弥陀"为梵语音译,"阿"意译为"无","弥陀"意译为"量","阿弥陀"意译为"无量"。按佛教的经论所载,阿弥陀佛寿命无尽,妙光无边,是三世十方无量诸佛的总象征,故称"无量寿佛""无量光佛"和"无量佛"等。"见无量寿佛者,即见十方无量诸佛。"① 具究竟完全义。② 阿弥陀也是由人修行而成佛的,据《无量寿经》所载:过去有一国王,听"世自在王佛"说佛法,即发大菩提心,弃国王位,向道出家,名为法藏。他在佛前发愿,得以睹见二百一十亿佛土。其后他潜心思维五劫,取诸佛国中最殊胜者,凝练为"四十八愿",并以此为成就净土的蓝图。再经历无数劫的修行,终于愿行圆满,入于佛位,号阿弥陀。阿弥陀佛所成就的净土,自此世间向西而去,经过十万亿佛土之彼方,名为极乐世界,按《阿弥陀经》所载:"其国众生,无有众苦,但受诸乐,故名极乐。"与其他净土相比,弥陀净土可谓最殊胜的净土,是众生最易往生成佛的净土。③ 这也是包括印光在内的历代净土宗的宗师们,何以发愿往生弥陀净土的最主要缘由。

从切合时代与信众的根机来探究,印光还强调指出,因为现时代是佛教的末法时代,人的根机驽钝④,故只能选择弥陀净土作为信仰与往生的不二法门。

根据佛门内的通行之说,印光对自我生活时代的定位是末法时代:

> 佛灭度后,法有三时,谓正、像、末。具教、行、证三,名为正法;但有教、行,名为像法;有教无余,名为末法。⑤

"教"是佛所晓谕的言教,"行"是信众修持佛之教法,"证"是信众通过

---

① 《观无量寿佛经》第九观,载《大正藏》第十二册,第343页。
② 按印顺法师的研究结论,对"无量光佛"即阿弥陀佛的崇拜,与对太阳的崇拜相关。参见释印顺《净土与禅》,正闻出版社,第22~23页。
③ 陈扬炯先生通过比较研究,指出弥陀净土作为大乘佛教的理想国,与儒家的大同世界和基督教的天堂等相比较,可谓是传统信仰中最美妙的理想世界。参见陈扬炯《中国净土宗通史》,第83~85页。
④ 作为印光第一高足的德森法师,就自认为"业障深重之最极钝根""驽钝之净业行人"。参见德森《念佛摄心偈》,载《印光大师全集》第二册,第1413~1414页。
⑤ 窥基:《大乘法苑义林章》卷六,载《大正藏》第四十五册,第344页。

修行而得以证悟佛理。关于"三时"的时限，则有多种说法，按唐朝怀感引诸经论所述，"正法千年，像法千年，末法万年。"① 印光的此说，与传统说法相符。从正、像、末法时代的内涵与外延来看，似是厚古薄今之说，却真切地反映了佛陀对无常的觉悟是彻底与通脱的。

时代不同，人亦不同。印光指出，释迦牟尼佛驻世时，十人修行就有九人可以成道，因为生活在正法时代的人，天性淳厚，有很猛利的根机，仗自力就可以了生死。随着时间的推移，众生业障的逐渐增加，人的根机也就逐渐陋劣下来了。佛教传到中国后，到了晋唐时，虽还有那种仗自力就可以了脱生死的人，但已是越往后越少了。到了末法时代，谁欲再仅仗自力去断烦恼、了生死，已不可能。② 末法时代的特征之一是"人根陋劣，寿命短促，知识希少，邪外纵横"③。时代不同，对不同的求佛法者，也应根据其根机的不同而作不同的接引。历史上，释迦牟尼说法四十九年，就是随顺机宜而说法的："大机则示以五蕴皆空、六尘即觉，毕竟一法不立，直下万德圆彰。小机则曲垂接引，为实施权，令其渐培佛种，以作得度因缘。"④ 何为大机上根？何为小机下根？"上根如文殊、普贤之俦，下根如五逆、十恶之辈，皆为净土法门所摄之机。"⑤

据于弥陀净土是最殊胜的净土，也据于生活在末法时代不可能仅仗自力去了生死，印光自我确认的自觉使命，就是在坚持个人修持的基础上，根据末法时代的种种特点来弘传弥陀净土的法门。

概括言之，弥陀极乐净土如何可能？这是净土宗的神秘不可说的第一义，是根据内在的信仰修持与觉悟而获得的自足。极乐净土是出世间法所追求的终极世界，是不可以用常识世间法来质疑的。印光始终坚持这种思路，并以此为极乐净土信仰辩护。如有人尝以"物极必反，乐极生悲"这么一条世间"公理、公则"来质疑："西方以极乐名，然则亦反乎悲乎？"印光的回应是：倘就世间法而言，确是"物极必反，乐极生悲"的，因为

---

① 《释净土群疑论》卷三，载《大正藏》第四十七册，第48页。
② 参见印光《由上海回至灵岩开示法语》，《印光大师全集》第四册，第2204~2205页。
③ 印光：《〈阿弥陀经〉白话解释序》，《印光大师全集》第一册，第606页。
④ 印光：《陕西南五台山大觉岩西林茅篷专修净业缘起记》，《印光大师全集》第一册，第634~635页。
⑤ 印光：《吴淞佛教居士林发隐序》，《印光大师全集》第一册，第589~590页。

世间的人身有生、老、病、死，世界有成、住、坏、空，不论是因或是果，都有生灭。但净土世界则不然：

> 极乐世界，乃阿弥陀佛彻证自心本具之佛性，随心所现不（可）思议称性庄严之世界，故其乐无有穷尽之时期。……以根身则莲花化生，无生、老、病、死之苦；世界则称性功德所现，无成、住、坏、空之变。虽圣人亦有所不知，况以世间生灭之法疑之乎？！①

信仰无须常识检验，出世间法不可能由世间法推导出来，极乐净土世界不属于"现量"或"比量"范畴，因其出于佛陀之口而属于不容置疑也不必论辩的"圣量"范畴，净土信仰因此独立于有缺陷的现实世间外，保持着极乐世界理想的庄严。在这种信仰主导的领地上，怀疑与论辩就不显其长而只呈其短，大道不须辩，"佛言：世智辩聪，不可入道。"② 换言之，信仰是先验与超验的，不可辩也不必辩。

三　唯心净土与彼岸净土的统合

从净土信仰的流变来看，对净土的界定，还有一个大问题是：净土是弥陀净土还是唯心净土？

按照历史上流行的禅宗的观点，强调的是"唯心净土""自性弥陀"。当这种强调到了绝对肯定时，也就可以导出对西方净土的否定性结论：唯心净土则无西方净土，自性弥陀则无西方弥陀。佛教的净土信仰也就成为对纯然内在心性境界的自觉把握，而非皈依阿弥陀佛的信仰与往生于弥陀净土。

印光从净土宗信仰的原点出发，直斥这种观点是"一班担板汉、脱空汉"说的一些"似是而非之邪见"③。他认为，唯心净土与西方净土、自性弥陀与西方弥陀的关系，是统一而非矛盾、同在而非异在的。

---

① 印光：《复冯不疚居士书》，《印光大师全集》第一册，第 344~345 页。
② 印光：《复冯不疚居士书》，《印光大师全集》第一册，第 349 页。
③ 印光：《答曲天翔居士问二十七则》，《印光大师全集》第二册，第 1357~1358 页。

印光思想、净土信仰与终极关怀

印光从心本与弥陀同一的角度来看待唯心净土：

> 心本无象，而森罗万象皆由心现；心本非法（"法"即事也，世间凡可以名目者通谓之"法"），而一切诸法，皆由心现。故曰：无象而为万象之主，非法而为诸法之宗（"宗"者，归趣之义，如江汉朝宗于海；又主质之义，以诸法莫不以心为体故）。①

如此以"心"为本，就可依本体而论"心"："夫'心'者，即寂即照，不生不灭，廓彻灵通，圆融活泼，而为世出世间一切诸法之本。虽在昏迷倒惑具缚凡夫之地，直下与三世诸佛，敌体相同，了无有异。"② 印光这里所言及的"心"，乃本体之心，"'心'字，指常住真心而言，非随缘所起之'习心'也。'习心'，乃情染耳，非本体也。"③ 本体之心、常住真心不同于随缘所起之"习心"。如果将"习心"当作本体之心，"谓'既悟自心，当处便是西方，不须求生'，则其误非浅。何以故？以凡夫纵能悟到极处，尚有无始以来之烦恼习气，未能顿断。烦恼习气若有一丝毫，便不能超出生死轮回之外，此仗自力了生死之难也。"④ 本体之心与弥陀净土是同一关系，"弥陀净土，总在吾人一念心性之中。则阿弥陀佛，我心本具。"⑤ 净土宗的信众"欲生净土，当净其心；随其心净，则佛土净。以不住相之清净心念佛，则是心作佛，是心是佛"⑥。在论及修持上的"观想"法时，印光就特别强调了心的重要性："观想一法虽好，必须了知所见佛像，乃属唯心所现。若认做心外之境，或致著魔发狂。不可不知，唯心所现者，虽其像历历明明，实非块然一物。若认做外境，作块然实有，便成魔境矣。"⑦ 在修持此法时，成佛或成魔，运用之妙否，存乎一心。

众生有唯心净土作为心性依据，才能往生西方弥陀净土。否则，自心

---

① 印光：《复马契西居士书九》，《印光大师全集》第一册，第287页。
② 印光：《归心堂跋》，《印光大师全集》第一册，第615页。
③ 印光：《与马契西居士书十一》，《印光大师全集》第一册，第291页。
④ 印光：《复张季直先生书》，《印光大师全集》第一册，第329页。
⑤ 印光：《复马契西居士书九》，《印光大师全集》第一册，第289页。
⑥ 印光：《〈金刚经〉线说铸板流通序》，《印光大师全集》第一册，第478页。
⑦ 印光：《复马契西居士书五》，《印光大师全集》第一册，第284页。

不净，又何以即得往生？五逆十恶之人，之所以能念十声佛即得往生，皆因其有着纯然的念佛净心，精诚所至，从而得以"感生西方之净土"。又正因自性弥陀之故，众生必须念西方弥陀，以求往生，通过如此的渐修渐进而亲证自性弥陀。倘不如此修持，单执自性弥陀，不念西方弥陀，纵得真悟（这已经是很稀有的），也还是"未能即了生死"。说到底，唯心净土与西方净土、自性弥陀与西方弥陀是一而二、二而一的关系，"一而二，系未成佛前之事，二而一，乃已成佛后之事。"① 印光以此辩证思路，弥合唯心净土与西方净土在日常字义上所表现出的距离，也力图圆融个体自我的心性与修持的关系。

在印光看来，那些自认通宗通教的心高者，只相信自力而不肯仰仗佛力，在解脱生死上并没有完全的把握，"倘惑业未能净尽，再一受生，多半迷失，不但所期皆成画饼，且有因福造业，后生堕落之虞。"② 在这么一种"再一受生"的过程中，"其迷而退者，万有十千；悟而进者，亿无三四。仗自力修戒定慧，以断烦惑而证涅槃，其难如是。"③ 净土修持是一种靠自力的真信切愿，再借助佛力以往生西方极乐净土的"特别法门"，不同于仅仗自力来修戒定慧，以断惑证真来寻求解脱的"通途法门"④，不能以后者来否定前者。两者比较，"特别法门"强调修持者要有真信切愿，要持佛名号，故是"自力"与"佛力"兼而有之的。是否有佛力作为依仗，两种法门的事功就大不相同：

"通途"如画山水，必一笔一画而渐成；"特别"如照山水，虽数十重蓊蔚峰峦，一照俱了。"通途"如步行登程，强者日不过百十里；"特别"如乘转轮圣王轮宝，一日即可遍达四大部洲。⑤

显然，因弥陀净土而开的"特别法门"，就可以快捷而周全地普度众生。

---

① 印光：《答曲天翔居士问二十七则》，《印光大师全集》第二册，第 1357～1358 页。
② 印光：《〈阿弥陀经〉白话解释序》，《印光大师全集》第一册，第 607 页。
③ 印光：《归宗精舍同修净业序》，《印光大师全集》第一册，第 585 页。
④ 印光：《〈阿弥陀经〉白话解释序》，《印光大师全集》第一册，第 607 页。
⑤ 印光：《〈近代往生传〉序》，《印光大师全集》第一册，第 578 页。

四 修持的三大宗纲：信、愿、行

弥陀净土的信仰者面对死亡时，不能无所作为。印光坚持"人能弘道，非道弘人"的传统思想，强调要"于人力转变处讲"，而非"专归于佛菩萨显神变"。原因在于："人与天、地，称为三才；僧与佛、法，名为三宝。其如此称者，以参赞化育，弘扬法道之义而名之。"① 这就是印光提倡并力行"信愿行"的动力。

大乘佛教提倡众生皆有佛性的佛性论，佛性就是一种成佛的根性，为众生成佛提供了基础信念。印光指出，在内具佛性的方面，佛与众生皆平等：

> 真如佛性，生佛了无二致；逆顺修持，圣凡天渊悬殊。盖众生虽具性德，绝无修德。纵有修为，皆与性德相悖，故谓之为"逆修"，以故性德莫由显现而得受用。佛则本性德之理体，起修德之事功，三惑由兹净尽，二严由兹圆满。修德功极，性德全彰，常住寂光，享受法乐。②

众生皆有佛性的"性德"，要获得充分实现，还须通过"修德"即佛教修持来发明："所谓修德有功，性德方显。若唯仗性德，不事修德，则尽未来际，永作徒具佛性、无所怙恃之众生矣。"③ 众生在信仰、信愿与作为方面的"修德"，就是要努力落实"信、愿、行"。

印光回复各方人士的书信中，经常指出净土法门以"信、愿、行"三法为宗。其概括性的说法，当以其在著名的"一函遍复"中开篇所言为是：

> 净土法门，三根普被，利钝全收；乃如来普为一切上圣下凡，令

---

① 印光：《复袁福球居士书》，《印光大师全集》第一册，第 217 页。
② 印光：《〈佛说四十二章经〉新疏序》，《印光法师文钞三编》（下），第 773 页。
③ 印光：《归心堂跋》，《印光大师全集》第一册，第 615 页。

其于此生中，即了生死之大法也。于此不信不修，可不哀哉?! 此法门，以信、愿、行三法为宗。①

三法之中，以"信"为首。印光指出，在《阿弥陀经》中，佛称净土法门是"难信之法"②，可见"信"之一字，最不易建树。"深信佛言，了无疑惑，方名'真信'。"③

"信"与"疑"对立，要受到各种"疑"的挑战，弥陀净土信仰也不例外。

归纳这些"疑"，主要有两种。

"疑"之一是"疑法"，典型如疑弥陀净土的实存："谓净土种种不可思议胜妙庄严皆属寓言，譬喻心法，非有实境。"④ 此疑由唯心净土带出，去疑的关键在于如何领悟唯心净土与西方净土的一而二、二而一的关系，对此，上节已有叙述。又如疑面对无量无边的念佛众生，"阿弥陀佛，何能以一身，一时普遍接引十方无量无边世界之一切念佛众生乎？"印光对此的回答是：

> 汝何得以凡夫知见，推测佛境?! 姑以喻明，使汝惑灭。一月丽天，万川影现，月何容心哉？夫天只一月，而大海大江、大河小溪，悉现全月；即小而一勺一滴水中，无不各现全月。且江河之月，一人看之，则有一月当乎其人；百千万亿人，于百千万亿处看之，则无不各有一月当乎其人；若百千万亿人，各向东西南北而行，则月亦于所行之处，常当其人。相去之处，了无远近。若百千万亿人，安住不动，则月亦安住不动，常当其人也。唯水清而静则现，水浊而动则隐。……众生之心如水，阿弥陀佛如月。众生信愿具足，至诚感佛，则佛应之，如水清月现也。⑤

---

① 印光：《一函遍复》，《印光大师全集》第二册，第 855 页。
② 印光：《九江居士念佛林莲社缘起碑记》，《印光大师全集》第一册，第 676 页。
③ 印光：《复陈锡周居士书》，《印光大师全集》第一册，第 71 页。
④ 印光：《复陈锡周居士书》，《印光大师全集》第一册，第 71 页。
⑤ 印光：《〈初机净业指南〉序》，《印光大师全集》第一册，第 515 页。

印光思想、净土信仰与终极关怀

以"月印万川"来说明问题,非自印光始,宋儒如朱熹即借此佛教之喻来说明"理一分殊"的关系。① 但由此带来的问题在于,"月印万川"的说明如一切比喻性说明一样,妙处在于能通过形象化联想来说明问题,短处则在于其并没有在实质上解答问题。对此,印光也已经意识到:"月乃世间色法,尚有如此之妙。况阿弥陀佛,烦惑净尽,福慧具足,心包太虚,量周法界者乎?!"② 对类似"阿弥陀佛如何接引其信众"等宗教问题的解答,必须是在宗教信仰而非日常经验(如看到"月印万川"等)的层面上,才能得到彻底的回答。故印光援引了《华严经》的说法"佛身充满于法界,普现一切众生前"来说明问题。

"疑"之二是"疑自",如有人读经论后,误认为盲、聋、喑哑及肢体残疾者,女人、六根不完足人及小乘人,不得往生弥陀净土。对此误读,印光指出,"此等人不认真念佛,则不得往生;非此等人虽念佛亦不得往生也。"③ 往生弥陀净土,人皆平等,不会因身体、性别等之异而有异。

信仰的问题还须在信仰的层面上解决。在"信"的基础上,其他疑问也就消解了。如有人疑问:人在念佛时,时时念弥陀佛的名号,"且如有人,日居汝旁,叫汝名不停,汝不厌乎?"此问是将有限的、作为被关怀者的人,等同于无限的、作为终极关怀者的阿弥陀佛。对此,印光的回应是:

> 以南无阿弥陀佛之洪名圣号……念之久久,业消智朗,障尽福崇,自心本具之佛性,自可显现,何得以世间唤人名而比之乎?!④

念佛者通过持名念佛来显现自心本具之佛性,进而达到出世往生的终极目标,这当然是不接受世俗之见的比附的。

由疑生信,由大疑生大信,"是滋君之疑也,抑起君之信也。"⑤ 将疑问消解在信仰中,"信"的内容就不是空洞而是具体的:

---

① 朱熹有语:"释氏云:'一月普现一切水(月),一切水月一月摄'。这是释氏也窥见得这些道理。"参见《朱子语类》卷十八。
② 印光:《〈初机净业指南〉序》,《印光大师全集》第一册,第515页。
③ 印光:《复宗灵法师书》,《印光法师文钞三编》(上),第23页。
④ 印光:《复冯不疚居士书》,《印光大师全集》第一册,第346~347页。
⑤ 印光:《复顾显微居士书》,《印光大师全集》第一册,第272页。

> 信，则信我此世界是苦，信极乐世界是乐。信我是业力凡夫，决定不能仗自力，断惑证真，了生脱死。信阿弥陀佛，有大誓愿；若有众生，念佛名号，求生佛国，其人临命终时，佛必垂慈接引，令生西方。①

印光特别强调，信仰只是信仰者自我的事，其效验不待问人。②

建立了"信"，随之就是"愿"，即信仰主体的发愿："愿，则愿速出离此苦世界，愿速往生彼乐世界。""愿离娑婆，如狱囚之冀出牢狱；愿生极乐，如穷子之思归故乡。"③ 愿的内容有二，一愿脱离此在的苦海般的娑婆世界，二愿往生彼在的西方极乐世界。除此之外，愿的内容不包涵别的世情俗愿：

> 若其未生净土之前，纵令授以人天王位，亦当视作堕落因缘，了无一念冀慕之想。即来生转女为男，童真出家，一闻千倍，得大总持，亦当视作纡曲修途，了无一念希望之心。……以故修净土人，断断不可求来生人天福乐，及来生出家为僧等。若有丝毫求来生心，便非真信切愿，便与弥陀誓愿间隔，不能感应道交，蒙佛接引矣。④

弥陀净土信仰者所发的愿，虽如狱囚欲急出牢狱、穷子常思回归故乡般的急切，愿的内容却不能杂含着与弥陀誓愿不相符的其他世俗之愿，如求来生人天福乐、来生出家为僧、来生转女为男，等等——对于不少一知半解的男女信众，这些世俗化的愿望有着巨大的吸引力。

作为修持的"行"，与作为先导的"信"与"愿"，如三足鼎立，缺一不可。印光指出，行以念佛为修持正道，主要是念"南无阿弥陀佛"或"阿弥陀佛"名号：

---

① 印光：《一函遍复》，《印光大师全集》第二册，第855页。
② "入佛之门径，彼岸之确据，何待问人?!"参见印光《复顾显微居士书》，《印光大师全集》第一册，第274页。
③ 印光：《与徐福贤女士书》，《印光大师全集》第一册，第125页。
④ 印光：《与徐福贤女士书》，《印光大师全集》第一册，第125~126页。

出声念，则可念六字；心中默念，字多难念，宜念四字。……从日至夜，睡著则任他去，醒来即接著念。以念佛为自己本命元辰……病愈之后，仍不可放舍，庶可超凡入圣，了生脱死，往生西方矣。①

念佛是一种与信愿相伴的执著之行，唯有这么一种执著的修持，能使弥陀净土的信仰者得以往生。这种执著之行，以全身心地放下名、利和长生不老等诸多世俗执著为前提。人在念佛时，"意、舌、耳三根，一一摄于佛号，则眼也不会东张西望，鼻也不会嗅别种气味，身也不会懒惰懈怠，名为'都摄六根'。"② 如此全身全意地投入，念到"心不外驰，妄想渐息，佛念渐纯，功德最大"③。通过念佛，既促使弥陀信念更加稳固，防止信仰动摇，又可保持一心不乱，保持个我心态的一致性："念至功纯力极，则全心是佛，全佛是心，心佛不二，心佛一如而已。"④ 如此，心佛无二，唯心净土与弥陀净土也就得以统一。

念佛为何会有感应？印光的答案仍是心本论的，弥陀净土总在吾人一念心性之中，阿弥陀佛是我心本具：

既是我心本具，固当常念；既能常念，则感应道交。修德有功，性德方显；事理圆融，生佛不二矣。故曰：以我具佛之心，念我心具之佛，岂我心具之佛，而不应我具佛之心耶？!⑤

佛教历代祖师对念佛法门，有多种分类。按宗密的分类，念佛法门分为"称名""观像""观想"和"实相"四种。

"称名"法是修持者专心称念佛之名号，如是岁月既久，则念念不断，纯一无杂。"称名"法又称"持名"法，谓受持佛菩萨之名号。

"观像"法是修持者念佛时观佛像，则心不散乱，本性佛从而显现，如是则念念不断，纯一无杂。

---

① 印光：《复汤慧振居士书》，《印光大师全集》第二册，第953~954页。
② 印光：《复杨炜章居士书》，《印光大师全集》第二册，第1129页。
③ 印光：《一函遍复》，《印光大师全集》第二册，第855页。
④ 印光：《复永嘉某居士书五》，《印光大师全集》第一册，第109页。
⑤ 印光：《复马契西居士书九》，《印光大师全集》第一册，第289页。

"观想"法是修持者念佛时心观想佛之相好圆满,观想纯熟,则三昧现前。

"实相"法是修持者观自身及一切法之真实相乃无形无相,犹如虚空,而心及众生本来平等,如是之念即是真念,念念相续,则三昧现前。①

对于这四种念佛法门,结合末法时代的具体状况,印光推崇"持名"法:

> 夫四种念佛,唯"持名"最为契机。持至一心不乱,实相妙理,全体显露;西方妙境,彻底圆彰。即持名而亲证实相,不作观而彻见西方。"持名"一法,乃入道之玄门,成佛之捷径。②

原因在于"持名"法的修持行为最简洁,各种根机的人修持时不易分神,同具"观想"及"实相"法门的功效,是"即事即理,即浅即深,即修即性,即凡心而佛心之一大法门也"③。其余法门则适合根基高者修持,如"观想"法门,不是理路明白与镇定不移之志的修持者,修之则损多益少;"实相"法门,不是再来大士,修之证之实为难中之难。故在诸种念佛修持法门中,以"持名"法为优。执持"阿弥陀佛"佛号:

> 持之久久,心佛一如,不离当念,彻证蕴空。妄想执著既灭,智慧德相亦泯,随其心净,则佛土净,不离当处,冥契寂光。唯此一处,方是吾人究竟安身立命之处。④

这也就是印光大力提倡且终生身体力行的"念佛主义"。⑤

印光还指出,净土宗的念佛法门,除了念"阿弥陀佛",也可念"观世音菩萨"(或略为"观音菩萨")的名号:

---

① 参见《华严经行愿品别行疏钞》卷四。
② 印光:《与徐福贤女士书》,《印光大师全集》第一册,第127页。
③ 印光:《复吴希真居士书二》,《印光大师全集》第一册,第187页
④ 印光:《〈心归净处〉跋》,《印光大师全集》第一册,第621页。
⑤ 印光:《大师自述》,《印光法师文钞三编》(上),第1页。

> 平时宜多念佛，少念观音。遇患难，宜专念观音。以观音悲心甚切，与此方众生宿缘深故。①

而观世音菩萨所传的"普门法"②，就是大乘佛教最根本的实质精神。此外，受持《药师如来本愿经》及其佛号，也能往生西方极乐世界。③

从维系念佛修持的角度切入，印光对于"无念"也作了诠释："无念，不可认做不念。无念而念，谓无起心动念之念相，而复念念无间。此种境界，殊不易得。"④ 这么一种"念而无念，无念而念，又念念无间"的境界，显是念佛之上乘。"修行之要，敬为第一。"⑤ 念佛法门也就同具宗教信仰共有的要求。

以上种种说法，可以归纳言之：

> 贪、瞋、痴三，为生死根本。信、愿、行三，为了生死妙法。欲舍彼三，须修此三；此三得力，彼三自灭矣。⑥

以"信愿行"三法为宗，就可以克服贪、瞋、痴导致的生死流变，得以了生死。

五　临终程序：临终三大要

秉承净土宗的传统，印光指出，对于净土宗信徒而言，不论是已经信

---

① 印光：《复宁德晋居士书十五》，《印光法师文钞三编》（上），第209页。
② "观音大士，乘大愿轮，以普门法，度脱众生。言'普门'者，以法法头头，皆归实相；根根尘尘，悉证圆通，无有一法，不通涅槃，故曰：'普门'。又复上中下根，皆使就路还家，善恶中庸，无不等蒙摄受，无有一人，不垂慈济，故曰：'普门'。"参见印光《启建普门无遮普度胜会大道场募缘疏》，《印光大师全集》第一册，第423页。
③ "须知《药师》一经，及其佛号……凡至诚受持者，即是以佛庄严而自庄严也。……故受持者，或生净琉璃世界，或生极乐世界。"参见印光《〈药师如来本愿经〉重刻跋》，《印光大师全集》第一册，第627页。
④ 印光：《复马契西居士书五》，《印光大师全集》第一册，第284页。
⑤ 印光：《〈慈悲道场忏法随闻录〉序》，《印光大师全集》第一册，第580页。
⑥ 印光：《示净土法门及对治瞋恚等义》，《印光大师全集》第一册，第791页。

仰修持经年累月者或是临死前才发心信仰者,"临终一关,最为要紧。"①临终时刻的"此时一发千钧,关系甚大"②。临终时刻该如何做才能了生死?这是一个大问题,是一个一般的净土宗信徒也未必了然的问题。最典型的例子之一是,净土宗信徒中的"愚人"们在自己的父母眷属临终时,"辄为悲痛哭泣,洗身换衣。只图世人好看,不计贻害亡人。"③不知自己的所作所为会破坏亡者的往生正念。

因为有问题存在,故印光就"意本佛经",总结出助人临终求往生的三大操作切要,写就了《临终三大要》一文④,对求往生的具体步骤、程序与操作法提出了系统且具操作性的答案。该文在落实个人临终关怀的方面,有着极强的针对性和指导性,是净土宗历史上最重要的篇章之一。

印光所言的"临终三大要"是指:

第一,善巧开导安慰,令生正信。
第二,大家换班念佛,以助净念。
第三,切戒搬动哭泣,以防误事。

"临终三大要"的第一大要,是要劝临终者"放下一切,一心念佛"。

要放下一切,临终者就应速交代后事,交代后,便置之度外,"即作我今将随佛往生佛国,世间所有富乐眷属、种种尘境,皆为障碍,致受祸害,以故不应生一念系恋之心。"去掉了爱恋之心,再无世俗之事的束缚,临终者就可一心念阿弥陀佛,凭这么一种志诚念佛之心,"必定感佛大发慈悲,亲垂接引,令得往生。"这里的关键,是必须有信有愿地念佛,信愿坚定,毫不动摇。以不疑而言,不仅是对于念佛的奇效不疑,而且对于作为凡夫俗子(更谦逊的说法是"愚夫"或"愚妇")中一员的自己,虽因业力重而要反省,却也绝不能因此就妄自菲薄,"当知佛大慈悲,即十恶五逆之极重罪人,临终地狱之相已现,若有善知识教以念佛,或念十

---

① 印光:《陈了常往生事迹发隐》,《印光大师全集》第一册,第736页。
② 印光:《海门汲浜镇助念往生社缘起》,《印光大师全集》第二册,第1387页。
③ 印光:《陈了常往生事迹发隐》,《印光大师全集》第一册,第736页。
④ 印光:《临终三大要》,《印光大师全集》第二册,第1334~1339页。本节内凡不注明出处的直接引文,皆引自此。

声，或止一声，亦得蒙佛接引，往生西方。此种人念此几句，尚得往生。又何得以业力重，念佛数少，而生疑乎?！须知吾人本具真性，与佛不二。但以惑业深重，不得受用。今既归命于佛，如子就父，乃是还我本有家乡，岂是分外之事?！"

蒙佛接引，往生西方，是建立在阿弥陀佛的大慈大悲的度脱众生的宏愿上。据《佛说大乘无量寿庄严清净平等觉经》(即《无量寿经》，以下简称《寿经》)记载，阿弥陀佛所发的四十八项无量大愿，其中的第十八、第十九和第二十愿分别是"十念必往生愿""闻名发心愿"和"临终接引愿"[①]，即：

> 我作佛时，十方众生，闻我名号，至心信乐；所有善根，心心回向，愿生我国；乃至十念，若不生者，不取正觉。唯除五逆、诽谤正法。我作佛时，十方众生，闻我名号，发菩提心；修诸功德，奉行六波罗蜜，坚固不退，复以善根回向，愿生我国。一心念我，昼夜不断；临寿终时，我与诸菩萨众迎现其前。经须臾间，即生我刹，作阿惟越致菩萨。不得是愿，不取正觉。

以上经文所提到的"五逆"者，是指犯过杀父、杀母、杀阿罗汉、破和合僧和出佛身血的五种罪行者。"奉行六波罗蜜"即奉行"六度"：一布施，二持戒，三忍辱，四精进，五禅定，六般若。"阿惟越致"为译音，意为"不退转""无退""必定"，指不会从所证得之菩萨地及所悟之法退失，具体有：位不退、行不退、念不退和处不退（往生弥陀净土，不再退转）。从经文中可看到，除了犯五逆与诽谤正法罪者外，临终者只要一心虔诚敬念"阿弥陀佛"的名号，阿弥陀佛与诸菩萨就会迎现其前，须臾间，就可往生净土，成为永不退转的菩萨。这就给净土宗信徒提供了一种肯定而非

[①] 阿弥陀佛四十八项无量大愿表明其救众生脱苦海的大慈悲。弥陀是救世主——将众生从六道轮回中拯救出来，目标在于使众生超脱轮回、超越死亡，最终一劳永逸地进入常乐我净的净土世界。弥陀不是造物主，从而不会像作为造物主的全知全能的上帝一样，就逻辑推理而言，在面对自己作品的缺陷如人世间的苦难时，有免不了的尴尬与矛盾。如不信上帝的罗素，曾面对这样的一种信仰之问："当你死后面对上帝时，将说什么?"罗素的回答是："我将说：上帝，您为什么用如此不完满的世界来证明你的存在?"参见余理等著《崇拜心理学》，华龄出版社，1997，第180页。

否定、向上而非向下、积极而非消极的信念，阿弥陀佛所发大愿的目的，就是让其信徒超越六道轮回的危机，往生不退转的常乐我净的净土。

与《寿经》关于往生"唯除五逆、诽谤正法"观的文字表述不同，《佛说观无量寿佛经》（即《观无量寿佛经》，以下简称《观经》）记载，佛在论述"凡生西方有九品人"时，佛对阿难及韦提希说法道：

> 下品下生者：或有众生作不善业，五逆十恶，具诸不善。如此愚人以恶业故，应堕恶道，经历多劫，受苦无穷。如此愚人，临命终时，遇善知识种种安慰，为说妙法，教令念佛。彼人苦逼，不惶念佛，善友告言："汝若不能念彼佛者，应称无量寿佛。"如是至心，令声不绝，具足十念，称"南无阿弥陀佛。"称佛名故，于念念中，除八十亿劫生死之罪。命终之时，见金莲花，犹如日轮，住其人前。如一念顷，即得往生极乐世界。……是名"下品下生者"，是名"下辈生者"，名第十六观。

《寿经》与《观经》对于"五逆"能否往生净土的不同表述，在唐朝怀感所撰的《释净土群疑论》中，已成问题："何意二经俱造五逆，并有十念得生净土，有取有除，两文不同，有何义也？"怀感对此问题，列出了"古今大德"的十五种解释：

> 一《观经》取者，是忏悔人；《寿经》除者，是不忏悔人。二《观经》取者，是轻心造逆人；《寿经》除者，是重心造逆人。三《观经》取者，唯是造五逆人；《寿经》除者，是造五逆及谤法人。四《观经》取者，是造逆类人；《寿经》除者，正五逆人。五《观经》取者，是发菩提心人；《寿经》除者，是不发菩提心人。六《观经》取者，是至诚念阿弥陀佛人；《寿经》除者，是不至诚念阿弥陀佛人。七《观经》取者，是十信菩萨人；《寿经》除者，非十信菩萨人。八《观经》取者，非阐提人；《寿经》除者，是阐提人。九《观经》取者，是对已造逆人；《寿经》除者，是对未造逆人。十《观经》取者，是开门；《寿经》除者，是遮门。十一《观经》取者，说五逆业是不定业为可转时；《寿经》除者，说五逆业是定业不可转时。十二《观

经》取者，暖顶位人；《寿经》除者，非暖顶位人。十三《观经》取者，种解脱分善根人；《寿经》除者，是不种解脱分善根人。十四《观经》取者，是第二阶人；《寿经》除者，是第三阶人。十五《观经》取者，是唯具足十念人；《寿经》除者，是通具足十念及不具足十念人。①

怀感认为此十五种解释，是"诸家解释各有一途，难分胜劣"。他别立己说，关键处在于《观经》与《寿经》都有"具足十念"即可往生之说，"此即不造逆者，不限十声，若多若少，俱生净土。造逆之辈，即不得然，满十即得生，少便不往。此乃由此说除，不关诸义也。"②"五逆"能否往生净土，取决于他们是否忏悔，是否"具足十念"。

到了明朝，净土宗八祖莲池在《〈佛说阿弥陀经〉疏钞》中，坚持了这种"具足十念"的说法，指出：

> 五逆不生者。或谓："《观经》言五逆得生。《大本》（引注：《寿经》）唯除五逆，则济度功狭，故名散善。"不知"唯除五逆"下，有"诽谤正法"四字。五逆而兼谤法，乃在所除。虽具五逆，不谤法者，未必不生也。良由谤则不信，不信不生，故所谓"疑则华不开"是也。《观经》不言谤法，如兼谤者，亦不生也。又《观经》下下品五逆文中，谓其人十声称名，遂得往生。则观想未成，唯资十念。五逆之生，正称名得生耳。况《大本》云："地狱鬼畜生，亦生我刹中。"堕地狱者，非五逆人而何？③

在莲池看来，一是五逆又加诽谤正法者不生，原因在于谤法则无信，无信则不生。二是五逆中能十声称名者，才得往生。三是不得生的五逆者堕地狱。

依据《观经》及前贤的说法，印光进一步认为，即使是"十恶五逆之

---

① 怀感：《释净土群疑论》卷三，《大正藏》第四十七册，第43、44页。
② 怀感：《释净土群疑论》卷三，《大正藏》第四十七册，第44页。
③ 莲池：《〈佛说阿弥陀经〉疏钞》卷第一，《莲池大师全集》（上册），华夏出版社，2011，张景岗点校，第246页。

极重罪人,临终地狱之相已现,若有善知识教以念佛,或念十声,或止一声,亦得蒙佛接引,往生西方"。往生的主体并不排除"十恶五逆"者。"十恶"是指十种不善业道,这十种不善业道包括杀生、偷盗、邪淫、妄语、两舌(即说离间语、破语)、恶口(即恶语、恶骂)、绮语(即杂秽语、非应语散语和无义语)、贪欲(即贪爱、贪取和悭贪)、嗔恚和邪见(即愚痴),这"十恶"中,前三项属身业,中间四项属口业,后三项属意业。与怀感的"具足十念"说不同,印光认为"十恶五逆"们念佛十声或仅一声,也可以蒙佛接引,往生西方。之所以如此,在于"阿弥陀佛万德洪名,如大冶洪炉;吾人多生罪业,如空中片雪。业力凡夫,由念佛故,业便消灭,如片雪近于洪炉,即便了不可得"。阿弥陀佛的"临终接引愿"也就被印光发挥到了极致,意味着即使是十恶五逆之人,只要放下屠刀,不再作恶,一心念佛,信愿真切,也同样会得到阿弥陀佛的接引,往生西方。此说的经典依据,印光特别作了说明:"此在《十六观经·下品下生章》(引注:《十六观经》即《观无量寿经》),诚金口诚言"①。

在《复善觉大师书》中,印光更直接提出"平时说"与"临终说"来统一《观经》与《寿经》的不同表述:"'四十八愿'乃约平时说,《观经·下下品》乃约临终说。"具体而言,"平时说"的内容是:"至于《无量寿经》'乃至十念,咸皆摄受。唯除五逆、诽谤正法者',此约平时说,非约临终说。以其既有五逆之极重罪,又加以邪见深重,诽谤正法,谓:佛所说超凡入圣,了生脱死,及念佛往生之法,皆是诓骗愚夫愚妇奉彼教之根据,实无其事。由有此极大罪障,纵或有一念十念之善根,由无极惭愧极信仰之心,故不能往生也。""临终说"的具体内容则是:"《观经·下下品》乃约临终阿鼻地狱相现时说。虽不说诽谤正法,而其既五逆十恶,具诸不善,必不能不谤正法。若绝无谤法之事,何得弑阿罗汉、破和合僧、出佛身血乎?每有作此无谤法,彼有谤法解者,亦极有理。但既不谤法,何又行三种大逆乎?是知'四十八愿'系约平时说。《观经·下下品》是约已见地狱至极之苦相说:其人恐怖不可言宣,一闻佛名,哀求救护,了无余念,唯有求佛救度之念。虽是乍闻乍念,然已全心是佛,全佛是心,心外无佛,佛外无心。故虽十念,或止一念,亦得蒙佛慈力,接引

---

① 印光:《复高邵麟居士书三》,《印光大师全集》第一册,第61页。

往生也。"比较起来,"平时"与"临终"的区别,在于"时事不同,故摄否有异"[1]。时不同,事不同,能否往生也就有异。

印光依据《寿经》与《观经》教义所作的这项发明,与怀感的十念说及其所列举的十五家说相比较,可谓新说。印光强调"平时说",有助于堵塞明知佛法而仍作恶者的信仰投机心态。他又突出"临终说",尤其是在《临终三大要》中坚持此说,表明末法时代的念佛法门更重视临终关怀,即使是对犯了十恶五逆极重罪但能在临终一刻("止一念")悔悟皈依的罪人,也有着更彻底的宽恕,在现世的最后一刻,净土法门依然为他们的历史悔过、为他们寻求了生死的未来之最终解脱,敞开大门。这种观点,尤其凸显了大乘佛教所特有的宽容。

第二大要是要求亲朋教友彼此换班念佛,以助临终者的净念。

原因在于,临终者在临终时"心力羼弱"。且不说那些平素不念佛而只在临终前才发愿念佛之人,此时不易相继长念,就是那些向来以念佛为人生的大事者,临终前,也同样会心力羼弱,要"全仗他人相助,方能得力"。故亲朋教友应发孝顺慈悲之心,为临终者助念佛号。如果是为父母助念,是尽孝;如果是为非亲非故者助念,则不仅是为他人,也是为自己培植福田,是自利之道,因为肯助人净念往生,也会得人助念之报,更重要的是,"成就一人往生净土,即是成就一众生作佛。此等功德,何可思议!"助念是利人利己的佛教义举。

助念的具体安排,是助念者按几人一班分为三班,轮流助念,在头班出声助念时,二三班默持。一小时后,二班接念,头班三班默持,如此轮流值班,使助念不断,助念之举也可日夜坚持,不至于太辛苦。参加助念者,如有小事(相比于助念之事,许多事都是小事)要办,只应在默持时办,断不可在值班时走出,吃饭也要安排在换班时吃。助念的具体内容是:

> 初起时,念几句六字;以后专念"阿弥陀佛"四字,不念"南无"。以字少易念,病人或随之念,或摄心听,皆省心力。

---

[1] 印光:《复善觉大师书》,《印光大师全集》第二册,第1114页。

助念时所用的法器，唯用引磬，别的法器，概不宜用，因为"引磬声清，听之令人心地清净，木鱼声浊，故不宜用于临终助念"。助念者的念佛之声，要不高（"高则伤气，难以持久"）不低（低则"病人听不明白"）、不缓（太慢"则气接不上"）不急（太快"则病人不能随，即听亦难明了"），字字分明，句句清楚，"令病者字字句句，入耳归心，斯易得力。"保持佛声不断，也就可以令临终者的佛念不至于间断，其"若能出声念，则小声念；不能出声念，则心里默念。耳朵听别人念，心中亦如此念。又眼睛望著阿弥陀佛（即室中所供的佛），心中想著阿弥陀佛。有别种念起，当自责曰：我要仗佛力生西方，何可起此种念头，坏我大事?!"[①] 到临终者将欲断气时，则"宜三班同念，直至气断以后，又复分班念三点钟，然后歇气，以便料理安置等事"。在助念进行时，亲友不得来病人前问讯谕慰，以免用世间俗情贻害病人，使其分心而不得往生。否则，就是用世间俗情推临终者下海，其情虽可感，其事甚可痛。亲友前来，只宜随缘念佛若干时，此举才有益于临终者。

　　第三大要是切戒搬动将终的病人或是对其哭泣，以防误事。

　　在印光看来，"病人将终之时，正是凡圣人鬼分判之际。一发千钧，要紧之极。"在旁伺候的亲朋应任其随意坐卧，顺其势。此时断不可为其洗澡换衣或移其寝处，因为临终者"此时身不由主，一动则手足身体均受拗折扭裂之痛，痛则瞋心生，而佛念息。随瞋心去，多堕毒类，可怖之至。"再就是不可对临终者生悲感相，不可哭泣，因为病人"若见悲痛哭泣，则情爱心生，佛念便息矣。随情爱心去，以致生生世世，不得解脱"。

　　按净土宗的传统说法，人之将死，热气自下至上者，是往生净土的超升相；反之，热气自上至下者，为堕落相，"故有顶圣、眼天生，人心、饿鬼腹，畜生膝盖离，地狱脚板出之说。"虽有此说，但为了不打扰、不妨碍临终者的念佛定心，印光法师警示旁人"切不可屡屡探之，以致神识未离，因此或有刺激，心生烦痛，致不得往生"。而亲朋教友诸等旁人为临终者所做的最得益之事，莫过于坚持助念，一心念佛，因为各人助念，逝者"自可直下往生西方"。

　　印光特别强调，要贯彻执行作为出世间法的"临终三大要"，就意味

[①] 印光：《示华权师病中法语》，《印光大师全集》第二册，第1353页。

着不能事事皆依世间种种俗情,不能只图表面的世俗热闹风光,不能"为邀一般无知无识者,群相称赞其能尽孝也"。这种世俗之孝,只会"令亲失乐而得苦",与"罗刹女之爱"① 无异。归根结底,孝子贤孙唯有依"临终三大要"来厚待先人,处处留心,才是真孝。

据"临终三大要"而行,可使逝者得以往生。按《阿弥陀经》所说,极乐世界是"无有众苦,但受诸乐"的世界。修持者通过念佛求往生西方弥陀净土,是事半功倍的"横超法门"②,往生西方极乐世界后:

> 既得往生,则莲花化生,无有生苦。纯童男相,寿等虚空,身无灾变。老病死等,名尚不闻,况有其实?追随圣众,亲侍弥陀,水鸟树林皆演法音,随己根性,由闻而证,亲尚了不可得,何况有怨?思衣得衣,思食得食,楼阁堂舍皆是七宝所成,不假人力,唯是化作。则翻娑婆七苦,以成七乐。至于身则有大神通,有大威力,不离当处,便能于一念中,普于十方诸佛世界作诸佛事——上求下化。心则有大智慧,有大辩才,于一法中遍知诸法实相,随机说法,无有错谬。虽说世谛语言,皆契实相妙理。无五阴炽盛之苦,享身、心寂灭之乐。③

有如此的临终关怀,净土宗的终极关怀也就得以落实。

接着的问题,是该如何料理逝者的后事?在这方面,印光反对铺张,

---

① "罗刹"意译为可畏、速疾鬼、护者;"罗刹女"为艳美妇人,富有魅人之力,专食人之血肉,其食人前的口头禅是:"我爱汝,故食汝。"参见《佛本行集经》卷四十九,载《大正藏》第三册,第879~882页。
② 印光引用了古人的譬喻来解释"横超法门":将一根竹子喻为"三界",具足惑业的凡夫喻为一条虫,生在这根竹里的最末节。这个虫子要想出来,一是竖出,一是横出。"竖出"就是自下至上,一节一节地次第咬破竹子,终将最上节咬破了,才能出来。以此来比喻修持净土之外的法门,定要断尽见思烦恼,才能出"三界"。而"见惑"有八十八品,"思惑"有八十一品,这许多品数,就如这根竹子的节数。"横超"则是这个虫子不取向上一节一节地咬的路径,而是向旁咬一孔,便能出来,事省又效捷。念佛的人,亦复如是——虽没将见思烦恼断除,但因具足"信愿行"的净土三资粮,临终就能靠阿弥陀佛的接引,往生极乐世界。参见印光《由上海回至灵岩开示法语》,《印光大师全集》第四册,第2205~2208页。
③ 印光:《复陈锡周居士书》,《印光大师全集》第一册,第70~71页。

第三章 印光的弥陀净土思想

认为：

> 凡于父母丧葬等事，过于张罗者，不有天灾，必有人祸。为人子者，宜注重于亲之神识得所，彼世俗所称颂，固不值明眼人一哂，况极意邀求，以实罗不孝之大咎乎？

具体到对逝者尸体的处理上，印光根据佛教传统，认为火化为宜，因为这种处理方式，可以表明佛法对"神识"的注重与对色身的彻底看破，以求最终的解脱：

> 如来悯之，于其生时，令修净行，期其返迷归悟，返妄归真，以复本具之佛性。于其死后，焚化尸体，为示六尘无体，五蕴皆空，亲证常住之妙心耳。西域葬法有四，一水漂……二火焚，火焚其尸，冀破我执也。三土埋，穴土掩藏，俾无暴露也。吾国皆主土埋，然沧桑互变，地路屡更，掘墓暴骨，极为惨伤。四施林……自佛法东来，僧皆火化。而唐宋崇信佛法之高人达士，每用此法。以佛法重神识，唯恐耽著身躯，不得解脱。焚之，则知此不是我，而不复耽著。①
>
> 火葬一法，唐宋佛法盛时，在家人多用之。……实则烧之为易泯灭。过七七日烧弥妥。②

在印光看来，尸体火化，能使人"悉悟其四大假合之身为非身矣"③。故对于切戒厚葬的主张④，还有将尸骨磨粉作麦丸喂鱼的主张，印光皆表赞许。⑤

最后一步是"改革葬法"，印光提倡如常州天宁寺、灵岩山寺所建的"四众普同塔"，就是安奉四种信众骨灰的合塔，"俾亡者常闻佛号，莲品

---

① 印光：《灵岩山寺启建四众普同塔碑记》，《印光大师全集》第二册，第1310页。
② 印光：《复周孟由昆弟书》，《印光大师全集》第一册，第342页。
③ 印光：《普陀法雨寺化身塔记》，《印光大师全集》第一册，第662页。
④ 理由是"以为真身既去，何可为此幻驱，滥费金钱，暴殄天物乎？！"参见印光《冯平斋宜人事实发隐》，《印光大师全集》第一册，第729页。
⑤ 印光：《复郁智朗居士书》，《印光大师全集》第一册，第327页。

高升。存者痛念无常，急求往生。"① 其意义也就由临终关怀直契终极关怀。传统未必不合理，仅从已逝者不与活人"争"地的角度看，其合理性也是自不待言的。

  概括印光的弥陀净土思想，就是通过信愿念佛（"自力"），仗佛慈力（"他力"），摆脱轮回，往生西方极乐世界，从而得以超凡入圣，了生脱死。实现这种目标，对于不免一死的人来说，"则死不但无可悲，且大可幸也。"② 临终者就会意识到"离此苦世界，生彼极乐世界，是至极快意之事，当生欢喜心"③。有关的修持简洁易行，有不可思议的功效，而逝者在临终前的安详又众所显见，净土宗信众通过对弥陀净土的信仰，世间法得以转换成出世间法，死亡完成了由悲到喜、由不幸到可幸乃至是大可幸的转换，与世俗有异的佛教丧仪也就变成了往生的道场，向死而生，直接从心底里清除对死亡的恐惧，打消最根本的生存焦虑，从而超越死亡。这在国内传统的民俗环境中，也正是国人将红白事同列为喜事之举的深层思想基础构成体之一。

---

① 印光：《灵岩山寺启建四众普同塔碑记》，《印光大师全集》第二册，第 1310~1311 页。
② 印光：《〈饬终津梁〉跋》，《印光法师文钞三编》（下），第 895 页。
③ 印光：《临终三大要》，《印光大师全集》第二册，第 1335~1336 页。

第四章　印光的禅净观与诸宗观

弥陀净土信仰构成了印光思想的根基，而这种信仰，是设置在一种宽阔历史视域之中的。这体现在他的论宗教不宜混淆、弃禅扬净思想及其佛教诸宗历史观中。

一　"宗"与"教"不宜混淆

印光所写的专题之"论"即专题论文不多，在这不多的专题之论中，《"宗""教"不宜混滥论》是其中的力作。他为此论而自注："因讲经者每喜谈宗而发"，表明特别有针对性地撰写此论，意图在于通过辨析"宗"与"教"之同异，遏制当时佛门内动辄就谈宗论宗之风，以弘扬净土信仰。

在印光看来，"宗"与"教"的关系不是一成不变的。从始原点看：

> 如来说经，诸祖造论，宗、教二门，原是一法，从无可分，亦无可合。随机得益，随益立名。上根一闻，顿了自心，圆修道品，即名为宗（此约后世说，当初但只圆顿教耳。）。中下闻之，进修道品，渐悟真理，即名为教。①

在佛陀说经与诸祖造论的时代（印光在此虽未点明具体的年代，但结合他的思想，此当是指正法时代），"宗"与"教"本是不可分也无须刻意合

---

① 印光：《"宗""教"不宜混滥论》，《印光大师全集》第一册，第373~380页。本节内凡不注明出处的引文，皆引自此。

的同体一法的圆顿教。到了其后的像法时代尤其是末法时代，"宗"与"教"的区分才渐趋明确，简而言之，"宗"是佛教的根本旨趣，其对象只是极少数的上根者，他们能一闻佛经或教义，即刻可明心顿悟；"教"则是适应不同的教化对象而说的教法，其对象是占大多数的中下根者，他们闻见佛经或教义后，还须通过渐修的修持，以求渐悟。如是，"宗"能促令上根者顿悟，"教"则能引导中下根者渐悟，"宗"与"教"是殊途同归的。

佛教传入中国是在像法时代，印光指出，当时的本分僧人大多以记诵讲说佛经或论为本事，以至实悟亲证者少，而说食数宝者多。面对此种状况，东来中土的达磨（？～528年）别开生面，"阐直指人心之法，令人亲见本来面目，后世名之曰'宗'。既见本来面目，然后看经修行，方知一大藏教，皆是自己家里话；六度万行，皆是自己家里事。是以宗之悟解为目，教之修持为足。非目则无由见道，非足则不能到家，是宗、教之相需而不相悖，相合而不相离也。"可见，在古代，这种以"宗""教"为一体的认识，是一以贯之的。

使此种状况发生大转折的，是慧能（638～713年）创立曹溪禅之后，禅道大行，提倡不立文字的文字流布大江南北，"解路日开，悟门将塞。"所以，作为慧能弟子的南岳怀让（677～744年）、青原行思（？～740年）等诸祖师，都用机锋转语来接引学人，促其顿悟，从而"使佛祖现成语言，无从酬其所问；非真了当，莫测其说"。风气一开，此法日盛，以致佛门内的有学识者在举扬知识时，个个唯恐落入窠臼，在故套中贻误学者乃至坏乱宗风，故机锋转语愈加陡峻，转变无方，令学者无从摸索，以致出现了呵佛骂祖、斥经教、拨净土者。这种机锋转语的作用，在于"剿人情见，塞人解路"，不依常识，悖逆逻辑，却切合当时求学者的根机：

  根熟者直下知归，彻悟向上；根生者真参力究，必至大彻大悟而后已。良以知识众多，人根尚利，教理明白，生死心切，纵未能直下了悟，必不肯生下劣心，认为实法故也。

禅宗这种以心传心的宗风，在当时也就得以流布传播。

回顾历史是为了说明当代史。时势变迁，与古人相比，生活在末法时

第四章　印光的禅净观与诸宗观

代的今人，能否也在发心信佛后，"便入宗门"？

对此，印光给出了否定的答案。末法时代，在一些"通家"的误导下，"致使后辈不闻古人芳规，徒效其轻佛陵祖、排因拨果而已。""今人以机锋转语为宗，不求契悟，唯学会透，是认指为月，不复知有真月矣。"认指为月、以末为本，自然不可取。因此，对"宗"与"教"及其两者相连的辨析，也就十分必要了。印光具体指出：

何谓宗？何谓教？演说之，宗、教皆教；契悟之，宗、教皆宗。教固有宗，宗亦有教。教家之宗，即实相妙理三德秘藏，乃宗家之衲僧本分向上一著也（此对宗说，故以体为宗。若就教论，即名为体。教中之宗，乃是入体之门，不堪与宗之向上一著对论）。教家之教，即经论所说文字语言及法门行相，无不皆诠妙理，皆归秘藏，亦犹宗家之机锋转语种种作用也。但教则未悟亦令解了；宗则未悟不知所谓为异耳。宗家之教，即机锋转语、扬拳竖拂，或语或默，种种作用，皆悉就彼来机，指归向上，是转语等，乃标向上，真月之指；非转语等，即是向上真月。倘能依指观月，则真月直下亲见；所见真月，方是宗家之宗。

在这里，印光通过或定义或借喻，具体阐述了"教家之宗""教家之教"和"宗家之教""宗家之宗"的不同。"教"偏于理路的说教，未能契悟也能了解；"宗"则重在契悟，没有契悟则不能把握本体。"教家"是依佛教经论等言教而立之教宗，如净土宗、天台宗等；"宗家"则是教外别传，通过以心传心来传宗，特指禅宗。从教入手，"教家之宗"是直契内在实相妙理的，"教家之教"则是外显导引他人的；以宗作据，"宗家之教"犹"真月之指"，是借指，是手段，不是目的；"宗家之宗"的指向才是"真月"，是本体自证。可见，"宗"与"教"是要区分清楚，不能混而论之。

再从受众的角度看，"宗"与"教"也有区别。

"教者，圣人被下之言，上之所施，下之所效也。"[①] "教则三根普被，利钝全收。如圣帝明诏，万国钦崇。……佛教有一不遵者，则堕于恶道。"

---

① 印光：《潮阳佛教分会演说二》，《印光大师全集》第一册，第707页。

"教"是圣人的公开言教，似圣皇的明诏，上施下效，是上中下三根、上智下愚者都能明晓且须遵行的，有着广泛的群众性。

"宗则独被上根，不摄中下。""宗"犹如将军的密令，"军令一泄，三军倾覆；祖印一泄，五宗丧亡。"也正因此，信众们对"宗"的把握也就极易发生偏差，故其所堪受者是上根，中下之根者则是被排除在外的（虽然他们占大多数）。上根者虽有极高的领悟力，但要真正领悟，还须一段匪夷所思的艰苦过程："未悟之前，只许参究话头，不准翻阅禅书，诚恐错会祖意，则以迷为悟、以假乱真，即名为'泄'，其害甚大。大悟之后，必须广阅祖录，决择见地，则差别智开，药忌明了。尚须历缘锻炼，必使行解相应，方可出世为人，宏阐宗风。"内中的奥蕴，如人饮水，冷暖自知。

"宗"与"教"之所以有这等大差异，是与其各自的言义、文意关系相应的：

"教"则以文显义，依义修观，观成证理，令人由解了而入。故天台以三止三观，传佛心印也。"宗"则离文显意，得意明心，明心起行，令人由参究而得。故禅宗以直指人心，传佛心印也。

"教"依文本而显义理，信者依其义理而修观，观成证理，径路是由义解而入道，典型如天台宗以三止三观，即渐次止观、不定止观和圆顿止观，为三根性说三法门，以传佛心印。"宗"则脱离文本而直显真意，得真意而明本心，本心明而起行，径路是由参究而得顿悟，典型如禅宗以教外别传、直指人心来传佛心印。

大体上论，佛法不出真、俗二谛：

真谛则一法不立，所谓实际理地，不受一尘也；俗谛则无法不备，所谓佛事门中，不舍一法也。教则真俗并阐，而多就俗说；宗则即俗说真，而扫除俗相。须知真俗同体，并非二物。

所以，在体上，"宗"与"教"无异；在用上，"宗"与"教"各有侧重，并具体体现在空有、理性与事修等关系上，即：

第四章 印光的禅净观与诸宗观

宗则就彼群相俱现处，专说了无一物；教则就彼了无一物处，详谈群相俱现。宗则于事修而明理性，不弃事修；教则于理性而论事修，还归理性。正所谓：称性起修，全修在性，不变随缘，随缘不变，事理两得，宗教不二矣。

在表述上，"教"要详谈群相俱现，遍说世法佛法；"宗"则专说了无一物，当下顿悟。"教"与"宗"之间就存有一种博说与专说的关系，就各自适合的对象而言，因人、时和法的不同而呈现出差异：

教虽中下犹能得益，非上上利根不能大通，以涉博故；宗虽中下难以措心，而上根便能大彻，以守约故。……佛法大兴之日，及佛法大通之人，宜依宗参究，喻如僧繇画龙，一点睛则即时飞去。佛法衰弱之时，及凤根陋劣之士，宜依教修持，喻如拙工作器，废绳墨则终无所成。

"教"因涉博，虽中下根者也能得益，却是上上利根者才能大通。"宗"因守约，虽中下根者不能领悟，上根者却能大彻大悟。正法时代，上根者宜依"宗"参究，得画龙点睛的功效。佛法衰弱的末法时代，中下根者宜依"教"修持，如笨拙的工匠作木器时不可废绳墨。

而就宣教言语的方式而论，"宗"与"教"也有所不同：

教多显谈，宗多密说。……总之，六祖前多显，六祖后多密。愚人不知宗教语言同异之致，每见宗师垂问，教家不能加答，遂高推禅宗，藐视教典，佛经视作故纸，祖语重愈纶音（纶音即圣旨）。

"教"如明诏多显谈，是一种面向信众的信仰说教；"宗"如密令多密说，更强调信仰个体的独特颖悟，其对信仰个体的高度智力要求，就像对其信仰的高度虔诚要求一样。六祖南宗禅兴起后，宗风随之一变，显少密多。人多不知"宗"与"教"的语言有异，每见宗师垂问，教家不能答，导致藐视教典、轻佛经而重祖语的禅风流行。实际上，"宗"与"教"两者可以互相发明、互相促进，彼此间虽有差别，但无胜劣之分。就不同的接受者而言，因存有利钝、生熟的差异，即使是接受同一法门，也会在对相关义理的理解和境界的修炼上有差别，故印光强调："今之欲报佛恩利有情者，在宗则专阐宗风，尚须教印；在教则力修观行，无滥宗言。……须知法无优劣，唯一道而常然；根有生熟，虽一法而益别。……宗须教印者，如木须从绳则正也。"他十分推崇禅宗门内的那些以念佛作修持法门的禅僧（典型者如永明禅师），并屡劝禅门内的那些狂僧多念佛，并为此进行必要的辩护，这在《"宗""教"不宜混滥论》一文中也有记载。

归纳言之，"宗"与"教"的关系是："'宗'为前锋，'教'为后劲。其所办是一事，其所说是一法；但以语言施设、门庭建立不同。"就历史流变来看，是古"宗"，今"教"；就信众的根性而论，是上根者宜"宗"，中下根者宜"教"。两者之间"其同而不可合，异而不可离"，终极追求相同，彼此不应互谤，也要防止混滥。对于通达佛法的上根者，就究竟义论，对"宗"与"教"做过多的区分，是画蛇添足之举：

> 若夫通方开士，过量大人，世法全是佛法，业道无非佛道。祖意教理，佛经禅录，本自融通，有何混滥？！……吾之鄙论，姑就吾之鄙机言耳。

可见，印光辨析"宗"与"教"之异，首先是针对那种好谈宗而轻教的时弊而发的，更重要的则是为重"教"的净土信仰定位和论证的："吾欲舍东往西，必须定南辨北。庶几方向不迷，措足有地。"他也就坚持依据弥陀净土信仰，质疑和阻遏那种好夸夸其谈的"口头禅"宗风。①

二　界定禅净之别

印光的《"宗""教"不宜混滥论》，是从辨析"宗"与"教"的同异来立论。从考察佛教历史的角度论，括举大纲，他认为佛教之"宗"可分

---

① 故印光有言："柏树子、干屎橛、鸦鸣鹊噪、水流花放、咳唾掉臂、讥笑怒骂，法法头头，咸皆是宗。岂如来金口所说圆顿妙法，发不足以为宗耶？！何须借人家杠子，撑自己门庭？！自家榎楠豫章，何故弃而不用？！"参见印光《"宗""教"不宜混滥论》，《印光大师全集》第一册，第379页。

第四章 印光的禅净观与诸宗观

为五宗：

> 大觉世尊……成等正觉，随顺机宜，广说诸法。括举大纲，凡有五宗。五宗维何？曰律，曰教，曰禅，曰密，曰净。律者佛身，教者佛语，禅者佛心。佛之所以为佛，唯此三法；佛之所以度生，亦唯此三法。众生果能依佛之律、教、禅以修持，则即众生之三业，转而为诸佛之三业。三业既转，则烦恼即菩提，生死即涅槃矣。又恐宿业障重，或不易转，则用陀罗尼三密加持之力，以熏陶之，若螺蠃之祝螟蛉，曰"似我似我"，七日而变成螺蠃矣。又恐根器或劣，未得解脱，而再一受生，难免迷失，于是特开信愿念佛、求生净土一门，俾若圣若凡，同于现生，往生西方。圣则速证无上菩提，凡则永出生死系缚，以其仗佛慈力，故其功德利益，不可思议也。①

在五宗中，律、教、禅三法是佛陀普度众生和成就佛之基业的根本法。佛为广度众生，又开了不可思议的特别法门即密宗，开了不可思议的方便法门即净土宗。

五宗之中，禅净是佛陀随机说法，最易令众生了生脱死的两大要门：

> 如来慈悯，随机说法，普令含识，就路还家。法门虽多，其要唯二，曰：禅与净，了脱最易。②

印光认为禅净有别③，这首先体现在修法上：

> 须知禅净二宗，归元是一，修法各别。禅以彻见本来面目为宗；净以信愿念佛求生为宗。④

---

① 印光：《庐山青莲寺结社念佛宣言书》，《印光大师全集》第一册，第 329~330 页。
② 印光：《与吴璧华居士书》，《印光大师全集》第一册，第 278 页。
③ 1928 年，印光推却为某川僧的文偈集作改削与作序之请，缘由是其"禅净宗旨不明，以禅为净，以净为禅"。参见印光《复谢慧霖居士书二十五》，《印光法师文钞三编》（上），第 308 页。
④ 印光：《复汪雨木居士书》，《印光大师全集》第一册，第 205 页。

禅宗修持是彻见本来面目，净宗修持则是通过信愿念佛求往生弥陀净土。禅净各自修持所依凭的力量有异："禅唯自力，净兼佛力。"① 说到禅，是一个"唯"字，仅靠自力。说到净，则是一个"兼"字，也就是说修持弥陀净土是佛力与自力兼有，即使是修持作为最方便法门的念佛法门，也要自修，需要自力的投入。

禅净比较，印光力主普被三根的净更契合末法时代的宣化需要：

> 二法相校，净最契机。如人渡海，须仗舟船，速得到岸，身心坦然。末世众生，维此堪行，否则违机，劳而难成。②

要渡过茫茫苦海，以自力游到彼岸自然是自救的方法之一，但此法较之乘渡船而渡，显然更为困难，成功的把握甚微，而大乘佛教的精神信仰功能正在于能提供这么一种渡船（即"乘"）。

再从权与实、顿与渐和根性的差异来看禅净的界限：

> 权者，如来俯顺众生之机，曲垂方便之谓也；实者，按佛自心所证之义而说之谓也；顿者，不假渐次，直捷疾速，一超直入之谓也；渐者，渐次进修，渐次证入，必假多劫多生，方可亲证实相之谓也。③

念佛修持法属权宜方便的渐修法门，参禅修持法则属直接迅速切入本体的顿悟法门。法门如此，人的根器却千差万别，故印光更注重从人的根器来立论，指出唯有大菩萨根性的参禅者，才能即悟即证，永出轮回，高超三界；而根器稍劣的参禅者，纵能妙悟，而见思烦恼未能断除，仍须在三界中轮回，故参禅法虽为实为顿，"苟非其人，亦不得实与顿之真益，仍成权渐之法而已。"④ 而念佛法门，彻上彻下，普被三根，令众生直接地了生脱死，"即权即实，即顿即渐，不可以寻常教理批判。"⑤ 对于信众的根性，

---

① 印光：《与吴璧华居士书》，《印光大师全集》第一册，第 278 页。
② 印光：《与吴璧华居士书》，《印光大师全集》第一册，第 278 页。
③ 印光：《复马契西居士书二》，《印光大师全集》第一册，第 279~280 页。
④ 印光：《复马契西居士书二》，《印光大师全集》第一册，第 280 页。
⑤ 印光：《复马契西居士书二》，《印光大师全集》第一册，第 280 页。

第四章　印光的禅净观与诸宗观

禅净的接引标准也就有所不同。禅宗祖师对于被接引者，十分注意考察其根机（智力、悟性等），选好接引的上根者，对中下根者则不予接引，从而多少带有"智力歧视"或"悟性歧视"的倾向，相应的教化尤其是接引不具普遍性。在这点上，净土宗则不受拘限，如印光所言：

> 一切众生，皆有佛性，皆堪作佛，固无论天、人、修罗、鬼、畜、地狱，况男女贵贱、智愚贤否乎？①

净土信仰者不分性别，也无须经过智力或悟性的"测试"，众生要成佛道，诸佛菩萨要普度众生，都离不开此法门，②从而为吸引最广泛的信众敞开了大门。

印光指出，不论是主张唯心净土或是求往生十方净土，净土是各宗的共信共奉：

> 净为律、教、禅、密之归宿；不念佛求生西方，则律、教、禅、密，皆难究竟。③

净土就成为包括禅宗在内的各宗的归宿。要修净，就要发大菩提心，萌生真切信愿，坚持念佛，当念佛念到进入高境界时，"念极情忘，即念无念，禅教妙义，彻底显现。"④"念佛之人，举心动念，常与佛合，则律教禅净一道齐行矣。"⑤"即净而禅，孰妙于是？！"⑥其时，净中有禅，禅中有净，禅即净，净即禅，生时修行至此，待至临终，就可以"蒙佛接引，直登上品，证无生忍"⑦。

---

① 印光：《徐母杨太夫人生西记》，《印光大师全集》第一册，第682页。
② "九界众生离是门，上不能圆成佛道；十方诸佛舍此法，下不能普利群萌。"参见印光《印施极乐图序》，《印光大师全集》第一册，第435页。
③ 印光：《金陵妙悟律院垂裕记》，《印光大师全集》第一册，第671页。
④ 印光：《与吴璧华居士书》，《印光大师全集》第一册，第278页。
⑤ 印光：《复四川谢诚明居士书》，《印光大师全集》第一册，第277页。
⑥ 印光：《与海盐顾母徐夫人书》，《印光大师全集》第一册，第141页。
⑦ 印光：《与吴璧华居士书》，《印光大师全集》第一册，第278页。

三　重释禅净四料简

修禅与修净本不矛盾,被尊为净土宗始祖的东晋慧远在其《念佛三昧诗集序》中就曾指出:在各种禅定中,"功高易进,念佛为先。何者?穷玄极寂,尊号'如来',体神合变,应不以方。故令入斯定者,昧然忘知,即所缘以成鉴。鉴明,则内照交映,而万像生焉。"① 念佛法门是有益于禅定的功高易进的法门。

到了隋唐时代,注重佛(他)力而恒修持名念佛的净土宗,与注重自力而强调心性觉悟的禅宗逐渐形成,念佛与禅修成为两种基本修持方式。唐武宗灭法(845年)后,唯识宗、天台宗和华严宗等宗派,或消歇匿迹或一蹶不振,唯有禅宗与净土宗仍能在日益世俗化的社会上广为流传。禅净的修持虽有异,但出离生死的终极目标却无分歧,在禅分南(慧能)北(神秀)宗前,日后为南北宗共奉的五祖弘忍即对众弟子有言:

> 世人生死事大。汝等终日只求福田,不求出离生死苦海,自性如迷,福何可救?②

可见出离生死苦海为其终极目标。至宋朝,禅净双修更成为佛教信众修持的主流,作为禅门法眼宗传人并被后人公推为净土宗六祖的永明延寿(904~975年),则是禅净融合论的最积极的倡导者之一,他在《万善同归集》中,主张万行皆善,同回向往生西方净土,将禅净合修视为最佳的佛教修持法,从而促使禅净双修成为一种风尚,一直延至元明清。

史传永明延寿提出了著名的《禅净四料简偈》,即:

> 一曰:有禅无净土,十人九蹉路,阴境如现前,瞥尔随他去。
> 二曰:无禅有净土,万修万人去,若得见弥陀,何愁不开悟。
> 三曰:有禅有净土,犹如戴角虎,现世为人师,来生作佛祖。

---

① 《庐山慧远法师文钞》,江西庐山东林寺,1984,第29页。
② 《六祖坛经》,明代泰仓禅师刻本,南华禅寺印本,第2~3页。

四曰：无禅无净土，铁床并铜柱，万劫与千生，没个人依怙。①

四料简又称"四料拣"，即四种简别法，是应机应时、与夺随宜、杀活自在地教导学人的四种轨范，为临济宗创始人义玄（？~867 年）所施设，其后流行于禅林。永明延寿的《禅净四料简偈》，主要是从禅净的修持（包括兼修或独修）与否而论及四种人。

在印光看来，永明延寿的出现，是判认禅净关系的一个分水岭：

永明则汇禅、教、律，归于一心，作《四料简》，偏赞净土。……在昔之时，禅宗诸师，多事密修，殊少显化。自永明后，率多明垂言教，切劝往生。②

他对《禅净四料简偈》推崇备至，称"夫《永明料简》，乃大藏之纲宗，修持之龟鉴。……字字皆如天造地设，无一字不恰当，无一字能更移。"③"可谓提大藏之纲宗，作歧途之道师。使学者于八十字中，顿悟出生死证涅槃之要道。"④ 他进而写作《净土决疑论》⑤ 一文，结合末法时代的特点，对永明的《禅净四料简偈》作了全面的阐述，此文也因其对禅净关系的独特阐述，成为中国近现代佛学史上厘定禅净关系的名篇之一。

---

① （明）大佑编《净土指归集》卷上，载《续藏经》第六十一册，第 379 页。另，关于《永明四料简》是否出于永明之手，近代虚云有疑，参见净慧编《虚云和尚开示录》，书目文献出版社，1993，第 150 页。顾伟康先生则从史料的角度，指出《永明四料简》在《宗镜录》中无记载，其面世当在元末明初。参见顾伟康《禅净合一流略》，东大图书公司，第 183~196 页。杨笑天先生在《永明延寿〈四料拣〉（四料简）的背景、意义及真伪问题》（载《佛学研究》2004 年第 13 期）一文中指出，《四料拣》并非如通常所认为的那样主张禅净双修、禅净融合，而是"方便抑扬"——以方便力，抑禅扬净，这与延寿《万善同归集》第二十八章问答的"先往西方净土，再求唯心净土"的旨趣基本契合，然而综合各种因素，特别是通过其义理上的破绽来判断，《四料拣》当为后世的假托，其问世大致当在南宋中期至元代初期之间。明此，本节重点在对印光所阐述的《永明四料简》的"作品分析"，即印光的《永明四料简》观，非对《永明四料简》真实作者之考据。
② 印光：《陕西南五台山大觉岩西林茅篷专修净业缘起记》，《印光大师全集》第一册，第 636 页。
③ 印光：《净土决疑论》，《印光大师全集》第一册，第 366 页。
④ 印光：《与大兴善寺体安和尚书》，《印光大师全集》第一册，第 24 页。
⑤ 印光：《净土决疑论》，《印光大师全集》第一册，第 357~371 页。本节内凡不注明出处的引文，皆引自此。

印光指出，依据永明的《禅净四料简偈》，就禅净的修持与否，有以下四类人。

第一类人是"有禅有净土，犹如戴角虎，现世为人师，来生作佛祖"者。

这种人即是《观无量寿经》所言的"上品上生，读诵大乘，解第一义者"，他们已经彻悟禅宗之旨，明心见本具之真如佛性，是谓"有禅"。他们又已经深入佛教经藏，周知释迦牟尼佛所开的诸种权实法门，在诸法中，又唯一地选择信愿念佛的法门，作为利己又利他的"通途正行"，是谓"有净土"。他们有大智慧、大辩才，"如虎之戴角，威猛无俦"，使邪魔外道闻其名则丧胆。现世作为人天导师，他们根据不同求学者的不同根性，随机说法，因材施教，对应以禅净双修接引者，就以禅净双修接引之；对应以专修净土接引者，就以专修净土接引之，其泽惠遍于上中下根。他们"至临命终时，蒙佛接引，往生上品，一弹指顷，华开见佛，证无生忍。最下即证圆教初住，亦有顿超诸位，至等觉者。圆教初住，即能现身百界作佛；何况此后位位倍胜，直至第四十一等觉位乎！"也就是"来生作佛祖"。换言之，"若是精修梵行，禅定力深，则往生品位更高，见佛闻法最速。"[①]

禅强调悟，净则重在修。有禅有净土者，已悟而不废修，修中又有悟。印光并不漠视禅悟的境界，相反，对于已悟者与未悟者的区别，他是了然于心的："须知悟后之人，与未悟之人，其修持仍同，其心念则别。未悟无生者，境未至而将迎，境现前而攀揽，境已过而忆念（'攀揽'二字，赅摄好恶憎爱，勿谓好爱为攀揽，憎恶为不攀揽）。悟无生者，境虽生灭，心无生灭，犹如明镜，来无所粘，去无踪迹。其心之酬境，如镜之现象，绝无一毫执著系恋之思想。然虽于境无心，犹然波腾行海，云布慈门。凡世间纲常伦理，与夫上宏下化之事，必须一一认真实行，虽丧身命，不肯逾越。"[②] 从心性境界来看，已悟无生的得道者，既已洞明世事，又人情练达，出世入世，两不相碍，出世不与世情违，臻达化境。

第二类人是"无禅有净土，万修万人去，若得见弥陀，何愁不开

[①] 印光：《与陈锡周居士书》，《印光大师全集》第一册，第69页。
[②] 印光：《与袁福球居士书》，《印光大师全集》第一册，第216页。

悟"者。

他们虽未明心见本具之真如佛性，却已信愿求生西方，通过"志诚念佛，则感应道交，即蒙摄受"。日常力修定慧者如此，乃至临终前发大惭愧的五逆十恶人，念佛十声乃至一声，"亦皆蒙佛化身，接引往生。"这也就是"万修万人去"。往生西方后，见阿弥陀佛，耳闻佛法，虽个人根性有浅深、渐顿之分，达标有迟速之异，但已高预永不退转的圣流，终得证果，出离生死，终会开悟。可见修净为关键，修持念佛法门最为稳妥，"倘不知净土法门，纵令深入经藏，彻悟自心，欲了生死，尚不知经几何大劫，方能满其所愿。"①

第三类人是"有禅无净土，十人九蹉路，阴境如现前，瞥尔随他去"者。

他们虽彻悟禅宗之旨，明心见本具之真如佛性，而日常生活中的见思烦恼却依然是不易断除，"即断至一毫未能净尽，六道轮回依旧难逃。""阴境"亦称"中阴身境"，指"有禅无净土"者临命终时，现生及历劫善恶业力所现之境。此境一现，真性被业力所覆盖，令他们在瞬间即随其善恶业力受生于善恶道中。大悟人中，十人有九人会如此。故印光反对就禅论净，因为这会将净消解于禅中："禅家说净土，仍归于禅宗，去信愿说。果能依之而做，亦可开悟；而未断惑业，欲了生死，则梦也梦不著。"②净消解于禅后，极处也仅能开悟，无信愿行的实修，就不能实现了生死的终极追求。印光认为：

> 至如禅宗，若单提向上，则一法不立，佛尚无著落处，何况念佛求生净土？此真谛之一泯一切皆泯，所谓实际理地，不受一尘，显性体也。若确论修持，则一法不废，不作务即不食，何况念佛求生净土？此俗谛之一立一切皆立，所谓佛事门中，不舍一法，显性具也。必欲弃俗谛而言真谛，则非真谛也，如弃四大五蕴而觅心性，身既不存，心将安寄也？若即俗谛以明真谛，乃实真谛也，如在眼曰见，在耳曰闻，即四大五蕴而显心性也。此从上诸祖密修净土之大旨也。但

---

① 印光：《与徐福贤女士书》，《印光大师全集》第一册，第128页。
② 印光：《复何慧昭居士书》，《印光大师全集》第一册，第320页。

印光思想、净土信仰与终极关怀

未广显传述，故非深体祖意，则不得而知。①

就本体而论，禅宗求明心见性，真谛观空，本来无一物，一泯则一切皆泯，一法不立则一切法皆不立，以至佛也无落脚处，更遑论求生净土的念佛法门了，以此来彻底显出性体的空无之本。就修持功夫而论，俗谛言有，不舍一法也不废一法，世事不与佛法违，不作劳务即不食，如此一法立则一切法皆立，求生净土的念佛法门当然也就不可舍弃，从而回到性体的具体之用上。体用本无二，离开俗谛而仅论真谛则不得真谛，不能弃俗谛而仅论真谛，就像不能离开四大五蕴而别去寻觅心性。印光以此说明禅宗诸祖依然要密修净土的奥秘，抨击"每有聪明人，涉猎禅书，觉其有味，遂欲以禅自命，拟为通方高人。皆属不知禅净所以，妄自尊大之流类"②。

完整地分析印光的有关言论，当知他并不否弃禅宗，因为禅宗开出的也是佛法的众法门之一，禅净的终极目标是一致的，对于根机成熟者，能当下一念顿悟得其所，自是恰当。印光反对的是根钝者在机缘未至成熟时，如东施效颦般地贸然以禅作为依归，所谓："或禅或教或律仪，毕竟总为者一著。若能当念离能所，月朗中天水归壑。倘或根钝机未熟，当以净土为依托。"③显然，就对象而言，这里不存在孰高孰下的问题，只有对特定的主体承当者而言，作出何种选择才更贴切的问题。假使世间人皆上根者，就可通过参禅来彻见本来面目，据此而重发切愿，以求往生，也就是做到禅净双修。问题在于，印光自觉现身处末法时代，去圣遥远，上根者甚少，中下根基者甚多，此时离开净土法门，断难解脱。唯有专研净土法门，"果真信得及，守得定，决定现生了生脱死，超凡入圣，校彼深通经论，而不实行净土法门者，其利益奚啻天地悬殊也。"④他强调：

参禅一法，非现今人所宜学。纵学亦只成文字知见，决不能顿明自心，亲见自性。何以故？一则无善知识提持决择，二则学者不知禅

---

① 印光：《与大兴善寺体安和尚书》，《印光大师全集》第一册，第24页。
② 印光：《复四川谢诚明居士书》，《印光大师全集》第一册，第278页。
③ 印光：《题〈仙佛合宗〉处》，《印光大师全集》第一册，第797页。
④ 印光：《复唐大圆居士书》，《印光大师全集》第一册，第203页。

第四章　印光的禅净观与诸宗观

之所以，名为参禅，实为误会。①

世人每每认为净土法门平常无奇，以禅宗的参究之法为殊胜，仅注重开悟，而不注重净土的信愿求往生，美其名为"禅净双修"。但这种"禅净双修"的实质，"则完全是无禅无净土。"为何？原因在于，"不到大彻大悟之，不名有禅。今之参禅者，谁是真到大彻大悟地位？"② 以此疑问道出的绝对判断，表明在末法时代，他不赞成佛教信众图禅净双修，而力主专修净土。

第四类人是"无禅无净土，铁床并铜柱，万劫与千生，没个人依怙"者。

他们既未彻悟而明心见性，不能定慧均等、断惑证真，又未依从佛力求带业往生，平日埋头造业，"以毕生修持功德，感来生人天福报"，结果仍在六道之中轮回，难复人身，"乐暂得于来生，苦永贻于长劫"，故此类无求生西方之正信而泛修诸善的修行人，也称"第三世怨者"，"铁床并铜柱"则比喻这些人所受的地狱之苦。

在永明的"四料简"中，禅净双修最获推崇，这在思想上直接推进了禅归净土的进程，是当时禅净合流最突出的表征之一。印光在重新阐述永明"四料简"时，仍承祖意，重点却已因时代变迁而有异。

之说以有异，原因一是印光自觉自己所处的时代为末法时代，二是末法时代的人根机浅陋：

上根甚少，中下甚多，不教以信愿求生，而教以参究是谁，参而得之，固为大幸，尚须重发切愿，以求往生。若参而不得，以心中常存一"不知是谁不能往生"之念，则断无与佛感应道交，亲蒙接引之事矣。而今之参者，其能真到大彻大悟地位者有几？夫知"念佛的是谁"者，乃大彻大悟明心见性也。③

故在末法时代，为求稳妥，皈依佛者不应从禅而应就净入门。禅只适合上

---

① 印光：《复四川谢诚明居士书》，《印光大师全集》第一册，第276~277页。
② 《印光法师文钞续编》（上），第153页。
③ 印光：《复汪雨木居士书》，《印光大师全集》第一册，第205页。

根者修持，这在各朝禅宗公案中也得到了验证，如佛陀拈花微笑时，数百人中仅有迦叶一人微笑意会；又如五祖欲传法时，一百多人中仅慧能与神秀写出求法偈，神秀还是犹豫良久才写出了求法偈，最终是慧能一人因其求法偈得究竟义，终领受了五祖的衣钵，等等。

正因为上根甚少，中下根甚多，印光就更强调因材择教：

> 若大通家，则禅净双修，而必以净土为主。若普通人，则亦不必令其遍研深经奥论，但令诸恶莫作，众善奉行，一心念佛求生西方即已。①

如此也就不会产生大材小用或小材无用的错位，各得其宜，各受其益。《大集经》云："末法亿亿人修行，罕一得道。唯依念佛，得度生死。"《像法决疑经》云："本师灭度，正法五百年，持戒得坚固；像法一千年，坐禅得坚固；末法一万年，念佛得坚固。"依佛经立论，印光就更决意推崇净土法门：

> 真修净土人，用不得禅家开示，以法门宗旨不同故。②

禅净法门不同，宗旨各异，修持净土者虽无禅，却依信愿行，不碍往生，终出离生死，也就无因禅的缺失而产生缺憾。念佛人念佛至炉火纯青时，也是可以明心见性的，这方面在历史上有显例。③

与认为禅是觉悟论，净土则是渐修论的一般认知理路不同，印光通过实修，指出净土信仰也会产生觉悟：

> 夫禅至于不知，方是真禅。以见闻觉知，皆意识中事，唯其不知，方能灵光独耀，迥脱根尘，体露真常，即如如佛耳。净至于但觉，则全

---

① 印光：《复四川谢诚明居士书》，《印光大师全集》第一册，第276页。
② 印光：《复何慧昭居士书》，《印光大师全集》第一册，第320页。
③ "念佛所重在往生，念之至极，亦能明心见性。非念佛于现世了无所益也。昔明教嵩禅师，日课十万声观音圣号，后于世间经书，悉皆不读而知。"参见印光《复四川谢诚明居士书》，《印光大师全集》第一册，第277页。

第四章 印光的禅净观与诸宗观

> 心是佛，全佛是心，心佛不二，心佛一如矣！否则何名"但觉"?!①

他结合自己的信仰心路指出，正因为有了这种信仰觉悟，也就不会因他人的言论而再生变②。

对于信众因比较禅净而带出的一些疑问，印光也给予了明确的回答。

如有居士就禅净的不同修行方式与养生的关系有疑："参禅所以调神养气，信其有益。念佛则是多言伤气，岂亦有益耶？"印光的观点是：

> 禅者虽坐，坐而参究本来面目，非为养气调神也。念佛亦养气调神之法，亦参本来面目之法。何以言之？吾人之心，常时纷乱，若至诚念佛，则一切杂念妄想，悉皆渐见消灭。消灭则心归于一，归一则神气自然充畅。汝不知念佛息妄，且试念之，则觉得心中种种妄念皆现，若念之久久，自无此种妄念。③

念佛能去一切杂念妄念，令神气充畅，直至可以进入一种前所未有的完全了知的境界：

> 阁下且放下一切闲知见，一心念佛。念到心佛双亡之后，自可发一大笑，完全了知。未到此时，若别人与说，亦不得而知。④

禅净因此而相通，专心念佛也就进入了与禅定同一境界的"入定"状态。⑤

---

① 印光：《复张季直先生书》，《印光大师全集》第一册，第329页。
② 印光早年曾接受禅的熏陶，但立志皈依净土。对此，他在53岁时有这么一段夫子自道："如不慧二十一岁，辞亲出家，亦可谓发心真而立行猛矣。至于五十三岁，若宗若教，毫无所得，徒负亲恩，空为佛子。所幸者净土一法，于出家学《弥陀经》时，已生信心。实未蒙一知识开示，以当时业师与诸知识，皆主参究，所有开示，皆破净土。吾则自量己力，不随人转，虽佛祖现身，犹不改作，况知识所说乎?!"参见印光《与谢融脱居士书》，《印光大师全集》第一册，第266~267页。
③ 印光：《复冯不疚居士书》，《印光大师全集》第一册，第346~347页。
④ 印光：《复崔德振居士书二》，《印光大师全集》第二册，第991页。
⑤ "念佛念到一定程度，即可以'入定'，'入定'之后所得之念佛三昧境界，是虚空粉碎，大地平沉，当前一念心性，与十方诸佛法身融为一体，这时便离开一切生死取舍、分别执著，而与禅门之真如三昧无二无别了。"参见赖永海《中国佛性论》，上海人民出版社，1988，第286页。

归纳起来，印光认为禅宗关于求明心见性之说，无净土可生，无弥陀可见，是偏于理性的见解，从而有别于事理无碍的净土宗。① 事理无碍，方为真境界。否则，"以断见思惑，方名'事一'；破无明证法性，则名'理一'。若是内秘菩萨行，外现作凡夫，则此之二一，固皆无难。若实系具缚凡夫，则'事一'尚不多得，况'理一'乎?!"② 由此可见，印光思想中扬净抑禅的指向，是十分明确与明显的。

四 佛教诸宗观

印光的佛教历史观，对佛教的起源以及佛教法门的涵容，有着明确的界定：

众生由不了悟，不肯修习善法，以致长劫轮回生死，莫之能出。如来于是广设方便，随机启迪，冀其返妄归真，背尘合觉。法门虽多，戒、定、慧三，摄无不尽。③

佛教的人道法门虽有多种，却尽摄在戒、定、慧三学之内。佛陀驻世时对众生的不同说法，是根据受众的不同根性而因材施教的：

大根则称性直谈，为说佛乘，令其即生圆证佛果，如《华严经》之善财，《法华经》之龙女等。次则为说菩萨乘、缘觉乘、声闻乘，令其渐次修习，渐次证果。又其次则为说五戒十善，令其不堕恶道，受人天身，渐种善根。④

佛陀善于因材施教，面对上中下根这三种不同根性者，分别为之传授三种不同的修持之法。求悟求解脱的众生，不同根性与不同因缘所致，可以通

---

① 参见印光《由上海回至灵岩开示法语》，《印光大师全集》第四册，第2215页。
② 印光：《与袁福球居士书》，《印光大师全集》第一册，第215页。
③ 印光：《陈了常优婆夷往生事迹兼佛性发隐》，《印光大师全集》第一册，第733页。
④ 印光：《与陈锡周居士书》，《印光大师全集》第一册，第67页。

过不同的路径,"以或由知识,或由经教,得闻正因佛性之义,而得了悟。"① 路径不一,却殊途同归。

在印光的意识中,佛法传入中国后,"肇始于汉,扩张于晋。及宋、齐、梁、陈、隋,则蒸蒸日上。至唐而律、教、禅、净、性相诸法,无不具备。"② 在唐朝已经成型的各宗之中,以净土宗最为契合时人的根机,原因在于净土法门是"三根普被,利钝全收",与其他宗派法门比较,具最广泛的包容性,"其余法门,小法则大根不须修,大法则小根不能修"③,各有各的殊胜因缘,却不能普遍泽及大根小根。

再从功能来研判,与其他各宗相比,净土宗的效果最为殊胜:

> 昔人谓:"余门学道,似蚁子上于高山。念佛往生,如风帆扬于顺水。"可谓最善形容者矣。④

念佛兼得佛力加自力,如顺风扬帆于顺水中,自然省力又顺畅。印光还特别说明,不同的法门"有契理不契机的,有契机不契理的"。净土的念佛法门,是"利钝全收,理机双契"的不可思议的法门,⑤ 具有最宽广的普适性,从而在佛教众法门中得以一枝独秀。

中国佛教史上,包括净土宗、禅宗在内的各宗传人,常自认自己是"一览众山小",自己所信奉的宗派或所归属的门派,是最重要、最契机也是最圆融的,非自己所信奉的宗派或非自己所归属的门派,则是次要、不够契机或欠缺圆融的。类似华严、天台等诸宗先后推出的判教,在不乏其独特的理论贡献外,一项直接的目标就是要论证唯吾宗独尊,他宗皆可为吾宗所涵摄。净土宗祖师们则通过强调人在末法时代,众生倘如不依佛力,则难以了生死,从而论证净土法门是众生求生死解脱的最重要也最契机的法门。千年已成往事,今天回顾中国佛教历史上对各宗的存汰,明显的史实是随着时日已降,其他各宗的延续与影响,难与净土宗相媲美。这

---

① 印光:《陈了常优婆夷往生事迹兼佛性发隐》,《印光大师全集》第一册,第733页。
② 印光:《潮阳佛教分会演说一》,《印光大师全集》第一册,第704页。
③ 印光:《与陈锡周居士书》,《印光大师全集》第一册,第69页。
④ 印光:《与徐福贤女士书》,《印光大师全集》第一册,第125页。
⑤ 印光:《由上海回至灵岩开示法语》,《印光大师全集》第四册,第2205页。

里的内在因素，值得思考。

南亭在《从贤首五教论净土宗的价值》一文中，分析了贤首判五教的历史及其学理依据，认为净土宗将"贤首五教，都一一道尽"，有"渡迷津之宝筏，是苦海之津梁"的功能，故他对印光独取念佛法门以度人，给予了"探骊得珠"的高评。① 印光从净土宗的立场出发，虽未有专门系统的判教言论，但他在系统地阐述了净土宗与禅宗的关系之外，对于佛教各个时期、各个宗派也不时有所点评，并形成了他的佛教历史观。② 在这其中，诸如他对密教及其流弊的认识与批评，其思想的深度与针对性，在现代及可以预期的未来，不会随时光之风而消逝，其中的合理之见还有待挖掘。

（一）大乘与小乘

论及大乘佛教与小乘佛教的分野，印光认为不可轻视小乘佛教：

> 学者虽专主大乘，亦不可轻蔑弃舍小乘。以小乘原为进入大乘而设，乃如来之度生妙用，实下根之出苦宏猷。③

从历史传承来看，小乘在大乘之前，同样显现出佛陀度众生的妙用，大乘承前于小乘，小乘启后有大乘，大乘是对小乘的继承与拓展，如据大乘而轻蔑地弃舍小乘，则无异于自断活水源头。小乘的特点之一是注重个人的修持，不弃下根，这也正与印光所持的净土宗特点一致。

（二）空宗与有宗

在思想分野与宗派分立上，大乘与小乘佛教宗派皆有空宗与有宗之分。空宗乃主张包括般若在内的一切皆"空"之宗派；有宗则是主张诸法为"有"之宗派，偏于现实形相之有。小乘佛教中，俱舍宗归属于有宗，

---

① 参见《印光大师永思集续编》，《印光大师全集》第五册，第2627页。
② 以往部分人对此的认识是不充分的，以至挑剔印光思想的最大理由之一，就是说印光"固执净土宗，屏绝他宗，几以一句弥陀，替代了三藏十二分教"。参见芝峰《纪念印光老人的老实话》，载《印光大师全集》第五册，第2433页。
③ 印光：《竭诚方获实益论》，《印光大师全集》第一册，第386页。

第四章 印光的禅净观与诸宗观

成实宗归属于空宗；大乘佛教中，法相宗属于有宗，三论宗属于空宗。禅宗主张佛、魔皆空，以言语思辨为闲葛藤而排遣之，亦称空宗。净土宗立宗的重点，是信仰弥陀净土实有，思想明显倾向于有宗。

信仰净土宗，也就要面对源自空宗的"空"观而提出的类似疑问："佛以万法皆空，何以有西方极乐世界？"印光对此的回答是：

> 万法皆空，乃凡夫惑业所感之境，何得以如来福慧所感之极乐世界相比？！①

"万法皆空"是就世间法而论的，世间万法是究竟归于空的；"西方极乐世界"则是出世间的，是不能根据凡情来揣测的实有圣境。前者是"真空"，后者是"妙有"，故"万法皆空"说不适于"西方极乐世界"即弥陀净土。这种回答归根结底是信仰主义的，表明印光的思想倾向在有宗而非空宗。

在义理上，禅净对有无的认识，各有偏重。禅以本体空无作为归结，净则落实到净土实有的方面。明乎此，就较易梳理印光的相应思想。他尝给顾显微居士写道：

> 阁下必欲致诘佛之有无，且问阁下自己毕竟是有是无？若谓是无，此一上络索，是谁述说？若谓是有，请的的指出其述说者。语言，系喉舌与识心相即而有文字，亦识心手笔运动而现，二者皆不出色受想行识五蕴之外，皆非阁下自己。离此五法指得出，许阁下问佛究竟有无为大智慧问；若指不出自己之有无，欲先知佛为有无，乃狂妄无谓之问，非切己穷理之问也。佛毕竟是有，因汝凡情未涤，决不能见。阁下自己亦是有，因汝五蕴未空，亦不能离色受想行识，的的指出也。②

问者要追问"佛到底是有？佛到底是无？"之类的问题，须先反躬自问：

---

① 印光：《复冯不疚居士书》，《印光大师全集》第一册，第349页。
② 印光：《复顾显微居士书》，《印光大师全集》第一册，第272页。

"且问'我'究竟是有还是无?"先切己才能穷理。从世间法看,五蕴未空、不离色受想行识的"我"是"有";从出世间法的究竟义看,佛毕竟是"有",但世人如果未涤除世俗凡情,无信愿行,也就见不着。接着,印光结合禅宗的重要经典之一的《金刚经》①,阐论对有相与无相的认知:

> 《金刚经》令发菩提心菩萨,发心度尽一切众生,令其皆证无余涅槃,而不见有一众生得灭度者;不住色声香味触法,而行布施。布施为六度万行之首,举布施则持戒、忍辱、精进、禅定、智慧,乃至万行,皆当不住色声香味触法而修。……"应无所住而生其心","无我人众生寿者相","修一切善法"。如上所说,且道是有相耶?是无相耶?如此广大光明之相,逼塞太虚,而谓之为无,是何异于生盲乎哉!其言"无一众生得度""不住相""无相""无所住"者,欲人不滞凡情圣见之执著相耳。其言"度尽众生"、"行布施"、"生心"、"修善法",欲人称性修习自利利他之法,以期自他同得圆满菩提而后已。不于此中著眼,妄执无相为究竟,与嗔酒糟汉同一知见,尚得谓有智慧人乎?②

按《金刚经》所言,"无一众生得度""不住相""无所住"属"无相"说,也就导致了一些人对此经的误解:"世人不知在离相无住处著眼,遂谓此经破相。不知此经,乃示人广行六度万行,上求下化,与无缘慈,运同体悲之无上妙相也。须知佛法真利益,必由不著无住而得;欲不著无住,非竭诚尽敬不可!竭诚尽敬,乃修习佛法成始成终之要道也。"③"无相"在于打破修持者滞碍于凡情圣见的执著相。另外,《金刚经》还有"度尽众生""行布施""生心""修善法"等"无相"说,目标在于导人自见心性,进而修持自利利他之法,最终自他同得圆满菩提,可见以无相为究竟同样是"妄执"。

---

① 印光对《金刚经》推崇颇高,指出此经:"一切诸佛,彻证即心自性之妙法;一切众生,究竟超凡入圣之捷径也。"参见印光《〈金刚经〉劝持发隐》,《印光大师全集》第一册,第806页。
② 印光:《复顾显微居士书》,《印光大师全集》第一册,第272~273页。
③ 印光:《〈金刚经〉劝持发隐》,《印光大师全集》第一册,第807页。

故对于"《金刚》无相,净土有相,二法如何相融?"的疑问,印光的回答是:

> 《金刚经》令度尽一切众生,而不见度相。不住色声香味触法而行布施,布施乃六度万行之首。既令不住相布施,则持戒、忍辱、精进、禅定、智慧,以及万行,莫不皆然。然则《金刚经》乃令人遍行六度万行,普度一切众生之规矩准绳也,遍与一代时教一切法门而为纲要。盖是即相离相,何得谓与净土不相融通乎?!①

"即相"又"离相",《金刚经》的义理与净土宗的修为,就可以相融相通。这也表明,印光的相关思想力图超越空有二执的藩篱。印光在偏于"有宗"来弘宣净土时,对于以"空宗"作为归结的禅意,不是一概抹杀,也不是过分强调空与有的矛盾,而是立足于即相离相,力求两者融通。

有必要说明的是,印光在上述语句中所言的"噇酒糟汉",绝非是指济公这些看似是"噇酒糟汉"却有神异力的禅宗祖师,相反,印光特别推崇济公。②

对于狂禅过于执著顽空,通过否定因果,进而图肆无忌惮之举,印光是深恶而痛绝之:

> 且莫认作于境无心,便于修持自利利他、上宏下化之事,悉皆废弃,则是深著空魔,堕于顽空,由兹拨无因果,肆意冥行,乃成以凡滥圣、坏乱佛法、疑误众生之阿鼻地狱种子矣。③

过分强调"空",偏执于"空",乃至堕于顽空,就佛法的领受而言,同样

---

① 印光:《〈金刚经〉线说铸板流通序》,《印光大师全集》第一册,第 477~478 页。
② 印光具体解释道济禅师(济公)的饮酒食肉之举,乃遮掩其圣人之德之举,世人不宜妄学或妄毁,妄学也就是学饮酒食肉之类的犯戒之举,而道济所有的神通却是世人学不来的;妄毁即是用凡夫知见,测度神通圣人,均是不可取的。参见印光《复庞契贞书》,《印光大师全集》第一册,第 212 页。
③ 印光:《与袁福球居士书》,《印光大师全集》第一册,第 216 页。

是一种不得究竟的执著,实质与"皇帝的新装"无异①。观之于时状,印光指出,即使在僧界中,言空行未空的言行分裂者,也不乏其人:

> 其有自诩高明,藐视戒律及与净土,谓"自性清净,有何善恶持犯自他净秽?但任天真,即如如佛"。从兹口口谈空,步步行有。听其言,则高出九天之上;察其行,则卑入九地之下。②

如此言行大相径庭之僧尼,对于强调严谨修持、看重言行一致的印光而言,是尤其不可接受的。

就道统传承的文本而论,禅宗有"不立文字"之说。这主要是与禅宗"以心传心"之说相应的,且对那种皓首穷佛经而未得其究竟的不良学风,也具革命的意义。但后期禅宗的一些"狂禅"人物,将此加以过度地强调与推崇,以至焚烧经书为平常事,以炫耀自己已经"得道"。这就直接威胁到了佛教道统的文本传承,对佛教义理传承与传承者的心理均构成了压力,无疑已是矫枉过正。印光对此,可谓痛心疾首,并力求返本清源,他特别强调了文字之功:

> 人生世间,所资以成德达才,建功立业,以及一才一艺养活身家者,皆由文字主持之力,而得成就。字为世间至宝,能使凡者圣,愚者智,贫贱者富贵,疾病者康宁。圣贤道脉,得之于千古;身家经营,遗之于子孙,莫不仗字之力。使世无字,则一切事理,皆不成立,而人与禽兽无异矣。既有如是功力,固宜珍重爱惜。③

---

① 《高僧传》卷二记载鸠摩罗什与乃师的一段对话,就很形象地涉及此点:"什曰:'大乘深净明有法皆空;小乘偏局多诸漏失。'师曰:'汝说一切皆空,甚可畏也,安舍有法而爱空乎?如昔狂人,令绩师绩线,极令细好。绩师加意,细若微尘,狂人犹恨其粗。绩师大怒,乃指空示曰:此是细缕。狂人曰:何以不见?师曰:此缕极细,我工之良匠犹且不见,况他人耶?!狂人大喜,以付织师,师亦效焉。皆蒙上赏,而实无物。汝之空法,亦由此也。'什乃连类而陈之,往复苦至经一月余日,方乃信服。"参见(梁)释慧皎撰《高僧传》卷二,载《大正藏》第五十册,第331页。
② 印光:《〈梵网经〉心地品菩萨戒疏注节要跋》,《印光大师全集》第一册,第618页。
③ 印光:《挽回劫运护国救民正本清源论》,《印光大师全集》第一册,第400页。

要与"顽空"的执著告别,就要尊重文字,进而尊重文本化的佛经,尊重文化,更加重视建构而非解构,正是一脉相承的。所以,在同时代人中,印光与立志要复兴佛学的杨仁山等人一样,平生广求佛经,然后刻板印刷流通,都是相应的犹未晚矣的亡羊补牢之举。

(三) 显教、密教与密宗

因佛法的传承说教方式有显密之分,教也就有显教与密教之分。在言语文字上明显说出写出教法者,为显教;不可由表面的言语文字得知而须秘密说教者,为密教。历史上,净土宗与唯识宗、三论宗、华严宗、天台宗等诸宗,一般皆以大乘小乘而别其意趣。唯密宗不区分大乘小乘,一概皆以显密二教来界分之。

近代以来,随着佛教复兴运动的兴起,"东密热"与"藏密热"直接促成了20世纪初期的密教热。其中,"东密热"是指当时的一些僧人与居士东渡赴日学密,然后回国弘扬,成为一种风潮。在这其中,僧界以大勇(1893~1929年)、持松(1894~1972年)、显荫(1902~1925年)为代表,居士界以王弘愿(1876~1937年)、顾净缘(1889~1973年)为代表。藏密东传以至成为热潮,则始自在藏地受政治排斥的九世班禅曲吉尼玛(1883~1937年)在北京略传密法,其后,康藏蒙古的活佛喇嘛先后来内地传法,在此期间也不断有汉人入藏求法学密——始作俑者即为赴日学密归国的大勇,他组织了"留藏学法团"起行,1929年于甘孜扎迦寺逝世。总的看来,密教热在当时兴起的动力,在于近代以来国难不断,部分人期望仰仗神奇的密法来消除国人的灾厄。

就法门来论,印光认为显密本来圆通,法门本来无二。依据义理来看,修持者"倘色力强健,何妨于显宗外,处处另标密宗纲要。俾阅者知显密圆通,法门无二。事修宜一门深入,理性固二法融摄"①。但这仅是就个别修持者而言的,② 考虑到末法时代佛教四众了生死的急迫性,与支持

---

① 印光:《复江西端甫黎居士书》,《印光大师全集》第一册,第258页。
② 如作为特例,印光并不反对皈依弟子袁希濂学密,袁希濂在《追念印光大师》中有言:"是则余之学密,谓为印光师父所特许者,亦可也。"但印光更反复提醒他不可劝人学密。参见《印光大师全集》第五册,第2514~2515页。

入藏学密的太虚法师不同，印光明确批评大勇、显荫到日本学密法，① 对于当时的学密修密热，持批评和拒绝的态度。

印光之所以批评和拒绝学密修密，主要理据有以下五个方面。

一是依佛经立论，印光驳斥了假托密宗而散布的"即身成佛"论，指出现世唯有释迦牟尼佛一人即身成佛，下一个即身成佛的，则要等到弥勒佛的下生。在释迦圆寂到弥勒未来下生的中间时段，不可觅到即身成佛——即使是释尊再来应世，也无示现即身成佛之理②。结合现实，印光要求佛教四众：

> 祈专志净宗，勿被密宗"现身成佛"之语所动。"现身成佛"，乃理性，非事实。若认做事实，则西藏东洋之佛，不胜其多。③

二是"密宗易得神通，易著魔障"④。不少修密者之所以决意修密，是因为修密易得神通，但完全忽视了修密时有易着魔障、走火入魔的高风险，修密就如手握高成效与高风险集于一身的双刃剑，千修万修，不如修平实的弥陀净土稳当。

三是从清朝西藏的活佛在转世投胎进程中的种种灵异表现（如预知转世到何处，能说出自己的前身等）来看，他们也还不是即身成佛。在印光看来，如真是即身成佛，自然能像释迦牟尼佛那样，能说各种方言，一音说法，一切众生皆能会得。何以西藏的活佛不懂汉语呢？更不必提后来的活佛转世，要由后人的拈阄而定。⑤

四是密教的传法，是仅局限在小范围、小圈子之秘密所为，路子是否正，是否会走火入魔，均不可印证，故"断其密宗一法，不能普被三根，

---

① 大醒：《拜识印光大师的因缘及其印象》，载《印光大师全集》第五册，第2438页。
② 印光：《由上海回至灵岩开示法语》，《印光大师全集》第四册，第2215~2217页。另，对"即身成佛"论，同时代的高僧如太虚亦无兴趣，自称"无即身成佛之野心"。两大师持同一见地，更可互为证明。参见陈兵、邓子美《二十世纪中国佛教》，民族出版社，2000，第351页。
③ 印光：《复黄智海居士书》，《印光大师全集》第一册，第197页。
④ 袁希濂：《追念印光大师》，载《印光大师全集》第五册，第2514页。
⑤ 印光：《由上海回至灵岩开示法语》，《印光大师全集》第四册，第2217~2218页。

不如净土法门之千稳万当"①。不具往生弥陀净土的普适性,②而且也缺乏相应的稳当性。

五是密教的秘密传承说教方式,给"外道"的流行提供了温床。印光指出,"外道"之所以能在世上流行,得力于两种方法:首先是"秘传",宣扬"一得明师真传,不修即成"并神化其功效,称老鼠、雀子听了,也可修成正果。故在传道时,必须在密室中,小声气说,为防盗听者,外面还要派人巡查③。其次是"严示禁令",既然是密传,那对于亲如父子夫妇,也不能说,否则必受天谴;在传道前先令听者发咒,发咒内容是以后如"反道",则受如何之惨报,以断听者日后的出离之路。"假使外道去秘传而公开,普令大家同闻,亦不令人发咒,则举世之人,有几个肯入彼道者乎?!"④可见,"外道"先以所谓的神功来吸引潜在信众,再吹嘘明师真传作为得道的独一不二的路径,后以严格的禁令作为枷锁,以重咒发誓来完全杜绝听者的退路,使追随者只能死心塌地,别无出路,以达到信仰之外的不可告人的目的——历史上的形形色色的邪教,莫不如此。印光提出的破解"外道"的方子是:"公开"、"普令大家同闻"和"不令人发咒"⑤,身处末法时代,佛法的传承说教方式,应该全部采用显教而非密教的方式,这不仅是显教契合了时人的根机,更因为显教不给邪魔外道的流行乃至泛滥,留下可以乘虚而入的方便之门。站在现实的土壤考量,这些方子不仅有助于佛教破解"外道",同样也有助于文明社会减少乃至杜绝邪教危害。

印光对密教所持的保留态度与强烈批评,有从"即身成佛"论与时状

---

① 参见于凌波《中国近现代佛教人物志》,第470页。
② 真正密宗大师对于传法是认真的,如持松多年求一合适的付法人,竟不能得,以至凄然感叹:"唯思法乳恩难报,一卷真言付却谁?"参见陈兵、邓子美《二十世纪中国佛教》,第351页。觅一合适的付法人而不易得,可见其影响与圈子之微小,也可见其生命力之脆弱。
③ 如此"传法",即使是错谬连篇,如说释迦牟尼佛已过时,现在是弥勒佛掌盘;乃至将"南无阿弥陀佛"曲解为"南方没有阿弥陀佛"等,也因无人揭穿而得以蒙骗乡愚。参见成一《推行人生佛教建设人间净土》,载《印光大师永思集续编》,《印光大师全集》第五册,第2640页。
④ 印光:《与泉州庄慧炬居士书》,《印光大师全集》第二册,第1021~1022页。
⑤ 印光:《与泉州庄慧炬居士书》,《印光大师全集》第二册,第1022页。

结合的论述,① 有结合显密的功能角度所作的考量,还有对秘教传法所具弊端的分析。他是如此强调修持净土法门的功效,也就明确反对末法时代的信众学密修密。只是,即使印光如此明白地陈述了专修净土、弘传显教的观点,在印光圆寂后,佛教居士中仍有言印光是"禅净双修""显密双修"的。② 可见,即使是在净土宗的信众中,要准确地了解与定位印光的相应信仰与思想,也远非一个已完全解决了的问题。

对佛教诸宗,印光提倡要"善会"而不要"泥迹":

> 泥迹者,谓一切法,法法各别。善会者,则一切法,法法圆通,如城四门,随近者入;门虽不同,入则无异。③

从这个角度看,印光的佛教诸宗观自有其圆通处。但就具体修持法门的要求来论,总得选一进入之门,个别毕竟不是整体,特殊毕竟不是圆通,印光坚持认为,通观佛教诸宗,净土宗最契时契机,是佛教诸宗修持的最终依归,"实则是诸宗究竟之归宿。"④ 弥陀净土信仰也就是佛教信仰的终极之归宿。

---

① 印光:《复黄智海居士书》,《印光大师全集》第一册,第197页。
② 参见慧成《以老实念佛纪念大师》,载《印光大师全集》第五册,第2668页。
③ 印光:《上海佛学编辑社缘起》,《印光大师全集》第一册,第761页。
④ 印光:《上海佛学编辑社缘起》,《印光大师全集》第一册,第761页。

第五章　印光的儒佛并举思想

中国传统在认识生死的理路上，儒学的思想家们沿袭的是孔子"未知生，焉知死？"[①]的指向，更强调人生观。印光所沿袭的佛教尤其是净土宗的理路，却是"未知死，焉知生？"先观照死亡，再回到人生观，"教人生有恃怙，死有归宿"[②]，并在此基础上力求统合儒佛的思想。

一　儒佛之融合与儒佛之同异

作为一个纯粹的出家人，印光完全可以出世作一个"自了汉"，不以俗世为挂怀，以免分散精力，有碍自我清修[③]，这也是他一直向往的人生理想状态："拟作粥饭自了僧，不做宏法利生梦。"[④]

即使如此，印光那融合了儒佛思想的心胸，还是时时以慈悲之心来关照众生，这体现在他终"将自了之念抛弃"[⑤]，并落实到他数十年如一日着力提倡世俗家庭的佛化建设中。他以净土信念为归，结合儒学纲领，引儒入佛，力求使儒佛观点能互相发明印证，认为佛陀：

---

① 《论语·先进》。
② 印光：《〈印光文钞续编〉发刊序》，《印光大师全集》第二册，第847页。
③ "光自民六年渐忙，忙得不了。只为别人忙，自己工夫荒废了。"参见印光《致德森法师书二》，《印光法师文钞三编》（上），第4页。
④ 印光：《〈印光文钞续编〉发刊序》，《印光大师全集》第二册，第845页。又，年已70的印光由沪至苏州报国寺闭关，尝作《苏州报国寺关房题壁偈》云："虚度七十，来日无几，如囚赴市，步步近死。谢绝一切，专修净土。倘鉴愚诚，是真莲友。"参见《印光法师文钞三编》（下），第827页。
⑤ 高鹤年：《印光大师苦行略记》，载陈海量编辑《印光大师永思集》，第17页。

> 举凡格致诚正修齐治平之道，与儒教规程无异。至于明心见性真穷惑尽之事，则儒教发挥未及，以一则随顺世情，一则直示心体。若究其本，则灵山泗水，同居一地；东鲁西竺，实无二天。①

因此，他极力提倡儒佛二教融合求双美之论：

> 儒佛二教，合之则双美，离之则两伤，以世无一人不在伦常之内，亦无一人能出心性之外。②

儒重日常人伦，佛重明心见性，儒佛融会，致佛教所追求的出世信仰能水乳交融在儒学所推崇的入世言行中，以求教化人生、净化人心和有益社会的效果，以"大明儒佛之心法，企出生死之樊笼"③。

印光这种求儒佛双美的思想，不是他有自觉思想的开始之时即有，而是经历了刻骨铭心的心路历程的。早年，他"稍开知识，复中程朱辟佛之毒"④。"颇以圣学自任，和韩欧辟佛之议。"⑤ 他接受了二程、朱熹、韩愈、欧阳修的理学思想影响，以中兴儒学为己任，以儒反佛。后来因缘时至，他转而专研佛典，进而接受了佛教尤其是净土信仰，终生以践履与弘扬净土信念为追求，并结合儒佛义理在世俗生活中的应用，较系统地阐述了儒佛融合并举的思想。

印光认为，儒佛并举的基础是以佛法为本：

> 佛法者，心法也。此之心法，乃十法界之根本。不明此法，非但无由亲证本有真如佛性，即世间格致诚正、修齐治平之道，亦不能究竟圆满。何以故？以未得根本，唯事所发之迹象故。⑥

---

① 印光：《济南净居寺重庆碑记》，《印光大师全集》第一册，第 656～657 页。
② 印光：《复安徽万安校长书》，《印光大师全集》第一册，第 325 页。
③ 印光：《重刻明宋文宪公护法录序》，《印光大师全集》第一册，第 450 页。
④ 印光：《〈印光文钞续编〉发刊序》，《印光大师全集》第二册，第 845 页。
⑤ （清）彭希涑：《净土圣贤录》，上海佛学书局印行，第四册"近代部分"，第 14 页。
⑥ 印光：《〈修正管理寺庙条例并护教文稿〉序》，《印光大师全集》第一册，第 517 页。

心法为根本，格致诚正、修齐治平要究竟圆满，就不能离开作为根本之法的佛法。在印光看来，佛法有最大的包容，有最贴切的功效："佛法钧陶化育，了无弃物；为诸法之本源，作众生之恃怙。世出世间一切诸法，无不从此法界流，无不还归此法界。"① 作为心法的佛法，是起点，也是归宿，可以含摄儒家的学理。②

印光接纳了人与天、地并称为"三才"的传统说法，人能仰体天地之德，皆可以为尧舜，皆可以作佛。③ 成圣与成佛之所以能相提并论，依据在于"吾人一念心性，与尧舜无二，与佛无二"④。儒重人伦，佛重心性，两者不仅不矛盾，而且还可以相得益彰、互相发明：

> 尽性学佛，尽伦学孔……尽性学佛，方能尽伦学孔；尽伦学孔，方能尽性学佛。⑤

"为尧舜"与"作佛"可以并称，同属人的"善性"（或称"本具之天真佛性"）在入世与出世中的不同角色之中的终极实现。与此相反，某些人在现世的有关作为有害于社会国家，并不意味着对这种"本具之性"的否定，证明就来自"古今最道高德备者"⑥ 即孔子提出的"性相近，习相远也"之说。

据此，印光就更重视人的后天教化，通过提倡儒佛合论的道德理想，主张人须各尽己责，以净化社会风气：

> 孟子谓：穷则独善其身，达则兼善天下。盖指其多分而言焉。当今之世，世道人心，陷溺已极，只期自私自利，置道德仁义于不顾，

---

① 印光：《厦门流通佛经缘起序》，《印光大师全集》第一册，第525页。
② 法舫评价印光"兼宏儒家人伦道德，故又能摄授一般儒林文人，同归净土"。参见法舫《一九三〇年代中国佛教的现状——民国元年至二十三年》，载张曼涛主编《中国佛教史论集（七）——民国佛教篇》，大乘文化出版社，1978，第134页。
③ 印光：《挽回劫运护国救民正本清源论》，《印光大师全集》第一册，第394页。
④ 印光：《项伯吹先生〈定海显监狱讲经参观记〉跋》，《印光大师全集》第一册，第622页。
⑤ 印光：《复安徽万安校长书》，《印光大师全集》第一册，第325页。
⑥ 印光：《与卫锦洲居士书》，《印光大师全集》第一册，第76页。

> 几于无可救药。然天下不治，匹夫有责，倘人各兴起，负此责任，各各守分安命，知因识果，孝亲敬兄，敦笃宗族，严教子女，俾成良善，十数年间，世皆贤人，贤贤互益，必召天和，尚何天灾人祸之有?!①

以儒佛合论的心性论作基础，觉悟者最终成圣或成佛，虽有入世或出世之别，却也可以互转融通、互相发明，所谓：

> 以佛法助儒道，二法并行，俾一切人于世法为真儒，于出世法为真释。②

入世者为儒，出世者为释，关键处都在一"真"字，来不得半点含糊。

就入世层面论佛法，印光强调在修持念佛法门之余，念佛人须恪尽自己的职守，农工商学兵，皆无一例外。以因履行世俗职守而难以完全履行佛教杀戒的军中将领为例，尽己职分的主要体现是：

> 除暴安良，并所统之士卒，一一皆以除暴安良保护人民为志。则地方受福，而主将士卒同于冥冥之中消除业障，增长福寿矣。……再加以诵持经咒、念佛名号，则必蒙佛天护佑。无事则军威远镇，宵小潜伏；有事则承佛天力，克制敌军，则是护国将军，救生菩萨矣。③

身为军人，就要尽己职分地有所作为，包括威慑宵小、除暴安良、克制敌军等，虽要尽可能地慎杀，却也未必能完全遵守佛教的杀戒。在这方面，印光并没有要求信仰佛教的军人因戒杀而无所作为，相反，他更强调了军人的护国、救生的职责。考虑到印光生活在内有军阀混战、外有强敌入侵的年代，当不难在其悯惜众生的菩萨心胸之外，窥其务实态度于一斑。

从道与艺、本与用、主与次的关系来看，道为本、为主，艺文为用、

---

① 印光：《裘焯庭先生与其夫人双寿序发隐》，《印光大师全集》第一册，第745页。
② 印光：《复四川谢诚明居士书》，《印光大师全集》第一册，第276页。
③ 印光：《复河南第五军副司令部杨明斋书》，《印光大师全集》第一册，第335～336页。

第五章 印光的儒佛并举思想

为次，不应本末倒置。但世法的呈现却未必如此，印光指出：

> 自儒者以词章为事，遂将学道之法，变作学艺，曷胜痛惜！①
>
> 今之学圣贤者，但学其文言而已，于圣贤之所以为圣贤处，盖忽略不究，此举世学人之病根，非尔我一二人之病根也。既有此根，决定不能素位而行，决定随富贵贫贱威武之境，而为之淫与移屈也。②

质诸历史，多数儒者的那些八股化的科举文章与只表露文人雅气的诗词歌赋，确有以艺匠之气窒息作为源本之道的一面，极端者更有将为人与为学呈背道而驰之势的。在力图求源溯本的印光看来，这自然是可堪痛惜之事，故他在论及儒佛关系时，力求体用与本末的统一，主张：

> 儒佛之本体，固无二致。儒佛之工夫，浅而论之，亦颇相同；深而论之，则天地悬殊。何以言之？儒以诚为本，佛以觉为宗。诚即明德，由诚起明，因明致诚，则诚明合一，即明明德。觉有本觉、始觉，由本觉而起始觉，由始觉以证本觉，始本合一，则成佛。本觉即诚，始觉即明，如此说去，儒佛了无二致。……至于发挥其修证工夫浅深次第，则本虽同，而所证所到，大有不同也。儒者能明明德，为能如佛之三惑圆断、二严悉备乎？为如证法身菩萨之分破无明、分见佛性乎？为如声闻缘觉之断尽见思二惑乎？三者唯声闻断见思最为卑下，然已得六通自在；……儒教中学者且置，即以圣人言之，其圣人固多大权示现，则本且勿论。若据迹说，恐未能与见思净尽者比，况破无明证法性之四十一位法身大士乎？！……吾故曰：体同而发挥工夫证到不同也。世人闻"同"，即谓儒教全摄佛教；闻"异"，即谓佛教全非儒教。不知其同而不同、不同而同之所以然。故致纷纷诤论，各护门庭，各失佛菩萨圣人治世度人之本心也，可不哀哉！③

---

① 印光：《复安徽万安校长书》，《印光大师全集》第一册，第325页。
② 印光：《复汤昌宏居士书》，《印光大师全集》第一册，第321页。
③ 印光：《复汤昌宏居士书》，《印光大师全集》第一册，第321～322页。

根本而论，儒以诚为本，诚在于明德，诚生起明，明促成诚，诚明合一，也就是"明明德"，儒得以成立。佛以觉立宗，觉有本也有始，本觉生起始觉，始觉印证本觉，始本合一，佛得以成立。从本体上论，佛之本觉即儒之诚，佛之始觉即儒之明，故儒佛的本体无二。从工夫上看，从浅层来论，儒佛的工夫也颇相同；但从深层而论，由于不同的人发挥其修证工夫有浅深次第的不同，发挥工夫后所证所获也就大有不同，以至有天壤之别。这种修证因发挥工夫而证到不同，以佛法标准来看，就有佛之修证（"三惑圆断"与"二严悉备"的境界）、证法身菩萨之修证（"分破无明"与"分见佛性"的境界）和声闻缘觉者之修证（"断尽见思二惑"的境界）的差异。世人多意识不到儒佛体同而修证者因发挥工夫修证不同而异的事实，以至说到儒佛的同异，就以儒教全摄佛教为"同"，以佛教全非儒教为"异"，争论纷纷，各护门庭，失去了佛菩萨与圣人的治世度人之本心，确非幸事。

印光指出，儒佛思想的关系是同中有异、异中有同，关键是求其同而不同、不同而同之所以然。就入世法而论，儒佛思想的实质就是相通的，相异处仅是表述之异，如佛陀所制定的"五戒"与儒家所推崇的"五常"之间，就是可以直接画等号的：

> 五戒"不杀"即"仁"；"不盗"即"义"；"不邪淫"即"礼"；"不妄语"即"信"；"不饮酒"则心常清而志凝、神不昏而理现，即"智"。"五戒"全持，不堕三途，恒生人道。此与儒之"五常"大同。[①]

可见，印光即使是从佛本论的视角来看待问题，儒学经典所表达的思想不仅可以成为一种不可否弃的表述，还可以与佛教经典的论点水乳交融地结合在一起，共同成为人生的指南。

在这方面，印光同样表现出了对儒家经典及其意旨的熟悉，他还特别强调要正确领会儒家经典所阐述的处世之道，避免错误的附会。如他在《复某居士书》中，专门谈到了对《易》的认识："《易》本圣人观象立

[①] 印光：《如来随机利生浅近论》，《印光大师全集》第一册，第383页。

法，示人以明明德亲民之道，非徒只为卜吉凶已也。后世学者，舍本逐末，遂成艺术，可哀也已。"对于后世学者过于重视"术""艺""用"而轻视"道""本""体"的倾向，印光深感痛心。他具体列举"天行健，君子以自强不息"的"乾卦"和"地势坤，君子以厚德载物"的"坤卦"，认为："六十四卦之大象，可录之一幅，以为立身行道之准。将由此以继往圣，开来学，岂区区然只成一算命之艺，以求糊口而已哉？"印光更注重作为根本的"道""本""体"，拒绝以末为本。他进而结合孔子尝读《易》至韦编三绝的史实，结合孔子在年将七十时还有倘天假以年则学《易》以免大过的期望，得出了"《易》乃圣道之源也"①的结论。在此，印光是站在求安身立命的大道而非搬弄小技巧的高度来立论的，体现出了重道而非以艺代道的思路。他论《易》的这些思想，在今天重温，仍不乏值得肯定之处。

　　印光指出，要融合儒佛，进而互增其美，重要的不仅在于两者之同，也在于明确两者之异。

　　一是在内容上，"第儒唯令尽义，佛则兼明果报耳。"② 在处世中，儒者导人要"尽义"，以现世价值为依归，具有单维正向的伦理教化色彩。但因此而留下的问题依然突出："义"的标准何在？对甲方"义"，对乙方乃至丙方等，也意味着"义"吗？未必。况且，在历史与现实中，在不同人的一生一世中，还屡屡不乏行"义"者未必得好报，不"义"者未必得恶报的事实。印光认为，佛家在不否认"义"的前提下，再强调当事人要明晓因果报应律。如此，"义"者必得好报，不"义"的作恶者必得恶报；一时未报并不等于不报，只是时缘未到；时缘一到，全部都得报。

　　二是在时空的设定上，佛法所言的三世时空信念，又为因果报应提供了无限度的足够腾挪周旋的时间与空间，这同样是儒佛在因果报应思想上所具有的差异："但儒唯约现世与子孙言，佛则兼过去、现在、未来三世无尽而论。"③ 儒者所说的因果报应主要就现世与家族子孙而论，佛家的因

---

① 印光：《复某居士书》，《印光大师全集》第一册，第195页。
② 印光：《如来随机利生浅近论》，《印光大师全集》第一册，第383页。
③ 印光：《如来随机利生浅近论》，《印光大师全集》第一册，第383页。

果报应则就过去、现在和未来的三世来展开,时间之链具有无限性。

印光的儒佛互补与互证思想,路子是六经注我的。他以此直接回答以下的质疑:既然"自了汉"在社会生活中仅具个体而缺乏普遍意义,那么,类如草木一秋的人生百年(夭折者除外),难道就仅是求一项好死吗?倘若仅求好死,人的社会责任与义务又何以体现?体现时,它们又具体地落实在哪些方面?印光对相关问题进行了相关的思考,并通过影响佛教四众而不乏导人向善的社会效果,起到了身为佛门导师的人生指引作用。

二 "释氏之孝"与"儒者之孝"

印光对其生活时代的伦理评判,几是悲观至极的:

> 今则人心陷溺,世乱已极,废经废伦,废孝免耻;争地争城,互相残杀。种种邪说暴行,极力提倡。若不挽救,则人道或几乎熄。①

且不说遵循佛道,连人道也是危在旦夕。在这么一个时代,个人唯有悲愿痛切,才会更激发出坚定虔诚的信仰。印光虽出世遁入佛门,俗世无亲无故,也大力提倡人道以孝为本论,其思想流布于大江南北的佛教界,也使他的《佛教以孝为本论》,成为20世纪中国佛教尤其是涉及佛教伦理的名篇。

"如来大教,以孝为本。"②印光坚持以孝为大,以孝为做人的第一要义,而且认为儒佛的精义、入世法与出世法,皆不离"孝"之一字:

> 孝之为道,其大无外。经天纬地,范圣型贤。现王修之以成至德,如来乘之以证觉道。故儒之《孝经》云:"夫孝,天之经也,地之义也,民之行也。"佛之《戒经》云:"孝顺父母、师、僧三宝,孝顺至道之法,孝名为戒,亦名制止。"是世出世间,莫不以孝为本也。③

---

① 印光:《无锡佛教净业社年刊序》,《印光大师全集》第二册,第1274页。
② 印光:《康母往生纪念册发隐》,《印光大师全集》第一册,第730页。
③ 印光:《佛教以孝为本论》,《印光大师全集》第一册,第380~382页。本节内凡不注明出处的引文,皆引自此。

第五章　印光的儒佛并举思想

为此，印光还提到了亚圣孟子所言：

> 孟子曰："人皆可以为尧舜。"又曰："尧舜之道，孝弟而已矣。"有子谓君子务本，本立而道生，"孝弟"也者，其为仁之本欤！①

印光虽在立意上，开始就将孝提到根本的层面上，但佛门人论孝，从佛教传入中土后，就一直备受非议。以净土宗初祖慧远为例，他论孝时，就面临着诸多质疑。如依《孝经》所云："身体发肤，受之父母，不敢毁伤，孝之始也。"时任东晋江州刺史的桓玄针对僧尼之落发，就有疑问："不敢毁伤，何以剪削？"慧远回答："立身行道"②。其说源自《孝经》："立身行道，扬名于后世，孝之终也。"落发出家修道，重点不在履行"孝之始"而在落实"孝之终"，并不违背孝道。③

与此相似的来自世俗的常识非议，对印光也不例外，如有人就指出，出家的释子们既然是离乡弃家，那自是不能孝养父母，就"与荡子逆徒无异"。毕竟，按儒学的传统教育，父母在，不远游，何况是抛弃亲情、抛弃世俗血缘关系而出家（出家者还须放弃世俗的家族姓氏，统一以"释"为姓）？

面对这种疑问，印光强调以孝为本，就必须在义理上对类似的现象予以说明，进而论证僧侣虽出世，却同样重孝，而且比入世者更重视孝道。

就"本"与"迹"的关系，印光区分了"释氏之孝"与"儒者之孝"，具体论述了信佛的出世者与崇儒的入世者，在行"孝"方面的差异。印光指出，就日常所见，儒者在具体起居上服侍奉养以安其亲，这是孝。而且不仅是要孝顺父母师长，还要将此孝心扩而充之，老吾老以及人之老，行大孝于天下，爱天下人，谓之大孝。一个人在家能孝顺父母，兄弟慈爱，当他迈入社会时，孝扩衍为忠，成为忠臣的把握就更大，睿智的为政者深谙此道，故"选忠臣于孝子之门"④。儒者在事业上立身行道，扬名于后世，光宗耀祖，同样是大孝。"推极而论，举凡五常百行，无非孝道

---

① 印光：《唐孝子祠校发隐》，《印光大师全集》第一册，第754页。
② （梁）释慧皎撰《高僧传》卷六《慧远传》，载《大正藏》第五十册，第360页。
③ 参见方立天《慧远及其佛学》，中国人民大学出版社，1984，第31页。
④ 印光：《复汪梦松居士书》，《印光大师全集》第一册，第168页。

113

发挥。故《礼》之'祭义'云：'断一树，杀一兽，不以其时，非孝也。'故曰：孝悌之道，通于神明，光于四海也。"儒者能为孝至此，推己及人乃至及于物，似可谓至极至尽、无以复加了。实却不然，因为这些还都是显乎表象、人所易闻易见的。笔锋随思路一转，印光更推崇佛子的孝心孝道：

> 惟我释子，以成道利生为最上报恩之事，且不仅报答多生之父母，并当报答无量劫来四生六道中之一切父母。不仅于父母生前而当孝敬，且当度脱父母之灵识，使其永出苦轮，常住正觉。故曰：释氏之孝，晦而难明也。

这样，释氏之孝较之儒者之孝，就由今生今世扩展到了过去、现在与未来世的三世，时空得以拓宽。随着孝的外延得以扩大，孝的内涵也得以深化，更具博爱，也更多了一种融终极关怀在内的宗教情怀。

印光据此再回应认为释子只顾一己出家而不照顾赡养父母的质疑，就成竹在胸了。

首先，按佛制，欲出家者必先将自己欲出家的心愿禀告父母，在父母允许后方可出家，否则不许剃落出家。对于父母的照顾赡养，则应转托兄弟子侄。

其次，僧人出家后，如其俗家父母遇到因兄弟亡故、无亲属倚托等而导致无人照顾赡养的情况，僧人就得节省自己的衣钵之资，以奉养双亲。印光列举了历史上的长芦禅师养母、道丕葬父等事例来加以说明，而且引用了佛经关于"供养父母功德，与供养一生补处菩萨功德等"的说法，来强调奉养双亲的重要性。

更关键在于，在父母双亲健在时，要善巧劝谕他们持斋念佛、求生西方；在双亲殁后：

> 则以己读诵修持功德，常时至诚为亲回向。令其永出五浊，长辞六趣；忍证无生，地登不退。尽来际以度脱众生，令自他以共成觉道。如是乃为不与世共之大孝也。

这种孝，内涵是由净土信仰所决定的，以往生净土为终极目标的，已将人生的终极关怀寓于孝道中，自是不同且高于世俗之孝的。

这还不是最后的归结，因为这还仅是局限在血缘家庭的范围内。而净土信仰的宗教情怀，是推其极致，将孝顺心扩充为慈悲心，抱着"六道众生，皆是我父母"之信念，在行孝对象上，"其孝遍诸有情"，力行放生，"举凡六度万行，无非孝道扩充"，断一树，杀一兽，非孝也；在时空上，"其虑尽未来际"，遍及三世。将"释氏之孝"与世间之孝相比，"则在迹不无欠缺，约本大有余裕矣"，在行为迹象上似是有所欠缺，但在根本内涵上则更为充裕与周全。"释氏之孝"在空间上"遍该六道"，在时间上"穷尽未来"①。"佛教之孝，前溯无始，后尽未来，无不弥纶而包括之。"②两者比较，"儒者之孝"虽也说"老吾老，以及人之老"，关怀所及的"人之老"，也是可以由近向远（从血缘、宗族到地域等）作更多扩延性的包容，却还是有限的；而"佛门之孝"却因带着纯粹的宗教情怀与理想，已超越血缘、宗族、地域乃至物种的限制，泽及诸有情，从而是不拘于形迹而更趋根本的。"儒者之孝"是一种"世间之孝"，"释氏之孝"则是一种"出世间之孝"，"佛教之孝，遍及四生六道。前至无始，后尽未来，非只知一身一世之可比也。"③佛教之孝可谓真正的"博孝"。

印光对孝的具体内涵的诠释，也就始终坚持以佛法为本，在面对千百年来获得广泛认可的儒学观点，如类似"奉父母甘旨为孝"的已成传统世俗知见的观点、视向父母提供肉食则为孝的举动等等，对于因未闻佛法而不知"六道轮回"的事理者，妄视为孝，尚有可谅之处；但对于知"一切众生，皆是过去父母、未来诸佛，理宜戒杀护生，爱惜物命"的已闻佛法者，再通过杀生来奉养父母或用来丧祭等，不仅不是孝道，简直就是忤逆。④

印光既然以孝作为儒佛的契合点，他的以孝为本论，就兼以佛教与儒家的经典作为立论的依据。他据《观无量寿佛经》，指出"净业正因"有

---

① 印光：《佛川教本学校缘起序》，《印光大师全集》第一册，第593页。
② 印光：《康母往生纪念册发隐》，《印光大师全集》第一册，第730页。
③ 印光：《循陔小筑发隐记》，《印光大师全集》第一册，第654页。
④ 印光：《复周孟由昆弟书》，《印光大师全集》第一册，第337～338页。

三、第一就是"孝养父母，奉事师长，慈心不杀，修十善业"者①。又指出："《孝经》以立身行道，扬名于后世，以显父母，为孝之终。"② 与上述慧远的相应思想理路，一脉相承。

当"释氏之孝"与"儒者之孝"在义理上发生矛盾时，坚持佛本论的印光总是以"释氏之孝"作为归结，即使是与世俗观念相悖，也在所不惜。如他就对俗世流行的"不孝有三，无后为大"之说不以为然，认为人固应积德求子，求而不得，又有何憾？对此，他有这么一番夫子自道：

光兄弟三人，光最小，二兄皆无子，其门遂绝。光闻之，不胜欣慰，以其以后不会有造恶业辱祖先之子孙故也。③

行"释氏之孝"就已经超越家族血亲的狭小空间，行"儒者之孝"就以子孙之行不辱先人为要。他坚持这么一种独特的认识，也就是他苦口婆心地劝化在家居士要特别重视家庭佛化教育的立足点。毕竟，只欢喜有子孙传递香火，不如明白并落实家庭佛化教育的重要性。

从终极关怀的高度论，印光要求净宗信众要严格按"临终三大要"来操办已逝者的丧事，"果能依此三法以行，决定可以消除宿业，增长净因。蒙佛接引，往生西方。……能如是行，于父母，则为真孝；于兄弟、姐妹，则为真弟（同'悌'）；于儿女，则为真慈；于朋友，于平人，则为真义真惠。以此培自己之净因，启同人之信向。久而久之，何难相习成风乎哉?!"④ 他特别强调为人子者，须处处按"临终三大要"而行，"乃为真孝!"⑤ 这也就是他儒佛合论的归结点之一。

三　居尘学道，在家修行

沿袭历史传统，佛教信众的修持可分为在家修持与出家修持两类。对

---

① 印光：《〈崔母孙夫人往生传〉发隐》，《印光大师全集》第一册，第750页。
② 印光：《孙母林夫人事实发隐》，《印光大师全集》第一册，第748页。
③ 印光：《复胡奉尘居士书》，《印光大师全集》第二册，第934页。
④ 印光：《临终三大要》，《印光大师全集》第二册，第1334～1335页。
⑤ 印光：《临终三大要》，《印光大师全集》第二册，第1338页。

第五章　印光的儒佛并举思想

于身在末法时代的信众，该采用何种形式在何处修持最为贴切呢？对此问题，印光明确提倡"即俗修真，居尘学道"①的修持方式，力主"正以生死事大，深宜痛恤我后，不必另择一所，即家庭便是道场"②。

对于在家的男居士，印光常教化他们要明确且担当好自己的分内事。毕竟，作为世俗人的他们，上有父母，下有妻儿：

> 至于分内所当为者，亦须勉力为之。非必屏弃一切方为修行也。若屏弃一切，能不缺父母妻室之养则可，否则便与孝道相背，虽曰"修行"，实违佛教，是又不可不知也。③

恪尽人伦本分，才符合孝道。否则，虽名"修行"，也是因有违"儒者之孝"而实违佛教的。修行未必要出家，在家修行亦得：

> 居尘学道，即俗修真，乃达人名士，及愚夫愚妇，皆所能为。勉力修持，以在家种种系累，当作当头棒喝。长时生此厌离之心，庶长时长其欣乐之志。即病为药，即塞成通。上不失高堂之欢，下不失私室之依；而且令一切人同因见闻，增长净信，何乐如之？！……在家修行，于亲于汝，皆有大益。④

可见对于尘世中人，在家修行是一种在不废修持的前提下，尤能兼顾各方——尤其是能对父母高堂行世俗之孝的上佳选择。这种不必"强欲为僧"的选择，在末法时代，能在社会避免出现种种诸如"致高堂失其欢心，兄弟妻室各怀忧念，而瓯人妄生诽谤佛法之心"⑤的不良后果。

对于欲出家修行的女居士，印光更是反对："至若女人有信心者，即令在家修行，万万不可令其出家"⑥，且多了一番设身处地又深含慈悲心的

---

① 印光：《蕴空张夫人西归颂》，《印光大师全集》第一册，第804页。
② 印光：《复泰顺林介生居士书一》，《印光大师全集》第一册，第82页。
③ 印光：《复邓伯诚居士书二》，《印光大师全集》第一册，第51页。
④ 印光：《复周群铮居士书五》，《印光大师全集》第一册，第239～240页。
⑤ 印光：《复周群铮居士书五》，《印光大师全集》第一册，第240页。
⑥ 印光：《与谢融脱居士书》，《印光大师全集》第一册，第45页。

具体劝告：

> 在家出家，俱能修持。而况女身多障，诸凡不能自由；离乡别井，易招外侮讥毁。为尔虑者，只宜在家持戒念佛，决志求生极乐世界。断断不可远离家乡，出家为尼。①

在那个动荡的年代，从保护女性的角度，印光明确反对妇女出家为尼，提倡她们在家持戒念佛。

历史地看，明清时期佛门的种种流弊，直接造成了佛门内部的作风腐败与僧德沦丧，至民国而未绝。与印光同时代且同具佛教大师之尊的虚云禅师，对此有如下的痛切之语：

> 俗有言："秀才是孔子之罪人，和尚是佛之罪人。"初以为言之甚也。今观末法现象，知亡六国者六国也，非秦也；族秦者秦也，非天下也。灭佛法者，僧徒也，非异教也。②

同样身在佛门内且严守戒律的印光，对此同样是有感而发，故明确反对居士出家，以免近墨者黑，明确主张居士在家修行更好：

> 按实说，当今修行，还是在家人好，何以故？以一切无碍故。出家人之障碍，比在家人多，是以非真实发道心者，皆成下流坯，无益于法，有玷于佛也。③

他因此得出的相应结论也就很明确，那就是要对佛门制度作出正确的取舍，不度尼僧：

> 拣择剃度，不度尼僧，乃末世护持佛法、整理法门之第一要义。④

---

① 印光：《与徐福贤女士书》，《印光大师全集》第一册，第123页。
② 岑学吕编著《虚云法师年谱》，宗教文化出版社，1995，第183页。
③ 印光：《复唐大圆居士书》，《印光大师全集》第一册，第204页。
④ 印光：《与谢融脱居士书》，《印光大师全集》第一册，第45页。

第五章　印光的儒佛并举思想

个体生命要安身立命，就要涉及人生的定位。对此，印光的认识是务实而开通的："能读则读，不能读，或农或工或商，各有一业，为立身养家之本。"① 人生的选择，已不再是唯有"读书"高。对于经商者言，"若做生意，当以本求利，不可以假货哄骗于人。"② 他在说明佛教"五戒"中的"不偷盗"时，有如此的定义：

> 以公济私，克人益己，以势取财，用计谋物，忌人富贵，愿人贫贱，阳取为善之名；遇诸善事，心不认真，如设义学，不择严师，误人子弟；施医药，不辨真假，误人性命；凡见急难，漠不速救，缓慢浮游，或致误事，但取塞责了事，靡费他人钱财，于自心中，不关紧要，如斯之类，皆名"偷盗"。③

印光立志要弘扬阐发的净土信仰，是一种适合各行各业且能让所有的人皆能如愿的信仰：

> 不独于格物致知、穷理尽性、觉世牖民、治国安邦者，大有裨益。即士农工商欲发展其事业、老幼男女欲消灭其疾苦者，无不随感而应，遂心满愿。④

他对从事士农工商业者毫无蔑视，毕竟人人皆有佛性；他对士农工商各种人等发展其事业的作为，追求世俗功利的倾向，也予以立足于信仰的真诚祝愿，表现出了他的通达。从历史流变来看，其思其言当然不是中国近代化的先声，但具体地分析，印光的这些思想还是跟得上相应进程的，而且在特定的信仰圈子内，其社会意义同样是值得重视的。⑤

进一步论，关于一个人如何处理好大众与个人、公益与私利的关系，

---

① 印光：《复周孟由昆弟书》，《印光大师全集》第一册，第342页。
② 印光：《为在家弟子略说三归五戒十善义》，《印光大师全集》第一册，第783页。
③ 印光：《为在家弟子略说三归五戒十善义》，《印光大师全集》第一册，第780页。
④ 印光：《无锡佛教净业社年刊序》，《印光大师全集》第二册，第1273~1274页。
⑤ 印光"企图以净土法之易知易行，配合今日的'工商业社会的时代精神'，具有宋代以来'禅净双修'，以净摄教统宗求'往生乐土'的特征，对推动佛学现代化具有重大的现实意义"。参见卢升法《儒学与现代新儒家》，辽宁大学出版社，1994，第270页。

印光依然是以净土信仰作为解决问题的最高依据的:

> 人未有不为自身及与子孙谋者,而谋之之道,固宜参详。若为众为公,则其福泽绵长。为己为私,便如春露秋霜;倘或加以机械变诈,则何异服砒鸩以求长生? 无不立见其死亡,且令神识永堕恶道,备受祸殃,本欲利己,卒成自戕。①

信仰令其看问题时超越了眼前乃至现世的、唯我自私的利益,问题的解决之道,可以提升到信仰的层面,并与"魂归何处?"的终极问题紧密相连。

四 在家修行三要务

印光提倡净土宗的信众在家修行,修行有三要务,一要重视家庭教育;二是家庭成员要建树起因果报应观;三是家庭成员要戒杀吃素。

以下对在家修行三要务,分别述之。

(一) 重视家庭教育

印光十分重视家庭教育②,原因在于:

> 家庭者,天下贤才所从出之地;父母者,天下贤才所禀法之人。③

一般而言,天下贤才出自家庭,领受父母之教,要国兴要家兴,就须专注于家庭教育之道。故印光提出了"教子女为天下太平之根本"④的命题,这似乎是沿袭了儒家由修身、齐家进而推出治国、平天下的思路,但他说的人人有责而人人可以共享的"天下太平",而不是实质可能只是顾及一

---

① 印光:《邓璞君"义庄"跋》,《印光大师全集》第一册,第630页。
② 这可溯源于印光自幼受业于父兄家庭训教,得以"承勤俭朴厚之家风,养肃恭仁让之素质。出家后,德隆一世。虽自有夙因,而律之严,作事之审,为道之笃,利人之宏,得自庭训者殊多。故师之立言,特重家庭教育"。参见《印光大师言行录·大师史传》的"幼承庭训"条,载《印光大师全集》第五册,第2266页。
③ 印光:《〈家庭宝鉴〉序》,《印光法师文钞三编》(下),第771页。
④ 印光:《因果为儒释圣教之根本说》,《印光大师全集》第一册,第721页。

己之私的"平天下"。在修身、齐家到天下太平这条可以递进的路径上，"天下治乱，在于家庭中操之有道与否，此根本上之切实议论也。"① 要使家庭教育趋于完善，儿女建树立身之本，父母的责任至为重要。

印光秉承了男女有别、男女分主外内的传统意识，特别指出母亲在家庭教育上的重要作用：

> 治国平天下之权，女人家操得一大半。以世少贤人，由于世少贤女。有贤女，则有贤妻贤母矣。有贤妻贤母，则其夫其子女之不贤者，盖亦鲜矣。……相夫教子，乃女人之天职，其权极大。②

印光发现，相夫教子的贤妻良母们，能"使有天姿者，皆为善身觉世之贤士。无天姿者，亦为循规蹈矩之良民"③。故他特别强调：

> 人之贤否，资于母者，比父为多。以胎时禀气，幼时观感，有不期然而然者。故朱子著《小学》，开章即明胎教。而文、武、周公、孔、孟，皆资贤母而为成德达才作圣之本。是知女子相夫教子之权，实不亚于男子行政治民之道。④

这里，印光上承了朱熹关于母亲对儿女的教育须从胎教开始的思想，而且将传统儒家推崇的文王、武王、周公、孔子和孟子等作为典范，将有见识的女子在家庭内为妻为母的相夫教子之权，与有作为的男子在俗世中行政治民之道相提并论，将家庭教育尤其是母亲作为第一教育者的位置，提到了一个无以复加的高度。

印光的佛化家庭教育观，既强调家规的重要，更强调家长以身作则的重要：

> 人家欲兴，必由家规严整始；人家欲败，必由家规颓废始。欲子

---

① 印光：《复乔智如居士书》，《印光大师全集》第一册，第 201 页。
② 印光：《与聂云台居士书》，《印光大师全集》第一册，第 200 页。
③ 印光：《大慈悲室发隐》，《印光大师全集》第一册，第 740 页。
④ 印光：《李母黄太夫人墓志铭》，《印光大师全集》第一册，第 800 页。

弟成人，须从自己所作所为，有法有则，能为子弟作榜样始。此一定之理。①

家规使治家有了能成方圆的规则，而家长对家规的模范遵守，则会成为子弟效法的榜样。

总体上看，印光在看待男女关系问题的方面，部分偏于传统与保守，如他就反对当时新学堂提倡的男女平等，反对女子参政，反对自由结婚②等，有跟时代新潮不合拍之处。但他不厌其烦地宣述父母尤其是母亲在家庭教育中的重要作用，苦心一片及其合理处，还是应予肯定的。他力求促使在家修行者，能将修齐治平与往生净土两者结合起来，建立儒化加佛化的家庭，以回应历史上早已有之的对佛教的类似指责："外人伦，遗事物，以之独善或能之，而要之不可以治家国天下。"③ 在信仰与践履上，不是"外人伦，遗事物"的纯然出世，而是在教子女的基础上治家乃至治国，达成天下太平。印光虽以来世往生为最终目标，但始终未忘佛法在现世国土的治世功用：

> 藉令各修戒善，则俗美人和、家齐国治。唐虞盛世之风，何难见于今日?! 因兹道启西乾，法流东震，历代王臣，咸皆崇奉，以其默化人心，隐赞治道，伏凶恶于未起，消祸乱于未萌故也。④

佛法通过感化人心来创造俗美人和的局面，客观上有助于家齐国治的唐虞盛世在现世中的再现。

（二）建立因果报应观

印光论及家庭教育的具体内容时，指出因果报应观是齐家教子的第一妙法：

---

① 印光：《复永嘉某居士书六》，《印光大师全集》第一册，第120页。
② 印光：《〈辟自由结婚邪说文〉序》，《印光大师全集》第一册，第614页。
③ 王阳明：《重修山阴县学记》，《王阳明全集》上册，上海古籍出版社，1992，第257页。
④ 印光：《如来随机利生浅近论》，《印光大师全集》第一册，第383～384页。

第五章 印光的儒佛并举思想

> 今欲从省事省力处起手，当以因果报应为先入之言，使其习以成性，庶后来不至大有走作。此淑世善民、齐家教子之第一妙法也。①

诚如弘一法师所言，因果报应观是印光思想最重要的组成部分之一②。

佛陀在菩提树下悟道后，向弟子宣示了由三千大世界组成的世界观。一个具有宗教意识的人，在这空茫与浩瀚时空中，以玄思来把握自己时，免不了要问：我从哪里来？我将到哪里去？在印光的信仰思想中，前一个问题的答案归结在因果观中，后一个问题则要在轮回止息和弥陀净土观中解决。

印光对于因果报应观，屡有陈述：

> 因果者，圣人治天下，佛度众生之大权也。约佛法论，从凡夫地，乃至佛果，所有诸法，皆不出因果之外。约世法论，何独不然？！③

> 因果一法乃世出世间圣人，烹凡炼圣之大冶洪炉。若最初不以因果是究，则通宗通教之后，尚或有错因果事。因果一错，则堕落有分，超升无由矣。且勿谓此理浅近而忽之。如来成正觉，众生堕三途，皆不出因果之外。④

> 须知佛法，以因果报应为下学上达、原始要终之道。⑤

不论是入世治天下的圣人，或是出世度众生的诸佛，因果观是他们的重要思想根基，是儒学和佛法的根本论点之一，是下学上达之道，故要一以贯之地强调因果法则，强调既是原点又是终点的因果报应思想。

---

① 印光：《复永嘉某居士书六》，《印光大师全集》第一册，第120页。
② 弘一法师在名为《略述印光大师之盛德》演讲中，将"注重因果"列为印光的盛德四端之一："大师（引注：印光）一生最注重因果，尝语人云：'因果之法，为救国救民之急务。必令人人皆知：现在有如此因，将来即有如此果，善有善报，恶有恶报。欲挽救世道人心，必须于此入手。'大师无论见何等人，皆以此理痛切言之。"参见弘一《索性做了和尚——弘一大师演讲·格言集》，第77页。
③ 印光：《〈挽回世道人心标本同治录〉序》，《印光大师全集》第二册，第1140页。
④ 印光：《复四川谢诚明居士书》，《印光大师全集》第一册，第277页。
⑤ 印光：《厦门流通佛经缘起序》，《印光大师全集》第一册，第526页。

从"心之本体"与"心之作用"的关系来看因果:

> 心之本体,如一张白纸。心之作用之善恶因果,如画佛画地狱,各随心现,其本体虽同,其造诣迥异。①

善恶因果随心现,不同主体的"心之本体"虽相同,但"心之作用"不同,因果就迥异,善恶亦不同。因果与心性的关系,是涵盖入世与出世间的事与理的关系,对此作任何偏颇的取舍,都是不恰当的。如何能将对两者的把握很好地结合起来,诚属难事:

> 世出世间之理,不出心性二字;世出世间之事,不出因果二字。众生沈九界,如来证一乘,于心性毫无增减。其所以升沈迥异,苦乐悬殊者,由因地之修德不一,致果地之受用各别耳。阐扬佛法,大非易事。唯谈理性,则中下不能受益;专说因果,则上士每厌闻熏。……然因果心性,离之则两伤,合之则双美。②

以分别心来将因果与心性分开谈论,就不是事理圆融。问题在于,从接受者的角度来考虑,上根者因领悟力强,喜闻心性;而下根者倘离了因果观,则不能萌修持之愿而获修持的实益。问题的关键也就在于,如何才能事理并进?因果与心性,如何能合之求双美?如何使上根与下根、顿悟者与渐修者都能并驾齐驱?印光提出的是一条统一因果与心性的路径,目标在于使上根者因顿悟心性自如(理)而不轻视修持(事),下根者则因渐修日久(事)而体悟到心性之自如(理)。事理之间,事之异在于不同的因导致不同的果,理之同在于顿悟或体悟的均是心性之自如,事理圆融,因果心性也就合之则双美。

印光在《因果为儒释圣教之根本说》一文中,通过历史溯源法,列举了《尚书》《洪范》等一些典籍的相关说法,以证因果观念在传统儒家思想体系中的存在。他之所以反复强调因果论是儒教和释教的根本之论,是

---

① 印光:《〈千佛图〉颂并序》,《印光大师全集》第一册,第596页。
② 印光:《与佛学报馆书》,《印光大师全集》第一册,第35~36页。

第五章 印光的儒佛并举思想

因为世人多认为因果观"或以为佛氏之言，则多方破斥"①。在这方面，尤以宋儒为甚。印光依据儒家典籍，指出：

> 孔子赞《易》，于《文言》则曰："积善之家，必有余庆；积不善之家，必有余殃。"于《系辞传》则曰："原始要终。"故知死生之说，精气为物，游魂为变，是故知鬼神之情状，非因果报应、生死轮回之说乎？至于《春秋左传》及二十二史中，善恶报应、生死轮回之事，则多不胜书，《二十二史感应录》二卷，乃存十一于百千耳。是知儒者不信因果报应、生死轮回之事理，不但有悖佛经，实为逆天命而侮圣人之言。否则，《六经》便非儒者之书，而尧、舜、禹、汤、文、武、周、孔及历代作史者，皆为惑世诬民之罪人矣。有是理乎哉？②

印光认为，儒家典籍不仅不乏对因果报应的相应表述与记载，而且就儒学之理路来接受因果观，会使人得大利益。入世者只要明晓因果，明晓相应的行为主体就是行为后果的承担者，为拒绝主体只能无所作为或即使有所作为也无可奈何的命定论提供了直接的依据，进一步强调主体要对自己的行业言思负责，承担或福或祸的结局，它们不是外在的"命"所主宰或强加的，所谓：

> 人每谓现生所享受苦乐吉凶者为"命"，谓"天所命令"，不知乃自己前生所作善恶之果报耳。天岂有厚于彼，而薄于此之命令乎？！故《感应篇》云："祸福无门，唯人自召。善恶之报，如影随形。"果知此理，则上不怨天，下不尤人。兢兢业业，恐惧修省。格除自心私欲之物，则自心本具之正知发现。由兹周念作狂者，咸得克念作圣矣。③

进而提倡一种既兢业而又注重修省，不怨天不尤人，发见自心本具之正知

---

① 印光：《因果为儒释圣教之根本说》，《印光大师全集》第一册，第719页。
② 印光：《因果为儒释圣教之根本说》，《印光大师全集》第一册，第720页。
③ 印光：《〈因果实证〉序》，《印光法师文钞三编》（下），第782页。

的人生观，使曾萌发疯狂意念者，也可以自我克制，一念之转，化狂念为圣念。可见，知因果、明因缘者，就会明白行事的成与否，均是因缘所致，"虽有令成令坏之人，其实际之权力，乃在我之前因，而不在彼之现缘也。明乎此，则乐天知命，不怨不尤，素位而行，无入而不自得矣。"①

印光通过这种能够自圆其说且自足的因果观导引，在义理上力求说明个我的人生遭际，并不是由类如"命"等外在的神秘力量所主宰的，而是由自我的行为业力所决定的，造什么因，得什么果，自我的意志与行为会导致相应的果报，从而也就明确了主体要对自己行为负全责的观念，有助于形成乐天知命的达观的人生观。

在印光的视野中，仅就儒学的理路来论因果报应，虽也有信史为证②，义理上还是留下了不足：

> 夫因果报应，实儒教圣人治天下之大权。但其言约略，遂致儒者习矣不察，漠然置之，致使上焉者，只作自了汉，而不能移风易俗；下焉者即便肆意横行，以期享一时安乐。③

这种约略，表现在"只说现世，及与子孙，未能详言过去、现在、未来，轮回六道三途之事，若不深研精思，或致当面错过"④。儒学理路的思考重点在现世、此岸，没有佛法所言及的三世、轮回等观念。故从出世、超越的高度，印光认为，就佛法而说因果，更会使人得大利益，原因在于佛法的因果观是一种涵盖了世间与出世间的通观，立足这种打通了出世与入世的通观，才可以进一步探寻到究竟义，所谓："佛所说三世因果、六道轮回，乃发挥因果之究竟者。"⑤

印光的因果观主要是依据传统的佛教经论来立论的。在佛教义理体系

---

① 印光：《复周群铮居士书五》，《印光大师全集》第一册，第239页。
② 1924年，印光劝魏梅荪居士遍阅二十四史，择其因果报应之显著者，录为一书，以为天下后世一切各界之殷鉴。后，此提议因魏氏年老精神不济、力不从心而作罢。参见沈去疾编著《印光法师年谱》，第132页。
③ 印光：《项伯吹先生〈定海县监狱讲经参观记〉跋》，《印光大师全集》第一册，第622页。
④ 印光：《〈因果录〉序》，《印光大师全集》第一册，第581页。
⑤ 印光：《婺源县内成立佛光分社发隐》，《印光大师全集》第二册，第1347页。

中，因果律是说明世界万事万物的来龙去脉的基本理论，认为在诸法形成的过程中，"因"是能生，即能引生结果者；"果"为所生，是由因而生者。明晓了因生果、果有因，佛陀就定出了有所不为的戒律，故从佛法戒律的角度看，"因果又为律中纲骨。若人不知因果，及瞒因昧果，皆为违律。"① 因果观成为佛教戒律的内在依据。

按《因果经》所云："欲知前世因，今生受者是。欲知来世果，今生作者是。"② 因果的展开，是在"三世"的时空范围内展开的。"三世"观是相对的、动态的时空观，"前世"与"来世"是相对于此在的"今生"而言的；如果是就"前世"而论"今生"，相应地，"前世"与"来世"就是前移的；反之，则是后推的。与此相同，余可类推。

按传统佛教经论，因之果报通于三世，种类有三，一是"现报"，即因果俱在现世出现，"现在作善作恶，现生获福获殃"，如学子考举业，现身得功名。二是"生报"，即现世作因，来世结果，"今生作善作恶，来生享福受罪"，如祖父重斯文，子孙方发达③。三是"后报"，即现世作因，来世之后的不等世才结出果，"今生作善作恶，至第三生，或四、五、六、七生，或十百千万生，或一十百千万劫，或至无量无边恒河沙劫，方受善恶之报"，如商周之王业，实肇基于稷契弼舜佐禹之时。④ 这三种报应，异在于不同时空的迁移，同在于有因必有果，决无不报。在无限展开的时空中，因导致果、果必有因也就有着无限的延伸。

在世间与出世间，均是有"恶"因在前，才会有"祸"果殿后为报。印光为此特别引述了佛经的"菩萨畏因，众生畏果"之言，以说明在因果认识上的两种或愚或智的态度：

——未觉悟的众生只会畏惧"祸"果之报，只是在造成恶果后，再畏果，"畏果则既受恶果，又造恶因；以当受恶果时，仍复彼此戕贼，互相仇害故也。"⑤ 虽欲逃免恶果之报，却不知从源头做起，杜绝"恶"业在

---

① 印光：《复四川谢诚明居士书》，《印光大师全集》第一册，第277页。
② 印光：《〈因果实证〉序》，《印光法师文钞三编》（下），第782页。
③ 印光就此例特别说明："今生来生，皆约本人说，然隔世之事，难以喻显，权约祖父子孙，欲人易了，不可以词害义，至祷。"参见印光《复泰顺林介生居士书二》，《印光大师全集》第一册，第82~83页。
④ 印光：《复泰顺林介生居士书二》，《印光大师全集》第一册，第82~83页。
⑤ 印光：《息灾卫生豫说》，《印光大师全集》第一册，第716页。

前，"譬如当日避影，徒劳奔驰。"①

——唯有已获大觉悟、明因果且坚持利他原则的菩萨，能预知到有相应的起因必引致相应的果报，从而较之众生，超前地敬畏能造果之因，"畏因则以戒定慧，制伏其心，俾贪瞋痴念，无从而起，其居心动念，所言所行，无非六度万行、济人利物之道，及其积极功纯，则福慧两足，彻证自心，以圆成佛道。"②"畏因则不造恶业，自无恶果。"③畏因就防微杜渐在前，消"祸"果于未萌之前，自然能弥祸于无形之中。在因果观上，菩萨与众生的差别，不仅落实在认知与行为层次上，更有原则与境界上的区别，是以能否自觉践履有所不为的戒律作为分水岭的。由众生到菩萨的修持之路，首义就是明晓因果相续之理，由畏恶果到畏恶因，畏恶因到慎恶因，慎恶因进而消恶因，全力以赴培植善因，最后才能获正果。

印光深知因果报应说是方便法门说，这种方便法门说不仅是进入佛理究竟义说的一条有效途径，更是时代所急需：

> 医家治病，急则治标，缓则治本。譬如有人咽喉壅肿，饮食难入，气息难出。必先消其肿，然后方可按其病原，调理脏腑。若不先消其肿，则人将立毙。纵有治本之良方妙药，将何所施?! 因果者，即今日消肿之妙法也。然因果一法，标本统治，初机依之，可以改恶修善；通人依之，可以断惑证真。乃彻上彻下，从博地凡夫，以至圆满佛果，皆不能离者，岂徒治标而已哉?!④

内中的道理，跟释迦牟尼论说应该先抢救被箭射伤者，而不是先考究箭的来历等之理，可谓异曲同调，殊途同归。生活在现实中的佛教信众，即使没有达到佛与菩萨的境界，因果观也可以使他们在直面人生的无常、痛苦及纷乱时，可以更多地保持着一种既可使自己的心理压力得以排解，又可使信仰意志得以扩张周旋的心理空间，起到一种精神疗法的作用。印光在

---

① 印光：《与卫锦洲居士书》，《印光大师全集》第一册，第78页。
② 印光：《因果为儒释圣教之根本说》，《印光大师全集》第一册，第720页。
③ 印光：《息灾卫生豫说》，《印光大师全集》第一册，第716页。
④ 印光：《复张伯严居士书》，《印光大师全集》第一册，第265页。

第五章 印光的儒佛并举思想

《与卫锦洲居士书》中,对此尤有明说①。因果观作为调适失衡心理的理论依据,当事人心念一转,海阔天空,走出心理困境后,就会乐天知命,上不怨天,下不尤人,随遇而安,无往而不自在,其思路与效果不是心理分析,却胜似心理分析。同理,印光也以因果观,从源头上解释了世间乃至同一家庭内,何以有孝子又有不孝之子?等等。佛教信众只要"但责己德之不诚,勿问天报之祸福。能如是者,五福自然临门,六极决定避舍"②。

因果观是决定论,因果报应是绝对无爽的、直线条式的。印光坚持因果观,始终洋溢着类如农业社会的那些朴素、直观和单纯的意识,所谓:

> 须知种瓜得瓜,种豆得豆;种稂莠则不能得嘉谷;种荆棘则勿望收稻粱。③

有什么因就造什么果,自我接受因果观才呈现出价值,坚持修善果才有提升人生的意义。如果因果的时空展开仅限于现世,不仅是有其因而未必能见其果,而且还未必能解释现世的种种不平等之现实(果报)。在印光看来,作为世间法的人伦道德要维系人心,就须有一种源自先验且内在的公平观的支持,三世因果观导出的正是这么一种公平观,这从反面尤可看出:

> 若无三世因果,则天之畀于人者,便不公平,而作善者为徒劳,作恶者为得计矣。④

---

① 卫氏"因邻火延烧,物屋一空,其妻惊骇病故;遂心神迷闷,如醉如狂"。对此,印光以一番佛法因果观来开导他:"现生或被人轻贱,或稍得病苦,或略受贫穷,与彼一切不如意事,先所作永堕地狱长劫受苦之业,即便消灭,尚复能了生脱死,超凡入圣。……且汝财物已烧,空忧何益。惟宜随缘度日,竭力念佛,求生西方。则尽未来际,永离众苦,但受诸乐。如是则由此火灾,成无上道。当感恩报德之不暇,何怨恨迷闷之若是耶?祈以予言详审忖度,当即释然解脱,如拨云雾以见天日。从兹即灾殃翻为善导,转热恼直下清凉矣。倘犹执迷不悟,势必发颠发狂,则本心已丧,邪魔附体,纵令千佛出世,亦不能奈汝何矣!"参见印光《与卫锦洲居士书》,《印光大师全集》第一册,第75、79~80页。
② 印光:《复泰顺林介生居士书二》,《印光大师全集》第一册,第84页。
③ 印光:《与卫锦洲居士书》,《印光大师全集》第一册,第79页。
④ 印光:《因果为儒释圣教之根本说》,《印光大师全集》第一册,第720页。

无因果报应,认为"善无以劝,恶无以惩"的失衡心理就得以强化滋长,自律不在,只会加剧世间失控的局面,恶性循环,无助于世道人心的提升,只会进一步毒化社会的风气与环境。与偶然论不同,从必然论出发的因果观,更强调主体要对自我的行为负完全而非部分责任,"若夫广明因果报应,不爽毫厘。堕狱生天,唯人自召。"[①]祸福无门,唯人自召。接受了这种观念,造业(身、口或意业)的主体就不会怨天尤人,而更注重谨慎于自己的意念与言行,即使是自己的行业造成了恶果,也能够勇于承当。显然,佛教四众接受并信仰佛法中的因果观,对于自我自律就有了最根本的依据:

> 虽在暗室屋漏,长如面对佛天。人怀善念,国息刑法。阴翼治道,消祸乱于未萌;显辐政猷,敦仁爱而相睦。[②]

可见因果观是个人思想、语言和行为得以自觉自律的内在依据之一。

反之,倘若完全否定因果观,就会失去自律的理论基石,并可能导致更多的人做出损人利己之事,因为他们的认知就是:

> 以为人死神识即灭,有何灵魂随罪福因缘,受生于人天及三途恶道耳?既善恶同一磨灭,何不任意所为,以期身心快乐乎?由是逆天悖理,损人利己,以及杀害生命,取悦口腹之事,炽然竞作,无所顾忌。[③]
>
> 昧因昧果,任意妄为。[④]

结合自己的生活时代,结合教化大多数中下根机者的需要,结合佛法所起的社会作用,印光更强调因果报应观的重要:

> 当此人心陷溺之际,正宜倡明因果报应,使中下之人,离欲为恶

---

① 印光:《如来随机利生浅近论》,《印光大师全集》第一册,第383页。
② 印光:《〈大总统教令管理寺庙条例〉跋》,《印光大师全集》第一册,第624页。
③ 印光:《乐清柳市募建净土堂缘起》,《印光大师全集》第一册,第764页。
④ 印光:《〈佛法要论〉序》,《印光大师全集》第一册,第597页。

而有所不敢,虽欲不为善而有所不能。①

上等资质者明心见性,中下资质者则可以通过接受因果报应观,弃恶为善,完善自我。

在印光看来,因果观的义理与现实功能俱在,而世人所谈的因果报应,有真,也有假,但这并不构成诘难佛教的因果报应学说的依据:

> 夫弃伦物谈祸福,何尝无伪?又何尝无真?而概以伪目之,则释迦如来便成罪魁。自佛以下,何堪再论?!②

因果报应学说是佛法的基础支柱之一,不可忽略。即使是已悟得佛法者,倘疏忽于因果报应学说的社会效能,③ 以至随意否认因果报应学说,只"可谓知体而不知用,得根本智而未明差别智也"④。唯有能以佛法的根本精神统摄(而非抛弃)因果报应学说者,才能体用兼备,才可领悟根本智摄差别智的大圆满。

针对有人视因果观为小乘学说故不肯提倡的观点,印光也予以批驳,指出否定因果观者"是皆专事空谈,不修实德者",并举佛陀成正觉、有众生堕恶道的例子,为因果观进行了辩护:"如来成正觉,生堕恶道,皆不出因果之外,何得独目之为小乘乎?"⑤ 换言之,因果观同样是大小乘佛教之公论,不可废弃。

综上所述,在印光提出的将儒佛思想双美兼容的家庭教育中,因果观教育也就是齐家教子的第一妙法,对儿童的具体要求是:

> 第一先要做好人。见贤思齐焉,见不贤而内自省焉。第二要知因果报应。一举一动,勿任情任意;必须想及此事,于我于亲于人有利益

---

① 印光:《复张伯严居士书》,《印光大师全集》第一册,第265页。
② 印光:《复张伯严居士书》,《印光大师全集》第一册,第265页。
③ 所谓"因果报应者,乃人事与天理或顺或逆之影响也"。参见印光《〈因果录〉序》,《印光大师全集》第一册,第580页。
④ 印光:《复张伯严居士书》,《印光大师全集》第一册,第264页。
⑤ 印光:《婺源县内成立佛光分社发隐》,《印光大师全集》第二册,第1347页。

131

> 否？不但做事如此，即居心动念，亦当如此。起好心，即有功德；起坏心，即有罪过。要想得好报，必得存好心，说好话，行好事，有利于人物，无害于自他方可。倘不如此，何好报之可得？譬如以丑像置之于明镜之前，决定莫有好像现出。所现者，与此丑像，了无有异。①

用简洁的语言对天真纯洁的儿童，解说善恶的报应犹如在明镜前，好像则现好像、"丑像"则现"丑像"一般，向他们传达出一种坚定的向善从善和戒恶除恶的信念。从个体的成长心理来看，先明晓因果关系，然后有所为有所不为，并敢于承当因个人行为而造成的相应果报，正是一个人走向自我心理成熟的一种递进过程。宗教对世界与人生的诠释，径路多是"有 A，则必 B"的决定论，少有模棱两可或模棱多可的或然论。决定论的诠释是唯一的，确当的选择也是唯一的。从这个角度，或能更好地把握因果观在印光思想体系中的根基意义。

（三）戒杀吃素以挽天灾人祸

依据因果报应观，念佛人应如何作为呢？印光认为，面对着近百年来战火连天、灾祸频仍的状况，戒杀吃素为挽回天灾人祸的第一妙法。

众所周知，佛教的戒律有多项，"戒杀"是其中最主要的一项。针对时弊，印光对此作了特别的强调：

> 诸恶业中，唯杀最重。普天之下，殆无不造杀业之人。即毕生不曾杀生，而日日食肉，即日日杀生。以非杀决无有肉故，以屠者猎者渔者，皆为供给食肉者之所需，而代为之杀。然则食肉吃素一关，实为吾人升沉、天下治乱之本，非细故也。其有自爱其身，兼爱普天下人民，欲令长寿安乐，不罹意外灾祸者，当以戒杀吃素，为挽回天灾人祸之第一妙法。②

将戒杀吃素的论点提到了如此高度，突出表明了印光继承大乘佛教的传

---

① 印光：《与周法利童子书》，《印光大师全集》第一册，第219页。
② 印光：《普劝爱惜物命同用清明素皂以减杀业说》，《印光大师全集》第一册，第714页。

统，以悲天悯人之心，对吃素戒杀之举与个人修持及其社会效果作出了反思。在20世纪上半叶——这么一个包括人命在内的众生生命较之以往时段更加备受践踏与屠戮的时段，印光始终不遗余力地宣扬吃素戒杀的观念与行为，[①] 在他晚年写就的包括信函、论、疏、记和各种杂著中，在他的演讲开示中，更几乎是无一篇、无一次不谈及护生和吃素戒杀的依据与必要性，成为现代佛门内论证与护持众生生命平等观的最强音。面对"戒杀放生之事，浅而易见。戒杀放生之理，深而难明"[②]。人在不明其理而勉为其事时，多不能至诚而为，以致稍遇阻碍诽谤，便易放弃。印光的取向是依据佛性论、轮回观和因果观等佛教义理，不厌其烦，反复论述，以具体阐述佛教的护生智慧。

佛性论是印光护生思想的信仰依据。佛性是众生可以成佛的本具根性，众生皆有佛性，也就意味着在本具佛性的方面，众生平等无二——即使是被常人视为陋劣顽蠢的一切有情动物生命，也不例外：

>原夫水陆众生一念心性，直下与三世诸佛，无二无别。[③]

对心性作如此溯本究源的界定，表明了印光坚持传统大乘佛教的教义，力主寰宇内的众生同具始终如一的本具根性，人之外的一切水陆空动物，与人一样，同具平等的生命尊严、现世平和生存与来世往生净土的权利与可能性。从人作出行为取舍信仰依据的佛性论出发，推倒信仰究竟义的极致，结论就是"杀生即杀佛"。

这项结论源自两种含义或义理象征的支持。

一是在各种大乘佛经中，佛虽屡劝人要戒杀护生，但能见闻佛教义理者少，见闻后能信受奉行者就更少。

>于是佛以大慈，现诸异类，供人杀食。即杀之后，现诸异相，俾一切人，知是佛现，冀殄杀劫，以安众生，如蛤蜊、蚌壳、牛腰、羊

[①] "光《文钞》中，劝人戒杀之文字，有十多篇"。参见印光《与泉州大同放生会书》，《印光大师全集》第一册，第323页。
[②] 印光：《南浔极乐寺重修放生池疏》，《印光大师全集》第一册，第401页。
[③] 印光：《南浔极乐寺重修放生池疏》，《印光大师全集》第一册，第401页。

蹄、猪齿、龟腹、皆有佛栖。惊人耳目，息世杀机，载籍所记，何能备述。未杀之前，均谓是畜，即杀之后，方知是佛。是知杀生，不异杀佛。"①

此义体现在具体的个案中。

二是根据更具完全义的众生皆有佛性说来立论，既然众生皆有佛性，平等无二，"即非佛现，亦未来佛。杀而食之，罪逾海岳。"② 则人的杀生之举，会直接推迟或打断被杀的有情生命物类，在此生之后的未来世因机缘凑合而得以往生净土的可能性，从而犯下大恶业。

众生在本具佛性上平等无二的信念，强调的仅是众生异中之同的一面。人们依据耳闻目见，在常识判断中已然形成众生彼此相异乃至歧视其他动物生命的另一面，同样须通过相应的信仰来消解。就人与动物的关系，印光依据六道轮回观来阐述的有关情状是："一切众生，从无始来，轮回六道，互为父母、兄弟、妻子、眷属，互生；互为怨家对头，循环往复，互杀。"③ 回溯过去，"我肉众生肉，名殊体不殊"，众生如此轮回，"相生相杀，了无底止。"④ 人作为万物灵长，不仅不应加剧这种"怨怨相报"、仇杀不尽的局面，更应解怨释怨，戒杀放生。在现世戒杀放生，就是"令彼一切有生命者，各得其所"。就世间法论，不杀生，体现了一种"遍该六道，穷尽未来"的最博大的"孝"。⑤ 就出世间的终极追求论，还须"又为念佛回向净土，令得度脱。纵彼业重，未能即生，我当仗此慈善功德，决祈临终往生西方"⑥。戒杀放生而达护生的目标，就不会现造恶业，就不会戕害过去的父母与未来的诸佛，终获利物利己之功德。

提倡人类要戒杀护生的信念，在烽火已不仅是连三月的20世纪上半叶的中国，尤其是要冒"知其不可为而为之"之嫌的。此时，不说是动物的生命，即使是人的生命，也都同样的脆弱，一颗小子弹或一枚不大的炮

---

① 印光：《〈物犹如此〉序》，《印光大师全集》第二册，第1263页。
② 印光：《〈物犹如此〉序》，《印光大师全集》第二册，第1263页。
③ 印光：《〈物犹如此〉序》，《印光大师全集》第二册，第1263页。
④ 印光：《南浔极乐寺重修放生池疏》，《印光大师全集》第一册，第402页。
⑤ 印光：《〈佛川敦本学校缘起〉序》，《印光大师全集》第一册，第593页。
⑥ 印光：《南浔极乐寺重修放生池疏》，《印光大师全集》第一册，第402页。

弹，瞬间就可夺去一条或一群原本是生龙活虎般的生命。印光对此抱着强烈的质疑态度，如说到民国成立后的军阀混战：

> 吾国二十年，互相残杀，究竟谁是贼？谁不是贼？杀彼，彼岂任汝杀乎？将牺牲两方面兵民之性命，以博一为国为民之空名耳。……吾国之互相残杀，尚是表面，实则自截自己手足与头颅也，尚嫌其不痛快而助之，名则可震惊俗耳，实则必痛烂天心，此事断不可以助其闹热也。①

以古为鉴，印光注意依据历史来说明佛教护生思想对中国社会的正面影响，即佛教东来后，对国民的心理影响巨深：

> 三世因果及生佛心性平等无二之理，大明于世。凡大圣大贤，无不以戒杀放生为挽杀劫以培福果，息刀兵而乐天年之基址。古云："欲知世上刀兵劫，须听屠门半夜声。"又云："欲得世间无兵劫，除非众生不食肉。"是知戒杀放生，乃拔本塞源之济世良谟也。②

话或许说得绝对，但其合理的内涵还是存在的，毕竟，难以想象一个对动物常怀恻隐之心者，会贸然地对人举刀动枪。印光针对时弊，明确指出：

> 近来世道人心，陷溺已极。天灾人祸，频频降作。忧世之士，以为此等业果，皆由杀起。倘能知物不可杀，则断无杀人之理。由是各怀慈善，互相扶持。自可移风易俗，感召天和矣。③

将杀生与杀人联系起来或许过于突兀，因为大部分杀生者终其一生也没有杀过人（包括没有"合法"的机会）。但只要想想那些残酷的杀人犯，在杀人前常持"杀死一个人就如捏死一只蚂蚁"之类的口头禅与观念，开饮

---

① 印光：《复胡奉尘居士书》，《印光大师全集》第二册，第 932～933 页。
② 印光：《南浔极乐寺重修放生池疏》，《印光大师全集》第一册，第 402～403 页。
③ 印光：《金陵三汊河法云寺放生池疏》，《印光大师全集》第一册，第 405 页。

食店的杀人犯更能作出卖人肉包子之举,人们或许就不能漠视这种将杀人视如杀蚁、人肉等同于猪肉的观念与行为中所包含的潜台词。

使命之所在,印光要为佛教徒的护生之言行鼓与呼,也就必须回答来自各方面或因不解或因不信而引致的疑问。他在《极乐寺放生池疏》[①]一文中,就具体地回应了两项质疑。

质疑之一的理据,源自人类中心观:我们生存之地处处有鳏寡孤独、贫穷患难者,何不周济他(她)们?现在乃汲汲于那些在种类上不关涉于人的有情动物异类,就轻重缓急而言,不也是一种本末倒置乎?

印光的回应是,人与动物虽种类有异,佛性无异。依据因果观与六道轮回观来看,作为人的"我以善业幸得人身",作为动物的"彼以恶业沦于异类",人若不能悯恤而是恣情食啖动物,一旦"我"福或尽,"彼"罪或毕,"我"难免就要从头偿还,充"彼"口腹。"须知刀兵大劫,皆宿世之杀业所感。"现世"戒杀可免天杀、鬼神杀、盗贼杀、未来怨怨相报杀",故主张"纵身遇贼寇,当起善心,不加诛戮"。此举"护生原属护自"。对于鳏寡孤独、贫穷患难者,戒杀放生者也应随分随力给予周济,一样有功德。问题在于,不能将后者与戒杀放生之行视为不可共存的水火,因为在施行时,两者确实还有轻重缓急之处:"鳏寡等虽深可矜悯,尚未至于死地。物则不行救赎,立见登鼎俎以充口腹矣。"动物生命危在旦夕,不在现时对其予以呵护,则晚矣。

质疑之二的理据,则源自现实怀疑论:动物种类与数量无尽,护生者能放几何?

印光对此疑的回答是:"须知放生一事,实为发起同人,普护物命之最胜善心。"人有此恻然之心,不忍食啖动物,进而捕猎者不再捕猎动物,使身处水陆空的一切物类,自在地或泳或走或飞"于自所行境",各得其所,从而成就"不放之普放"。退一步说,纵然不能使人人都戒杀放生,只要有一人不忍食肉,那就有无量水陆生命可免杀戮,何况就佛教护生思想的影响所及来看,戒杀放生者并不仅有一两人。推己及人,"又为现在未来一切同人,断鳏寡孤独、贫穷患难之因。作长寿无病、富贵安乐、父

---

① 印光:《极乐寺放生池疏》,《印光大师全集》第一册,第 401～404 页。以下本节若不另加注明的引文,均据此文。

子团圆、夫妻偕老之缘。正所以预行周济，令未来生生世世，永不遭鳏寡之苦，长享受寿富等乐。"从世间法论，护生之举属为众生断天灾人祸之事、积无量福祉的引子，善莫大焉。

归纳印光的思想，可见放生与护生思想所追求的目标有三。

一是就直接目标而言，是"庶物类各得其所"①。让天地万物万类各得其所，各安其生。

二是就社会目标而言，将护生戒杀提升到人类社会的层面，避免此人杀彼人、此族群杀彼族群，人人能"永息弱肉强食之恶心，尽分敦伦，同怀仁民爱物之善念；去杀胜残，上溯大同之世，风淳俗美，共作羲皇上人"②。消除世间的杀气戾气，追求世界大同。

三是就终极追求的目标而言，是根据众生佛性平等之理，"即一切水陆空行诸生物，亦不忍漠然置之。纵令力有不及，犹以悲心善念，为之念佛，以冀彼速出恶道，速生西方而后已。"③导众生往生西方净土成佛，换言之，包括各种动物在内的众生也是终极关怀的对象。

回到个体，回到家庭，就个人的世俗生活景况论，戒杀放生与个人的吃素选择密切相关。对于人的饮食对象的取舍，比较荤素食物，印光认为肉食有毒，这些毒素，源自于动物被宰杀时，心中的仇恨郁结所致。印光提及依据日常观察而得出的两点认识来论证此说，一是"凡瘟疫流行，蔬食者绝少传染"④。二是就不同人在荤素饮食上作不同择取后的后果看，"肉乃秽浊之物，食之则血浊而神昏，发速而衰早，最易肇疾病之端。蔬菜清洁之品，食之则气清而智朗，长健而难老，以富有滋补之力。此虽为卫生之常谈，实为尽性之至论。"⑤仅是从祛病养生的角度来看，印光也是推崇纯素食的。这种推崇，就印光那根植于佛性论、轮回观等而道出的护生思想而言，就净土宗的虔诚信徒而言，虽似是末节，却还是促使局外人更易慈爱与亲和其他动物生命的方便说法。

---

① 印光：《金陵三汊河法云寺放生池疏》，《印光大师全集》第一册，第406页。
② 印光：《〈佛化随刊〉序》，《印光大师全集》第一册，第592页。
③ 印光：《〈台湾佛教会缘起〉序》，《印光大师全集》第一册，第588页。
④ 印光：《宁波功德林开办广告》，《印光大师全集》第一册，第767页。
⑤ 印光：《宁波功德林开办广告》，《印光大师全集》第一册，第767页。另，《左传》有"肉食者鄙"的说法，可作此说的参照。

作为一种通达的说法，印光为信众列出了吃素的阶梯：

> 念佛之人，当吃长素。如或不能，当持六斋，或十斋。①

"六斋"是指在每月的农历初八、十四、十五、廿三、廿九和三十日吃素。"十斋"则在"六斋"日之外，再加初一、十八、廿四和廿八日，遇到小月，斋期则推前一日。在持"六斋"、"十斋"的基础上，由日进月，可持"三斋月"，即在每年的农历正月、五月和九月吃素。循环渐进，由逐渐减荤始，终至持长素，作诸功德。

印光告诫尚未断荤者，要"慈心不杀"，即"当吃长素，或吃花素。即未断荤，切勿亲杀"②。只宜买现肉，切戒在家中杀生：

> 以家中常愿吉祥，若日日杀生，其家便成杀场。杀场乃怨鬼聚会之处，其不吉祥也，大矣！③

印光还指出，素食之难在于一些人不愿舍弃动物美味，故可有限地满足人的口腹之欲的味精值得推荐，乃至将味精提到能挽劫运的高度。④ 家庭之内，"倘人各吃素，则家习慈善，人敦礼义。俗美风淳，时和年丰。何至有刀兵劫起，彼此相戕之事乎？！"⑤ 佛教四众因信佛而自觉地茹素食蔬，因素食而弱化乃至消弭向外扩张的攻击与侵略意欲，不仅是义理，也是事实。

历史上，儒家学说中也有"君子远庖厨"⑥之说，以此来避免被杀动物因痛苦而发出的嚎叫与挣扎刺激自己的耳目，避免宰杀动物的血腥场面触动自我那一点不忍之心和良知良能。但此举又会在义理上产生了新的矛盾，首先，君子将庖厨屠宰这种非君子的作为全推给他人，而自己在不

---

① 印光：《一函遍复》，《印光大师全集》第二册，第858页。
② 印光：《一函遍复》，《印光大师全集》第二册，第856页。
③ 印光：《一函遍复》，《印光大师全集》第二册，第858页。
④ 印光：《味精能挽劫运说》，《印光大师全集》第一册，第711页。
⑤ 印光：《金陵三汊河法云寺放生池疏》，《印光大师全集》第一册，第406页。
⑥ "君子之于禽兽也，见其生，不忍见其死；闻其声，不忍食其肉，是以君子远庖厨也。"见《孟子·梁惠王章句上》。

见、不闻动物被屠宰的氛围中，既可存养自己的恻隐心和良知，又可坐享其成，未免有不合君子风范之嫌。进一步类推，因为儒家的理想是人人成君子，人人成君子，则大同社会成，大同社会成，则应是人人远庖厨，也就是说，人皆成君子的大同社会，至少也是一个素食的世界。这一种逻辑推论，似乎大大超出了儒家大同世界的思想设计师们的设想，但就儒佛互补的角度而言，却未必是没有价值的。再按类似印光的思路往前推论，是的，人欲成君子，就应该远庖厨，人人成君子，则人人远庖厨，动物不再受人宰杀，也就达成了世间人与动物的最理想状态。换言之，提升到终极关怀高度的佛教护生智慧，可以含摄儒家的这项仅作为权宜之计的"君子远庖厨"的世间法，并将其推到极致。故印光呼吁：

祈勿徒云"远庖"，此系随俗权说。固宜永断荤腥，方为称理实义。①

传统上，在类似祭祀之类的隆重的家族礼仪上，又常是以动物牲口（"牲"）作为祭品（"牺"）来完成的，对此，印光同样是持坚决反对的态度。

禅宗六祖慧能在盛唐时期就已提出并强调了"在家修行亦得"②，使个人的出世修持，落实在心而不必拘泥于行，是否出家并不重要。但对于在家修行的要务，慧能还是语焉不详。千年以降，印光结合时代的变迁，同样提倡居尘学道、在家修行，而且较历史上的佛教宗师，更重视佛化家庭的建设，主张当今修行以在家修行为好，并将教子女、树立因果观和戒杀吃素列为在家修行的要务，融汇到弥陀净土信仰的信念与修持中，努力将主入世和主出世的儒佛思想水乳交融，将世俗个我的信仰与其事业、生活融合起来，令弥陀净土信仰得以内化到个体的精神与践履中，使信仰者在入世时，也能保持着一种出世的精神。他全面肯定符合佛法道德的家庭世俗生活，论证家庭无碍于信仰，进而利乐有情、庄严国土，实现世界大同。他所生活的时代，家族宗法观念与孝悌之道已不复往日的盛景，多元

---

① 印光：《宁波功德林开办广告》，《印光大师全集》第一册，第767页。
② 见《六祖坛经》。

化和世俗化已渐成主流，故这种居尘学道、在家修行的主张，无疑更易被社会各方各阶层人士所接受，也有利于减少其他团体及个人对佛教团体与学说的攻击，从而在末法时代进一步强化净土信仰的凝聚力。显然，在传统词汇的包裹下，印光的相应思想同样不乏包容性和现代色彩，对于提升世俗家庭的道德、信仰与修持，也具有相当的可操作的指导性。

第六章　印光讲述的故事及其净土义理

在中国佛教的大师群体中，印光是一个讲故事的高手。

《印光大师说故事》①统计汇集了印光笔下或述说的114则故事，内按8个方面分类，其中涉及因果报应类14则，戒杀护生类11则，尊师重道类4则，虔诚修持类9则，三宝加持类9则，自力警策类9则，念佛感应类32则，往生记实类26则。这些故事的时空跨越古今，故事的主角不独限于人类，还有其他有情动物；人物有男有女，或是鼎鼎大名的历史人物，或是寂寂无闻的无名之辈，有佛门内的僧尼居士，也有佛门外的非佛教徒。相关的故事从正面或反面，不断论证着弥陀净土信仰的确当，阐述的义理与净土宗教理是一致的。在这些故事中，可见印光尤其擅长于一边阐述净土宗的道理，一边讲述历史或他个人耳闻目见的故事，以作净土教理之辅证，两者水乳交融，得以说理明事又以事显理，理事相资，以不断开启并深化时人对净土信仰的信心。

一　印光讲述的11则故事

以下兹举印光所述说的11则故事，并略作点评，图管中窥豹进而探其奥秘于一二：

故事一：

汉献帝时，曹操为丞相，专其威权，凡所作为，无非弱君势，重

---

①　《印光大师说故事》，地藏缘论坛，http://www.folou.com/thread-113615-1-1.html。

印光思想、净土信仰与终极关怀

己权，欲令自身一死，子便为帝。及至已死，曹丕便篡，而且尸犹未殓，丕即移其嫔妾，纳于己宫。死后永堕恶道。历千四百余年，至清乾隆间，苏州有人杀猪出其肺肝，上有"曹操"二字。邻有一人见之，生大恐怖，随即出家，法名"佛安"，一心念佛，遂得往生西方。事载《净土圣贤录》。[①]

以上不长的文字，组成了一部三幕构成的惊悚历史穿越剧。第一幕发生在东汉末年，曹操与曹丕的生前种种劣行，是肇因。第二幕发生在1400余年后的清乾隆年间，事发苏州，有人见猪的肺肝上有"曹操"二字，以证曹操转世投胎为猪，永堕恶道，结了恶果。第三幕则是邻居有一人见到此猪后，生大恐怖，见恶后趋善，随即出家，法名"佛安"，一心念佛，遂得往生西方，是目睹恶果而结了善果。故事内在的义理主题是转世轮回，善恶各有其报。

故事二：

昔范文正公视人犹己，视疏若亲，视天下为一家，视中国若一人。故能自宋初至清末，足一千年，子孙科甲不绝。

长洲彭氏力行善事，于清初以来，科甲冠于天下，其家状元有四五人，而同胞兄弟有三鼎甲者。以世世奉佛，奉《阴骘文》、《感应篇》，其志固长欲利人，而天固长施厚报也。[②]

范仲淹是中国历史名人，长洲彭氏则是地方名人，两人生活的年代不同、职业不同，并无直接的瓜葛。印光之所以将他们的事一起加以先后的陈述，一是因为范仲淹与彭氏都有视人犹己、视疏若亲和长欲利人的志向与作为；二是说明范家与彭家弟子之所以能屡屡在科甲考试中金榜题名，品德端正加书香门第的家传学风，是很重要的因素。一个家庭与家族，作为领头羊的家长之厚德善行，可以绵延，促令子孙们奋发有为、学业成功和事业兴旺发达。天助自助者，家教重要，家族传统的传承重要。另外，彭

---

① 印光：《与卫锦洲居士书》，《印光大师全集》第一册，第77页。
② 印光：《复刘观善居士书二》，《印光法师文钞三编》（下），第946～947页。

142

第六章 印光讲述的故事及其净土义理

氏家族世世奉佛为信，奉《阴骘文》《感应篇》为圭臬，斯行斯书，也正是印光在提倡佛化家庭时所极力推崇的，主旨就是家庭或家族能以厚德持家，有信仰，能坚持，都是至为关键的要素。

故事三：

> 字为世间至宝，非金、银、珠、玉、爵位可比。以金、银、珠、玉、爵位，皆由字而得，使世无字，则金、银、珠、玉、爵位，亦无由而得矣。字之恩德，说不能尽；敬惜书字，福报甚大。宋朝王文正公之父，极其敬惜字纸，后梦孔夫子以手按其背曰："汝何惜吾字之勤也，当令曾参来汝家受生，显大门户。"后生子因名王曾，连中三元，为名宰相，没后谥文正公，封沂国公。后世凡科甲联绵，子孙贤善者，悉由先世敬惜书籍，及与字纸中来。近世欧风东渐，不但普通人不知敬惜书籍字纸，即读书儒士，亦不恭敬书籍，及与字纸，或置书于坐褥，或以书作枕头，或大怒而掷书于地，或抽解而犹看诗书，不但大小便后，概不洗手，即夜与妇宿，晨起读书，亦不洗手；每每以字纸揩拭器物，犹以敬惜为名而焚化之，故致普通人无所取法。而垃圾里、毛厕中，街头巷尾，无处不是字纸遍地，身车行人，每以报纸铺坐处；出外妇女，率用报纸包鞋袜，种种亵渎，不堪枚举。以故天灾人祸，相继降作，皆由亵渎天地间之至宝所致。不知此字纸中，皆有天地日月之字，圣贤经书之文。以此种至极尊贵之物，视同粪土，能不折福寿而现受其殃，贻子孙以愚劣之报乎？[①]

将是否敬惜字纸与子孙是否贤善联系起来阐述，反映出印光能于小中见大，对日常各种人等的相应行为有着细微观察或对耳闻目见的留意，并始终注意在日常的一举一动中体现出的大原则。印光坚持弥陀净土修行者须心有原则，然后贯彻在相应的奉行坚持中，言行举止无小事，小处不可随便。对印光的极端态度，外人或许难理解，而对于净土信仰人而言，却是理所当然的，敬惜字纸的要求与恭敬至诚的行径，骨子里包含的是对作为

---

① 印光：《普劝敬惜字纸及尊敬经书说（民国二十四年）》，《印光大师全集》第二册，第 1367~1368 页。

传统文化承载体的无限敬意。在敬惜字纸的方面,就已有的历史资料来考察,印光本人是言行一致的。

故事四:

> 书信一事,关系甚重。若常用草体,或成习惯,久久或致误事。冯梦华厚德君子,其子与孙皆死亡;前年过继之孙,又复死亡;只一一二岁之曾孙,以为其后。而一家之中,寡妇四五人,亦可谓景况凄惨矣。岂天特酷待厚德之人乎?缘此老一生,喜写草书,与人信札,非用尽心力,按文义推测,则不识者多,其中难免有误,以故致受此报也。汝学医,若习惯过为潦草之书,后来或于医方亦用此套,则危险之极。光故为汝母说,令勿学此派也。实惧后来误事,非仅以不恭为检点也。①

印光反对净土宗信众书写草书,原因在于草书缺乏一种必要的恭敬。印光尤其反对佛门中人以草书来书写佛经——他为此而复函给专门写信来请教的弘一法师说明;② 尤其反对医生以草书来书写药方,因为这两者都很可能使人产生误读,久则或难免误事,前者可能误人慧明,后者可能误人性命。至于厚德的冯梦华君,喜欢写草书,又屡遭白发人送黑发人的凄惨景况,印光认为这两者有因果的关系,从义理出发,故有相应之议。然而这毕竟是个案,喜写草书者,是否就一定就跟子孙早夭、家道破落构成因果关系,在今天的我们看来,至少应该有统计学的相应数据作辅证。

故事五:

> 荤菜职业,颇难修持,然有诚心,自有感应。今以一事为证:北京阜城门内大街有一大荤馆子,名"九如春",生意很发达。一夕,经理梦无数人来向他要命,心知是所杀诸物。与彼等说:"我一个人,偿你们许多人命,哪里偿得完。我从今不做这个生意了,再请若干和

---

① 印光:《复志梵居士书二》,《印光法师文钞三编》(上),第540页。
② 黄家章:《印光对弘一的思想影响与弘一的信仰归宗》,《经济与社会发展》2010年第11期。

尚念经念佛,超度你们,好吧?"多数人应许曰:"好。"少数人不答应,曰:"你为几圆或几角钱,杀我们多苦,就这样,太便宜你了,不行。"多数人劝少数人曰:"他若肯这样做,彼此都好,应允许他。"少数人曰:"他可要实行才好。"经理曰:"决定实行,否则再来找我。"因而一班人便去。适到五更要杀的时候,店中伙计起来要杀,鸡鸭等皆跑出笼四散了,赶紧请经理起来说之,经理云:"我们今天不开门,不杀跑出的。在店内的收起来,跑出去的随他去。"天明请东家来,说夜梦,辞生意,决定不干了。东家云:"你既不愿杀生,我们不妨改章程,作素馆子。"遂改做素食,仍名"九如春"。因此吃素的人颇多,更发达。①

这则类白话小说的故事,或可以引起精神分析学家的兴趣。"九如春"饭馆的经理或是对佛教素食观乃至佛教义理本来就将信将疑,日有所思夜有所梦,进而有此一梦,不杀生也就成为自己的坚定信仰与不二选择,且最终影响到饭馆的股东,决意将荤食馆改成素食馆。在中国城镇饮食业的漫长发展历史中,举世滔滔,在多方面的意义上而言,我们甚或可以说,一个城市是否有素食馆,有多少家素食馆,正是印证一个时代、一个城市文明程度的标杆之一,因为其中蕴涵着佛教的护生智慧。即使是在举目到处都是荤食饭馆的今天,如果能有部分饭馆因股东的信仰而改成素食馆,即使净土宗外的明眼人,也应是乐观其成的,因为此善举更符合当今绿色、低碳、追求健康的时代方向,更因为此善举中既有文化,更有智慧尤其是护生智慧在焉。

故事六:

林文忠公则徐,其学问、智识、志节、忠义,为前清一代所仅见。虽政事冗繁,而修持净业,不稍间断,以学佛乃学问、志节、忠义之根本。此本既得,则泛应曲当,举措咸宜,此古大人高出流辈之所由来也。一日,文忠公曾孙翔、字璧予者,以公亲书之《弥陀》、《金刚》、《心经》、大悲、往生各经咒之梵册课本见示,其卷面题曰:

---

① 印光:《复琳圃居士书》,《印光法师文钞三编》(上),第426~427页。

《净土资粮》，其匣面题曰：《行舆日课》。足知公潜修净土法门，虽出入往还，犹不肯废。为备行舆持诵，故其经本只四寸多长，三寸多宽；其字恭楷，一笔不苟，足见其恭敬至诚，不敢稍涉疏忽也；其经每面六行，每行十二字。璧予以先人手泽，恐久而湮没，作书册本而石印之，以期散布于各界人士，俾同知文忠公一生之修持，庶可当仁不让，见贤思齐，因兹同冀超五浊而登九品焉。……愿见闻者，一致进行，同步后尘，则国家幸甚！人民幸甚！①

林则徐的历史贡献人尽皆知，而林则徐以皈依弥陀净土作为自己的终极信仰，却知者不多。印光以此故事告诉世人，林则徐潜修净土法门，是他之所以能"学问、智识、志节、忠义，为前清一代所仅见"的关键。在印光看来，人的信念是由信仰决定的，世间有缘人倘能读林则徐的《净土资粮》，然后见贤思齐，归心净土，是利国利民之举。值得注意的是，印光在此提"国家幸甚"，跟林则徐那著名诗句"苟利国家生死以，岂因祸福避趋之？"（《赴戍登程口占示家人》）中的"苟利国家"，指向是一致的——不因林则徐的入世与印光的出世而有不同，结合点就是弥陀净土信仰。

故事七：

宋杨杰，字次公，号无为子，参天衣怀禅师大悟。后丁母忧，阅《大藏》，深知净土法门之殊胜，而自力行化他焉。临终说偈曰："生亦无可恋，死亦无可舍。太虚空中，之乎者也。将错就错，西方极乐。"杨公大悟后，归心净土，极力提倡。至其临终，谓生死于真性中，犹如空花，以未证真性，不得不以求生西方为事也。"将错就错"者，若彻证真性，则用不着求生西方，求生仍是一错；未证而必须要求生西方，故曰："将错就错，西方极乐。"莲池大师《往生集》，于《杨公传》后，赞曰："吾愿天下聪明才士，咸就此一错也。"此可谓真大聪明，不被聪明所误者。

---

① 印光：《林文忠公〈行舆日课〉发隐（民国二十三年）》，《印光大师全集》第二册，第1341~1342页。

第六章　印光讲述的故事及其净土义理

若宋之苏东坡，虽为五祖戒禅师后身，常携阿弥陀佛像一轴以自随，曰："此吾生西方之公据也。"及其临终，径山惟琳长老，劝以勿忘西方。坡曰："西方即不无，但此处着不得力耳。"门人钱世雄曰："此先生平生践履，固宜着力。"坡曰："着力即差。"语绝而逝。此即以聪明自误之铁证，望诸位各注意焉。①

比较更易出真知。在印光看来，宋朝的杨杰与苏东坡都是聪明人，杨杰因未能彻证真性而"将错就错"地发愿求往生西方极乐净土，受到了后世的莲池的大力推崇，树为不被聪明所误的真聪明大聪明者之榜样。苏东坡的聪明是中国文学史乃至中国历史都要一提的，这也反映在他临终前那一段类似禅宗公案的对谈中，但他却没能在临终那至为关键的时刻念佛求生西方弥陀净土，印光视之为聪明反被聪明误的典型。此故事意欲通过一正一反的举例，为对弥陀净土半信半疑者提供镜鉴。

故事八：

……须谦卑自牧，勿以聪明骄人，愈学问广博，愈觉不足，则后来成就，难可测量。十年前，谛闲法师有一徒弟，名显荫，人极聪明，十七八岁出家，但气量太小，一点屈不肯受。初次讲小座毕，拜其师，其师并未说他讲得不好，但云"音声太小"，由此一语便生病。而谛公之人，一味令彼心常欢喜，故傲性日增月盛。后由日本学密宗，彼所发挥密宗之文字，通寄上海居士林登林刊，其自高位置，已是唯有我高。后回国，至观宗看其师。谛公云："汝声名很大，惜未真实用功，当闭三年关，用用功方好。"彼一闻此语，如刀割心，即日便病，次日带病往上海居士林，年余而死。死后不久，光到上海太平寺，林员朱石僧来，问其死时景象，言糊糊涂涂，佛也不会念，咒也不会念。此乃显密圆通、自觉世无与俦之大法师，以不自量，仗宿慧根，作二十二三岁短命而死之胡涂鬼，岂不大可哀哉？！设使显荫能不自高，谦卑自牧，中国学者未能或超出其上者。②

---

① 印光：《上海护国息灾法会法语》，《印光法师文钞三编》（下），第1102~1103页。
② 印光：《复游有维居士书（民国二十六年）》，《印光大师全集》第二册，第964~965页。

147

个人的聪明乃至小聪明是天资，但有聪明的天资却不足以自傲，因为聪明者其后的人生取向中不乏南辕北辙之事，有天资却未必有好结果。在印光看来，缺谦卑自牧的显荫，虽到日本留学学密宗，著述极富影响力，是僧界中难能可贵的学者型人才，临终前却全无如高僧修行的言行举止，堪作一切自高自大目空一切的聪明者的前车之鉴。结合前述的印光密宗观和后将述及的印光自号"常惭愧僧"，尤能看到印光讲此故事的内蕴与张力。

故事九：

> 民国八、九年，一军士杨某，人极忠厚好善，在陕镇嵩军中作营官，吃长素，能背诵《金刚经》，日念数遍。在军十年，打仗四百余次，通身大小未带一伤。初欲告退，以刘镇华、憨玉琨皆属同乡，不许彼退。一年开往河南打赵倜，彼遂私遁，从兹朝五台、峨眉、九华、普陀。至普陀，住法雨寺，与光言及彼之心行。惜无学问，未能阐扬大法，随机利人也。①

这是一个与印光有交往的杨姓佛教徒，他曾有十年从军经历，人生奇异处一是在军中长时间吃素（这自然不易做到），二是能背诵《金刚经》且坚持日念数遍，三是身经四百余战而自己毫发无损，四是私自离开军队，五是此后遍朝佛教四大名山。印光惋惜他无学问，否则或就是阐扬佛法的高手，然他在随机利人方面，仍是能做到的，这也该褒扬。

故事十：

> 上海何王氏者，本一无知无识之妇女耳，自二十九岁得闻净土法门，遂皈依三宝，吃素念佛，深厌娑婆浊恶，决志求生西方。三十年来精进不懈，于今民国十七年，年五十九岁，至六月十九日，预知时至，嘱咐家眷："吾于今夜十二句钟归西，汝等至时，当同声念佛相助。切不可悲哀哭泣，以致坏我正念。"因自行沐浴，着所制寿衣，先念《大悲咒》若干遍，次即专念"阿弥陀佛"圣号；至十一句钟，合家大小同声助念"南无阿弥陀佛"；至十二句钟，遂端

---

① 印光：《复姚维一居士书（民国二十年）》，《印光大师全集》第二册，第908页。

第六章　印光讲述的故事及其净土义理

坐念佛而逝。夫如此作略，虽古今学问功业盖世者，亦不多见，况其下焉者乎？而何王氏以一无知无识之妇女，乃能于三十年精进修持，致临终现如是相，足见一切众生皆有佛性，皆堪作佛；及净土法门，实为转凡成圣之第一法门。愿见闻者，同事修持，庶可不辜佛化，不负己灵也已。①

何王氏作为一个不识文字的家庭妇女，临终前往生的事迹，关键要点是自己"预知时至"，然后妥帖安排自己的临终事宜，加之家人的得力配合念佛，最大亮点是令自己"端坐念佛而逝"。有这些要点与亮点，她就近乎是得道高僧临终的翻版。印光以此故事，说明一个无知识的家庭妇女也可以通过数十年的精进修持，临终往生现瑞相，其中的义理，一是证明一切众生皆有堪有成佛的可能性即佛性；二是证明在佛教的众多法门中，净土法门确实是转凡成圣之第一法门；三是临终三大要的具体操持践履，是关键的要点。

故事十一：

> 无锡近来念佛者甚多，一人会做素菜，凡打佛七，皆叫他做菜，彼日日听念佛声。后其子将死，即曰："我要死了，然不能到好处去，你把你的佛与我，我就到好处去了。"其父云："我不念佛，哪有佛？"其子曰："你佛多的很。你只要说一声，我就好去了。"其人曰："那随你要多少，拿多少。"其子即死。自谓素不念佛，何以有佛？明白人谓："汝做菜时所住之屋，近念佛处，日日常听大家念佛，故亦有大功德。"此系无心听者，若留心听，功德更大。念经则无有重文，不能句句听得明白，即留心听，亦难清楚，况无心乎？可知念佛之功德殊胜。②

人自感官得来的感觉中，耳熏目染很重要。无锡这位无名氏，因常在打佛七被招去替人做素菜，得以常听他人念佛，虽自己没有念佛，仅听闻念佛声也有大功德，并惠及他的儿子。印光欲以此故事指出，念佛声的一个无

---

① 印光：《善女人何王氏圣缘生西记》，《印光法师文钞三编》（下），第817页。
② 印光：《覆张觉明女居士书九》，《印光法师文钞三编》（上），第513~514页。

149

心倾听者也有功德,如果能更留心听,功德会更大。再进一步,自己念佛的功德还要更大,佛音绕梁,佛音入耳入心,听者念者皆能得益。

二 为什么要注重讲故事?

印光述及的以上故事,内中有不同的人物——从大名鼎鼎的苏东坡、林则徐到名不见经传的无名氏,有不同的情节,有不同的因与果,结局上更有好报或歹报的不同,故事不论是跌宕起伏或琐碎平常,却又都有着相同的大主题与小主题:故事主角是否信仰、是否践履弥陀信仰净土观,以及因此所带来的好歹结局,是大主题;小主题则涉及因果报应、戒杀护生、念佛感应、往生记实和儒佛共美兴家等方面。故事结局不论是悲凉冷峻还是皆大欢喜,内中不乏让净土宗门的内外人反复回味的内涵。

这些故事,是陈述历史事件的史实?抑或是根据净土宗义理而铺陈虚构的宗教寓言?或是前者,或是后者,或是两者的结合。区分其中的同异,或是历史学者所感兴趣的。

在净土宗的门外人看来,这些故事中不乏寓言,也不乏《聊斋志异》般的传奇内容与笔法,通过假托的故事或对自然动植物的拟人化故事来说明某个道理,明显带有净土宗的劝诫主题,特点是篇幅短小,结构紧凑,情节或有虚构,具有突出的主题教化倾向,语言精练且富于穿透力,常用比喻、象征等手法。

而对于净土宗信众而言,对这些故事是史实或是寓言的区分,并不重要,因为两者有一点是共同的,故事之中蕴涵着净土宗的宗教义理乃至体验,故事中的间接经验可以转化为故事接受者的知识经验,这些故事中的每一个,都是构成净土宗信仰大厦的一砖一石,这些一砖一石与作为这座信仰大厦支柱的净土宗义理,共生同存,义理之骨蕴涵在故事之皮表内,故事为义理提供了形象的理据,义理则为故事提供了主题支撑,有信仰支撑的故事性寓言也因此而成为信仰或宗教的历史。这里是信仰的领地,不需要科学的证明,"世间不在情理之事颇多,不可因非科学而鄙视之。"[①]

[①] 印光:《上海护国息灾法会法语》,《印光法师文钞三编》(下),第1096页。

第六章　印光讲述的故事及其净土义理

印光为什么注重讲故事？

首先，弥陀净土信仰是一种驻人间的信仰，信仰不离人生，是能给人生指点迷津的终极关怀之一种，能给人的心灵带来慰藉，能提升人的精神境界。按印光的说法，弥陀净土信仰适合"出家在家、士农工商、老幼男女、贵贱贤愚"①各阶层人士，每个人的生活历程不同，信仰与修持有先后深浅之分，结局也就不尽相同，众多的净土宗信众、准信众，还有众多的非信众，也就故事多多。

其次，故事是最通俗的接引信众的桥梁。就整部佛教史来看，不论是在正法时代，还是在像法时代、末法时代，故事都始终是接引上中下根者尤其是中下根者的便捷桥梁，如迦叶那样能见佛拈花即微笑悟道、如玄奘那样精通经律论三藏和数国语言、如慧能那样虽不识文字但能一闻佛经的经语即能立刻颖悟的上根人，毕竟是为数少之又少的人中龙凤。所以，在诸多佛经所反映的正法时代中，我们不难看到释迦牟尼就是讲故事的超一流高手；在像法时代，我们可以从诸如敦煌壁画的描绘中，看到诸多佛教故事。毫无疑问的是，这些故事的辐射影响力已经跨越了时空。

在末法时代，我们又可以从印光的著述与言说中，看到较多的佛教故事，它们或是历史的，或就是发生在他所生活的年代，发生在他的周围，而印光本人的净土信仰与行迹，同样是一系列故事的汇编。故事可以是旧的，也可以是新的，乃至义理也可以有所变通，而骨子里一以贯之的不变则是弥陀净土信仰。重要的是，印光所讲的活生生的故事，更贴近世俗社会，这些故事所包含的净土宗道理，有利于提振世俗社会的信仰与世道人心，事理融通，相关的见识与学理，也就既可以下达妇孺老弱，也可以上传雅士官商。在他的书信中，在他的演说中，他对于故事往往是信手写来或是娓娓道来，因为他对于净土宗义理是了然于胸，他说的故事与净土义理也就可以圆融无碍，他所述说的故事集就不是一般的故事会，而是为了深入浅出地讲解弥陀净土信仰而存在的方便导引，他为此而苦口婆心，坚持不懈。对此，外人或难理解，对于印光却是因信仰而成自然，进而自然而然，因为在他的思想中，佛法具有普世的普适价值：

---

① 印光：《〈念佛恩辞〉序》，《印光大师全集》第二册，第 1237~1238 页。

> 佛法者,九法界公共之法也。无一人不堪修,亦无一人不能修,以凡有心者,无不同具佛性。①

佛法中的弥陀净土信仰,则是普世可以普修的法门:

> 譬如天下的人,个个都要吃饭,亦个个都要念佛的。②

对于普通劳动者,搬柴挑水的时候可以念佛,耕种劳作的时候也可以念佛;对于养尊处优者,更是时时处处都可以随心所欲地念佛。一言以蔽之,不论是劳作、休闲还是行住坐卧时,人皆可以念佛。

---

① 印光:《江苏兴化刘庄场贞节净土院碑记》,《印光大师全集》第一册,第645页。
② 印光:《由上海回至灵岩开示法语(民国二十五年十月十七晚说)》,《印光法师文钞三编》(下),第1120页。

第七章　纵比较：净土宗重要祖师与印光的弥陀净土思想之比较

印光圆寂后，被后人尊为净土宗第十三祖师。这项历史定位，直接意味着印光的思想尤其是印光所阐扬的弥陀净土信仰，与净土宗历史上前十二位祖师的思想与信仰，有着密不可分的联系。通过将净土宗前十二位祖师与印光的弥陀净土思想作一纵向比较，当不难发现，印光的思想之所以有弥陀净土信仰思想的"集大成"之誉，首先是建立在传承历史的基础上的。

印光在《与大兴善寺体安和尚书》中，曾流畅地表达了他对净土宗历代祖师与重要代表人物的认识：

> 粤自大教东流，庐山创兴莲社，一倡百和，无不率从，而其大有功而显著者，北魏则有昙鸾，鸾乃不测之人也。因事至南朝见梁武帝，后复归北。武帝每向北稽首曰，鸾法师，肉身菩萨也。陈隋则有智者。唐则有道绰，踵昙鸾之教，专修净业，一生讲《净土三经》，几二百遍。绰之门出善导，以至承远、法照、少康大行，则莲风普扇于中外矣。由此诸宗知识，莫不以此道密修显化，自利利他矣。……及至永明大师，以古佛身，乘愿出世，方显垂言教，著书传扬，又恐学者路头不清，利害混乱，遂极力说出一《四料简偈》，可谓：提《大藏》之纲宗，作歧途之导师。使学者于八十字中，顿悟出生死、证涅槃之要道。其救世婆心，千古未有也。其后诸宗师，皆明垂言教，偏赞此法。如长芦赜、天衣怀、圆照本、大通本、中峰本、天如则、楚石琦、空谷隆等诸大祖师，虽宏禅宗，偏赞净土。至莲池大师

印光思想、净土信仰与终极关怀

> 参笑岩大悟之后，则置彼而取此，以净业若成，禅宗自得。喻："已浴大海者，必用百川水；身到含元殿，不须问长安。"自后蕅益、截流、省庵、梦东等诸大祖师，莫不皆然。盖以因时制宜，法须逗机，若不如是，则众生不能得度矣。①

这里列举了净土宗的历代祖师与重要代表人物。在净土宗的历史中，历代祖师肯定是重要代表人物，而重要代表人物却不一定跻身在历代祖师之列。

那么，什么是净土宗祖师的入选标准呢？

印光有论及净土宗第八祖莲池与净土宗第九祖蕅益的以下两段话，或有助于我们一窥净土宗祖师的入选标准：

> 明嘉靖时，有性天文理老和尚者……后因云游至杭州，住西山黄龙庵。莲池大师仰其道风，与夫人汤氏，归依座下。不二三年，又依之出家。使此老无有出格道德，岂能令如大师之博学鸿词、躬行实践、盛德君子，屈身座下，始终依止，以为弟子乎?!……然以异地之僧，能令莲池皈依出家，可以想见其为人。事见《云栖法汇莲池大师塔铭》中。②

这段话中，印光指出莲池作为大师，具有三项特质，一是盛德君子，二是躬行实践，三是博学鸿词。实质上，这也就是净土宗祖师的入选标准，尤其是前两项，更是必要条件。结合中国传统历史所褒扬与提倡的"三立"即立德、立功、立言，可谓是儒、佛、道三教概无例外。

印光另一段话，则具体总结出了蕅益的历史性贡献：

> 蕅益大师久证法身，乘愿再来。其学问、见地、行持、道德，不但末法不多见，即隋唐佛法盛时，高人如林，若在此时，亦属出类拔

---

① 印光：《与大兴善寺体安和尚书》，《印光大师全集》第一册，第23~25页。
② 印光：《与高鹤年居士书》，《印光大师全集》第一册，第159页。

154

第七章　纵比较：净土宗重要祖师与印光的弥陀净土思想之比较

萃之不思议大士。凡所著述，机理双契。①

此段话语道出了两点，其一，在中国佛教的历史长河中，蕅益之所以出类拔萃，在于他具备了四方面的条件，即在学问、见地、行持和道德上达到了出类拔萃的高度，在于知与行的合一，是净土宗门内做到了立言立功立德的大士大师，可谓"一生行解，事理圆融"②。其二，蕅益的著述，是高度契合佛理之说，是高度契合末法时代的当机之说。

印光还结合禅宗的历史，指出禅宗从始祖达摩到东土传法，其后传承到第六祖慧能，他们在宗门历史中的祖师地位，都不是本人自封的，而是世人在其圆寂（达摩是"不知所终"）后，被后人公认尊称也即事后追认的，所谓：

夫吾国自佛法东传，唯初、二、三、四、五、六祖，举世皆称为祖。……即初、二、三、四、五、六祖，亦殁后人尊称之，非当时即称为祖也。③

净土宗作为寓宗，在这方面更是做到了极致，较之禅宗，有过之而无不及，此举在最大程度上避免了以凡滥圣之弊。

由此可见，对于净土宗祖师而言，优秀的个人道德与上佳的修持最重要，其次是对净土宗的历史贡献。博学鸿词文字般若则不是祖师入选标准的必要条件，因为不着一字并不有碍于念佛法门的修持，故净土宗的第三祖承远、第五祖少康和第七祖省常虽无著述，第四祖法照、第十祖截流、第十一祖省庵和第十二祖彻悟的著述则不多，但他们依然是净土宗的祖师。对此，有人难免犯疑，印光则对相应的疑问有着直接的回答：

彻祖（引注：彻悟）、省祖（引注：省庵）之少著作，亦各人之心愿耳。其道德之优劣，固不以著作之多少为定。古今有法身示现，但少数言句，无所著作者，多多也。何得在此处生疑？须知吾人欲了

---

① 印光：《复丁福保居士书五》，《印光法师文钞三编》（上），第 76 页。
② 印光：《〈赞礼地藏菩萨忏愿仪〉重刻序》，《印光大师全集》第一册，第 478 页。
③ 印光：《复卓智立居士书七》，《印光法师文钞三编》（下），第 1016 页。

生死，实不在多。只一真信切愿，念佛求生西方足矣，纵饶读尽大藏，亦不过为成就此事而已。是则多亦归少，少亦归多，多少同为成就此事而已，则多不为多，少不为少矣。①

印光此说不仅是辩才无碍，也是义理周全，对于净土宗祖师们而言，是否留下文字著作并不是最重要的，最重要的是有信愿行，有德行，有通过持续不懈的念佛来求生西方——万千头绪，以此为要为最大。

当然，如慧远、善导、永明、莲池、蕅益和印光那样有信愿行，又有博学鸿词，不断以文字般若来传承历史、启迪时人并惠及后来者，自然更是净土宗历史中的重要篇章，缘由在于以往历史更多的是由思想与文字构成的。

结合净土宗历史与印光的相应认识，以下将选择净土宗始祖慧远、第二祖善导、第八祖莲池、第九祖蕅益等净土宗的重要祖师，厘清他们的弥陀净土思想之要旨，进而与印光作一纵向比较，以图在历史的纵向坐标中，把握弥陀净土信仰中的重要思想之流变与演化，把握印光思想及其弥陀净土信仰的终极关怀之意旨。

需说明的是，第六祖永明延寿的思想尤其是他所著的《禅净四料简偈》，对印光的影响巨大，因本书此前的章节对该简已有专门阐述（参见本书第四章），故本章将不再专列永明延寿与印光的弥陀净土思想之比较。

一　初祖慧远与印光的弥陀净土思想之比较

慧远（334～416年）被尊为中国净土宗初祖，俗姓贾，东晋时名僧，雁门楼烦（今山西原平县）人，出身于家境优裕的世家望族。早年广学儒家与道家经典，21岁时，与胞弟慧持一道前往太行恒山，亲近慕名已久的名僧道安并拜道安为师。其后慧远听道安讲《般若经》而豁然顿悟，深感佛法才是至上的真理，感叹自己过去所学的儒道九流皆糠秕，即与其弟共同剃发出家，对道安恭执弟子礼，以弘扬佛法为己任。

慧远精进不懈，24岁即开讲《般若经》，以其般若学的深厚素养而成

---

① 印光：《复唯佛居士书》，《印光法师文钞三编》（下），第665页。

第七章 纵比较：净土宗重要祖师与印光的弥陀净土思想之比较

为道安门下的上首，道安多次赞叹说："使道流东国，其在远（引注：慧远）乎！"[1] 对于慧远推动佛教在中国的流传与广布弘化，给予了很高的期许。其后，因避战乱，慧远遵师命分散，上庐山定居在东林寺，从此"三十余年，影不出山，迹不入俗"[2]，平日送客常以虎溪为界，深居庐山30多年，修行弘道，致力于大力弘扬净土法门。

慧远一方面坚持信仰的独立性，专撰《沙门不敬王者论》，从究竟义的层面上，力主维护僧人的独立信仰生活，维护佛教在世俗社会中的独立自主品位，拒绝王权对僧权的打压与侵蚀；另一方面则以佛法"情无取舍"[3]、普度众生的胸怀，不分华夷南北、朝野顺逆、僧俗亲疏而广泛结交，盛名之下，远近归服，使庐山僧团得以不断地发展壮大，佛法得以广泛地弘扬，庐山也因此成为了当时南方佛教的中心。慧远终不负道安的期望，成为道安之后的佛教首领，并被后人尊为中国净土宗的初祖。有学者认为慧远"极大地推动了佛教中国化的发展，在中国佛教史上耸立了一座丰碑"[4]。还有国外学者视慧远的出现，是佛教真正意义上征服中国的最关键转折点，"在这一时代，佛教最终渗透到了社会的各个阶层，从刘宋朝王室到信佛的朝臣，直到没有文化的社会大众，并最终成为中国文化不可分割的组成部分。"[5]

（一）慧远的弥陀净土思想与修持

人的信仰是因问题而起，因问题而寻找答案，因寻到答案进而依据答案而进行修持和信仰的。当时的慧远，所面临的主要问题有三，他为解题而寻找到了答案。

一是回答为什么要信仰弥陀净土？

---

[1] （梁）释慧皎撰《高僧传》卷第六《义解三》，载《大正藏》第五十册，第358页。
[2] （梁）释慧皎撰《高僧传》卷第六《义解三》，载《大正藏》第五十册，第361页。
[3] 当时因造反而被时人视为"国寇"的卢循占据九江后，拟上山拜会慧远。旁人为防朝廷的怀疑，进谏反对接待卢循，慧远却坦荡地说："我佛法中情无取舍，岂不为识者所察？！此不足惧。"慧远言行所蕴涵的胸怀、智慧与无畏勇气，后得到了卢循的死敌并取代晋朝的宋武帝刘裕之肯定。参见（梁）释慧皎《高僧传》卷六《义解三》，载《大正藏》第五十册，第359页。
[4] 方立天：《慧远与佛教中国化》，《中国人民大学学报》2005年第1期，第32页。
[5] 〔荷〕许理和：《佛教征服中国——佛教在中国中古早期的传播与适应》，李四龙、裴勇等译，江苏人民出版社，2003，第283页。

印光思想、净土信仰与终极关怀

"人生天地之间，如白驹过隙。以此而寻，孰能久停，岂可不为将来作资也?!"慧远在《答桓玄书》中的这一语，突出地表明了他对人生无常、人生过程短促的独特感悟，并因此产生对弥陀净土的信仰，进而结社念佛，以求在人生大限来临时能获得解脱，往生西方极乐世界，这是一种终极追求。

相较于此，其他都是可以放下，可以不以介怀的。如当时任司徒的王谧曾给慧远写信，自述"年始四十而衰同耳顺"，刚刚年过40岁的不惑之年就衰老如同耳顺之年的60岁，难免为之苦恼。慧远就以《淮南子·原道训》中"圣人不贵尺之璧，而重寸之阴"的典故来勉励王谧，人生在世虽如白驹过隙，最应当珍惜当下，"乘佛理以御心"[①]，没有必要为追求现世的健康长寿而烦恼。

二是发愿往生弥陀净土应采取哪种修持方法？

发愿往生弥陀净土的修持方法有多种，慧远提倡观想念佛法。

该法修持的具体步骤分为三步：一是观看佛像，修持者使自己的全部感知思维都集中于佛像上；二是以佛作为观想的对象，集中思虑，排除妄想，专注一心观想阿弥陀佛国的美好庄严以及佛的三十二相和八十种好；三是观想佛的功德法身与无量智慧，最终获得感应，心得自在，定中见佛，求得功德，即"念佛三昧"。

> 夫称三昧者何？专思寂想之谓也。思专则志一不分，想寂则气虚神明，气虚则智恬其照，神明则无幽不彻。斯二者，是自然之玄符，会一而致用也。[②]

"三昧"就是专注一心地观想，观想专注一心则心志集中不散乱，熄灭妄念则呼吸气息就有畅通的空间而无碍神通智慧，达到神识清明进而彻见一切的境界，即入正定。

行持"三昧"的方法有很多种，慧远提倡修持念佛而入"三昧"，是

---

① （梁）释慧皎撰《高僧传》卷第六《义解三》，载《大正藏》第五十册，第359页。
② （晋）慧远：《〈念佛三昧诗集〉序》，《广弘明集》卷三十，载《大正藏》第五十二册，第351页。

第七章 纵比较：净土宗重要祖师与印光的弥陀净土思想之比较

因为"又诸'三昧'其名甚众，功高易进，念佛为先"。各种"三昧"中以"念佛三昧"的功德最高，也最容易获得最大的功效，是一种事半功倍的修持捷径。对此，他还给予了直接解释：

> 穷玄极寂，尊号如来，体神合变应不以方，故令入斯定者，昧然忘知，即所缘以成鉴，鉴明则内照交映而万象生焉，非耳目之所暨，而闻见行焉。于是，睹夫渊凝虚镜之体，则悟灵相湛一，清明自然，察夫玄音之叩心听，则尘累每消，滞情融朗。非天下之至妙，孰能与于此哉?![1]

在慧远看来，如来佛在十方世界各种化身来应化无量众生，周详地感应到念佛的众生，所以念佛三昧最为殊胜，入此三昧者虽远离种种颠倒梦想分别知，对所观的对象却能如明镜一样观照明了，直至内心与外缘相互交映，心生万象，能闻能见平常人耳目在日常时所不能达到的境界。在此三昧中，得见博大而无妙不具的如来佛，悟到心灵与佛的湛然一体，内照清明举止自然，能体察到佛境的玄妙乐音直接叩心门，一切尘累与滞情便可以消除与融化，心境清朗。因此可知，念佛三昧的殊胜是天下的至妙，是其他三昧所难与相比的。

慧远的念佛法门是以观想为行径，修持自心的观想与佛的感应能水乳交融，自力与他（佛）力相结合，进而消除世俗烦恼，定中见佛，最终往生弥陀净土。

三是在"白莲社"采取何种修持方式？

作为一代宗师的慧远，知后而力行，不仅提倡修持念佛三昧的法门，还亲自带领信众据此而开展精进修持，重践履。

与乃师道安的弥勒佛信仰不同，慧远尊崇阿弥陀佛信仰，发愿往生西方极乐净土，并为此发挥了自己在朝野间的非凡影响力，他团结和组织同道，于东晋元兴元年（402年）七月与刘遗民、雷次宗等共123人"于精

---

[1] （晋）慧远：《〈念佛三昧诗集〉序》，《广弘明集》卷三十，载《大正藏》第五十二册，第351页。

舍无量寿像前,建斋立誓,共期西方"①。附之以"白莲社"之名,开创了中国佛教信众同期共修西方弥陀净土之先河。慧远此举,被后世的净土宗信众和历史学家们视为中国净土宗的开创之举,具有划时代的意义,慧远虽没有建立中国佛教的"净土宗",②也因此而被视为中国净土宗的始祖。③

概括而言,慧远以自己的信仰与相应的修持,"为净土教在华夏的流布,注入了巨大的动力。中国人从此建立了一个永不倾覆的终极目标:念佛求生阿弥陀佛西方极乐世界,永脱轮回生死之苦,亲证穷玄极寂的自性如来。……以自己的佛法实践昭示:惟凭自力坐断生死殊不容易,在自力基础上皈投阿弥陀佛极乐世界,方是了生脱死的稳妥道路。"④慧远也因此而奠定了自己在中国佛教史上的地位。

(二) 印光对慧远的认知与评价

作为后来人的印光,在认知上不仅熟悉慧远的生平与思想,更对其有着极高的评价。

这种认知上的熟悉,在印光对以下两项历史细节的辨识上体现出来。

一是印光在为《慧远法师文钞》作序时,称赞了慧远的具体贡献:

> 未睹《涅槃》(引注:《大般涅槃经》),即著法性常住之论;未见《华严》(引注:《大方光佛华严经》),便阐导归极乐之宗。立法暗与经合,其道普被三根,契理契机,彻上彻下,畅如来出世之本怀,了含识生死之大事。若非大权示现,其孰能预于此?!故罗什(引注:鸠摩罗什)法师曰:"经言:末后东方,当有护法菩萨,勖哉仁者,善弘其事。"西域僧众咸称:汉地有大乘开士。辄东向稽首,献心庐岳。其神理之迹,未可测也。⑤

---

① (梁)释慧皎撰《高僧传》卷第六《义解三》,载《大正藏》第五十册,第359页。
② 张敬川:《庐山慧远与毗昙学》,中国社会科学出版社,2012,第128页。
③ 对于慧远是否为中国净土宗的始祖,也存在着不同的声音与划分法,典型如日本净土宗与净土真宗就视昙鸾法师为中国净土宗的始祖,参见陈扬炯《中国净土宗通史》,第173~174页。
④ 释大安:《净土宗教程》,第97页。
⑤ 印光:《晋莲宗初祖庐山〈慧远法师文钞〉序》,《印光大师全集》第二册,第1201页。

第七章 纵比较：净土宗重要祖师与印光的弥陀净土思想之比较

对于慧远在未曾阅读记载有法性常住和信仰弥陀净土等相关义理的佛经之前，就已经独立创造性地阐述了相关义理，并在其后被证明为与佛经之说不谋而合的历史，印光是明晓的，并引用鸠摩罗什的有关言论，视慧远为菩萨驻世，给予了极高的赞誉。

二是对于慧远聚集"十八高贤"立白莲社的考证，印光指出了相关说法与史实的不符：

> 世传远公，与十八高贤、一百二十三人结社。十八人中，远公居首，余十五人，多系最初结社之人。若佛驮跋陀罗，系安帝义熙二年始入社，乃结社后第十七年。佛驮耶舍，系义熙十年入社，乃结社后第二十五年。飞锡法师《宝王论》谓：远公从佛驮跋陀罗受念佛三昧，与缁素高贤结社念佛。盖尊西僧，而未详考其入社之年时耳。①

据当代学者汤用彤、任继愈、方立天等先生的考订研究，以上的一些具体年代与印光上述不尽相同，结论却是一致的，即"十八高贤"之说确为历史伪托之说。②

对慧远的历史定位与事功，印光给予了极高的评价，分列有以下四点。

一是慧远"创立莲宗，畅佛本怀"。慧远创立净土宗的功德在于：

> 俾诸凡夫，忆念佛名，仗佛慈力，带业往生。已断惑者，即证无生；证无生者，速圆佛乘。以果地觉，为因地心，感应道交，利益甚深。③

在信仰修持上，让世间的"凡夫愚妇们"都可以通过最简单的记忆，通过诵念"阿弥陀佛"的佛号，倚靠阿弥陀佛的慈悲伟力，带业往生西方极乐净土，让身处各阶梯的已断惑者和证无生者，都能更上一阶梯，乃至"速

---

① 印光：《晋莲宗初祖庐山〈慧远法师文钞〉序》，《印光大师全集》第二册，第1202～1203页。
② 参见陈扬炯《中国净土宗通史》，第103～107页。
③ 印光：《远公大师像赞（民二十四年）》，《印光大师全集》第二册，第1323页。

圆佛乘"，获得修持上的甚深利益。

二是慧远创立莲社的事功，同样是意义深远：

> 最初结社之时，高僧巨儒之预会者，凡百二十三人。若终公之世，三十余年之内，其入莲社而念佛名，蒙接引而得往生者，则多难胜数也。①

慧远创立莲社并不仅是123人结社的事，因为在其后的30多年里，因进入莲社而念阿弥陀佛的佛号，进而蒙佛力接引而得往生西方极乐净土者，难以胜数。在印光看来，这自然也是慧远的功德之所在。

三是慧远"以特别法，永为世范"。慧远创立了净土宗，其意义不仅是继往，更是开来的，印光对此给予了高度的颂扬：

> 肇启莲宗福震旦，畅佛本怀垂方便。
> 圆音一阐士归庐，大法将弘神运殿。
> 一切法门从此流，一切行门从此办。
> 致令各宗尽朝宗，万川赴海依行愿。②

慧远对其后中国佛教各宗皆归于净土的整体历史取向，影响深远。

四是慧远及净土宗所影响的疆域，不仅是中土，还影响到国外：

> 溯自法流东震，远公首开莲社。从兹志慕西方高人，各承宗风，化被全国，兼及外域。③

这在时间与空间上，都是超胜的。

所以，从历史传承来论，慧远的思想，对印光的思想有着直接的影响。

---

① 印光：《〈丹阳金台寺募结同生西方万人缘〉序》，《印光法师文钞三编》（下）卷三，第763页。
② 印光：《晋初祖庐山东林慧远大师》，《印光大师全集》第二册，第1323页。
③ 印光：《无锡西方殿缘起碑记（民二十二年）》，《印光大师全集》第二册，第1295页。

第七章　纵比较：净土宗重要祖师与印光的弥陀净土思想之比较

（三）慧远与印光的同与异

慧远与印光作为身处不同时代的净土宗一代宗师，彼此之间有同也有异。

同，至少表现在以下六个方面。

第一，慧远与印光都被后人尊为净土宗的一代宗师，在净土宗的祖师谱系中，慧远是始祖，印光是第十三祖。在自己生活的时代，他们都是有大志向且使命感强烈的一代宗师，慧远"既入乎道，厉然不群，常欲总摄纲维，以大法为己任"[①]。印光同样是自觉地以弘扬弥陀净土信仰为己任。他们各以自己的思想与修持，为净土宗的历史写下了重要的篇章。

第二，在慧远与印光的生平中，早年都有先学儒道，然后接触佛教，顿然觉悟之后，弃儒道而入佛的经历。

第三，慧远与印光都有隐居或闭关的相似经历，他们在隐居或闭关中修持，在修持中坚定自我的弥陀净土信仰，并持续不断地将这种信仰向社会传播，有益于世道人心的向善构建。

第四，慧远与印光在自己的时代，做到了最大限度地团结净土宗信徒与准信徒，他们在当时是有着极强社会影响力的宗教领袖。

第五，慧远与印光都坚持维护净土宗信仰与净土宗教徒的独立性，始终保持着佛门人的独立风骨。慧远主张沙门不敬王者，保持佛教信仰与佛教信徒的独立性，拒绝无孔不入的王权势力之侵蚀。印光则直接上书段祺瑞，[②] 反对某些社会势力违宪占领庙产，力保净土寺庙与净土信众的信仰权利。

第六，作为佛教领袖的慧远与印光，都重视以严格的戒律来促进僧团内部建设，并从自身持戒精严做起，成为僧范。慧远与印光的相关言行及所订立的各项准则与标准，为佛教的僧人与居士团队的自身素质建设指明了方向。

异，表现在以下三个方面。

第一，就净土宗的已展开的逾千年历史而言，慧远是净土宗的始祖，

[①]　（梁）释慧皎撰《高僧传》卷第六《义解三》，载《大正藏》第五十册，第358页。
[②]　参见印光《上段执政书》，《印光法师文钞三编》（上），第42~43页。

163

重在开新；印光是净土宗的第十三祖，重在集大成。

第二，在修持方法上，慧远提倡并修持观想念佛法，印光提倡并修持持名念佛法。就弥陀净土信仰本质性的同归而言，两者目标无异，都是通向西方极乐净土世界的修持路径；在修持上，两者则有思路与行为繁简不同的殊途之别，这也直接导致了后者较之前者，能在更大范围内适应普罗大众修持弥陀净土的需要。

慧远提倡的观想念佛法是加法，有系统化的修持要求与途径。修持观想念佛者，要面向西方端坐，以正念然后入正定，这就需要生活安稳、有足够的闲适时间与场所，尤其是能在闲适时能入静入定；修持时要做到心作妙观，观想阿弥陀佛的数十种相好，就须有丰富的想象力，并能在自心具体悟解。观想念佛还有一相观、多相观、全相观之别，多不是一般信仰者所能区分，要想合分寸地把握，就更难。显然，观想念佛法是具有慧根的上根者才可以涉猎并深入其中，进而得其堂奥真髓的。

印光提倡的持名念佛法则是减法，修持者简单纯粹至在昼与夜中，只需一心专注地念"南无阿弥陀佛"或"阿弥陀佛"的名号，或一万声，乃至十万声，岁月既久，念念不断，口念意念纯一无杂，定得往生极乐世界。因修持简单纯粹而又功德甚大，持名念佛法就可以最广泛地适合上中下三根的修持之需，即使是体力劳动者，大字不识一个的"愚夫愚妇"，也可以修持，弥陀净土也就具备了普适性，自然也适应了时势之需。

第三，修持方法的不同，源自慧远开创了提倡观想念佛的慧远流派，印光则属于提倡持名念佛的善导流派。

在净土宗的流派所属中，慧远开创了提倡观想念佛的慧远流派，其净土观"是哲理性的、重知识重悟解的流派"，"以吸收上根者为主"[1]。慧远始终处在阳春白雪、虎溪三笑的层面，因而自觉自主地与世俗世界保持着泾渭分明的距离。

印光则是善导流派的追随者，属于提倡持名念佛的善导流派，也是善导流集大成者，其净土观"是面向一切凡夫，简便易行的法门，体现了净土法门的主旨"[2]，是普被上中下根尤其是关注到下根的宗教，可谓民众化

---

[1] 陈扬炯：《中国净土宗通史》，第178~179页。
[2] 陈扬炯：《中国净土宗通史》，第178页。

宗教。印光处在顾及阳春白雪同时更始终记怀下里巴人的层面，更具平民意识，更注重在世俗社会中提倡佛化家庭。

值得注意的是，慧远流派与善导流派并没有直接的传承关系，这导致了在以慧远为净土宗始祖的历史定论之外，学界还有一种说法是并不把慧远视为净土宗的实际创立者，即便如此，慧远为中国净土宗所作出的开创性修为与思路同样是明显的："后世把'在阿弥陀佛前发愿'当作净土宗创宗的标志，并把净土宗当作慧远所创的'白莲社'的延续，而慧远也因此被认作这一宗的始祖。在一定程度上，这一观点还无法证实，因为从'祖师谱系'来看，慧远与以后的净土宗祖师没有直接的传承关系。尽管如此，这个仪式仍是中国早期佛教史上的一块重要里程碑。这里出现了一种特别注重信仰的教义，而庐山的僧俗信徒全都践履这种信仰，它也显然契合了俗家追随者的需要及其生活方式。"① 慧远思想对于印光的影响，在流派上虽不直接，却也是不可忽视的。

二　善导与印光的弥陀净土思想之比较

善导（613~681年），俗姓朱，隋末唐初时名僧，安徽泗州（另一说为山东临淄）人。年少时在密州（今山东省诸城县）出家为僧，修习《法华经》《维摩诘经》等大乘经典，后随妙开修行，于唐贞观五年（631年）受具足戒。善导某天在藏经处观阅到《观经》，该经讲16种观法修善持戒，有实相念佛、观想念佛、观像念佛和持名念佛，其中云持名念佛即可灭罪消业，死后可往生到西方阿弥陀佛净土极乐世界，他因此：

> 大喜曰："此真入佛道之津要。修余行业，迂僻难成，唯此观门，速超生死，吾得之矣。"②

因念佛法门易行、稳妥且能速超生死，自此以后，他坚定恒久地选择了信仰与修持净土的该法门。

---

① 〔荷〕许理和：《佛教征服中国——佛教在中国中古早期的传播与适应》，第353页。
② （宋）王古辑撰《新修往生传》，载《大正藏》第八十三册，第158页。

其后善导到处参访净土高僧和净土道场，包括不远万里前往庐山参访慧远遗迹。唐贞观十五年（641年），29岁的善导不远千里，不畏隆冬旅途艰辛，到玄中寺拜道绰（562～645年）为师，学习净土法门。当时年过80的道绰在玄中寺设立九品道场，讲授《观经》和念佛计数法，使玄中寺成为弘扬净土法门的最大也是最重要的道场。其后善导蒙道绰面授《寿经》，进而体悟到《观经》的奥义，深得净土的真髓，完成了观佛三昧向念佛三昧的转变。

道绰圆寂后，善导到长安终南山悟真寺，开始了36年传播净土教义的弘法生涯。在这期间，他广行教化，书写了几万卷《阿弥陀经》，并画《净土变相》图三百壁。善导有相当高的艺术造诣，故唐高宗在建造洛阳龙门奉先寺时，特敕善导督造工程巨大的卢舍那佛石像。善导修行勤笃精苦，每入室长跪念佛，不到力尽则不休歇，在寒冰天气时念佛，都要念到汗湿衣襟才止息；他护持戒品，心绝念于名闻利禄，远避名利，不接受供养；他律己峻严，对待他人则慈爱宽恕，凡有美味佳肴都供养大众，粗粝饭食则留给自己；他的三衣瓶钵，不让人替自己拿，坚持自洗衣钵；他从不与人聚谈世俗之事，恐怕耽误净业。善导外出时，坚持演说净土法门，先后在光明寺、慈恩寺和西京寺等处传法，教化满京华，有众多的弟子。史载，在他的教化下，"诸修梵行，弃舍妻子者，诵《阿弥陀经》十万至三十万遍者，念阿弥陀佛日得一万五千至十万遍者，及得念佛三昧往生净土者，不可知数。"[①]

善导圆寂于实际寺（681年），弟子怀恽建灵塔崇文塔，并依塔建有香积寺。唐高宗得知善导住世念佛时口出光明，神异无比，故赐该寺名额为"光明寺"，后世人也因此称善导为"光明和尚"或"光明大师"。

善导遗著现存世共"五部九卷"，即《观无量寿佛经疏》（又称《观经四帖疏》或《四帖疏》）四卷，《往生礼赞偈》一卷，《观念法门》一卷，《净土法事赞》二卷，《般舟赞》一卷。[②]

善导身后被尊为中国净土宗二祖，同时还被史学家们视为净土宗的实

---

① （宋）王古辑撰《新修往生传》，载《大正藏》第八十三册，第158页。
② 另有一说，善导作品为"六部十一卷"，即"五部九卷"再加《念佛镜》二卷。参见傅坤《善导净土思想的哲学探析》，西藏民族学院2008年硕士学位论文，第4页。

第七章　纵比较：净土宗重要祖师与印光的弥陀净土思想之比较

际创立者。① 后又有日本遣唐僧把净土宗传到日本，日本净土宗及净土真宗尊善导为净土宗第三祖。

（一）善导的弥陀净土思想与修持

在净土宗的历史上，善导地位崇高。这种地位及其影响力，是他的知行合一，他的开创性净土思想及其修持所决定的。他以对弥陀净土强烈到无以复加的信仰情怀，继承了昙鸾、道绰两位大师的净土思想，经进一步丰富发展，形成了以阿弥陀佛的佛力加本愿即"他力本愿"为中心的思想体系，包括"称名念佛"的修行法和"摄凡夫入报"的修行果，为净土宗其后在中国和东亚的弘扬与流行，奠定了内涵完备且外延明确的信仰体系。

1. 往生依靠的是阿弥陀佛的本愿与佛力

作为本愿中的别愿，阿弥陀佛的本愿有一个发展的过程，先是二十四愿到《无量寿庄严经》的三十六愿，再到《大无量寿经》的四十八愿，成为大乘佛教本愿思想的巅峰总结。

与前人如隋慧远将四十八愿分为摄法身愿、摄净土愿和摄众生愿三大类的观点不同，善导首先依据《观经》的平等不拣择之意，判认阿弥陀佛四十八愿的每一愿既是摄法身愿，也是摄净土愿，同时还是摄众生愿。其次，善导判认阿弥陀佛四十八愿中的第十八愿即念佛往生愿，是至为重要的生因本愿，是"弥陀本誓愿，极乐之要门"②。强调众生的往生，主要是凭借阿弥陀佛的本愿与佛力："言弘愿者，如大经说，一切善恶凡夫得生者，莫不皆乘阿弥陀佛大愿业力为增上缘也。"③ 佛力来自外部，对于往生者言，是一种他力。

> 弥陀世尊本发深重誓愿，以光明名号摄化十方，但使信心求念，上尽一形，下至十声、一声等，以佛愿力，易得往生。④

---

① 参见陈扬炯《中国净土宗通史》，第303页。
② （唐）善导：《四贴疏》，载《大正藏》第三十七册，第246页。
③ （唐）善导：《四贴疏》，载《大正藏》第三十七册，第246页。
④ （唐）善导：《往生礼赞偈》，载《大正藏》第四十七册，第439页。

有阿弥陀佛不可思议的愿与力，众生以虔诚的信心称念"南无阿弥陀佛"，上到念佛一辈子者，下到临终念十句佛者，甚至只念一句佛者，愿往生西方净土世界，都可以往生。

与对阿弥陀佛本愿与佛力的信仰相应，善导不同意"净土唯心"说，并为此提出了"指方立相"的"心"外净土说，"方"为方位，此指西方弥陀净土；"相"为各种的弥陀相好。他就《观经》第八观"像想"中"是心作佛、是心是佛"展开论述道：

> 或有行者，将此一门之义作唯识法身之观，或作自性清净佛性观者，其意甚错。……又今此观门等，唯指方立相，住心而取境，总不明无相离念也。如来悬知末代罪浊凡夫，立相住心尚不能得，何况离相而求事者？如似无术通人居空立舍也。①

"指方立相"就是既要为凡夫指明方位即西方净土，又要同时树立形相即弥陀相好，以使凡夫可以"住心而取境"，心力专注地修持称名念佛法，从而得以往生西方极乐净土。那种离开具体方位与形相的修持实践，就类似没有神通力的人想建空中楼阁一样，只能是一种纯粹的空想。

2. 专修"称名念佛"的修持法

慧远践履的观想念佛，依然处在印度禅法修持的范围内。

慧远之后，昙鸾在宗教实践中深感观想念佛之不易，进而依据弥陀经典中"称名念佛"可以往生弥陀净土的经义，提倡称名念佛法，信仰弥陀净土者只需不断地诵念"南无阿弥陀佛"或"阿弥陀佛"的名号，就能往生西方极乐净土世界：

> 又宜同志五三，共结言要。垂命终时，迭相开晓。为称阿弥陀佛名号，愿生安乐。声声相次，使成十念也。譬如蜡印印泥，印坏文成。此命断时，即是生安乐时。②

---

① （唐）善导：《四贴疏》，载《大正藏》第三十七册，第267页。
② （北魏）昙鸾：《略论安乐净土义》，载《大正藏》第四十七册，第368页。

第七章 纵比较：净土宗重要祖师与印光的弥陀净土思想之比较

昙鸾的念佛法为道绰所继承发展：

> 计今时众生，即当佛去世后第四五百年，正是忏悔修福应，应称佛名号时者。若一念称阿弥陀佛，即能除却八十亿劫生死之罪。①

昙鸾、道绰虽仍然兼修观想念佛，但他们开始倡导的称名念佛法正以其简洁纯粹的特性，为更多的信众所接纳并实践之。

善导在昙鸾、道绰之后，根据阿弥陀佛本愿而创立净土宗修持的称名念佛法，并最终发展为净土宗信众普遍奉行的简洁易行却内蕴丰富的修持方式。善导判认，《观经》《寿经》以及《阿弥陀经》有着同一个主题，即修持者可以通过专修称念弥陀名号，得以且易以往生弥陀净土，也即是：

> 望佛本愿，意在众生一向专称弥陀佛名。②
> 专心决定见弥陀。③
> 教念弥陀专复专。④

这里从一个"专"字，到强调"专心"，再到强调要"专复专"，善导所强调的是，要一心一意对一法门即持名念佛法的"专念""专修"，而不再是以前的"兼念""兼修"。

在善导看来，称名念佛的效果，对于修持者而言，是全愿全行具足的，众生

> 今此《观经》中十声称佛，即有十愿十行具足。云何具足？言"南无"者，即是归命，亦是发愿回向之义；言"阿弥陀佛"者，即是其行。以斯义故，必得往生。⑤

---

① （唐）道绰：《安乐集》卷上，载《大正藏》第四十七册，第4页。
② （唐）善导：《观无量寿经疏》，载《大正藏》第三十七册，第278页。
③ （唐）善导：《法事赞》，载《大正藏》第四十七册，第426页。
④ （唐）善导：《法事赞》，载《大正藏》第四十七册，第433页。
⑤ （唐）善导：《四贴疏》，载《大正藏》第三十七册，第250页。

修持者口称"南无"就是"归命",是起信阿弥陀佛,也是发愿往生西方弥陀净土;称名"阿弥陀佛",就是修持者的修行。

善导指出,修持者须具有"三心",即至诚心、深信心和回向发愿心,至诚心即身、口、意三业皆真实礼佛、念佛和"专念观察彼佛",深信心即真实信心,回向发愿心即"所作一切善根悉皆回愿往生"。三心具足后,

> 如《观经》说,具三心必得往生。①

通过称念"南无阿弥陀佛"的六字名号,即全面具足信、愿与行,所以,称念者就必得往生西方弥陀净土。

善导熟谙各种佛经,他引用多种佛经来论证称名念佛是最优的修持法:

> 若称阿弥陀佛一声,即能除八十亿劫生死重罪,礼念已下亦如是。《十往生经》云:"若有众生,念阿弥陀佛愿往生者,彼佛即遣二十五菩萨拥护行者,若行若坐,若住若卧,若昼若夜,一切时一切处,不令恶鬼恶神得其便也。"又如《观经》云:"若称礼念阿弥陀佛,愿往生彼国者,彼佛即遣无数化佛、无数观音势至菩萨,护念行者。"……又如《无量寿经》云:"若我成佛,十方众生称我名号,下至十声,若不生者,不取正觉。彼佛今现在世成佛,当知本誓重愿不虚,众生称念必得往生。"……今既有此增上誓愿可凭,诸佛子等何不励意去也?!②

称名念佛的修持者可获得诸佛与诸菩萨的加持护念,在任何时间与所处地,不受恶鬼恶神的扰袭,最终往生弥陀净土。有阿弥陀佛的宏愿佛力作依仗,信佛者就更应专门修持称名念佛。

善导依据自己对佛经的理解,尤其是依据自己的修持,指出念佛人终将是获得最高福报的人:

---

① (唐)善导:《往生礼赞偈》,载《大正藏》第四十七册,第438页。
② (唐)善导:《往生礼赞偈》,载《大正藏》第四十七册,第447~448页。

第七章 纵比较：净土宗重要祖师与印光的弥陀净土思想之比较

> 即是人中好人，人中妙好人，人中上上人，人中希有人，人中最胜人也。①

念佛，做个因念佛而成就自我的人中好人、人中最胜人，自然也就是不二之选。

3. 明确"摄凡夫入报"的修行成果

在善导之前，隋慧远等名僧已经把弥陀净土解释为"凡圣同居土"，即应土，是应于众生之机而化现之国土，又作化土；弥陀净土是为圣人而设，凡夫不在九品之列，不得往生。

对隋慧远此说不以为然的善导，则继承昙鸾、道绰的思想，一是力主弥陀净土是"指方立相"的报土，是酬万行之因而得之万德庄严之净土；二是力主三辈九品都是凡夫，乘托阿弥陀佛的宏愿与佛力，得以往生弥陀净土。

佛教最重要的理论基石之一，是"众生皆有佛性"的佛性本有说。在此基础上进一步论具体的修持实践，善导就依据《观经》的义理，提出大凡夫、小凡夫和恶凡夫皆入报土的思想：

> 看此《观经》定善及三辈上下文意，总是佛去世后五浊凡夫，但以遇缘有异，致令九品差别。何者？上品三人是遇大凡夫；中品三人是遇小凡夫；下品三人是遇恶凡夫，以恶业故，临终藉善，乘佛愿力，乃得往生。……欲使分时善恶凡夫同沾九品，生信无疑，乘佛愿力，悉得生也。②

九品往生者都是凡夫，不是圣者，大凡夫、小凡夫和恶凡夫是往生的主体，只是由于各自的机遇与因缘不同，所以有九品的差别。其中，上三品（上品上生、上品中生和上品下生）是遇大乘教的凡夫，中品上生和中品中生是遇小乘教的凡夫，中品下生是遇世间善的凡夫，下三品（下品上生、下品中生和下品下生）则是遇恶的凡夫，只有恶业之行，临终时遇善

---

① （唐）善导：《四贴疏》，载《大正藏》第三十七册，第 278 页。
② （唐）善导：《四贴疏》，载《大正藏》第三十七册，第 249 页。

缘劝化往生，乘托阿弥陀佛的愿力，才得以往生。由于有阿弥陀佛的愿力，净土宗是五乘可齐入的法门，善恶凡夫只要有坚定的信仰与念佛之行，就可以位列九品之中，全部得以往生。

为此，善导还断然反对认为女人、根缺人（在眼根、耳根、鼻根、舌根和身根这五根中，有一根或二三根等缺减不具的残疾人）不得往生净土的传统说法，指出认为女子和身体残疾人不能往生的观点是不符合佛意的：

> 今或有道俗，云女人不得生净土者，此是妄说，不可信也。①

在往生净土的问题上，没有性别歧视，没有身体歧视。善导此说，为最广大的信众大开了净土信仰之门，能闻说阿弥陀佛后即能执持佛号的所有男人所有女人，就是"善男子善女人"。

在善导看来，整部《观经》是佛为未来世的五浊凡夫所说，并非为圣者所说，原因在于圣者已经远离三涂六道、安乐无忧，远离苦海，不用佛为他们愁出离之道：

> 然诸佛大悲于苦者，心偏愍念常没众生，是以劝归净土。亦如溺水之人急需偏救，岸上之者何用济为?!②

一边是面对着沉溺在无边苦海中的众生凡夫，一边是已经上岸的圣者，有大悲心的包括阿弥陀佛在内的诸佛，应该对谁施以援手？答案是明确的，那就是诸佛劝众生凡夫归命净土。

在净土信仰方面，善导推崇《观经》，强调要严格按佛的教义言说去奉行：

> 若佛所有言说即是正教、正义、正行、正解、正业、正智，若多若少。众不问菩萨人天等，定其是非也。若佛所说即是了教，菩萨等

---

① （唐）善导：《观念法门》，载《大正藏》第四十七册，第251页。
② （唐）善导：《四贴疏》，载《大正藏》第三十七册，第248页。

第七章　纵比较：净土宗重要祖师与印光的弥陀净土思想之比较

说尽名不了教也，应知。是故今时仰劝一切有缘往生人等，唯可深信佛语专注奉行，不可信用菩萨等不相应教以为疑碍，抱惑自迷废失往生之大益也。①

换言之，当佛经的佛说与菩萨的论说有出入时，净土宗信众应该严格依照佛的了教话语去奉行，不要因为菩萨的某些不了教言语而引发自己的怀疑与修持障碍，避免因此废失往生弥陀净土的最大利益。

就净土宗的已有历史来看，善导作为净土宗的实际创立者，他"主张的持名念佛，简易究竟，极受一般信众的欢迎。从而将高妙深远的殿堂佛教，变成广泛的民众信仰。这一转化，使净宗的弘化获得原子裂变般的力量。隋唐以降，一句'南无阿弥陀佛'几乎成为中国佛教的表征。这在一定程度上说，得力于善导大师净宗理论的创树以及净业德望的感召"②。善导的相关信仰与思想，对于净土宗有着决定性的影响。

（二）印光对善导的认知与评价

作为后来人的印光，在认知上不仅熟悉善导的生平与思想，提出了自己对善导史实的辩正认识，更在净土宗祖师谱系所列的祖师中，对善导给予了至高的评价。

印光对善导史实的辩正认识，主要围绕善导以何种方式往生而展开。

在道宣的《续高僧传》中，有以下一段记载：

近有山僧善导者……惟行念佛弥陀净业。……有人告导曰："今念佛名，定生净土否？"导曰："念佛定生。"其人礼拜讫。口诵"南无阿弥陀佛"，声声相次出光明寺门，上柳树表，合掌西望，倒投身下，至地遂死，事闻台省。③

此事当时连中央机构（即"台省"）都听闻了，可见影响不小。对于此段

---

① （唐）善导：《四贴疏》，载《大正藏》第三十七册，第271页。
② 释大安：《净宗宗教程》，第103页。
③ （唐）道宣：《续高僧传》，载《大正藏》第五十册，第684页。

印光思想、净土信仰与终极关怀

记载的理解，可以明确的是，善导在光明寺传法时，面对一听法者问念佛能否往生的问题时，直接给予了"念佛定生"的答案。未能明确的是，是"谁"——善导？或那个听法者？——口诵佛号并"上柳树表，合掌西望，倒投身下，至地遂死"？有说认为是善导，也有说认为是那个听法者，不同的观点显然会导致不同的理解，其中还涉及了历史上的善道与善导是否是同一人的历史悬案。①

到了 20 世纪，这个悬案还导致了不同的理解。就温光熹居士对于善导"舍身"的误读，印光直接加以指斥：

> 汝真真是不知天高地厚的胡涂虫，竟敢引善导大师"舍身"为例。善导念佛口出光明，乃大神通圣人，临终登柳树说偈，即跳下立化。汝认做从树上跌死了，汝真罪过，瞎著眼专好瞎说。汝要"舍身"，则是枉死鬼，想生西方，梦也梦不著了。《善导大师传》中，或有文笔未能显此妙义，故致汝认做"舍身"而死。……汝认做"舍身"，可怜可怜！此与愚人以佛"涅槃"为佛"死"，同一知见。②

印光显然没否认事件的主角是善导，只是强调说这不是"从树上跌死了"而是"跳下立化"，就如佛的"涅槃"不是佛的"死"，理解必须回到佛教尤其是净土宗的本义上，以此凸显出宗教的境界。印光进而反对普通人以所谓的"舍身"即自杀之举来求生净土，直指此举不能往生弥陀净土。

印光对善导给予了最高的评价，主要体现在以下四个方面。

第一，善导是"弥陀化身"，"所说当作佛说看"。

印光在《莲宗十二祖赞颂》中，为善导写了以下文字的赞颂：

> 世传师是弥陀现，提倡念佛义周赡，
> 切诫学者须挹谦，兼使极力生欣厌，
> 解宜遍通一切法，行择机理双契干，

---

① 傅坤：《善导净土思想的哲学探析》，第 3~4 页。
② 印光：《复温光熹居士书十》，《印光法师文钞三编》（下），第 612~613 页。

第七章　纵比较：净土宗重要祖师与印光的弥陀净土思想之比较

念佛出光励会众，所说当作佛说看。①

该赞颂基本反映出了印光延续并光大了传统相关说法，对善导作出的总体评价。首先，延续善导是弥陀化身的历史说法，②给善导予以净土宗内祖师群内最高的地位。其次，印光视善导"所说当作佛说看"，"善导乃弥陀化身，其所示专修，最吃紧。"③认为善导的著述可当作佛经一样看待，最值得重视，具体包括善导"提倡念佛义周赡"，即有一提倡念佛法门的修持系统；善导"解宜遍通一切法"，即全面会通佛法后对净土法门给予了合理的疏解。最后，印光对于善导义解周全加念佛出光的精深修持，即义解与修持高度弥合的知行合一，同样给予了高度评价。

第二，善导的《四帖疏》是"净业行者之指南针"。

《观无量寿佛经》传译到中国后，智者、善导、清凉、灵芝，都有为该经著疏。后世唯有智者所著的一疏独传，余三疏在中土皆佚。清朝光绪年间，杨仁山居士由日本请回《观无量寿佛经·善导疏》《无量寿经·慧远疏》和《往生论·昙鸾注》，都是中土久佚的法宝经典，一起刻刊行世。④

对于善导的《四帖疏》，印光称誉其为净土宗修持者的指南针，具有方向指导的作用：

《观无量寿佛经》有善导和尚《四帖疏》，唯欲普利三根，故多约事相发挥。至于《上品上生章》后，发挥专杂二修优劣，及令生坚固真信，虽释迦诸佛现身，令其舍此净土，修余法门，亦不稍移其志。可谓净业行者之指南针也。若夫台宗《观经疏》、《妙宗钞》，谛理极圆融，中下根人，莫能得益。故不若《四帖疏》之三根普被，利钝均益也。⑤

---

① 印光：《唐二祖长安光明善导大师》，《印光大师全集》第二册，第1324页。
② "据《天竺往生略传》云，善导是阿弥陀佛化身。莲池大师亦云：善导和尚，世传弥陀化身，见其自行精严，利生广博，万代之下，犹能感发人之信心。若非弥陀亦必观音普贤之俦。呜呼大哉！"参见释大安《净土宗教程》，第99页。
③ 印光：《复沈授人居士书》，《印光法师文钞三编》（上），第478页。
④ 印光：《〈观无量寿佛经·善导疏〉重刻序》，《印光大师全集》第一册，第558页。
⑤ 印光：《与徐福贤女士书》，《印光大师全集》第一册，第125页。

《四帖疏》之所以能普被上中下三根，使利根人钝根人都能得益，跟善导善于采取直接解释《观经》经文的平实论述有密切关系，所谓：

> 《善导疏》不用谛观等深意，但直释经文，俾中下根人，易于趣入，及其趣入，不言谛观，而谛观自然了了矣。可谓契理契机，善说法要。弥陀化身，殆非虚传；莲宗二祖，万代景仰。①

从《四帖疏》中，可见善导作为一代宗师的风范之一隅。

第三，善导"专以平实事相法门，接引末世凡夫"。

在印光看来，不仅是《四帖疏》有真切平实的特色，善导的其他著述也如此，"善导和尚专以平实事相法门，接引末世凡夫。不用观心、约教等玄妙法门，其慈悲可谓至极无加矣。"② 这种"平实事相法门"就是称名念佛即持名念佛法：

> 持名一法，最为末法透机之法。善导虽疏《观经》，实最重持名一行。不观末法众生，神识飞扬、心粗境细，观难成就。大圣悲怜，特劝专持名号。以称名易故，相续即生之言乎。③

进一步，善导对于净土信仰的专修法与杂修法所作出的抉择取舍，同样具有非凡的价值：

> 所示专杂二修，其利无穷。专修，谓身业专礼，口业专称，意业专念，如是则往生西方，万不漏一。杂修，谓兼修种种法门，回向往生，以心不纯一，故难得益，则百中稀得一二，千中稀得三四往生者。此金口诚言，千古不易之铁案也。④

印光对善导强调净土修持者要专修称名念佛法，同样是给予了"千古不易

---

① 印光：《〈观无量寿佛经·善导疏〉重刻序》，《印光大师全集》第一册，第558页。
② 印光：《与康泽师书》，《印光大师全集》第一册，第130~131页。
③ 印光：《复崇明黄玉如书》，《印光大师全集》第一册，第316~317页。
④ 印光：《复永嘉某居士昆季书》，《印光大师全集》第一册，第94页。

第七章 纵比较：净土宗重要祖师与印光的弥陀净土思想之比较

之铁案"的极高评价。

在修持方法上，印光还指出，临终助念法：

> 乃唐善导和尚所发明，谓平日不念佛者，依此助念，亦可往生。善导和尚，弥陀化身，是知此法，利益宏深。普愿见闻，咸生正信，辗转劝导，功德无量。待己临终，决定有助念之人。何以故？以如是因，感如是果，因果两各相符故。①

善导发明的临终助念法是净土宗临终关怀的重要环节，临终助念的善因连接着往生净土的善果。

通过阅读善导的著文，印光的读后感是"觉善导婆心，更加亲切"②。进而指出：

> 善导、少康，弘扬净宗，闾巷道路，佛声广播。如唱秧歌，人人愿听；如传圣诏，各各遵行。③

印光此说有两方面的潜台词，一是善导、少康（净土宗第五祖）就是净土宗之圣皇，因为他们弘扬净土宗的话语文字，就如世俗社会的圣皇之诏令，是信仰净土者人人需奉行的。二是在原籍陕西的印光看来，称念"南无阿弥陀佛"或"阿弥陀佛"的"佛声"在乡村城镇得以广泛传播，声声念佛声如人唱秧歌，人人喜闻乐见，则表明了善导、少康对于净土宗的弘扬，除在运用绘画、雕塑造像、佛寺建筑等艺术化的方面外，还有着音乐化的倾向，这无疑有利于营造日后"家家阿弥陀、户户观世音"的盛景。

善导和少康对大众有如此的教化，教化功效是巨大的，"善导在长安，少康在新定，念佛之声，盈于道路，其往生者，当不止百千万亿。"④

第四，善导和法照使净土宗成长为中国佛教的主流。

---

① 印光：《莲宗正传跋（民十八年）》，《印光大师全集》第二册，第1382页。
② 印光：《与康泽师书》，《印光大师全集》第一册，第131页。
③ 印光：《复净善居士书二》，《印光法师文钞三编》（下），第709页。
④ 印光：《〈净土圣贤录〉序（民二十二年）》，《印光大师全集》第二册，第1172页。

印光认为，善导和法照的种种努力，终使净土宗成长为中国佛教的主流：

> 善导、法照，特阐莲宗，普令凡夫，同出樊笼。……自晋及唐，五百余年，震旦法道，莫之能先。[①]

善导、法照阐解的净土宗，目标在于使世间的凡夫能脱离三界樊笼，实现往生弥陀净土的终极目标。他们努力获得的结果之一就是，净土宗得以在从晋朝到唐朝500余年里，成长为中国佛教的主流。

（三）善导与印光的同与异

善导与印光相同的方面，至少表现在以下四个方面。

第一，善导与印光都是净土宗的一代宗师。在净土宗的祖师谱系中，善导是第二祖，印光是第十三祖，在整个祖师谱系中，可谓是两个重中之重的祖师。在自己生活的时代，善导与印光以自己的思想与修持影响信众，他们的著述成为净土宗历史上的重要篇章，至今影响斐然。

第二，在净土宗的祖师中，善导首先明确地提出了持名念佛法为净土信众唯一最适宜修持的方法，他的思想与修持体系，对其后净土宗的发展影响深远。印光对于善导此举有着高度的认同，并在20世纪继续大力弘扬之。

第三，善导与印光都能最大限度地团结净土宗信徒与准信徒，成为在当时有极强社会影响力的宗教领袖。

第四，善导与印光在修持与生活习性上相近，修持严谨，生活上则拒绝排场，不讲派头，即使是生活小事也始终注意亲力亲为。

善导与印光不同的方面，至少表现在以下四个方面。

第一，善导早年，较早地亲近佛道。印光的生平中，早年经历是先学儒道，然后在接触佛教后，顿然觉悟，弃儒道而入佛。两人的信仰心路可谓是殊途同归。

第二，善导时代有"舍身"以求往生净土之举，且有流行的态势。印

[①] 印光：《〈佛化随刊〉序》，《印光大师全集》第一册，第592页。

光则坚决反对以所谓的"舍身"自杀来求生净土。①

第三，善导注重对净土宗经典的疏解，著述更纯粹。印光则注重对净土宗经典与净土宗祖师学说的述解，内容更丰富。

第四，印光认同善导是"弥陀化身"的历史说法。但印光坚决反对部分净土宗信众将自己视为大势至菩萨的说法。原因何在？一是在于善导是"弥陀化身"说，是已有的历史陈说，印光对此是抱着高山仰止之心，予以高度认同。二是对于自己，印光始终自视为一个"常惭愧僧"、一个净土宗内的修持者，并以此来自励，对己严峻自律，自觉地拒绝外界对自己一切的溢美之词与高帽。三是反映出印光对自己时代流行的自大自夸倾向的否弃，为此而严格地自律，并以此来同样地要求净土宗的其他信众。

三　八祖莲池与印光的弥陀净土思想之比较

莲池（1523～1615年），被后人尊为净土宗第八代祖师，与紫柏、憨山、蕅益一起被并称为明代四大高僧之一，是明末佛教复兴的中坚人物。他是杭州仁和人，讳袾宏，字佛慧，号莲池，出生于世代望族之家，17岁补诸生，以学识与孝行著称于乡里。

莲池信仰佛教，一开始就是跟弥陀净土密切相连的，而且这个开始的故事，还成为了净土宗日后的经典故事。

故事是这样的：

> 邻有老妪，日课佛名数千。（莲池）问其所。妪曰："先夫持佛名，临终无病，与人一拱而别。故知念佛功德不可思议。"宏自此栖心净土，书"生死事大"于案头，以自策。②

---

① 参见本书第十章第三节"护生慈行的生命关怀"。
② （清）彭希涑：《净土圣贤录》中册，第16页。莲池对此的自述为："幼时尚不知念佛。见邻家一老妪每日课佛数千，云：'为何如此？'彼云：'先夫往时念佛，去得甚好，故我如此念。先夫去时，并无他病，只与人一请而别。'出家人奈何不念佛?!"参见莲池《遗稿·警众》，《莲池大师全集》（上册），华夏出版社，2011，张景岗点校，第394页。

对生死无常的敏锐与往生净土的向往，成为此后莲池修持与思考著述的最大也是唯一的动力。他在27岁时丧父，31岁丧母后，决志出家修行，为此与妻子汤氏诀别道：恩爱不常，生死莫代，我得出家，你自己保重。汤氏则洒泪道：君先走一步，我自会打算。莲池作《出家别室人汤》（自述从"东家妇"与"西家子"的猝死引出对生死无常的警醒）和《七笔勾词》（自述将五色封章、鱼水夫妻、桂子兰孙、富贵功名、家舍田园、盖世文章和风月情怀一笔勾）后，即弃家投西山性天老和尚落发，自号莲池比丘，喻立志往生西方弥陀净土。其妻随后也出家削发为尼。

莲池出家后，单瓢个杖遍访名山，遍参当时的善知识。在向遍融禅师参学时，禅师教导曰：勿求名，勿贪利，勿攀援贵要之门，唯因果分明，一心念佛。同行者认为这些话没什么高妙处，莲池却觉深契自心，奉为自己日后处世与修行的准则。明隆庆五年（1571年），莲池入杭州云栖山居山修行，以其善行道行多次造福于当地百姓，村民及信众自发地重建云栖寺。莲池居此寺弘法40余年，后又辟云栖寺为净土道场，严明清规，佛号念诵声不断，法道得以大振，该寺逐渐成为遐迩闻名的一大丛林。他对自己的一生，有如下的夫子自道：

> 袾宏下劣凡夫，安分守愚，平生所务，惟是"南无阿弥陀佛"六字。①

他在临终前，作《三可惜》《十可叹》来警示信众，遗言之一是要求弟子们："大众老实念佛，莫捏怪，莫坏我规矩。"② 然后面西念佛，端坐而逝。门下奉全身塔于云栖寺左五云山麓。

莲池一生著述甚丰，主要代表作有《阿弥陀经疏钞》4卷，《往生集》3卷，《净土疑辩》1卷，《禅关策进》1卷，《梵网戒疏发隐》5卷，《沙弥要略》《具戒便蒙》各1卷，《缁门崇行录》1卷，《水陆法会仪轨》6卷，《楞严摸象记》10卷，《竹窗随笔》3卷，《云栖遗稿》3卷，《山房杂录》2卷等。后人经搜集整理，将莲池著作分为释经、辑古、手著三类，

---

① 莲池：《往生集·劝修净土代言》，《莲池大师全集》（中册），第275页。
② （清）彭希涑：《净土圣贤录》中册，第25页。

第七章 纵比较：净土宗重要祖师与印光的弥陀净土思想之比较

集为《云栖法汇》共3函34册。

（一）莲池的弥陀净土思想与修持

从净土宗的祖师谱系来看，从第七祖省常生西到第八祖莲池驻世弘法，其中间隔了550余年。莲池继往开来，在佛法式微的晚明时代，以自己的踏实修持与著述，重振净土宗风，其净土思想自成一格，至今流韵犹在。

1. "望乐国为家乡，仰慈尊如怙恃"的净土观

莲池的净土观，核心是《阿弥陀经》，该经是净土宗信众从佛陀处承接来的法王圣旨，并切实笃行乐于奉守的，故可以在此土思望极乐净土为自己的终极家乡，敬仰作为终极皈依的父母般的阿弥陀佛，所谓"祗承先敕，笃奉斯经，望乐国为家乡，仰慈尊如怙恃"①。

莲池的净土观具体落实在持名念佛法门上。他指出，念佛法门是佛陀道出的无量法门中最为方便直接的法门，细数起来，有四种方便：

> 入道多门，本无拣择，险夷曲直，难易攸分。则无量门中，念佛一门，最为方便，略陈有四：一、不值佛世，得常见佛方便。二、不断惑业，得出轮回方便。三、不修余行，得波罗蜜方便。四、不经多劫，得疾解脱方便。②

第一种方便，是修持者往生弥陀净土后，有常见佛陀的方便。第二种方便，是修持者即使是带着惑与业，也可以得到脱离六道轮回的方便。第三种方便，是修持者不须修其余的无量法门，也可以得到波罗蜜即至上善德的方便。第四种方便，是修持者不须经历多时劫的长期修持，可以横超三界而迅捷地得到解脱的方便。由上述四种方便可见，念佛法门的功效不可思议。

莲池指出，《阿弥陀经》具全信、愿、行之义理：

---

① 莲池：《〈佛说阿弥陀经〉疏钞》卷第一，《莲池大师全集》（上册），第232页。
② 莲池：《〈佛说阿弥陀经〉疏钞》卷第一，《莲池大师全集》（上册），第236页。

> 信，谓信生佛不二，众生念佛定得往生，究竟成佛故，如经所云："汝等皆当信受我语"是也。愿，谓信非徒信，如子忆母暗依向慕，必欲往生故，如经所云："应当发愿，生彼国土"是也。行，谓愿非虚愿，常行精进，念念相续，无有间断故，如经所云："执持名号，一心不乱"是也。①

信的蕴涵有二，一是信众生与佛的佛性无二，二是信众生念佛定能往生弥陀净土。愿是净土修持者发愿往生弥陀净土。行则是坚持精进修持，不懈地执持阿弥陀佛的名号，最好能修持到一心不乱的境界。在往生净土的修行中，以信、愿、行三者为如资粮般的必备要项，信要真，愿要切，行要实，三者如鼎之三足，缺一不可，此三事在净土信仰与修持中，"号为资粮，资粮不充，罔克前进。又复此三，如鼎三足，或俱无，或具一缺二，或具二缺一，皆不可也。"②

2. "一心念佛"的修持法

在莲池看来，一部《大藏经》的蕴涵，就是戒、定、慧三学。修持持名念佛，做到一心念佛，即戒、定、慧圆具，还能避免因贸然阅藏而导致的两种过失，即所谓：

> 《大藏经》所诠者，不过戒定慧而已。然阅藏者二种过失：一者执文字而迷理致；二者识理致而不会心。徒废光阴，抵成缘种耳。……戒乃防非为义，若能一心念佛，诸恶不敢入，即戒也；定乃除散为义，若一心念佛，心不异缘，即定也；慧乃明照为义，若观佛声音，字字分明，亦观能念所念皆不可得，即慧也。如是念佛，即是戒、定、慧也，何必随文逐字阅此《藏经》?! 光阴迅速，命不坚久，愿诸人以净业而为急务，甚勿以予言为非而弗听也。③

在三学中，仅就念佛与慧的关系而言，莲池指出："一者闻说佛名，是为

---

① 莲池：《〈佛说阿弥陀经〉疏钞》卷第一，《莲池大师全集》（上册），第248页。
② 莲池：《〈佛说阿弥陀经〉疏钞》卷第一，《莲池大师全集》（上册），第248页。
③ 莲池：《遗稿·示阅藏要语》，《莲池大师全集》（下册），第400页。

第七章 纵比较：净土宗重要祖师与印光的弥陀净土思想之比较

闻慧；二者执受在怀，是为思慧；三者持守不忘，是为修慧。"① 由闻到思，由思到修，修持者能持名念佛，即具全闻思修三慧，进而摄一切行门。

就具体修持而言，佛门众多，相比于其他因浩博而难以坚持或因幽深而难以修持的法门，持名念佛法门是简便易行的，"今闻佛名，一心执持，可谓至简至易，功不繁施。"② 持名念佛可以是群体的修持，在家居士也可以是个人居家的修持：

> 不必定要缁衣道巾，带发之人，自可常服念佛；不必定要敲鱼击鼓，好静之人，自可寂默念佛；不必定要成群做会，怕事之人，自可闭门念佛；不必定要入寺听经，识字之人，自可依教念佛；千里烧香，不如安坐家堂念佛；供奉邪师，不如孝顺父母念佛；广交魔友，不如独身清净念佛；寄库来生，不如现在作福念佛；许愿保禳，不如悔过自新念佛；习学外道文书，不如一字不识念佛。③

就修持的适合范围而言，念佛法门具有最广泛的普适性：

> 三辈九品，悉皆度脱，彻上，则三心圆发，直入无生；彻下，则十念成功，亦生彼国。所谓："不离一法，巧被诸根，豪杰无下抑之羞，庸愚有仰攀之益"。盖无机不收，有情皆摄者也。④

修持念佛法门的上中下三根，都可因有九品往生中的其中一品而得到解脱，上根者因同具至诚心、深心和回向发愿心这"三心"来念佛，就可进入觉悟涅槃的境界；下根者也可以因念十声阿弥陀佛，得以往生西方净土。对于上上品如诸菩萨，求生净土并不是自降修持台阶的羞耻；对于下下根者，则可以因念佛而收获仰望高攀的利益。念佛法门因此是普被三根、有益于一切有情识众生的修持法门：

---

① 莲池：《〈佛说阿弥陀经〉疏钞》卷第三，《莲池大师全集》（上册），第333页。
② 莲池：《〈佛说阿弥陀经〉疏钞》卷第一，《莲池大师全集》（上册），第229页。
③ 莲池：《遗稿·普劝念佛》，《莲池大师全集》（下册），第379页。
④ 莲池：《〈佛说阿弥陀经〉疏钞》卷第一，《莲池大师全集》（上册），第239页。

印光思想、净土信仰与终极关怀

……世间无一人不堪念佛：若人富贵，受用现成，正好念佛。若人贫穷，家小累少，正好念佛。若人有子，宗祀得托，正好念佛。若人无子，孤身自由，正好念佛。若人子孝，安受供养，正好念佛。若人子逆，免生恩爱，正好念佛。若人无病，趁身康健，正好念佛。若人有病，切近无常，正好念佛。若人年老，光景无多，正好念佛。若人年少，精神清利，正好念佛。若人处闲，心无事扰，正好念佛。若人处忙，忙里偷闲，正好念佛。若人出家，逍遥物外，正好念佛。若人在家，知是火宅，正好念佛。若人聪明，通晓净土，正好念佛。若人愚鲁，别无所能，正好念佛。若人持律，律是佛制，正好念佛。若人看经，经是佛说，正好念佛。若人参禅，禅是佛心，正好念佛。若人悟道，悟须佛证，正好念佛。普劝诸人，火急念佛，九品往生，花开见佛，见佛闻法，究竟成佛，始知自心，本来是佛。①

世间诸人，不论是富贵或贫穷、有后人或无后人、有孝子或有逆子、健康或患病、年老或年少、悠闲或忙碌、出家或在家、聪明或愚鲁，在修持佛法时，不论是持律、看经或是参禅，种种人等，都适宜马上修持念佛法门，达成佛教信仰的终极目标。

就修持的结果而言，弥陀净土对于生活在此土的修持者，是最好最便捷的终极归宿，可以让众生先往生西方净土，然后再进一步了悟：

今人多好说参悟，好说了生死。不知在此土了悟甚难，谓之竖超三界。……此土众生，多是先生西方，然后了悟。生西方一门，谓之"横超三界，万无一失"。②

就修持的境界而言，念佛还不是仅为来世的个人之乐，也不是仅为了个人此生的利益，而是为了"成佛度生"，成就大慈大悲，所谓："据实而论，求生净土，本为成佛度生，既非图身后之乐，复何计身前之利与

---

① 莲池：《遗稿·普劝念佛往生净土》，《莲池大师全集》（下册），第380页。
② 莲池：《遗稿·示学者》，《莲池大师全集》（下册），第390页。

第七章 纵比较：净土宗重要祖师与印光的弥陀净土思想之比较

否哉！"①

修持念佛法门时，可以只念"阿弥陀佛"的名号，此四字名号即是众生全体之一心，心佛不二，含十方诸佛的全部殊胜功德，所以修持者持"阿弥陀佛"名号就是持十方诸佛的全部殊胜功德：

> 良以观虽十六，言佛便周；佛虽至极，惟心即是。……而万法惟心，心清净故，何事不办？……举名者，佛有无量德，今但四字名号足以该之，以弥陀即是全体一心，心包众德，常乐我净，本觉始觉，真如佛性，菩提涅槃，百千万名，皆此一名摄无不尽。专持者，众生学佛，亦有无量行法，今但持名一法，足以该之，以持名即是持此一心，心该百行、四谛六度，乃至八万四千恒沙微尘一切行门，摄无不尽。②

念佛法门因此能摄一切修行法门，不仅是至简至易，而且更具不可思议的功德。

在莲池的心中，对于修持者，修持持名念佛具有多福德，能带来叠加的福中之福：

> 福中福者，亦有二义。一者弥陀乃万德名号，一名才举，万德齐圆，不期于福，福已备故。二者以持念力，自然诸恶不作，众善奉行，以之修福，福易集故，是则福中之福，名多福也。③

修持持名时，一是念念不离阿弥陀佛，故得佛加持，福德不断增长。二是以持名念佛的定力，心系佛境，在世间诸恶不作又众善奉行，行善修福而福德汇集，故持名是因信仰而增福德之不二法门。

3. 禅净双修，以净土为归

禅净的关系不是一个新问题，历史的成论有二，一种观点认为参禅与念佛互不妨碍；另一种观点则认为参禅就是参禅，念佛就是念佛，两者迳

---

① 莲池：《往生集·总论》，《莲池大师全集》（中册），第273页。
② 莲池：《〈佛说阿弥陀经〉疏钞》卷第一，《莲池大师全集》（上册），第229页。
③ 莲池：《〈佛说阿弥陀经〉疏钞》卷第三，《莲池大师全集》（上册），第329页。

渭分明,不能互相兼带。

莲池力主融通禅净二宗,判认在具体的修持中,参禅与修净念佛不相碍,两者可以相得益彰,并举历史的人事与义理来论证之:

> 古谓"参禅不碍念佛,念佛不碍参禅"。又云"不许互相兼带"。然亦有禅兼净土者,如圆照本、真歇了、永明寿、黄龙新、慈受深等诸师,皆禅门大宗匠,而留心净土,不碍其禅。故知参禅人虽念念究自本心,而不妨发愿,愿命终时往生极乐。所以者何?参禅虽得个悟处,倘未能如诸佛住常寂光,又未能如阿罗汉不受后有,则尽此报身,必有生处,与其生人世而亲近明师,孰若生莲花而亲近弥陀之为胜乎?然则,念佛不惟不碍参禅,实有益于参禅也。①

念佛不仅不碍参禅,而且是有益于参禅,原因就在于参禅者通过发愿念佛,可以往生西方弥陀净土,超越六道轮回。禅与净之异是修持路途之异,最终可以殊途同归,落实在弥陀净土上。

据此,莲池就直接指出了当时佛门存在的"狂禅"之流弊:

> 今人驰骋口头三昧,明眼人前,似药汞之入红炉、妖邪之遇白泽耳。若不禁止,东竖一拳、西下一喝,此作一倡、彼说一颂,如疯如狂、如戏如谑,虚头炽而实践亡。子以为宗门复兴,吾以为佛法大坏也。②

部分僧侣以动作出位的棒喝或语句新奇的话头禅为时尚,却失了真正的修持实践,以致"骋驰狂慧,耽着顽虚,于自本心曾未开悟,而轻谈净土,蔑视往生,为害非细"③,这是莲池所坚决反对的。

念佛求生弥陀净土,是修持者的最终归宿。具体到每个佛门内的修持者,老实念佛都是最需坚持的基本功夫,不必妄谈禅理,但一定要老实

---

① 莲池:《竹窗二笔·参禅不碍念佛》,《莲池大师全集》(下册),第135~136页。
② 莲池:《窗竹三笔·妄拈古德机缘(一)》,《莲池大师全集》(下册),第159页。
③ 莲池:《〈佛说阿弥陀经〉疏钞》卷一,《莲池大师全集》(上册),第231页。

第七章 纵比较：净土宗重要祖师与印光的弥陀净土思想之比较

念佛：

> 无知妄谈禅理，不如老实念佛；希求妖鬼灵通，不如正信因果念佛。以要言之，端心灭恶，如是念佛，号曰"善人"；摄心除散，如是念佛，号曰"贤人"；悟心断惑，如是念佛，号曰"圣人"。①

莲池援用了儒学的概念，以"善人"、"贤人"和"圣人"的区分来列出了不同念佛人的三种境界，外人看似简单之极的念佛，实质上却是内有境界层次递增的乾坤。

4. 戒杀、护生与福慧双修

在末法时代，莲池尤其重视三学中戒律，"佛设三学以化群生，戒为基本。基不立，定、慧何依？思行利导，必固根本。"② 修行必须以戒律为基本，有戒律，定与慧才有倚仗的根本。

如何具体奉行戒律？

莲池在万行之中首重戒杀，提倡放生。依据六道轮回和因果报应理论，他写出了著名的《戒杀放生文》，包括《戒杀文》与《放生文》两篇，并修订完善了放生仪轨，突出地体现了佛教"同体大悲、无缘大慈"的众生平等精神。

在《戒杀文》中，莲池提倡人们在生日、生子、拜祭先人、婚礼、宴客、祈禳和营生这七种场合，不宜杀生。如果不能全部做到，则不妨"或去四五，或禁二三，除一事则消一业，减一杀则杜一冤"③。在莲池心中，每个人的戒杀，因持戒时间的长短，可分为上中下三种善。重要的是，戒杀有更恢弘的社会效果，包括不再有干戈铁血战争，人间再无罪恶；戒杀还有助于实现弥陀净土修持者的终极目标，令众生得以脱离苦海，所谓：

> 一月不杀，下善也；一年不杀，中善也；一生不杀，上善也；世代不杀，善之又善者也。愿人人戒杀，户户持斋，则诸佛生欢，万神

---

① 莲池：《遗稿·普劝念佛》，《莲池大师全集》（下册），第379页。
② 德清：《古杭云栖莲池大师塔铭》，《莲池大师全集》（下册），第500页。
③ 莲池：《戒杀放生文》，《莲池大师全集》（中册），第578页。

加护。干戈由是永息，刑罚可以无施，地狱为之顿空，苦海因而长别矣。①

对于净土修持者，先是戒杀，其次是放生，通过放生各种动物，放生者可以获得各种人天福报，进而摆脱六道证道得解脱：

诸放生者，或增福禄，或延寿算，或免急难，或起沉疴，或生天堂，或证道果，随施获报，皆有证据。②

戒杀加放生之后，修持者还须按照放生仪轨，以佛法接济众生往生弥陀净土，助成往生净土的终极目标：

净业三福，慈心不杀，实居其一。今能不杀，又放其生，既能放生，又以法济令生净土。如是用心，报满之时，九品莲台高步无疑矣。③

戒杀放生是一种修行。在莲池提倡的"福慧双修"修持观中，"福"包括了戒杀放生、忠君孝亲、广作佛事等六度万行，"慧"则专指修持弥陀净土念佛法门，福慧两者如鸟之两翼、车之两轮，不可缺一，福慧双修是出离生死的捷要之道。莲池为此专门作偈指出：

作福不念佛，福尽还沉沦；念佛不作福，入道多苦辛；
无福不念佛，地狱鬼畜群；念佛兼作福，后证两足尊。④

偈中的"两足尊"是如来佛的尊号，世尊福足、慧足，故有此尊称。弥陀净土的修持者可以通过念佛加作福之举，锦上添花，也就可以无限地趋近福足、慧足的境界。

---

① 莲池：《戒杀放生文》，《莲池大师全集》（中册），第578页。
② 莲池：《戒杀放生文》，《莲池大师全集》（中册），第584页。
③ 莲池：《戒杀放生文》，《莲池大师全集》（中册），第585页。
④ 莲池：《劝修四料简》，《山房杂录》卷二，《莲池大师全集》（下册），第282页。

（二）印光对莲池的认知与评价

在历史认知上，印光熟悉莲池的生平与思想，对莲池的历史性贡献有着极高的评价。

1. 印光对莲池的两点历史认知与辩正

印光在认知上对莲池的熟悉，首先体现在对以下历史细节的辨识上：莲池的讳"袾宏"中的"袾"不应写为"祩"。

印光在《与高鹤年居士书》，写道：

> 明嘉靖时，有性天文理老和尚者……后因云游至杭州，住西山黄龙庵。莲池大师仰其道风，与夫人汤氏，归依座下。不二三年，又依之出家。……其派为"宗福法德义，普贤行愿深，文殊广大智，成等正觉果"。大师正在"殊"字辈。其改为"袾"者，以洪武时，有一高僧，洪武（引注：明太祖朱元璋）诏见，甚加优宠，特以玉盏，赐乳令服。因咏《谢恩诗》，有"一盏琼浆来殊域，九重恩德自上方"之句。洪武姓朱，遂谓："殊"者，"歹朱"，是骂己。即令斩之。及斩，乃悟其非骂，而已悔无所及矣。……莲池大师以此之故，去"歹"加"衣"，而用"袾"字。世多不察，每每讹作从"示"之"祩"，其不识字义、粗心浮气，有如此者。而大师慎微杜祸、正名顺言之道，遂因之埋没，惜哉！①

这段文字，一是显示了印光对相关史实的娴熟，了如指掌。二是从一字之能否辨识，事不大，印光却看到了时代流行着粗心浮气的浮躁病。三是由此史实，指出作为大师的莲池，深谙慎微杜祸、正名顺言之道，唯有慎微杜祸，才能不做极端皇权制度下的刀下冤鬼，才能去做有价值有意义的事，实现自己的志向与抱负；唯有正名顺言，道德文章才能行于世。

印光在认知上对莲池的熟悉，更重要的方面，则体现在他面对净土宗历史与经典时的取态：在印光弥陀信仰的思想世界中，其依据一是佛经所记载的佛言，二是净土宗祖师创发或依据佛经演绎出的义理。问题也因此

---

① 印光：《与高鹤年居士书》，《印光大师全集》第一册，第 159~160 页。

而发生，当记载佛言与祖意的历史文本在相应义理上的记载发生矛盾时，当祖意与佛经出现歧义时，以何者为准？印光的取态是，要十分重视包括莲池在内的祖师之言，但必须要以佛经为究竟义。就弥陀净土信仰而言，《净土五经》的义理是最为崇高的究竟义，而不是其他。此取向明确，问题也就易于解决了。以下是相应的具体论述。

其一，印光曾指出，就对修持者"心清月现"的理解来论，须以佛言为究竟，如果发生歧义理解，即使是莲池所说也是错谬之说，尤其是后世所谓"通家"对莲池的解说，更难免是盲论。所谓：

"心清月现"，何可死执以论？须知凡夫有凡夫之清现，声闻有声闻之清现，菩萨有菩萨之清现，唯成佛方为究竟清现也。若如法说，其余一切皆非清现，唯佛方是清现。莲池大师所说，便成错谬。不知自己完全未开正眼，故有此种盲论也。……其咎在汝好充通家，非莲池大师所说有不恰当也。①

其二，如何理解莲池所说的"理一心"和"是心作佛，是心是佛"的教理？印光认为这是莲池当时为能专心致志地作观修持者所说的修持法。时代不同了，修持方法也必须要改变，当下只应从持名念佛的修持上理解，当下的修持者生活在"凡夫心如猿猴"的末法时代，在心志未定时，尤其不要选择观想修持法，以避免因意欲观此却见彼走岔路，乃致因此而走火入魔的结果出现。所谓：

（二）莲池大师乃圆融无碍之说。根机若深，依之修持，则有大益；根机若浅，或有执理废事之弊，只宜按事相志诚持名，方为稳妥。"理一心"之说，做不到者，说之无益，但不提倡即已。"排斥"二字，何下之无谓也?!"是心作佛，是心是佛"，若不作佛，说是心是佛，即可排斥。若念佛说是心是佛，正是劝人之根本，何可混言排斥?!若排斥，则成邪见，其罪极重。凡作观持名，通名为作佛。（三）莲池大师此语，对专志作观者说。汝将汝之散心所想者引例，

---

① 印光：《复温光熹居士书十》，《印光法师文钞三编》（下），第611页。

第七章　纵比较：净土宗重要祖师与印光的弥陀净土思想之比较

则成不知身分之话。凡夫心如猿猴，刻不能定，何能想某相即见某相乎？若深心作观，观此见彼，即不相应，故名曰"邪"，言不相应也。汝又作魔，则过矣。然不相应不觉察，久则或有魔事。①

由上可见，印光对于作为祖师的莲池的有关说法，对于后学对莲池的有关说法所作的解读，并非顽固拘泥，而是有理有据地予以辩证分析，提出当时的应对之思与应对之法。

2. 印光对莲池的历史性贡献给予极高的评价

对莲池的历史定位与事功，印光给予了极高的评价，主要有以下三点。

其一，莲池的五项历史性贡献。

印光指出，莲池中兴净土宗，就历史渊源来论，继承的是善导法系：

性天理老，摄受莲池，中兴净土，实启于兹。②

印光对于莲池有这么一项总体评价：

明季莲池大师，参禅大悟之后，力修净业，重兴云栖。以契理契机，莫过净土。遂著《弥陀经疏钞》，发其甚深旨趣。净土宗风，为之丕振。而一生悲敬双修，事理不二。以故戒杀放生，济孤利冥之懿范，数百年来，中外景仰。③

考究这些话语，可见莲池的历史事功与贡献主要有五项：一是自己力修念佛法门，达事理不二的境界；二是中兴净土宗；三是重新兴建净土宗道场；四是写作《弥陀经疏钞》，挖掘出该经的甚深旨趣，益于世人尤其是净土宗信众的理解；五是提倡并身体力行戒杀放生之举，悲敬双修。以上种种，莲池都堪为楷模，是海内外净土宗信众心目中令人有高山仰止般的

---

① 印光：《复温光熹居士书十》，《印光法师文钞三编》（下）卷三，第612页。
② 印光：《〈佛化随刊〉序》，《印光大师全集》第一册，第592页。
③ 印光：《〈杭州弥陀寺启建莲社缘起〉疏》，《印光大师全集》第一册，第413页。

191

宗师。

在《莲宗十二祖赞颂》中，印光还为莲池写了以下诗性文字的赞颂：

> 初住云栖，即灭虎患。
> 旱请念佛雨慰盼，村民咸感叹。
> 庀材开办，道场重兴建。
> 幼闻念佛意颇快，末诫门徒莫捏怪。
> 行为世则言世法，注重净土及规戒。
> 砥柱狂澜契理机，阐明佛心祛蜂虿。
> 普令具缚诸凡夫，仗佛慈力登莲界。①

上述文字结合了莲池生平中主要的助民助农的奇异事迹，文中的"庀材"是备齐材料，"虿"则是蛇、蝎类毒虫的古称，涉及受益的村民自发自愿地捐材料捐劳力，支持莲池重建净土道场等史实。最重要的是，莲池通过阐扬弥陀净土的念佛法门，引导世间的具缚诸凡夫通过修持，依仗阿弥陀佛的慈力，高登净土莲界。

其二，莲池修持法的最大特色是平实稳当。

印光指出，莲池提倡和推广的念佛法门，最大特色是平实稳当，避免了任何走火入魔的可能，人人皆可学修念佛法门，所谓：

> 云栖大师立法教人，皆从平实处著手。依之修持，千稳万当。断不至得少为足，著魔发狂。②

其三，对莲池的著文予以高度肯定。

印光对《戒杀放生文》予以高度肯定，认为莲池有此一宏文，堪为驱除残忍杀心的具有慈悲心人群的第一人："莲池《戒杀放生文》，为灭残忍魔军之慈悲主帅。"③

---

① 印光：《明八祖杭州云栖袾宏大师》，《印光大师全集》第二册，第1325、1326页。
② 印光：《复永嘉某居士书四》，《印光大师全集》第一册，第103页。
③ 印光：《重刻〈安士全书〉序二》，《印光大师全集》第一册，第462页。

第七章　纵比较：净土宗重要祖师与印光的弥陀净土思想之比较

对于莲池的其他著作，印光也多有推崇，尤其是向念佛人推荐《净土发愿文》，缘由在于该文义理与文字俱圆融，是古今发愿文的巅峰之作：

> 汝既专修净土，宜以莲池大师新定《净土发愿文》为主（《省庵语录》下卷，有此愿文注解，阅之自知其妙）。①
>
> 若身心有暇，宜用莲池大师新定《净土文》。此文词理周到，为古今冠。②

（三）莲池与印光的同与异

因身处不同的时代，莲池与印光作为净土宗一代宗师，彼此之间有同也有异。

同的方面表现如下。

第一，信仰与思想的相同。莲池的弥陀净土及其念佛法门思想，本据佛经，并上承善导、永明等净宗祖师，下启第九祖蕅益及第十三祖印光。莲池的弥陀净土、念佛法门和戒杀护生等方面的信仰与思想，都直接被印光一以贯之地加以传承并发扬光大。

第二，传教风格的相同。前人曾对万历年间佛教三大师的做人与传教风格，有如斯的评价："紫柏为猛士，莲池为慈姥，憨山为侠王。"③ 莲池驻世传法，始终是真诚地关心弱势群体，苦口婆心地阐扬弥陀净土的义理。这些特点，印光是一以贯之地予以继承，与净土宗的历代祖师相比，马一浮（湛翁）就曾指出：印光"俯提弱丧，罄吐诚言，辞致恳恻，与莲池为近"④。

第三，简朴清淡生活的相同。莲池在生活上简朴清淡，一生都是以麻布素衣蔽身，日常行持作业都尽可能亲力亲为，特别珍惜福报，曾手著32条警语以自勉。印光的生活同样如此，弘一法师的《略述印光大师之盛

---

① 印光：《复高邵麟居士书三》，《印光大师全集》第一册，第62页。
② 印光：《拟答某居士书》，《印光大师全集》第一册，第158页。
③ 虞淳熙：《东游集原序》，《憨山大师法汇初集》第九册，香港佛经流通处，1997，第166页。
④ 马一浮：《印光法师文钞》卷一"题词并序"，第1页。

德》对此描述尤为细微（参见第八章有关叙述）。

异的方面表现如下。

第一，历史定位的不同。在净土宗的历史中，莲池作为净土宗的第八祖，是承先启后的中继；印光作为净土宗的第十三祖，是集大成。

第二，在禅净观上有差异。莲池主张融合禅净二宗，提倡以持名念佛求生弥陀净土为主，同时辅以禅宗的参禅方法，是继永明延寿之后力主禅净融合的集大成者。印光则是提倡专持净土念佛法门的弥陀净土思想的集大成者，他专弘净土，通过明确禅净界限，认为弥陀净土法门是末法时代所有修持者的唯一选项，明确反对禅净双修之法。莲池有关思想作为一个重要转折点，意义重大，印光则是因应时代做进一步的调适，有继续也有发展，"时代之机、众生之机的不同，净土宗祖师的思想中亦有种种的权便不同。莲池大师摄禅归净的禅净观实为从永明延寿禅净双修思想走向印光大师专弘净土、严辩禅净界限的转折点，反映了明末佛教向近现代佛教的修行转向。"[①]

第三，莲池与印光进入弥陀净土法门的契机有所不同。莲池早年就信仰弥陀净土，然后就终生信仰不变。印光早年则有先学儒道，然后接触佛经后，顿然觉悟，弃儒道而入佛，坚定信仰弥陀净土的经历。

第四，人生履历的不同。莲池出家前有婚娶的经历，舍家别妻后出家为僧。印光出家前则无婚娶成家的经历，然却始终关注世俗社会的佛化家庭之建设。

第五，对于时人有将印光与莲池相提并论之议，印光本人坚决反对将自己与莲池大师相提并论，认为这是"以凡滥圣"之举，如他曾对温光熹居士的相关言论回复道：

> 汝何不知事务，一至于此。光何人斯？何可以与莲池大师并论乎？汝作此说，以为恭维光，不知其为毁谤光也。以后不得如此以凡滥圣的恭维吾。吾见此语，如打如嘲，愧不能支。……要是如此以凡滥圣的恭维光，即是教天下后世人唾骂光。何苦作此种有损无益

[①] 刘红梅：《莲池大师禅净关系论》，《安徽大学学报》（哲学社会科学版）2003年第11期。

之事?!①

印光的这项反对，与其自号"常惭愧僧"及其内蕴的终极关怀观密切相连，是一种符合相应义理逻辑的正常反响。

四　九祖蕅益与印光的弥陀净土思想之比较

蕅益（1599～1655年），明代四大高僧之一，净土宗第九代祖师。俗姓钟，名际明、又名声，今江苏吴县人。法名智旭，字蕅益，号西有，自号"八不道人"（取意是不敢为古时儒、禅、律、教，又不屑为今时儒、禅、律、教，故自号"八不道人"）。

史载蕅益的父亲为祈子而持诵10年大悲咒，母亲金氏梦见观音菩萨送子而后生蕅益。即使有此与生俱来的家传佛缘，7岁即开始吃素的蕅益，在12岁读儒书时，却是以传千古圣贤之学为己任，尊崇儒教而誓灭释老，后又开荤酒，著辟佛论文数十篇。17岁时，蕅益偶阅莲池的《自知录序》与《竹窗随笔》，深觉其义理深刻，遂以今是而觉昨非，将自己以前写的辟佛论文以一火焚之，以表忏悔之心。1618年冬，蕅益之父亡故，他在读《地藏菩萨本愿经》之后萌发出世之心，专志念佛，觉悟世法之不究竟，遂尽焚自己此前所著文稿2000余篇，更勤于修学佛理。23岁时，蕅益决意出家修行，以体究人生及宇宙之密要。24岁时，从德清大师的门人雪岭法师剃度，获赐法名为"智旭"，字"蕅益"。

其后蕅益掩关苦修，不料关中大病，在读了莲池的《〈佛说阿弥陀经〉疏钞》等著作之后，遂以参禅的功夫，发心执持名号求往生西方净土。出关后弘传律学，35岁时领众修造西湖寺，此后游历江西、安徽、浙江、福建各地，主要从事阅藏、讲述经教、著作及弘传净土学说等事，至晚年仍不倦于业。1655年正月圆寂前，蕅益遗命身体火化后，将屑骨和粉，分施陆禽与水族，以普结法喜同生西方之缘；然后他面西跌坐念佛，向西举手而寂。3年后，蕅益的众弟子如法火化后，见其牙齿俱不坏，实为不可思议，不忍遵从遗命，故奉其灵骨建塔于灵峰之大殿右。

---

① 印光：《复温光熹居士书十》，《印光法师文钞三编》（下），第611～612页。

蕅益博览群书，个人著述丰硕，共计有53种，230卷，在净土诸宗师中无人能及，具体可分为两类，一为宗论，即《灵峰宗论》十卷；二为释论，含释经论、宗经论与其他注疏论著等，其中的《弥陀要解》集中反映了他的净土思想步入成熟期。蕅益还甄选了部分净土宗名家与学者的著作辑成了《净土十要》，为后世净业学者与行者的必读经典。后人集述蕅益的净土论著而成《蕅益大师净土集》。

（一）蕅益的弥陀净土思想与修持

蕅益的佛学思想丰富，著述内容包罗了禅、天台、律宗诸教法，并融合了部分儒家学说，又归宗于净土，以"生弘律范，死归安养"为自己的人生目标。

1. 三学一源，净土是诸宗殊途之同归

从禅教律三学的角度看，蕅益主张禅教律三学一源，佛心与众生心、佛与众生现前一念，就是禅教律之源：

> 禅、教、律三，同条共贯，非但春兰秋菊也。禅者佛心，教者佛语，律者佛行。……观现前一念心，了不可得，不复误认缘影为心，方知一切诸法，无非即心自性。既知一切法皆即自心，则佛心亦即自心。既知佛心即是自心，则佛语、佛行，何独非自语、自行乎？不于心外别觅禅、教、律，又岂于禅、教、律外别觅自心？如此则终日参禅、看教、学律，皆与大事、大心、正法眼藏，相应于一念间矣。[①]

禅、教、律三学同条共贯，佛心、佛语与佛行，同具在佛与众生的心中。佛心与自心同具根性，三学可明此心，此心之外无禅、教与律，禅、教、律都是心地法门。修持者日常的参禅、受教与学律，与作为觉悟者的佛所从事的大事、所具备的大心与正法眼藏，都蕴涵在正念的一念之中。"从此谛信念佛法门，至圆至顿，高超一切禅教律，统摄一切禅教律。"[②] 西方弥陀净土信仰的念佛法门，普被上中下三根，入门简洁明易而最终功效又

[①] 蕅益：《示世闻》，《灵峰宗论》卷第二，载《大藏经补编》第23册，第523页。
[②] 蕅益：《〈西方合论〉序》，《灵峰宗论》卷第六，载《大藏经补编》第23册，第702页。

第七章 纵比较：净土宗重要祖师与印光的弥陀净土思想之比较

至高，是圆教与顿教之极致，在一切禅、教、律法门之上，又统摄一切禅、教、律法门。

在蕅益的修持与修学视野中，佛教的心地法门众多，约而要之，可归纳为律、教、禅、密、净土五法门，全以净土为归：

> 夫八万四千，乃至尘沙法门，未有不具戒者，未有不正解者，未有不笃行者，未有不证密者，未有不归净土者。①

从最终的究竟目标而言，净土是诸宗殊途之同归。"权实四教，无非念佛法门。"②藏、通、别、圆四教，每一教都是明心见性的心地法门，都可为念佛法门所含摄，归于念佛法门。修持者在念佛之时，即是始觉（"念"）合于本觉（"佛"），所以"一切法门，无不从此念佛法门流出，无不摄入念佛门中"③。

蕅益判认净土法门为最极圆顿之法：

> 然了义中最了义，圆顿中极圆顿，方便中第一方便，无如净土一门。何以言之？随其心净，则佛土净，见思净超同居，尘沙净超方便，无明净超实报，故曰：唯佛一人居净土，尚何不了之义?!众生心念佛时，是心作佛，是心是佛，以一念顿入佛海，故曰：一称南无佛，皆已成佛道。若人专念弥陀佛，是名无上深妙禅，岂不至圆至顿?!果德愿力不可思议，因心信力亦不可思议，感应道交，文成印坏。以凡夫而阶不退，未断惑而得横超，又复三根普被，四土横该。④

修持者修持弥陀净土法门，可以径生西方，所以该法门是最了义法；修持者通过持名念佛，终归得解脱，所以该法门是最圆顿法；弥陀净土对上中

---

① 蕅益：《〈法海观澜〉自序》，《灵峰宗论》卷第六，载《大藏经补编》第23册，第710页。
② 蕅益：《示念佛三昧》，《灵峰宗论》卷第四，载《大藏经补编》第23册，第605页。
③ 蕅益：《〈劝念豆儿佛〉序》，《灵峰宗论》卷第六，载《大藏经补编》第23册，第695页。
④ 蕅益：《参究念佛论》，《灵峰宗论》卷第五，载《大藏经补编》第23册，第653页。

下三根皆普被,四种诸佛所居之土皆遍及,所以该法门是第一方便。

净土修持者面临的一个主要问题是:在十方世界中,诸佛净土可谓无数,为什么大乘佛教的经论多指归西方弥陀净土?

蕅益判认这里的主因有四:

> 一者,阿弥陀佛与此土人最有缘故,乃至穷村僻坞若男若女、若长若幼、若智若愚,无不知称"阿弥陀佛"名者。二者,法藏比丘愿力胜故,诸佛果德虽实平等,因中愿力任运摄生,无差别中有差别故。三者,令人系念得专心故,若不专叹,则众生既欲生西,又欲生东,心无一定,净业难成。所以十方诸佛同出广长舌相,赞此一门,令人专忆。四者,阿弥陀佛即法界藏身,极乐世界即莲华藏海,故见一佛即为见无量佛,生一土即为生无量土,念一佛即是念一切佛,即为一切佛所护念,以法身不二故,生佛不二故,能念所念不二故。一念相应一念佛,念念相应念念佛,因该果彻,更无二故。①

第一因是阿弥陀佛与生活在此娑婆世界的人们最有缘分,在此娑婆世界生活的男女老幼与上智下愚者都能念称"阿弥陀佛"的名号。第二因是法藏比丘的愿与力殊胜,诸佛果德虽然平等,因中愿力却有差别。第三因是引导众生专一地持诵阿弥陀佛的名号,专一地发心往生弥陀净土,避免在无量净土前迷失修持的方向,避免修持上的心猿意马。所以,佛经记载的十方诸佛也共同地称赞弥陀净土法门,以令人们专一地修持与往生。第四因是依据圆教的一即一切之论说,可知阿弥陀佛即法界藏身,极乐世界即莲华藏海,念作为佛之一的阿弥陀佛名号即是念一切佛的名号,见作为佛之一的阿弥陀佛即是见无量佛,往生作为净土之一的弥陀净土即是往生无量净土。

2. 以持名念佛为正行,以六度等为助行

选择了弥陀净土之后,修持者面临的进一步问题在于:众生如何才能去除蒙蔽,明心见性?

蕅益推崇持名念佛,认为这是往生西方的一条捷径,是智慧型修持者

---

① 蕅益:《大乘起信论裂网疏》卷第六,载《卍续藏经》第72册,第726~727页。

第七章　纵比较：净土宗重要祖师与印光的弥陀净土思想之比较

的一种最好选择：

> 念佛法门，虽该罗八教，圆以无量百千三昧，而下手之方，又最直捷痛快。盖凡念相好、念法门、念实相等，固先开真解，然后下手，万无夹带疑情之理。只今持名一法，亦止蓦直持去，不用三心两意。深信净土可生，发愿决定往生；以持名为正行，以六度等为助行，万修万人去，断断可保任者。若一点好胜之心，涉入参究，谓为向上，则脚跟不稳，禅净两失之矣！智者不可不决定其所趋也。①

对于修持者而言，持名念佛是最主要也是最重要的正行，由布施、持戒、忍辱、精进、禅定和般若组成的六度等则是辅助的助行，万人修行此法门，则万人往生弥陀净土。可堪垂怜的倒是那些自恃聪明者，因为逞强好胜而涉猎所谓的参禅参久，自以为心智向上，不料却因缺乏慧根而立足不稳，参禅未成再加未修念佛法门，一举两失。

进一步，蕅益认为念佛人念佛念到极致，念佛一举即含摄六度：

> 真能念佛，放下身心世界，即大布施；真能念佛，不复起贪瞋痴，即大持戒；真能念佛，不计是非人我，即大忍辱；真能念佛，不稍间断夹杂，即大精进；真能念佛，不复妄想驰逐，即大禅定；真能念佛，不为他岐所惑，即大智慧。②

可见专心致志的念佛一举，在修持上最直接痛快，收效则有具全的功效，所谓："以自力断惑超生死者，名竖出三界，事难功渐；以佛力接引生西方者，名横超三界，事易功顿。"③ 在出三界了生死的横竖两途中，仅以自力来先求断惑再求超越生死轮回者，走的是出三界的竖途，断惑难，超越生死轮回更难，过程艰难而功效渐微；通过弥陀佛的愿力而被接引生西方者，走的是出三界的横途，即使未断惑也能超越生死轮回，过程明易而功

---

①　蕅益：《示方尔阶》，《灵峰宗论》卷第二，载《大藏经补编》第 23 册，第 520 页。
②　蕅益：《示念佛法门》，《灵峰宗论》卷第四，载《大藏经补编》第 23 册，第 604 页。
③　蕅益：《示明西》，《灵峰宗论》卷第二，载《大藏经补编》第 23 册，第 534 页。

效顿见。

佛知佛见是一种觉悟的知见,众生知见则是为六尘缘影所蒙蔽的知见,众生当下的一念心性可以通向佛知佛见:

> 佛知佛见,无他,众生现前一念心性而已。现前一念心性,本不在内外中间,非三世所摄,非四句可得。只不肯谛审谛观,妄认六尘缘影为自心相,便成众生知见。……倘不能直下信入,亦不必别起疑情,更不必错下承当,只深心持戒念佛,果持得清净,念得亲切,自然蓦地信去。所谓"更以异方便,助显第一义"也。[①]

当相应的信念与信仰未建树前,准修持者不必有太多的怀疑,更不必放下持戒念佛的修持,可以继续通过持戒与念佛来促成对弥陀净土的信念与信仰,到持戒得清净与念佛念到亲切时,自然而然就会在某一时刻顿然深信弥陀净土。

修持外人看来是简易的念佛法门,其实并不简单,念佛并不是迷茫懵懂地念,念佛需要般若智慧的引导,才能往生弥陀净土,否则就不能往生;具有般若智慧者,一定以往生净土为依归:"不以般若为导,能生净土者,未之有也;不以净土为归,可称般若者,未之闻也。"[②]

蕅益反对认为参禅只适合上机者、念佛则只适合中下根者的看法,明确地指出:"夫禅不曲被中下则谤禅,念佛不被上机则谤教。"[③]为了防止聪明反被聪明误,避免出现倡禅去净土的不良局面,蕅益坚定地维护永明禅师提出的"无禅有净土,万修万人去"的说法:

> 极聪明人,反被聪明误,所以不能念佛求生西方;而愚人女子,反肯心厌娑婆苦,深求出离。当知:彼是真愚痴,此乃大智慧。好恶易分,莫自昧也。每见儱侗瞒盰大言欺世之假善知识,遇著老实念佛的樵夫农妇,亦教参禅,推来搓去,自供抚掌。此辈老实人,认作真

---

① 蕅益:《示玄着》,《灵峰宗论》卷第二,载《大正藏补编》第 23 册,第 526~527 页。
② 蕅益:《合刻〈弥陀〉、〈金刚〉二经序》,《灵峰宗论》卷第六,载《大藏经补编》第 23 册,第 706 页。
③ 蕅益:《灵峰宗论》卷第四,载《大藏经补编》第 23 册,第 623 页。

第七章 纵比较：净土宗重要祖师与印光的弥陀净土思想之比较

实，破坏善根。究竟参又参不来，念又念不熟，脚跟不稳，心事徊徨。噫！亦可惨矣！吾劝汝咬钉嚼铁，信得西方及，切切发愿、持戒、修福，以资助之。"无禅有净土，万修万人去；但得见弥陀，何愁不开悟？！"此千古定案，汝不须疑。彼无耻邪师，敢诬先圣，辄肆翻案，只益露其恶见耳，何尝翻得古人定案哉？！①

念佛法门是一种方便法门，有助于凸显作为第一教义的弥陀信仰。一念具三千，诸佛名号也是具足三千性相，一念与佛相应，一念是佛法界；念念与佛相应，念念是佛法界："一念相应一念佛，念念相应念念佛。"②

蕅益认为对于不同的修持者，持名念佛有境界之别，有事持与理持之分。

事持者是：

> 信有西方阿弥陀佛，而犹未达是心作佛、是心是佛，但以决志愿求生故，如子忆母，无时暂忘，名为事持。③

理持者则是：

> 信彼西方阿弥陀佛，是我心具、是我心造，即以自心所具所造洪名，而为系心之境，令不暂忘，名为理持。④

事持者是未达感悟到是心作佛、是心是佛之境界的修持者，理持者则是已经感悟臻达是心作佛、是心是佛且证自性弥陀之境界的修持者，事持者与理持者的同处在于已经在持名念佛，异处在于一同持名念佛时的心境与见地仍有阶梯般之差别。

在蕅益看来，念佛法具有普适的功能，可以普被上中下三根。修持四

---

① 蕅益：《示净坚优婆夷》，《灵峰宗论》卷第二，载《大藏经补编》第23册，第520页。
② 蕅益：《化念阿弥陀佛同生净土疏》，《灵峰宗论》卷第七，载《大藏经补编》第23册，第736页。
③ 蕅益：《〈佛说阿弥陀经〉要解》，载《大正藏》第三十七册，第371页。
④ 蕅益：《〈佛说阿弥陀经〉要解》，载《大正藏》第三十七册，第371页。

种念佛方法的念佛人，修持的深浅不同，念佛就可分出三品：

> 念佛第一品人，顿悟自心是佛，念念圆明；第二品人，深信自心作佛，念念入理；第三品人，深信佛力无量，念念灭恶。此复四种，谓念佛自性，念佛相好功德，念佛名号，念佛形像，此四各通三品也。①

上根的一品念佛人在念佛时顿悟自心是佛，准上根或中根的二品念佛人在念佛时虔诚坚信自心作佛，准中根或下根的三品念佛人在念佛时虔诚坚信佛力无边，杜绝了世俗的一切恶念，念佛因此也有益于世道人心的趋善向好。念佛之举看似简单，同样可以成就上品修持者。

3. 信、愿、行是"修行之宗要"

持名念佛是正行，正行需要正信与正愿来导引。蕅益秉承《阿弥陀经》之宗旨，将信、愿、行定义"为修行之宗要"②，是修行净土法门的三大纲要：

> 总其大要，须具信愿行三。信则信事、信理、信自、信他、信因、信果；知心外无土、土外无心，性外无佛、佛外无性，因必该果、果必彻因。愿则念念回向，心心趋往。行则无量法门，会归一致。③

信包括信仰与接受智解，起圆信加开圆解，具体是信仰关于弥陀净土的事与理、信仰自力修持与他（佛）力接引、信仰因果不爽等，接受心外无土和土外无心，性外无佛和佛外无性等智解。愿是发大心，将每次念佛的功德都回转归向与法界众生同享，心念始终趋向往生弥陀净土。行就是在佛教的无量法门中，选择会归一致的念佛法门，践行通过念佛来往生弥陀净土的圆顿之行。

信、愿、行三者有互动的关系，对于净土修持者而言，唯有起信才能

---

① 蕅益：《梵室偶谈》，《灵峰宗论》卷第四，载《大藏经补编》第23册，第623页。
② 蕅益：《〈佛说阿弥陀经〉要解》，载《大正藏》第三十七册，第364页。
③ 蕅益：《参究念佛论》，《灵峰宗论》卷第五，载《大藏经补编》第23册，第653页。

第七章 纵比较：净土宗重要祖师与印光的弥陀净土思想之比较

启愿，唯有发愿才能导行，妙行持名念佛之后才能满足所发之愿并证实其所信，所谓："非信不足以启愿，非愿不足以导行，非持名妙行不足满其所愿而证所信。"①

为了通俗地说解信、愿和行的关系，说明念佛法门何以是功效卓越的横超法门，蕅益还做了一个比喻：

> 信如将，愿如谋，行如军旅。有将有谋，为弱亦可取胜；苟无将、谋，虽勇壮亦溃矣。是故信宜专，愿宜审，行宜无所不收。专且审，故圆顿直捷而至高；无所不收，故三根普被而至广，此念佛三昧所以为横超胜异也。②

就如有将有谋有军旅，则一支军队具全一样，念佛法门就是由信、愿和行三者构成的一体法门，信、愿很重要，有信和愿，行即使弱少也能成立，所谓："信得决，愿得切，虽散心念佛，亦必往生；信不真，愿不猛，虽一心不乱，亦不得生。"③ 若无信和愿，行即使曾经勇猛壮烈也难逃崩溃的结局。起信要专一，发愿要审慎，念佛法门则是"圆顿直捷"而收效至高的法门，人人都可以无障碍地践履持名念佛之法，从而普遍惠及上中下三根。

归结而言，"信愿为慧行，持名为行行。得生不得生，全由信愿之有无；品位高下，全由持名之深浅。故慧行为前导，行行为正修，如目足并运也。"④ 对于修持者而言，信愿如目，念佛之行如足，是否有信愿，决定了能否往生弥陀净土；往生的品位高下，则由修持者个人持名念佛的深浅程度而有差别。信、愿、行不是孤立而是三者一体的：

> 依一心说信愿行，非有先后，亦非定三。盖无愿无行，不名真信；无行无信，不名真愿；无信无愿，不名真行。今全由信愿而持名

---

① 蕅益：《〈佛说阿弥陀经〉要解》，载《大正藏》第三十七册，第364页。
② 蕅益：《沈母金太孺人往生赞》，《灵峰宗论》卷第九，载《大藏经补编》第23册，第800页。
③ 蕅益：《持名念佛历九品净四土说》，《灵峰宗论》卷第四，载《大藏经补编》第23册，第617页。
④ 蕅益：《〈佛说阿弥陀经〉要解》，载《大正藏》第三十七册，第367页。

号，故一一声中，信、愿、行三皆悉圆具，所以名多善根福德因缘。①

全具信、愿、行三者，才是真信、真愿和真行，每一声的念佛声中全具信、愿、行，这就蕴涵着往生弥陀净土的善根因缘和福德因缘，善根是往生的亲因，福德则是往生的助缘。有信、愿、行的净土修持者，就获得了幸福。

4. 以戒律促成净土的"净戒为因，净土为果"思想

在净土宗祖师中，蕅益对中国佛教的戒学有着非凡的贡献，是一代戒学大师。他特别强调可以起到止恶防非作用的戒律，首先，修行、修养与信仰的智慧必须并重，也就是戒、定、慧三学并重，因戒生定，因定发慧，慧萌生后则戒定愈加超胜，三者循环共济，所谓：

因戒生定，定生而戒愈完；因定发慧，慧发而戒定愈胜，故名三无漏学也。②

对于净土宗修持者而言，戒为本，戒、定、慧互相依存，是共全同具的统一体，都是不可或缺的，否则就会步入歧路："推本，则戒无定慧，犹克善果；定慧无戒，必落魔邪。"③

其次，持戒与念佛是相同的法门，持戒是因，念佛是因，往生弥陀净土则为果，"持戒念佛，本是一门，净戒为因，净土为果。……故一心念佛者，必思止恶防非而专精律学；专精律学者，方能决定往生而一心念佛。"④

综合来看，"戒者佛身，律者佛行，禅者佛心，教者佛语。"⑤ 净土宗信众须将这四者全面地落实到修持中。

（二）印光对蕅益的认知与评价

1. 蕅益是佛门内"出类拔萃之不思议大士"

回顾蕅益的生平，印光推崇蕅益对佛教与净土宗经典有着深入的研

---

① 蕅益：《〈佛说阿弥陀经〉要解》，载《大正藏》第三十七册，第371、372页。
② 蕅益：《梵室偶谈》，《灵峰宗论》卷第四，载《大藏经补编》第23册，第619页。
③ 蕅益：《示广戒》，《灵峰宗论》卷第二，载《大藏经补编》第23册，第502页。
④ 蕅益：《答比丘戒五问》，《灵峰宗论》卷第三，载《大藏经补编》第23册，第593页。
⑤ 蕅益：《示六正》，《灵峰宗论》卷第二，载《大藏经补编》第23册，第550页。

究，著述丰硕，是"人皆可以作佛"的榜样：

> 人皆可以为尧舜，人皆可以作佛，所贵者自勉耳。明末，蕅益大师，木渎钟氏子，天姿聪敏，少即随母吃素礼诵。七岁读书，以圣学自任，誓灭释老，开荤酒，作论数十篇辟佛。十七岁，阅莲池大师《自知录序》，及《竹窗随笔》，乃不谤佛。后遂极力研究，二十四岁出家，彻悟自心，深入经藏。一生著述数十种，均为古今不多见者。①

印光在《莲宗十二祖赞颂》中，以诗性文字为蕅益写了以下赞颂：

> 宗乘教义两融通，所悟与佛无异同。
> 惑业未断犹坯器，经雨则化弃前功。
> 由此力修念佛行，决欲现生出樊笼。
> 苦口切劝学道者，生西方可继大雄。②

此赞颂基本反映出了印光对蕅益所作出的总体评价。首先，评价蕅益"宗乘教义两融通，所悟与佛无异同"。即蕅益融通了净土宗与大乘佛教的教义，其颖悟的内容与境界达到了佛的层次。其次，以诗性语言回顾了蕅益的生平，指出蕅益对弥陀净土的信仰与修持，有一个从疑惑到坚信加力修的过程。最后，蕅益的历史性贡献之一，是以苦口婆心来劝导学道者以信愿行来往生西方弥陀净土。在印光的历史视野中，蕅益"其戒行净若冰雪，其见地明若日月。而且注重净土一法，以末世众生，不仗佛力，决难现生了脱生死"③。

2. 推崇蕅益的《弥陀要解》与《净土十要》

在印光看来，蕅益"所悟与佛无异同"，首先表现在蕅益所著的《弥陀要解》中。印光多次指出，蕅益的《弥陀要解》为自佛说《阿弥陀经》之后的"第一注解"：

---

① 印光：《江苏吴县佛教会通告各寺院僧众巽言（民二十三年）》，《印光大师全集》第二册，第1364页。
② 印光：《莲宗十二祖赞颂》，《印光大师全集》第二册，第1326页。
③ 印光：《重修〈九华山志〉序（民二十六年）》，《印光大师全集》第二册，第1185页。

《弥陀要解》一书，为蕅益最精最妙之注，自佛说此经以来之注，当推第一。即令古佛再出于世，现广长舌相，重注此经，当亦不能超出其上。①

换言之，在印光的法眼看来，蕅益的见解即佛的见解。与此递进，印光对净土宗信众提出的要求之一，就是要重视《弥陀要解》的义理，以其中的义理来支持弥陀净土的修持："若欲研究，《阿弥陀经》有蕅益大师所著《要解》，理事各臻其极，为自佛说此经来第一注解，妙极确极。纵令古佛再出于世，重注此经，亦不能高出其上矣。不可忽略，宜谛信受。"②

蕅益编选的《净土十要》中，包括第一卷《弥陀要解》至第十卷《西方合论》（明代袁宏道），印光对此净土文选本同样是推崇备至，因为"《净土十要》乃蕅益大师以金刚眼，于阐扬净土诸书中，选其契理契机，至极无加者。第一《弥陀要解》，乃大师自注，文渊深而易知，理圆顿而唯心。妙无以加，宜常研阅。至于后之九种，莫不理圆词妙，深契时机。虽未必一一全能了然，然一经翻阅，如服仙丹。久之久之，即凡质而成仙体矣。（此是譬喻法门之妙，不可错会谓令成仙。）"③ 读《净土十要》，虽未必是人人能一一全了然，但常读常新，会极大地有益于对弥陀净土的修持。

3. 评价蕅益的《四书蕅益解》"以圆顿教理，释治世语言"

印光对于蕅益所著的《四书蕅益解》给予了高度评价。他指出蕅益写作的动机："又念儒宗，上焉者取佛法以自益，终难究竟贯通。下焉者习词章以自足，多造谤法恶业，中心痛伤，欲为救援。"④ 也就是意图矫正当时儒学作为主流意识形态时的两种流弊，一是一流的儒生们只是从佛法谋自益，却不能深究佛法的奥秘内蕴；二是末流的儒生们只是满足于追求表面的诗词文章，不少更站在儒学正统的立场，诽谤佛法，自造恶业。

蕅益曾有过由儒入佛的转折性经历，对上述状况就更是深感痛心，欲图救援这些儒生，选取的途径就是：

---

① 印光：《复永嘉某居士书二》，《印光大师全集》第一册，第100页。
② 印光：《与徐福贤女士书》，《印光大师全集》第一册，第125页。
③ 印光：《与徐福贤女士书》，《印光大师全集》第一册，第128页。
④ 印光：《〈四书蕅益解〉重刻序》，《印光大师全集》第一册，第468页。

第七章　纵比较：净土宗重要祖师与印光的弥陀净土思想之比较

因取《四书》、《周易》，以佛法释之；解《论语》、《孟子》，则略示大义；解《中庸》、《大学》，则直指心源。盖以秉《法华》开权显实之义，以圆顿教理，释治世语言，俾灵山泗水之心法，彻底显露，了无余蕴。其取佛法以自益者，即得究竟实益。即专习词章之流，由兹知佛法广大，不易测度，亦当顿息邪见，渐生正信，知格除、物欲，自能明其明德，由是而力求之，当直接孔颜心传。其利益岂能让宋、元、明诸儒独得也已?!①

既然宋、元、明的新儒学思想家们可以借佛教的概念与义理来浇自己的思想块垒，蕅益同样还以其人之道，直接以佛法佛理来解读作为儒学经典的《四书》，以佛教的出世法来解读儒学的治世法，使儒生们能了解佛法的究竟，知佛法的博大，可相通于孔颜心传之法，不再对佛法妄加诽谤。对于郁九龄、施调梅二居士评价《四书蕅益解》为"大明儒释心法，于世出世法，融通贯彻"②之说，印光极为称赏，该书可谓是融汇儒佛思想的高端代表作。

4. 指出蕅益的著作甚少被选入《乾隆版大藏经》的原因

对蕅益的其他著述，印光同样给予了很高的赞誉，以下兹举两例。

对蕅益的《教观纲宗》，印光有如是赞誉：

俾学者悉知如来说教之意，与夫禀教修观之法，有如导归宝山，直授摩尼宝珠。从兹不但了知不生不灭、非有非空之圆妙第一义谛，为如来心印；即人天权小等法，与治世语言、资生业等，无不皆是第一义谛，皆为如来心印。喻如画龙点睛，立刻飞腾，以法无自性，转变由心，圆人受法，无法不圆故也。③

对蕅益的《赞礼地藏菩萨忏愿仪》，印光有如是评价：

---

① 印光：《〈四书蕅益解〉重刻序》，《印光大师全集》第一册，第468页。
② 印光：《〈四书蕅益解〉重刻序》，《印光大师全集》第一册，第468页。
③ 印光：《"〈教观纲宗〉释义纪"重刻序》，《印光大师全集》第一册，第570页。

> 冀使凡心作佛心，即十轮而明赞悔。宝镜既磨，光明自发；摩尼既濯，珍宝斯雨。诚可谓：反本还元之妙法，即心作佛之达道也。①

从印光以上的评价来看，蕅益的著述在佛门中的地位崇高。然而，在清世宗雍正十三年（1735 年）开雕木板、清高宗乾隆三年（1738 年）完成的《清藏》（又名《龙藏》《乾隆版大藏经》，是清代唯一的官刻汉文大藏经）中，蕅益被选入的著作却甚少，仅有《相宗八要》《释大乘止观法门》二种，与蕅益的丰富著述不成比例，这也就成为了一桩令人多少产生疑惑的历史公案，以致禅门内有认为蕅益"徒有文字，未得大悟"②之谤议。

印光通过考察历史，在《复周群铮居士书一》中指出，这种状况之所以出现，原因有四。一是蕅益一生弘法仅限在南方，未曾到过北方地域。二是明清的政权动荡更迭，导致了当时所出著作"不书国号及年号"。三是当时南北佛门所走的径路有差异，导致蕅益的著述在京都极少流通："南方学者，多宗台教；北方学者，多宗贤首、慈恩，彼既不相习，故其流通也少。……至乾隆末年，蕅益著述，京中尚无多少。"四是从《清藏》的编选者来看，"刻藏预事之僧，尽属贤首慈恩临济宗人。台宗只一人，而且尚属校阅无权之人。"③以上诸因导致了蕅益的著述少被选入《清藏》，并非如历史传言所说的是因雍正不取蕅益的著述，亦非蕅益未得大悟。

5. 高度肯定莲池、蕅益等使"佛日重辉"的复兴佛教之举

概括言之，莲池、蕅益等复兴佛教之举，既把握到了净土宗真义，又切合了时代之需，成为明末佛教复兴运动的主流，给原本衰败的佛教带来另一番新局面，取得了继往开来的新成果。印光对此予以高度的肯定：

> 贤首则莲池、雪浪，大振圆宗；天台则幽溪、蕅益，力宏观道；……虽不及唐宋盛时，亦可谓"佛日重辉"矣。④

---

① 印光：《〈赞礼地藏菩萨忏愿仪〉重刻序》，《印光大师全集》第一册，第 478～479 页。
② 印光：《复周群铮居士书一》，《印光大师全集》第一册，第 235 页。
③ 印光：《复周群铮居士书一》，《印光大师全集》第一册，第 234 页。
④ 印光：《与佛学报馆书》，《印光大师全集》第一册，第 36～37 页。

第七章　纵比较：净土宗重要祖师与印光的弥陀净土思想之比较

通过他们的努力，净土思想趋于周全完备，并在遍及朝野的上中下根人士中获得了更广泛的传播，更多地推动了净土宗的普世化倾向。

相比于其他净土宗祖师，蕅益传承的思想，对印光的思想有着更为直接的影响。

（三）蕅益与印光的同与异

作为身处不同时代的净土宗一代宗师，蕅益与印光彼此之间，有同也有异。

同的方面，至少表现在以下几个方面。

第一，蕅益与印光的早年读书和出家经历颇为相似。在早年的读书时代，两人都曾以弘扬儒学为己任而大力辟佛，蕅益12岁时就已经写作数十篇论文来辟佛，梦与孔子颜回见面请益；印光则是"年当志学，不逢善友，未闻圣贤传薪之道，争服韩欧辟佛之毒"[1]。其后，蕅益在17岁时，因阅及《竹窗随笔》等佛书，此后就绝不谤佛；印光则是由于身体多病而反思，终觉前非而皈依于佛。两人都有几乎相同的人生历程，即由儒入释，然后出家弘扬佛法，终以自己的修持与论著成为净土宗的一代宗师。在他们日后的思想中，都具有浓郁的儒佛融合情结，并具体显现在他们的有关论著中。

第二，蕅益与印光都注重弘扬戒律，以戒为行，在弘宣净土宗时，都有重其实而不重其名、重作为而不重权位的务实举动。印光指出，蕅益"一生弘法，不作住持。多居北天目灵峰寺，故后人每以'灵峰'称之，实未为灵峰主人也"[2]。此事对印光影响巨大，印光也是在一生弘法中，严格遵守自己制定的包括"不接住一寺"的"三不"原则，坚持不当任何寺庙的住持。

第三，蕅益与印光的著述丰富，善于通过以书信来往来发文字般若的方式引导净土宗信众。在净土宗思想的发展历程中，印光作为集大成者，全面地继承了历代净土教义之精华，其中依照蕅益思想之处甚多。印光常

---

[1] 印光：《净土决疑论》，《印光大师全集》第一册，第357页。
[2] 印光：《重修九华山志序》，《印光大师全集》第二册，第1185~1186页。

说的净土法门"高超一切禅教律，统摄一切禅教律"①，强调修持者以信、愿、行三法为宗的思想等，直接就传承于"佛经祖意"中的蕅益思想。

第四，蕅益与印光都始终以修持为重。蕅益与印光虽都著述不少，但绝不是以文字而是以修持来求生弥陀净土。从行为而言，他们的相关著述能触动与引领他人进入净土之门，进而获净土信仰之福，是一种利他之举。然而要写出好的著述，学识仅是前提，还需经验的积累与智慧的提升，写作时费时间，费眼力更费心力，这就难免要占用修持者的修持时间，分散修持者的修持精力，著述实际上就成为了一种自损之举。对此，蕅益曾有一番坦率的夫子自道：

> 今夏两番大病垂死，季秋阅藏方竟，仲冬一病更甚，七昼夜不能坐卧，不能饮食，不可疗治，无术分解，唯痛哭称佛菩萨名字，求生净土而已。具缚凡夫损己利人，人未必利，己之受害如此。平日实唯在心性上用力，尚不得力，况仅从文字上用力者哉？出生死，成菩提，殊非易事。非丈室谁知此实语也。②

求生净土要靠修持而不是写文章，这就是蕅益感慨系之的缘由。印光对此也是感同身受，所以他才写出能让人人阅读的《一函遍复》，希望人们少来信，最好是不来信，以助他能有更多的时间与精力投入到净土修持中。

蕅益与印光的不同之处，主要表现在以下几个方面。

第一，就净土宗逾千年的历史定位与各自思想意义而言，蕅益是净土宗的第九祖，其思想有承上启下的重要价值与历史意义。印光是净土宗的第十三祖，其思想是千年净土思想集大成之体现。

第二，在净土宗经典上，蕅益主要推崇《阿弥陀经》，并为此写出经得起历史考验并被净土宗信众高度推崇的《弥陀要解》。印光则是以五经并重，并推出了至今仍最大范围流行于世的《净土五经》刻本。

第三，在宗门抉择上，蕅益提倡禅净并重，禅净互资，他曾有云："无禅之净土，非真净土；无净土之禅，非真禅。"③ 他认为参禅与念佛都

---

① 印光：《与悟开法师书》，《印光大师全集》第一册，第28页。
② 蕅益：《寄钱牧斋书》，《灵峰宗论》卷第五，载《大藏经补编》第23册，第652页。
③ 蕅益：《灵峰宗论》卷第五，载《大藏经补编》第23册，第654页。

第七章　纵比较：净土宗重要祖师与印光的弥陀净土思想之比较

能往生西方，都能悟道。至于是选择参禅或是念佛的径路，可根据有疑问则选参禅、无疑问则选念佛的原则，由修持者本人来自酌自定：

> 人谓：参禅则悟道，不必求生西方；念佛则生西，未必即能悟道。不知悟后，尚不可不生西方，况未必悟耶?! 又禅者欲生西方，不必改为念佛，但具信愿，则参禅即净土行也。又念佛至一心不乱，能所两忘，即得无生法忍，岂非悟道?! 故参禅念佛，俱能悟道，俱能生西也。但有疑则参，无疑则念，在人下手时自酌耳。①

数百年以降之后，印光力主独尊弥陀净土，认为时代不同，修持者的根机不同，故身处末法时代的净土宗信众，唯有念佛才是往生西方的最稳妥方法，是切合时宜的唯一选择。参禅作为历史上佛教修持者求生西方的径路之一，作为历史上曾被永明、莲池、蕅益等大师在自己时代认可的一个选项，印光已经根据时空条件的变易而予以排除，提倡全力修持念佛法门。

五　弥陀净土是净土宗的共同信仰归宿

起源于印度的佛教，传入中国及东亚后，净土信仰就有多种。对于中国佛教的净土宗而言，通过以上有限的比较，可见最关键之要点是，弥陀净土是净土宗的共同信仰归宿，是净土宗信仰归一的最大公约数，是净土宗之所以能立宗并得以延续的终极信仰寄托。

对于净土宗在中国佛教的一枝独秀，对于从慧远到印光的诸位净土宗祖师，太虚法师曾有这么一段陈述：

> 唯佛教诸宗，在华各昌一时而渐衰，独莲宗递代增盛，旁流及朝鲜、日本、安南，靡不承中国之统。波澜转壮，则滥觞庐山莲社，博约其化于昙鸾、道绰，善导、永明又深其旨，至云栖爰集大成，灵峰、梵天、红螺益精卓，沿至清季民初，尽一生精力，荷担斯法，解

---

① 蕅益：《灵峰宗论》卷第四，载《大藏经补编》第23册，第624页。

211

行双绝者，则印光大师也。①

此段陈述，一是以极简洁的文字，概括道出了净土宗在中国佛教各宗中一枝独秀的历史。二是道明了净土宗祖师与大方家们对净土宗与弥陀净土信仰发展的贡献，包括慧远创宗，昙鸾、道绰博约其化，善导、永明深化其义旨，莲池（云栖）集其大成，蕅益（灵峰梵天）、彻悟（红螺）则促其在精卓方面更上一层楼。三是对于清末民初时，印光毕其一生精力，在弥陀净土的义解与践履方面达到了极致，对净土宗发展的承前启后作用予以了高度的褒赞。

进一步看印光对净土宗各重要祖师的传承，作为印光俗家皈依弟子的周孟由居士有这么一段评语：

法雨老人（引注：印光）禀善导专修之旨，阐永明料简之微，中正似莲池，善巧如云谷（引注：明代高僧法会）。宪章灵峰（引注：蕅益），步武资福（引注：彻悟），弘扬净土，密护诸宗，昌明佛法，潜挽世风，折摄皆具慈悲，语默无非教化，二百年来，一人而已。

弘一法师完全认可并完整地复述了这段评语，称之为"不刊之定论"。② 在此语中，集中阐述了印光对善导、永明、莲池、法会、蕅益和彻悟等净土宗祖师或大师们的教义与修持的传承，这使印光得以成长为净土宗在过去二三百年里的第一人，成长为净土宗的最新一代祖师。

将太虚与周孟由的论述结合来看，当见印光集往昔净土宗祖师们的德功言于一身，在阐析净土教义上有继承，也有切合时代之需的发展，得以集弥陀净土信仰思想的大成，弘扬净土法门，以其《文钞》的法语和人格风范所具有的深远的教化摄受力，成为了不世出的新一代祖师。

通过以上有限地比较了净土宗各重要祖师思想与修持的这条主线来看，当可窥见净土宗的思想发展经历了流变，修持亦然。概括言之，这些流变主要体现在以下三方面。

---

① 印光：《莲宗十三祖印光大师塔铭》，《印光大师全集》第七册，第4~5页。
② 弘一：《致王心湛》，载林子青编《弘一法师书信》，第221页。又，"二百年来"另一说为"三百年来"，参见《印光法师文钞三编》（下），第1143页。

第七章　纵比较：净土宗重要祖师与印光的弥陀净土思想之比较

第一，由观想念佛到持名念佛。

由慧远、善导到印光，净土宗修持的主流，已经由慧远提倡的观想念佛，转换到了善导大力提倡并得到了其后净土宗诸位祖师发扬光大的持名念佛，印光更是根据时代的变迁，力主专修弥陀净土的持名念佛法门。

第二，由禅净双修到专修净土。

经由莲池的摄禅归净到蕅益的消禅归净，"晚明丛林对净土信仰全面皈依，表明佛教修持方法的有效性不再是一个理论问题，而是一个实践修行的信仰问题，从而说明晚明中国佛教具有从智慧走向信仰的思想特征。"[①] 弥陀净土信仰的这种从智慧到信仰的走向，经由印光集其大成，转换到了专修弥陀净土念佛法门，并成为了中国佛教思想与修持的主流，对近现代和当代汉传佛教有着广泛而深刻的影响。

第三，信仰与修持趋专一与简洁。

从慧远到印光，可见净土宗的信仰趋专一，修持更趋简洁，一以贯之的是需要成年累月的坚持，需要数十年如一日般的终生坚持，极致的境界就是达到了简洁的纯粹。

---

① 陈永革：《从智慧到信仰：论晚明净土佛教的思想转向》，《浙江学刊》1998 年第 2 期。

第八章　横比较：晚清民初佛学大家与印光的净土思想之比较

从佛教四众的方面来梳理，晚清与民国时期（19世纪下半叶与20世纪上半叶）的佛教重镇，可分为两大类。

一是得风气之先的居士佛教，晚清的中国佛教复兴是在以杨文会（1837~1911年）居士为首的居士佛教中兴起的，在知识界中的影响尤大。对此，梁启超在《清代学术概论》中，有如此的评论：

> 晚清所谓新学家者，殆无一不与佛学有关系。而凡有真信仰者率皈依文会。①

可见，当时对佛学有真信仰者都集合在杨文会的旗下。须指出的是，梁启超所说的"皈依文会"说并不严谨，是值得商榷的，更准确的说法或应是：通过文会的现世导引而皈依阿弥陀佛。具体理据见后文所述。

二是以"民初四大师"② 即虚云（1840~1959年）、印光（1861~1940年）、弘一（1880~1941年）和太虚（1889~1947年）法师为代表的僧侣佛教。在四大师中，虚云归宗于禅宗，印光归宗于净土宗，弘一则以重振南山律宗为己任，他们均自觉地延续着传统佛教的命脉，对他们三人，大醒有如是评价："印老不特为净土宗师，实为全中国第一尊宿。……论今日中国佛教之大善知识，印老虚老为两大砥柱，得弘一法师

---

① 石峻等编《中国佛教思想资料选编》第三卷第四册，中华书局，1990，第106页。
② 南亭：《我与印光大师的一段因缘和感想》，载《印光大师永思集续编》，《印光大师全集》第五册，第2638页。

第八章　横比较：晚清民初佛学大家与印光的净土思想之比较

为雕梁画栋，即成为佛教庄严之殿堂。"① 太虚法师则在继承传统的同时，力图在佛教改革求新中求发展，是同时代佛教革新的精神领袖与实际领导者。

比较杨文会居士和民初四大师的佛教思想，有同也有异。

同之中，净土信仰是他们的最大共同点之一，他们的净土信仰也就构成了晚清与民国时期净土思潮的最主要部分。

进一步细究杨文会居士和民初四大师的净土信仰，同中另有异，这主要表现在以下三个方面。

一是发愿往生净土的同与异：杨文会居士和虚云、印光、弘一法师是发愿往生弥陀净土；太虚法师则是发愿往生弥勒净土。

二是修持方式的同与异：虚云法师是禅净双修；印光与弘一法师是专修弥陀净土。

三是继承传统与创造新说的同与异：杨文会居士和虚云、印光、弘一法师归心传统的弥陀净土；太虚法师则因归心弥勒净土，开出了人间净土的新说。

大体来说，在杨文会居士和"民初四大师"中，印光是弥陀净土信仰的领军人物，太虚则是弥勒净土之翘楚。

本章意欲通过重点阐述和分析以上几位大师的净土观，他们与印光的互动，以求一窥晚清与民国时期的弥陀净土、弥勒净土和人间净土信仰的共存态，作为最佳参照之一，以俾有益于对印光及其弥陀净土思想认知的加深。

在同时期的佛学大家中，欧阳竟无（1871～1943年）居士对净土信仰有异议，相关观点也在本章阐述。

一　杨文会的弥陀净土观

杨文会居士，字仁山，安徽石埭（今黄山市）人。早年习儒学，并学天文、地理等。清同治元年（1862年）偶购入《大乘起信论》，读后，即心向佛教，立志搜求佛经，刻印流通，与友人募捐集资在南京创金陵刻经

---

① 大醒：《致陈无我居士书二》，载《印光大师全集》第五册，第 2601～2602 页。

处，经营刻印佛经事业。后多次出使英、法国，结识日本佛教学者南条文雄，经南条帮助，从日本找回国内失传的佛教经疏300余种，择要出版《刻古逸净土十书》等。与英人李提摩太一起，将《大乘起信论》译成英语。他又在金陵刻经处设祇洹精舍，培养兼通中西文字和佛学的僧俗。他重刊《净土四经》，直接推动了近代佛教的复兴，是史论中被公认的意义非凡之事。[1] 他个人著述有《等不等观杂录》等，收入《杨仁山居士遗著》中。他的弟子及从学者中，著名者有谭嗣同、章太炎、欧阳竟无等。因他对近现代中国佛教复兴有巨大的贡献，被称誉为同时期的"中国佛教复兴之父"[2]。

（一）杨文会与印光的互动

杨文会在其写作中，尝多次提到印光。

一是桂伯华居士游历普陀山与印光相晤后，在与杨仁山的信中言及：印光"道行深浅，非某下愚所能窥测。然其人亦素知夫子（引注：杨仁山），不知夫子亦知其人，且悉其所造乎？日后出家，拟即求其剃度，师谓何如？"杨仁山的回答是："普陀印光法师未曾晤面，不能知其造诣浅深。"[3]

二是因印光尝对晚明吹万老人的《释教三字经》作了重新的校改，杨文会对印光其举其人有如是的赞许："考据精详，文辞圆润超胜旧作。而题名之处，不将重订者，列于其次，可谓坦然忘我者矣。"[4] 反映出了杨文会对印光有极高的推许。

而从印光书信的以下文字，则可见他对杨文会并不陌生，更不隔膜。

一是印光尝在谈及当时书法者的字体选择时，引用了杨仁山破泥古者

---

[1] 对此，赵朴初先生有以下赞许："余意支谶译弥陀经法为中土大乘盛宏之始。仁山居士刊印《净土四经》为近世佛教重兴之始。"参见赵朴初《金陵刻经处重印经书因缘略记》，载《杨仁山居士遗著》第一册，第1页，金陵刻经处重印本。

[2] 参见〔美〕霍姆斯·维慈《中国佛教的复兴》第一章"复兴的开端"，姚育红译，载《内明》（香港）第266、267期，1994年5、6月。

[3] 杨仁山：《与桂伯华（念祖）书一》，《等不等观杂录》卷六，《杨仁山居士遗著》第九册，金陵刻经处重印本，第7、9页。

[4] 杨仁山：《〈佛教初学课本〉自叙》，《等不等观杂录》卷三，《杨仁山居士遗著》第八册，第20页。

第八章 横比较：晚清民初佛学大家与印光的净土思想之比较

之言："字须遵时，何必泥古？"等语，论证得出了不必"悉依古文"、"当一扫文人习气，字字遵时"的结论，可见印光对杨仁山这项不泥古而同步于时代进化观的高度认同。①

二是对佛儒古籍文本的搜寻与再版的高度关注，令印光一直关注着杨仁山的刻经事业，如他在《〈四书蕅益解〉重刻序》中有言：

《周易禅解》，金陵（引注：金陵刻经处）已刻；《孟子择乳》，兵燹后失传。杨仁山居士求之东瀛，亦不可得，惜哉！②

可见两人有相同的志趣、关注与作为，也就产生了相惜之意。

至于杨文会与印光这两位大师在生前，是否有直接的会面与交流，则有不同的说法。③

（二）杨文会的弥陀净土观

杨文会早年有"崇禅宗而轻净土"的倾向，在中年时才以净土信仰为依归，到了晚年，"用心既久，阅历较深，始知旧日之非，幡然改悔"，全心皈依净土，强调"一切法门皆趋净土法门"，从佛学人生到佛教义理的选择上，皆以净土作为最终的归宿。在个人的信仰取向上，他强调皈依净土并非易事：

发心向道已属甚难，专修净土，更属难中之难。④

以下对他的弥陀净土观作一简述。

---

① 印光：《与陆家轩居士书》，《印光大师全集》第一册，第189页。
② 印光：《〈四书蕅益解〉重刻序》，《印光大师全集》第一册，第469页。
③ 网络文章《印祖故事：南京拜访仁山老，善导宗风得继承》，言清光绪三十一年（1905年）时，印光法师为雍正皇帝御制《拣魔辨异录》能够入藏流通等事宜，专程到南京杨公馆拜访杨文会居士。上文唯未言及其历史依据何在，见 http://www.xuefo.net/nr/article3/28036.html。沈去疾编著《印光法师年谱》中，1905年为空白，并无此项会面与交流的记载。
④ 杨仁山：《与李澹缘（息）书一》，《等不等观杂录》卷六，《杨仁山居士遗著》第九册，第11页。

第一，他信仰弥陀净土的起因，是痛感生命的无常，"人命在呼吸间"①。故他念佛修持之心也切，促人念佛之念也强。为此，他依据后魏昙鸾法师的"无后心、无间心"的范畴来具体诠释"念佛下手处"及其后的高境界：

> 无论千念万念，只用当念一句以为往生正因。前句已过，后句正出，亦在当念。如是，则心不缘过去，不缘未来，专注当念一句，是谓"事一心"，无论何时，可以往生。久久纯熟，当念亦脱，便入"理一心"，生品必高。其"无间心"，即是"无后心"之纯一境界也。②

当下之念，归于念佛，前念后念皆当念，万念归于一念，从而摄心于念佛修持中，开启往生正因。由"事一心"入"理一心"，事理圆融，往生的品位就高；"无间心"与"无后心"纯粹合一，也就达到了最高的境界。

第二，净土宗能"普摄群机"。在《十宗略说》一文中，杨文会先后列举了律宗、俱舍宗、成实宗、三论宗、天台宗、贤首宗、慈恩宗、禅宗、密宗和净土宗，各宗都以净土为归：

> 以前之九宗分摄群机，以后之一宗普摄群机。随修何法，皆作净土资粮，则九宗入一宗；生净土后，门门皆得圆证，则一宗入九宗。融通无碍，涉入交参，学者慎勿入主为奴，互相颉颃也。③

就教化及其适应对象而言，律、禅、密等九宗面对的是部分对象（"分摄群机"），净土宗所面对的则是整体对象（"普摄群机"），修持各宗之法，都成净土资粮，则九宗全归入净土宗。修持者往生净土后，任何法门皆得

---

① 杨仁山：《与黎端甫（养正）书》，《等不等观杂录》卷六，《杨仁山居士遗著》第九册，第21页。
② 杨仁山：《与黎端甫（养正）书》，《等不等观杂录》卷六，《杨仁山居士遗著》第九册，第21页。
③ 杨仁山：《十宗略说》，《杨仁山居士遗著》第四册，第1页。

第八章　横比较：晚清民初佛学大家与印光的净土思想之比较

圆证,则净土内涵遍入九宗之中。如此,净土就是佛法的最终归结,是遍在的,所谓"净土一门,普被群机,广流末法,实为苦海之舟航,入道之阶梯也"①。

他还指出,佛法之所以可自九宗始而以净土作为归宿,是因人而设的,就修习九宗中的任何一宗而论,都能证道;而修习净土,适合各种根性的修习者：

> 专修一门,皆能证道;但根有利钝,学有浅深,其未出生死者,亟须念佛生西,以防退堕。即登不退者,正好面观弥陀,亲承法印,故以净土终焉。②
>
> 所云防退之法,无如念佛往西,不论何等根器,信入此门,便能直超三界。③

修持具有最广泛普适性的净土往生法门,有往生极乐不退转的超常功效。

第三,弥陀净土的修持是自力他力具备,不应偏废,"既信他力,复尽自力,万修万人去矣。"④虔信佛力,恪尽自力,通过修持,按《永明禅净四料简偈》所言,则发愿往生弥陀净土者皆能如愿。故他对日本流行的"纯他力教"就颇不以为然,认为其乃"非通途之教",没有普遍意义,坚持认为往生净土虽仗佛力接引,但并不废自力：

> 废自力,则有无穷过失……凡夫往生,全仗佛力,而以自力为阶降之差,此千古不易之定论也。⑤

---

① 杨仁山：《重刊〈净土四经〉跋》,《等不等观杂录》卷三,《杨仁山居士遗著》第八册,第22页。
② 杨仁山：《十宗略说》,《杨仁山居士遗著》第四册,第8页。
③ 杨仁山：《与梅撷芸(光羲)书》,《等不等观杂录》卷六,《杨仁山居士遗著》第九册,第22页。
④ 杨仁山：《十宗略说》,《杨仁山居士遗著》第四册,第8页。
⑤ 杨仁山：《评日本僧一柳纯他力论》,《等不等观杂录》卷四,《杨仁山居士遗著》第八册,第10页。

佛力是决定众生往生的根本力量，自力则决定着往生者往生品位之差，这是不能否弃的佛教至理。

第四，在净土宗的经典依据上，杨文会认为净土津梁在于"三经一论"，即《无量寿经》《十六观经》《阿弥陀经》和《往生论》。①

（三）杨文会的弃禅归净观

杨文会在信仰上皈依弥陀净土，进而就直接非议上根利根者仅是高谈性理的倾向：

> 若夫利根之士，高谈性理，轻视莲邦，是皆未达空有圆融之旨，弃大海而认涓滴者也。②

根性高者若仅是高谈性理、沉迷玄空而轻视弥陀净土，就不能领会空有圆融之旨，是类如弃大海而得水滴之举。

结合禅宗对明清佛教的销蚀，他提出中国"佛教之衰，实由禅宗"③之说，对禅宗及其流风作了相应的反思。

第一，杨文会根据各宗阐发方式的不同，明确界分了净禅之同异。他将佛教诸宗分为三大类，一是将天台、贤首、慈恩诸宗列为"教内正传"；二是作为"教外别传"的禅宗；三是"教内别传"的净土宗。④净土宗与禅宗之同异，同在皆为别传，异在"教内"与"教外"之分。

第二，结合时代，杨文会认为当时修持者的根机已不适应修参禅之法。所谓：

> 释尊出世间，圣哲同时生，灭度二千年，利根渐渐稀，今昔若相

---

① 杨仁山：《与李澹苑（息）书一》，《等不等观杂录》卷六，《杨仁山居士遗著》第九册，第12页。
② 杨仁山：《〈西方极乐世界依正庄严圆图〉跋》，《等不等观杂录》卷三，《杨仁山居士遗著》第八册，第25页。
③ 杨仁山：《与夏穗卿（曾佑）书》，《等不等观杂录》卷六，《杨仁山居士遗著》第九册，第7页。
④ 杨仁山：《与冯华甫（启文）书》，《等不等观杂录》卷五，《杨仁山居士遗著》第九册，第22~23页。

第八章 横比较：晚清民初佛学大家与印光的净土思想之比较

比，高下大悬殊。现前比丘众，参禅者最多，根法不相宜，得道甚为难。①

说得更具体点，欲通过阅读《坛经》等书来求证入，几是不可能之事，因为"《坛经》所接之机，惟在上根利智，数十年来，未见其人"②。在他的视野里，上根利智者不仅只是日稀，而是数十年来不再有见。有的，是当时欲依据禅法求道者，"错认六尘缘影为自心相，以为现前知觉之心，即是教外别传之心。"但人人皆有的"现前知觉之心"偏于感知，显然不同于禅门内悟者特有的"教外别传之心"，否则，又何须达摩西来中土，历尽周折地传法给二祖？又如何解释门下虽有700余僧众，五祖却独传衣钵给六祖一人？历史已经昭示：

祖师心印，超越常情，非过量英杰，不能领会。近代根器浅薄，动辄以禅宗自命，究其旨趣，茫无所知，何论凡圣情尽，体露真常耶？！③

类似唐宋后沿袭成风乃至具有模式的类似口头禅的公案，也越来越走向歧途，原因在于历史上真正能接引后学的禅门公案，具有原创性，以"无法"为法，"古德公案本无定法，若以定法与人，醍醐变成毒药。"④现在将古德的"无法"当作定法传授给他人，本来可以令人觉悟的灌顶醍醐也就变成了让人沉迷的毒药。

第三，具体说到修持法门的方便及其功效，杨文会还具体比较了坐禅与念佛法门的差异：

---

① 杨仁山：《与廖迪心（世臧）偈》，《等不等观杂录》卷四，《杨仁山居士遗著》第八册，第23~24页。
② 杨仁山：《与王雷夏（宗炎）书》，《等不等观杂录》卷六，《杨仁山居士遗著》第九册，第24页。
③ 杨仁山：《答释德高质疑十八问》，《等不等观杂录》卷四，《杨仁山居士遗著》第八册，第21页。
④ 杨仁山：《答释德高质疑十八问》，《等不等观杂录》卷四，《杨仁山居士遗著》第八册，第19页。

> 惟坐禅一法，只能专修，与劳动之事，两相违背，纵修亦不得力。……唯有念佛一门，无论作何事业，皆可兼修，且收效最速，一生净土，即登不退地也。①

对于修持者而言，专修"坐禅"法，需专门的时间、场地与精力，不适合人数最广泛的劳动阶层。修"念佛"法门，则可做到修持事业两不碍，"一切烦杂世务，无非菩萨行门"②，如此，就可在家不废己业地修行，在功效上也十分快捷：

> 一日念佛，一日往生；日日念佛，日日往生。无论何时，命根一断，即生净土矣!③

修净土也就属上上之选，而且这种修持没有在家出家之别，故杨仁山一直坚持"但劝人学佛，而不劝人出家"④的做法。

最后也就是最重要的一点，是就修持的终极目标而言，修持者如"从禅门参学而入，以'无住为住'作归趣，妙则妙矣，其如生死何?!"⑤ 以"无住为住"当作修持目标，义理上是很玄妙，但却不能了生死，也就意味着失却修持的终极目标。在这方面，古今都不乏可作资鉴的事例：

> 尝观古来参禅之徒，既透末后牢关，而转世退失者，往往有之；今时禅侣，未开正眼，辄以宗师自命，扫除经教，轻蔑净土，其不损

---

① 杨仁山：《与吕勉夫（佩璜）书》，《等不等观杂录》卷六，《杨仁山居士遗著》第九册，第23页。
② 杨仁山：《与桂伯华（念祖）书一》，《等不等观杂录》卷六，《杨仁山居士遗著》第九册，第9页。
③ 杨仁山：《与廖迪心（世臧）书》，《等不等观杂录》卷六，《杨仁山居士遗著》第九册，第27~28页。
④ 杨仁山：《与桂伯华（念祖）书一》，《等不等观杂录》卷六，《杨仁山居士遗著》第九册，第9页。
⑤ 杨仁山：《与冯华甫（启文）书》，《等不等观杂录》卷五，《杨仁山居士遗著》第九册，第23页。

第八章　横比较：晚清民初佛学大家与印光的净土思想之比较

善根而招恶果者几希。[①]

正因为重禅轻净只会损善根、招恶果，将弥陀净土当作不二的信仰选择，也就最稳当与最必要。

（四）杨文会与印光之同异

综汇杨文会的有关思想，可见他在弥陀净土信仰、禅净之同异等具体内容的认知上，与印光的思想有着几乎一致的相通，主要体现在以下两点。

一是对于人命在呼吸间的生命无常，杨文会与印光都有着同样深刻的感悟，然后一致以弥陀净土为信仰的依归，在佛教诸宗中，视净土信仰是唯一可以普被三根、普摄群机的不二信仰。

二是结合佛教末法时代的特征，杨文会与印光结合人根的利钝，结合修持的功效，都一致地提倡弃禅归净观，在信仰上专一地皈依弥陀净土。

杨文会与印光之异，主要体现在以下四点。

一是在历史定位与影响上，印光日后被尊为净土宗第十三祖，是僧俗佛教界公认的祖师，他的弥陀净土思想更系统，对佛教四众的影响也更大。杨文会是居士领袖，他的思想影响，主要是面对知识界的佛学学者或佛学界的知识分子。

二是在思想与信仰的传承上，印光的思想为弟子如德森法师、李炳南居士所忠实传承并大力阐发。杨仁山的弟子，对乃师信奉的弥陀净土思想，或视为迷信（如欧阳竟无居士），或另取弥勒净土信仰（如太虚法师），直接影响到了相应思想阐发的深入，其在佛教界的影响也就逐渐沉寂。

三是在对净土经典的提法上，杨文会认为净土津梁在《三经一论》。印光则提《净土五经》，有拓宽性的延伸。

四是思想视野与抉择上，已经举目向洋的杨文会，在信仰弥陀净土时，自觉通过诸如中国净土宗与日本真宗的宗教比较，来论证并坚持自己的信仰选择。印光所作的宗教与宗派的比较，视野范围还在儒佛、中国佛教各宗派的同异比较与拣择上。

[①] 杨仁山：《与陈仲培书》，《等不等观杂录》卷五，《杨仁山居士遗著》第九册，第26页。

223

二　虚云的弥陀净土观

虚云法师，俗姓萧，名古岩，字德清，别号幻游。原籍湖南湘乡。清光绪九年（1883年）在福州鼓山涌泉寺出家，曾遍参国内名山名寺，赴西藏，到泰国、槟城等地考察东南亚佛教，先后历任福建鼓山、广东南华、云门等寺住持，1953年被推为中国佛教协会名誉会长。他努力中兴十方丛林，到处修复废圮的古寺，整顿佛门清规，在苦难的年代孜孜努力地维系着佛法的命脉，其禅功、苦行与成效，为同时代僧侣所仅见，并为教内外所重，是近现代中国禅宗的泰斗级大师。他在113岁（1952年）时，尝自书对联作夫子自道：

坐阅五帝四朝，不觉沧桑几度；
受尽九磨十难，了知世事无常。①

道出了自己的人生经历与心史。

记载虚云思想与说法之作，有《虚云和尚法汇》《虚云和尚法汇续编》和《虚云和尚开示录》等，净慧法师主编有《虚云和尚全集》。

（一）虚云与印光的互动

虚云与印光的历史定位不一，虚云乃近现代禅宗的泰斗，印光是净土宗第十三祖。两人生活的年代有大部分相同，两人互相敬重，印光圆寂在前，高寿的虚云为《印光大师画传》（以下简称《画传》）作序，以为悼念。序中有云：

清光绪二十年，余在普陀山。法雨寺化闻和尚，敦请印光大师讲经，得与识面。讲经事竣，大师即在寺阅藏，历二十余年，日对一编，足不出户限，故诸经之奥均能贯通，但日常行持，仍抱定一句"南无阿弥陀佛"，绝不因深通教义而轻视念佛法门。佛所说法，无一

---

① 岑学吕编著《虚云法师年谱》，第134页。

第八章　横比较：晚清民初佛学大家与印光的净土思想之比较

法不是疗治众生之病苦。念佛法门，名为"阿伽陀药"，总治一切病；然非信心坚固，愿行深切，未克得到圆满利益。如大师之真实行持，脚踏实地，禅讲兼通，而归宗于净土，昌明大法，密护诸宗，常以"诸恶莫作，众善奉行，敦伦尽分，闲邪存诚，深信因果，老实念佛"等语教人，不标新，不玄奇，所谓"道在平常日用间"，其一生之功行事迹，及本身成就，昭昭在人耳目，不待余之饶舌也。

……（《画传》）将大师一生事迹，跃然表现于纸上，是亦现代艺林之大观，而我佛门之盛事也。

大师弟子遍寰宇，多服膺其教言而未亲其道范，今有此画传流通，使天下后世，永得瞻仰，如同亲炙，则大师之遗教，亦永垂不朽矣！惟愿诸仁者，由影得心，由心得道，闻画说法，共证真常，同生净土。是为序。①

由该序可知虚云与印光有直接的交往。虚云称印光为"大师"，并给予了高度的评价，盛赞《画传》的出版，可见他对印光的推重。

在印光生西十二周年（1952年）纪念日，虚云为印光的弟子作开示，有言：

我劝大众，要坚信净土法门的利益，随印光老法师学"老实念佛"，立坚固志，发勇猛心，以西方净土为终身大事。②

虚云充分肯定了印光作为净土宗的一代宗师对佛教四众所起到的表率作用。

（二）虚云的净土观

虚云的净土观，主要有以下几个方面。

一是作为一个有着丰富人生阅历的出家人，他十分明确佛教信众修持

---

① 虚云：《〈印光大师画传〉序》，载《印光大师纪念文集》，《印光大师全集》第七册，第527~528页。
② 虚云：《虚云和尚全集》第一册，净慧主编，中州古籍出版社，2009，第213页。

与僧尼们出家的目的在于了生死：

> 古人为生死大事，寻师访友，不惮登山涉水，劳碌奔波。①
> 现在你我出家，行脚参学，都是因为生死未了。②

在生死未了的状态下要了生死，就要通过修持相应的佛学法门。

二是视净土为了生死的最当机的法门之一：

> 了生脱死，门路很多。《楞严经》有二十五圆通，就有二十五法门。门路虽多，总不出宗、教、律、净。宗是禅宗，教是讲经，律是持戒，净是念佛，这四法最当机。禅宗虽是直下明心见性，动静一如，头头是道。就禅来说，差别也多，还有邪正大小，种种不一。讲经也一样，要到大开圆解，一念三千，性相融通，事理无碍。念佛亦要念到一心不乱，当下亲证唯心净土，自性弥陀，入萨婆若海。一切法门，都离不了持戒。③

虚云在以"宗、教、律、净"来总结佛教二十五法门时，指出净即念佛，念佛到一心不乱时，就可以当下亲证唯心净土，自性弥陀，入萨婆若海，也就是了知内外一切智或佛智的境界。他特别强调：

> 须知世间法相，皆属幻化，如空中华，如水中月，无有真实。惟有一心念佛，为往生资粮。④

显然，虚云对净土的解说，是倾向于唯心净土与弥陀净土的统合的。

三是认为念佛法门是总治一切病的"阿伽陀药"。在上引《画传》的"序"中，虚云指出念佛法门是总治一切病的"阿伽陀药"。"阿伽陀"（梵语 agada）的原意为健康、长生不死、无病、普去、无价，后转用作药

---

① 《虚云和尚全集》第一册，第251页。
② 《虚云和尚全集》第一册，第253页。
③ 《虚云和尚全集》第一册，第320页。
④ 《虚云和尚全集》第五册，第265页。

第八章　横比较：晚清民初佛学大家与印光的净土思想之比较

物名称，尤指解毒药。"阿伽陀药"又称不死药、丸药，药效灵奇，价值无量，服之能普去众疾。虚云以此喻念佛法门，是因为往生净土即能永生，是彻底去除六道轮回时必须要服的"阿伽陀药"。

四是强调信愿行在末法时代的重要。从上引《画传》的"序"中，还可以看到，虚云认为，抱定一句"南无阿弥陀佛"的念佛法门，看似简易，但如果不是信心坚固，不是愿行深切，就不会彻底获得圆满利益。可见，皈依弥陀净土者如果不是信愿行具足，信仰利益也就不会具全。佛教信众身处今时的末法时代，就要发惭愧心，勇猛精进，努力修持：

> 现在已是末法，去圣时遥，佛法生疏，人多懈怠，所以生死不了。今既知自心与佛相同，就应该发长远心、坚固心、勇猛心、惭愧心，二六时中，如切如磋，如琢如磨，朝如斯，夕如斯，努力办道，不要错过时光！①

以四心来坚定地修持念佛法门，十分重要。

五是认为可在劳作中坚持的念佛法门是真实功夫。虚云在法会开示中，曾专门提及因修念佛法门而得往生的两个人，一是明朝初年的黄铁匠，在每天的打铁忙碌中，接受了一个僧人的教诲，开始不离己业的修持，方法是打一锤铁则念一声佛，抽一下风箱也念一声佛，如此终日打铁，也终日念佛，不觉疲劳，反觉轻安自在：

> 后将命终，预知时至，遍向亲友辞别，自言往生西方也。到时把家务交代了，沐浴更衣，在铁炉边打铁数下，即说偈曰："叮叮当当，久炼成钢，太平将近，我往西方。"泊然化去，当时异香满室，天乐鸣空，远近闻见，无不感化。②

另一则是当时的一位名为"具行"的和尚：

---

① 《虚云和尚方便开示》，福建莆田广化寺，1993 年印赠本，第 6 页。
② 虚云：《云居山方便开示》，《虚云和尚全集》第一册，第 254~255 页。

> 常替人缝衣服,缝一针,念一句"南无观世音菩萨",针针不空过。①

后也得往生。虚云以这两个事例说明诚修念佛法门者,可以"生死去来,这样自由",而且强调修持的功夫不一定在静中修,"做工夫不一定在静中,能在动中不动,才是真实工夫。""动用中修行比静中修行,还易得力。"②

六是针对时人对净土的误解,虚云为净土宗的念佛法门作了辩护:

> 近人观佛子之对像跪拜,及净土之持名念佛,即以其无神论立场,谓为"迷信"。不知跪拜与对长上致敬何异,念佛对于修心有莫大之功。且持名念佛,不过方便初机之简捷法门,更有观像念佛、观想念佛、实相念佛等法门。净土自有无穷妙用者,人自不会耳,岂迷信哉?③

无神论者视佛教四众对佛像跪拜,闻净土信众持名念佛,笼统称之为"迷信",虚云则从世间法的角度来反驳之,对佛像跪拜与对长辈上级的致敬一般;从世间法的角度看,修持念佛则对于修心有大功效,更不必说不能一言道尽的净土法门所有的无穷妙用。

(三)虚云的禅净合一观

在宗派的归宿上,虚云的自我定位是"余禅人也"④。但此禅人不同于彼禅人,从他的净土观尤其是他的禅净合一观,尤可看到。

虚云的禅净合一观,与印光有一点取向是相同的,即围绕着永明禅师的《禅净四料简偈》(以下简称《四料简》)展开,但论述的角度与结论却不尽相同。

虚云对于《四料简》是否出自永明之手,是持谨慎态度的:

---

① 虚云:《云居山方便开示》,《虚云和尚全集》第一册,第254~255页。
② 虚云:《云居山方便开示》,《虚云和尚全集》第一册,第254~255页。
③ 虚云:《答蒋公问法书》,《虚云和尚全集》第一册,第185~186页。
④ 《虚云和尚全集》第五册,第256页。

第八章　横比较：晚清民初佛学大家与印光的净土思想之比较

> 惟我平常留心典章，从未见到《四料简》载在永明何种著作中。但天下流传已久，不敢说他是伪托的。①

《四料简》早已流传天下，作为一首描述禅净关系的有代表性的诗偈，是不可能忽视的。故虚云对于《四料简》的分析，主要就是对作品的本身作义理上的分析。

虚云对于《四料简》的认识，是结合《楞严经》记载文殊菩萨的《圆通偈》来进行的。《圆通偈》有语："归元性无二，方便有多门，圣性无不通，顺逆皆方便。"众生佛性无二，佛法之门有多种，顺逆取向皆方便，并无定规。他认为：

> 近世修净土人，多数固执《四料简》，极少虚心研究《圆通偈》；而且对《四料简》，也多误解的；不独辜负文殊菩萨，而且带累永明禅师。终于对权实法门，不能融会贯通，视禅净之法，如水火冰炭。②

针对这些不足与误解，虚云陈述了他的具体看法。

对于出身禅宗且身为法眼宗三祖的永明禅师既是从宗门悟入，何以又弘扬净土的问题，虚云的答案是：

> 因为大悟的人，法法圆通，参禅是道，念佛是道，乃至如我们劳动掘地也是道。他为挽救末法根劣的人，故弘净土。他是净土宗的第六代祖，一生赞扬净土，寂后人人尊重。③

禅重在悟，净重在修，永明禅师作为大悟者，参禅与念佛皆能入道。他之所以弘扬净土，目的在于挽救末法时代的根劣人，并因此而被尊为净土宗的第六祖，广受尊重。

只是《四料简》面世后，局面就变得复杂：

---

① 《虚云和尚全集》第一册，第346页。
② 《虚云和尚全集》第一册，第343页。
③ 《虚云和尚全集》第一册，第344页。

> 禅净二宗，顿起斗争。净土宗徒说："有禅无净土，十人九蹉路。"单修禅宗，生死不了；单修净土，"万修万人去！"又参禅又念佛，"犹如戴角虎"。"无禅无净土"，是世间恶人。净土宗徒以此批评禅宗，至今闹不清。①

这种局面是虚云所不能接受的，他为此对《四料简》作出了解读。

"有禅无净土，十人九蹉路"者：禅也有高下之分，"禅之深浅，区别起来就多了。外道、凡夫、小乘、中乘、大乘，都各有各的禅。中国禅宗的禅，是上上乘禅，不同以上所举的禅。但末世行人参禅，确实有走错路的，无怪永明《四料简》中所责。……禅是最上一乘法，犹如纯奶。卖奶的人，日日加了些水，以至全无奶性。学佛法的人，也如纯奶渗了水，永明看到便对渗了水的禅说：'有禅无净土，十人九蹉路。'并不是说纯奶的禅'蹉路。'"② 可见，永明所说的："有禅无净土"中的"禅"，是末流的禅而非最上一乘的禅。"参禅的方法，要看'父母未生前的本来面目'，其目的只求明心见性。后人参禅违此方法，得些清净境界，通身轻飘飘的，一下子就开静，自以为有功夫了。其实滞于阴境，却不知一念缘起、无生，怎能向百尺竿头进步？永明因此说：'阴境忽现前，瞥尔随他去！'倒不如念佛老实可靠。"③ 参禅之所以未得究竟，是方法不对。两相比较，念佛法门老实可靠。

"有禅有净土，犹如戴角虎"者：禅净双修者是最高的修行，"如虎本有威，再加二角，更加威猛，为师作佛，理所当然。""如能法法皆通，则是最高尚的修行。"④

"无禅有净土，万修万人去"者：即使不能修禅，但能坚持念佛者，就能往生弥陀净土，能见弥陀。⑤

"万劫与千生，没个人依怙"者：是指"无善根者，不信禅，亦不信

---

① 《虚云和尚全集》第一册，第344页。
② 《虚云和尚全集》第一册，第346页。
③ 《虚云和尚全集》第一册，第346页。
④ 《虚云和尚全集》第一册，第346~347页。
⑤ 《虚云和尚全集》第一册，第347页。

第八章　横比较：晚清民初佛学大家与印光的净土思想之比较

净，糊里糊涂"① 的存活者。

做了这些分析，虚云得出的结论如下。

一是禅净并不矛盾，而是可以统合的：

> 念佛人心净佛土净，即见自性弥陀。这净土与禅是不二的。但今人却必限于念佛为净，参禅为禅。②

净禅本不二，今人却必限于念佛为净，参禅为禅，也就是画地为牢了。回顾历史，"昔日我佛逾城出家……廓然大悟，成等正觉，乃叹曰：'奇哉！一切众生具有如来智慧德相，但以妄想执著，不能证得。'其时那里来的禅和净呢？以后说法四十九年，都未究竟；至拈花微笑，付法迦叶，亦未说出禅字。"③ "参禅念佛等法门，本来都是释迦老子亲口所说，道本无二，不过以众生夙因和根器各各不同，为应病与药计，便方便说了许多法门来摄化群机。"④ 可见，禅净只是不同法门中的两种，目标在于摄化群机，佛教信众对于禅净同样不可偏执，不可因此废彼，禅净是可以共存共容的。

二是"希望一切行人，不要再于《四料简》中，偏执不通，对禅净二法妄分高下，就不辜负永明禅师了。"⑤ 禅法净法皆平等，《四料简》所言，并非禅净二法有高下之分。

三是念佛不碍参禅，参禅不碍念佛，念佛与参禅可以相得益彰，尤其从修持功夫来看，更是这样：

> 参禅与念佛，在初发心的人看来是两件事，在久修的人看来是一件事。参禅提一句话头，横截生死流，也是从信心坚定而来。若话头把持不住，禅也参不成；若信心坚定，死抱著一句话头参去，直待茶不知茶，饭不知饭，功夫熟处，根尘脱落，大用现前，与念佛人功夫

---

① 《虚云和尚全集》第一册，第347页。
② 《虚云和尚全集》第一册，第346页。
③ 《虚云和尚全集》第一册，第346页。
④ 虚云：《出席中国佛教协会成立会议感想》，《虚云和尚法汇续编》，河北佛教协会，1990，第53页。
⑤ 《虚云和尚全集》第一册，第347页。

熟处，净境现前，是一样的。到此境界，理事圆融，心佛不二，佛如众生如，一如无二如，差别何在？诸位是念佛的。我希望大家以一句佛号为自己一生的依靠。老老实实念下去。①

虚云作为持久参禅与念佛者，通过实际修持，说明参禅与念佛是可以看似二行实质归一的，并提倡修持者以"阿弥陀佛"的佛号为自己人生的依靠，始终老老实实地念下去。

四是在教化他人方面的自我总结：

我平生没有劝过一个人不要念佛，只不满别人劝人不要参禅。②

对于念佛法门有着高度的认同，同时又不满别人劝人不要参禅，这就是身为禅宗一代宗师的虚云的心声，也是他的教化。

（四）虚云与印光之同异

虚云的净土观与印光的净土观，有诸多相同或相近处。在禅净之同异等具体内容的认知上，与印光的思想有着几乎一致的相通。

虚云与印光之异，主要有以下三点。

一在定位上，虚云自觉传承禅宗，同时修持念佛法门，禅净双修。印光则传承净土宗，其弥陀净土思想更系统，修持也更专一。

二是对禅宗及参禅的态度上，印光主要从末法时代，参禅已经不切合时人根基的角度，反对修持者作包括参禅在内的其他修持，专一地提倡修持念佛法门。虚云则主要从佛之众多法门平等的角度，反对就禅净而妄分高低，坚持认为禅净双修是最高的修行。在这方面，虚云与印光的看法尤其是在具体修持上，切入的角度尤其是侧重点上有所不同。

三是虚云与印光在对禅净的认识上有差异，但在信仰本质上无差异，因为虚云依然推崇弥陀净土信仰为终极信仰，而印光同样也主张应平等地看待佛教的众多法门。

---

① 虚云：《老实念佛》，《虚云和尚全集》第一册，第213页。
② 虚云：《答禅宗与净土》，《虚云和尚全集》第一册，第347页。

三　弘一的弥陀净土观

弘一法师，俗名李叔同，浙江平湖人。他青年时代留学日本，是才气横溢的艺术教育家，集诗、词、书画、篆刻、音乐、戏剧、文学于一身，在音乐、戏剧等多个领域，开了现代中华文化艺术之多项先河。中年后，他发心向佛，出家后过午不食，精研律学，弘扬佛法，普度众生出苦海，被佛门弟子奉为律宗第十一代祖师，成为一代高僧。他前后半生的鲜明反差，令其成为中国现代佛教史与文化史中的绚烂至极归于平淡的典型人物。

民初四大师彼此之间，弘一与印光的交往是最默契也是最贴心的，这主要源自弘一对印光的尊崇。

弘一在1922年正月二十一日写于温州的《致王心湛》的书信中，有言：

> 普陀（引注：普陀山）光（引注：印光）法师为当代第一善知识，专修净土之说，允宜信受奉行，万勿游疑。光法师《文钞》，扬州有新刻本，较前增百数十首。[1]

弘一在写于早年的《〈印光法师文钞〉题赞》中，则云：

> 余于老人（引注：印光）向未奉承，然尝服膺高轨，冥契渊致。老人之文，如日月历天，普烛群品。[2]

弘一先是读到印光之书文，然后去信请教，再想成为印光的弟子，再三请求后得以成为印光的弟子，最后在直接的交往中，更是推崇印光。印光的思想言行对弘一有着关键且深刻的影响，弘一在与印光的交往前后，对印光是心慕良久而且终身崇敬的。[3]

---

[1] 弘一：《致王心湛》，《弘一大师全集》第八册，第332页。
[2] 中国佛教协会编《弘一法师》，文物出版社，1984，第87页。
[3] 对此，净土宗史家有如下的结论：弘一"一生最崇拜灵岩印光大师，故亦效大师之风，不收徒众，不主寺刹"。参见（清）彭希涑撰《净土圣贤录》第四册，第26页。

（一）弘一与印光的书信交往

印光与弘一的书信交往，现传世的仅有印光给弘一的五通回函。在这五通回函中，唯一保留有写作月日的回函，写于1920年7月26日，这也是迄今已知的印光给弘一的最早回函，《印光法师文钞》与《印光大师全集》均未收录此函，为林子青所编《弘一法师书信》"附录"所收。另四封则为《印光法师文钞》所收录。① 而弘一致印光的书信，至今未被发现，② 内中是有缘由的。③

故现只能依据印光给弘一的回函，来具体分析印光对弘一思想的影响，以及弘一的回应。

1. 提倡"息心专一念佛"法门

从印光给弘一最早回函的语句来揣测，当是出家后不久的弘一在修道中，因写经用心过度而导致其身心不堪重负，故向印光讨教解方。对此，印光既为弘一指出了病根，也给出了疗方：

> 以汝太过细，每有不须认真，犹不肯不认真处，故致受伤也。观汝色力，似宜息心专一念佛，其他教典与现时所传布之书，一概勿看，免致分心，有损无益。应时之人，须知时事。尔我不能应事，且身居局外，固当置之不问，一心念佛，以期自他同得实益，为惟一无二之章程也。④

---

① 收录时，依编录惯例，起落款与书写年月日俱被删去。林子青先生在《弘一法师年谱》中，判认这四封回函写于1923年。参见林子青编著《弘一法师年谱》，宗教文化出版社，1995，第130、134、135页。
② 林子青编《弘一法师书信》，"前言"，第5页。
③ "公（引注：印光）对于时贤手札，从不加以收藏……盖绝无贪爱之心也。而公之书牍，一经入人之手，鲜不奉为至宝，精裱珍藏。"参见乔智如《印光大师高行记》，载《印光大师全集》第五册，第2381页。向一代宗师印光的请教信函不少，印光多是随看随复，对来信一概不作保留，更有从爱惜纸张之意出发，利用来信的空白背面来回信之事。晚年他更因目力受损，面对纷纷而来的请教信函而不堪其扰，不得已而在报刊上刊登启事，道出"平信则付纸篓"之语。参见印光《印光启事》，《印光大师全集》第三册，第103页。故弘一致印光的书信，几可肯定已湮灭无存。
④ 林子青编《弘一法师书信》，第467页。

第八章　横比较：晚清民初佛学大家与印光的净土思想之比较

印光指出弘一对不须认真处犹认真之举，会对修持造成伤害。印光为弘一开出的疗方是净土宗的纯粹"息心专一念佛"法门，为了做到专心致志念佛，具体还应放下典籍书卷，不闻不问时事，体现出了一种浓郁的出世倾向。

2. 关于掩关修行

出家后的弘一，归心净土，誓证念佛三昧，欲掩关修行，并为此向印光请教"最后训言"。印光对此回复的要点是：

> 然于关中用功，当以不二为主。心果得一，自有不可思议感通。与未一之前，切不可以妄躁心，先求感通。一心之后，定有感通。感通，则心更精一。所谓明镜当台，遇影斯映，纷纷自彼，与我何涉？心未一而切求感通，即此求感通之心，便是修道第一大障。况以躁妄格外企望，或致起诸魔事，破坏净心。①

在方法论上，印光给将要掩关修行的弘一的忠告是，要以归一不二心来去除求感通的妄躁心。他具体指出了修持者那种急于求感通的妄躁心，只会导致心镜魔事，有碍净心，实为修道的第一大障。这种过来人的提醒，对于出家不久的弘一，自是珍贵无比的。

3. 刺血书经与恭敬书经

在写经的方面，弘一有欲仿效佛教历史人物刺血书经之意，并为此向印光请教。印光的回复是：

> 座下勇猛精进，为人所难能。又欲刺血写经，可谓重法轻身，必得大遂所愿矣。虽然，光愿座下先专志修念佛三昧，待其有得，然后行此法事。倘最初即行此法，或恐血亏身弱，难为进趋耳。入道多门，惟人志趣，了无一定之法。其一定者，曰：诚；曰：恭敬。此二事虽尽未来际，诸佛出世，皆不能易也。而吾人以博地凡夫，欲顿消业累，速证无生，不致力于此，譬如木无根而欲茂，鸟无翼而欲飞，其可得乎？②

---

① 印光：《复弘一法师书》，《印光大师全集》第一册，第155页。
② 印光：《复弘一师书一》，《印光大师全集》第一册，第163~164页。

235

换言之，入道修持的途径有多种，写经作为其中的一种，同样必须贯彻"诚"与"恭敬"的信仰原则。入道修持还要循序渐进，应先专心致志地修念佛法门，而不是一开始就刺血书经，避免因出现血亏身弱而妨碍修持的进步。

因为弘一有志于通过书写佛经来弘传佛法，故印光特别向弘一强调不能以行草体来书写佛经：

> 写经不同写字屏……古今人多有以行草体写经者，光绝不赞成。……方欲以此断烦惑，了生死，度众生，成佛道，岂可以游戏为之乎？当今之世，谈玄说妙者，不乏其人；若在此处检点，则便寥寥矣。①

要"诚"，要"恭敬"，就不能以行书草书之类的游戏笔墨来书写佛经，印光尤其反对草率写经。② 因为书写佛经是为了围绕"断烦惑，了生死，度众生，成佛道"的大目标进行的，容不得半点儿戏般的随意马虎、轻慢失敬。印光也反对那种虚世盗名之举——"不是用血以表志诚，乃用刺血写经，以博自己真心修行之名耳"③。名实不相符，最应切戒。至于刺血写经的具体方法，从血源、用纸、运笔乃至写经人在饮食上应注意的事项，印光在信中也都一一详为弘一作了开示。

对于印光的这些开示，弘一都是从善如流地加以接纳了。这从印光给弘一的另一封回函中可看出：

> 接手书，见其字体工整，可依此写经。夫书经乃欲以凡夫心识，转为如来知慧。比新进士下殿试场，尚须严恭寅畏，无稍怠忽。能如是者，必能即业识心成如来藏，于选佛场中可得状元。今人书经，任意潦草，非为书经，特籍此以习字，兼欲留其笔迹于后世耳。……刺血写经一事，且作缓图。当先以一心念佛为要。恐血耗神衰，反为障

---

① 印光：《复弘一师书一》，《印光大师全集》第一册，第165～166页。
② 印光：《书〈华严经〉讼过记》，《印光大师全集》第一册，第639页。
③ 印光：《复弘一师书一》，《印光大师全集》第一册，第165页。

第八章　横比较：晚清民初佛学大家与印光的净土思想之比较

碍矣。身安而后道隆，在凡夫地，不得以法身大士之苦行是则是效。但得一心，法法圆备矣。①

按理说，书法本是文人习气的一种传统寄托，弘一也不例外。难得的是，他能遵印光之教诲，重于写经，将书法之艺节摄在崇弘佛法尤其是净土信仰的范围内。其意义在今天尤能看出，前期作为风流才子的李叔同与后期作为高僧的弘一所书的书法，在境界上已不可同日而语。作为风流才子的青年李叔同的书法（及其诗词、信函和文章），是其"游于艺"的物化成果，②虽偶有向往终极关怀的思想火花，却仍不够明确。身为出家僧人的中年与晚年弘一，已专一地做到了"非佛书不书，非佛语不语"③，"南无阿弥陀佛"或"阿弥陀佛"是他最经常书写的作品内容，④典型作品是书写"南无阿弥陀佛。一切有为法，如梦幻泡影，如露亦如电，应作如是观"⑤。涉及的内容范围看似是大大收缩了，且作品因限于写佛经或有关佛法的言句，内容上也缺了原创性，却成为了他"志于道"之纯粹信仰追求的物化成品，足以表明对终极关怀的追求，是在修持中显现自我心声的一种方式。对此，弘一可谓乐此不疲。⑥后人披阅弘一所书的佛经、联对和条幅，但见其端庄工整，典雅中透出出世的风范，已成为中华民族文化尤其是佛教文化的瑰宝。

告别"游于艺"的阶段，进入"志于道"的境界，正是印光所提倡的，就如他对皈依的白慧导女士之言：

> 汝之诗颇好，然不宜常作。以常作则心中常事推敲，念佛成皮

---

① 印光：《复弘一师书二》，《印光大师全集》第一册，第166、167页。
② 青年李叔同有署名"哀公"的书法作品："游艺"。参见《弘一大师全集》第九册，第125页。
③ 胡朴安：《我与弘一大师》，载中国佛教协会编《弘一法师》，文物出版社，1984，第262页。
④ 《弘一大师全集》第九册，第142、173、222、223页。
⑤ 《弘一法师全集》第九册，第141页。
⑥ 如在1932年，弘一在镇海龙山伏龙寺对其俗家弟子刘质平有言："此次写《佛说阿弥陀经》功德圆满以后，还有余兴，愿自动计划写一批字对送你与《弥陀经》一起保存。"参见刘质平《弘一大师遗墨的保存及其生活回忆》，载中国佛教协会编《弘一法师》，第27页。

毛，作诗成骨髓，何能得念佛之真实利益？凡一切文人欲得实益，皆须如此。①

可见印光提倡以念佛作为骨髓，以书法作诗等为皮毛。在这方面，弘一可谓是深得其中之道者。

4. 印光对弘一的评价

正因信仰趋同，印光对弘一也就不乏高评。如他在《复尤弘如居士书》中，称弘一为"弘一大师"，对弘一其人及其掩关修行之举给予了充分的肯定：

> 弘一师博学多闻，以光虽固陋，而其居心颇真实，其修行颇依固陋者之本分，故相与周旋，实未一觌其面。今发心掩关，拒绝一切，当必亲证念佛三昧，以之饷一切有缘也。不胜盼望之至。②

印光对于弘一发心拒绝一切俗务、闭关修持之举，满怀希望，并期以"必亲证念佛三昧，以之饷一切有缘"的高许。

5. 印光与弘一的书信交往何以不持续？

值得注意的是，印光致弘一的书信，从现已发现的材料来看，最早一通发自1920年7月，后四通书信的写作年月不详，③从内容来推断，应写作在同年的前后。此后，两人再未见书信交往。内中原因，或是印光渐趋年高，为了静修，在给信众的回函中常透露出不堪请教书信打扰之意，常有不希望信众再来函，来也不复之语。④弘一又恰是一个自律甚严的僧人，当以减少书信乃至是取消书信交往的方式，以尊重并成全印光之意愿，而《印光法师文钞》及《一函遍复》，足以解答包括弘一在内的各方僧俗人士在修持念佛法门时所遇到的疑难。可见，印光与弘一的书信交往有限，而《印光法师文钞》对弘一的影响则更广泛。

---

① 印光：《复白慧导女士书》，《印光法师文钞三编》卷四，第1040页。
② 印光：《复尤弘如居士书》，《印光大师全集》第一册，第177页。
③ 参见林子青编《弘一法师书信》，第467页注①。
④ 此类意语，在《印光法师文钞》及《印光法师文钞续编》《印光法师文钞三编》中并不鲜见。

第八章　横比较：晚清民初佛学大家与印光的净土思想之比较

（二）弘一与印光的直接交往

在直接交往方面，弘一对于印光，一如对《印光法师文钞》的推崇，同样是无以复加的。他曾一而再、再而三地欲拜印光为师，① 甘为弟子，并为此愿而坚持不懈，终遂愿。

弘一于1925年5月，前往普陀山法雨寺参礼印光法师。通过直接的交往，印光对弘一的影响日趋至深，不仅是在思想上，更在生活言行与人格取向上。印光圆寂后，弘一在泉州檀林福林寺所作的《略述印光大师之盛德》② 的演讲中，回忆并总结了这次参礼，从思想、生活到人格等方面，对印光大师的盛德推崇备至，引为榜样。其中的要语为：

> 因师之种种盛德，多非吾人所可及，今所举之四端，皆是至简至易，无论何人，皆可依此而学也。

这盛德之四端分别为："甲、习劳"，"乙、惜福"，"丙、注重因果"，"丁、专心念佛"。习劳、惜福是为人之举，注重因果则划定了人生的根本观，专心念佛则是佛门弟子修持的基本功夫，作为大师的印光能做到，入佛门者与准入佛门者亦能做到。

弘一在上述的同题演讲时，在略述印光大师的生平时，对其平生的"四不"：不求名利，不蓄财物，不蓄剃度弟子，不任佛寺中的住持、监院等职，给予了高度的赞誉：

> 决不求名利恭敬，而于实际上，能令一切众生皆受莫大之利益。

弘一与印光的直接交往，使弘一能对印光的信愿行，在原有的理性认

---

① 如在1924年2月4日写于温州的《致王心湛》的信中，弘一有言："朽人于当代善知识中，最服膺者，惟印光法师。前年曾致书陈情，愿厕弟子之列，法师未许。去岁阿弥陀佛诞，于佛前燃臂香，乞三宝慈力加被，复上书陈请，师又逊谢。逮及晚岁，乃再竭诚哀恳，方承慈悲摄受，欢喜庆幸，得未曾有矣。"参见弘一《致王心湛》，《弘一大师全集》第八册，第332页。

② 弘一：《略述印光大师的盛德》，《弘一大师全集》第七册，第578~579页。

知之外，有了更多直接的耳濡目染的感知，进而有感悟。这直接导致了印光对弘一的影响，以弥陀信仰为根基，而又兼重于为人与修学这两大方面，凸显出佛学作为人学的成分，也凸显出一代佛教宗师的人格力量，这与印光在教化佛教信众的过程中，身教大于言教的风格，是完全一致的。

在弘一与印光的直接交往方面，还值得一提的是，叶圣陶先生的《两法师》[①]一文，通过记载其随弘一拜谒印光的一次经历，将这两位大师的诚挚交往中所体现出来的人格魅力、待人接物的风范，体贴入微地倾尽于笔下，在弘一与印光生活的时代，已产生了全国性的影响。[②]

（三）弘一的弥陀净土观

林子青在《弘一大师传》一文中指出：

> 弘一大师的佛学思想体系，是以华严为境，四分律为行，导归净土为果的。也就是说，他研究的是华严，修持弘扬的是律行，崇信的是净土法门。[③]

这是一项确当的评语。更具体地看，弘一对净土法门的崇信，很大程度上是源自印光的直接影响。

1. 出家"纯为了生死大事"

同时代人看青年李叔同，是春风得意，风流倜傥，但这只是表象。出家后的弘一，对于包括自己在内的众生的人生痛苦，有如下的判认与自述：

> 尘世多众，十之七八，在惊忧疑闷懊怨痛苦中。吾人一生，十之七八，在惊忧疑闷懊怨痛苦中。[④]

[①] 叶圣陶：《两法师》，《未厌居习作》，中国青年出版社，1995，重印本，第186~187页。
[②] 专门研究弘一法师的林子青先生对此有言："叶陶（绍钧）先生写了一篇《两法师》（介绍弘一与印光）散文，发表于《民铎》杂志，后来收入叶氏《未厌居习作》，由上海开明书店出版，并作为活叶文选，为中学生所爱读，于是名闻全国。"参见中国佛教协会编《弘一法师》，第12页。
[③] 林子青：《弘一大师传》，载中国佛教协会编《弘一法师》，第13页。
[④] 弘一：《印造经像之功德》，《印光大师全集》第一册，第823页。

第八章　横比较：晚清民初佛学大家与印光的净土思想之比较

这段表述中，论及众人中的十之七八处在痛苦之中，是就共时态而言的；论及自己一生的十之七八时间处在痛苦中，则是就历时态而论的。换言之，惊忧、疑闷、懊怨、痛苦伴随着人生，对众人，对弘一自己，均是如影随形的。

对生死的敏感，李叔同在《〈二十自述诗〉序》中，这种倾向就是十分明显的：木替花荣，驹隙一瞬。

> 俯仰之间，岁已弱冠。
> 回思曩事，恍如昨晨。
> 欣戚无端，抑郁谁语？①

抒发的是诗人的抑郁与呻吟，不乏喜怒无端，其中的思想乃至语言，虽有着颇浓重的老庄色彩，主旨却是人生不得其门而入的苦闷与抑郁。

对弘一而言，如何解脱痛苦了生死，也就成为人生要解决的最大也是最根本的问题。这在实质上也就是弘一何以出家，何以在出家后向往净土往生，何以因向往净土往生而心仪印光的最本源契机。

由李叔同出家成为弘一的人生追求，也就因此有着合理依据。他在出家前，曾对弟子刘质平提出过在做人处事时六条宜注意的事项，其一就是：

> 宜信仰宗教，求精神上之安乐。②

同年，他在致刘质平另一信函中，又有言：

> 君有崇信之宗教，信仰之尤善，佛、伊、耶皆可。③

由此可见，弘一在出家前，即早有通过信仰宗教来求得精神安乐宁静之自

---

① 李叔同：《〈二十自述诗〉序》，载中国佛教协会编《弘一法师》，第63页。
② 弘一：《1917年8月19日致刘质平函（三）》，《弘一大师全集》第八册，第278页。
③ 弘一：《1917年致刘质平函（七）》，《弘一大师全集》第八册，第280页。

觉，至于在具体取舍中，是信仰佛教，还是信仰伊斯兰教、基督教倒是其次的，或者说是当时尚未完全明确的，有待确定的。① 这也表明，原寄托在李叔同身上的艺术生命情调或境界，其后升华到弘一的宗教境界，是顺理成章的。弘一选择了净土信仰后，告别了以往的艺事与感情，只为弘法而写条幅，心无旁骛，专心于净土信仰修持，正是信言行一致的体现。②

弘一出家后，更为具体的信仰选择，也就十分重要了。弘一与印光一样，对于死亡有着异乎常人的敏感，在他出家披剃当年（1919年）岁末的这么一段话中，尤可显见：

> 古人以除夕当死日。盖一岁尽处，犹一生尽处。昔黄檗禅师云："预先若不打彻，腊月三十日到来，管取你手忙脚乱。"然则正月初一便理会除夕事不为早，初识人事便理会死日事不为早。那堪茌茌苒苒，悠悠扬扬，不觉少而壮，壮而老，老而死。况更有不及壮且老者，岂不重可哀哉！故须将除夕无常，时时警惕。自誓自要，不可依旧蹉跎去也。③

除夕来临，新春将至，世俗社会是张灯结彩，鞭炮与恭喜发财声浪阵阵，弘一对此却全无凡行俗思，却取时间紧迫人生苦短之意，比附到佛教信徒所念念不忘的生死大事上，其心其信仰之虔诚迫切已跃然纸上。

由上述可见，弘一出家后力图亲近印光，自觉选择净土信仰，原因无疑在于净土信仰能为其提供精神上的依托，能使其得以了生死，以求得精神上的大安乐，获得人生的终极慰藉。这正如弘一尝对寂山长老所言：

---

① 丰子恺指出，人的生活可以分作三层，一是物质生活（衣食），二是精神生活（学术文艺），三是灵魂生活（宗教）。弘一法师"是一层一层的走上去的。……强大的'人生欲'不能使他满足于二层楼，于是爬上三层楼去，做和尚修净土，研戒律，这是当然的事，毫不足怪的。"参见中国佛教协会《弘一法师》，第252页。

② 莲池法师对此有言："凡人资性所长，必ldots之不能舍。如长于诗文者，长于政事者，长于货殖者，长于战阵者，乃至长于书者画者琴者棋者，皆弊精竭神殚智尽巧以从事，而多有钩深穷玄，成一家之名，以垂世不朽。若能弃舍不用，转此一回精神智巧抵在般若上，何患道业之无成乎？而茫茫古今，千万人中未见一二矣！"据此，弘一可谓这千万人中未见一二的成道者。引文见莲池《竹窗随笔》"弃舍所长"条，《莲池大师集》，陈德星堂，1981，第160页。

③ 弘一：《手书古德训言赠杨白民题记》，《弘一大师全集》第七册，第633页。

第八章　横比较：晚清民初佛学大家与印光的净土思想之比较

弟子出家，非谋衣食，纯为了生死大事。①

此为大实语，倘仅为稻粱谋，以青年李叔同的才气、名气与世俗家居生活条件，断无日后的弘一。

2. 归心净土后的"天心月圆"

出家之后的弘一，通过研习佛典和在印光等大师的直接指点下，其终极关怀的信仰选择指向已是十分自觉：

阿弥陀佛，无上医王；舍此不求，是为痴狂。一句弥陀，阿伽陀药；舍此不服，是为大错。②

信仰明确而坚定后，弘一在这方面的修行，就十二分地勤勉，一如他的夫子自道：

近来日课甚忙，每日礼佛、念佛、拜经、阅经、诵经、诵咒等，综记余暇，每日不足一小时。出家人生死事大，未敢放逸安居也。③

有积年累月数十年如一日的这些修持后，弘一在临终近圆寂时，才可以道出以下的千古绝唱：

问余何适？廓尔亡言，华枝春满，天心月圆。④

其中有修持心境的夫子自道，有修持心境与生命境界、宇宙境界的相通相融，心曲圆满而只可意会难以言传，余音绕梁至今不绝。

为何能如此？就他的人生而言，虽早年（李叔同）已艺术化，而其晚

---

① 林子青编著《弘一大师年谱》，载蔡念生汇编《弘一大师法集》（五），台北新文丰出版公司印本，第2479页。
② 中国佛教协会编《弘一法师》，第89页。
③ 弘一：《致杨白民（一四）》，《弘一大师全集》第八册，第271页。
④ 参见弘一在1942年9月致夏丏尊、刘质平等居士的函，载《弘一大师全集》第八册，第302、324页。

年（弘一）的思想内在核质，则全在净土信仰，即他所言：

> 吾人修净土宗者，决不以弘法事业未毕，而生丝毫贪恋顾惜之心。①

所以，完全不同于世俗英雄们也难免的那些感怀于人生苦短几十秋、事业未竟、情意也未了的种种无尽遗憾，圆寂前的弘一因常年修持弥陀净土，已自觉自我是了无牵挂也了无遗憾的，② 不因死亡而恐怖，却因死亡而安详。这种心态，跟净土宗对个我的定位有关，即认为生活在这个世界的渺小的个我，是被拯救者而不是拯救者。死亡既然不可逃避，就应以安详宁和之心来接受死亡，这个苦难世界，还有阿弥陀佛在一如既往地眷顾着。如此，得益于净土信仰之庇护，净土信仰者的心理负担就可以放下，即使是面对死亡，个体生命尤其可以获得因信仰而注入精神认知的安乐。从李叔同到弘一的人生之路，才是绚烂之极到归于平淡之路，平平淡淡真信仰，终于归净土。在这样一种信仰中，死亡不是生命的对立面，不是生命的终点，死亡只是生命由此生走进彼生的一道门槛，包括弘一在内的净土宗信众，也就可以平静地直面死亡，从而在精神上获得异乎寻常人的精神平衡，直面死亡却始终保持着一种由宗教信仰支撑的淡定、镇静与从容心态，精神也就因此而趋向于圆满，在那种可谓成熟也可谓圆满的"华枝春满，天心月圆"的心境中，了无遗憾地终结此生，也就成为了20世纪中国人信仰华章中的人生绝唱之一。

所以，晚年的弘一法师，与同道们道别远行的说法，亦大有一个净土宗大师特有的卓尔不群、不同凡俗之处。典型的一幕，是倓虚法师对弘一法师前往湛山寺的以下回忆：

> （弘一法师）末了又给大家讲最后一次开示，反覆劝人念佛。临走时给我告别说：

---

① 1939年3月18日致李圆净居士函，载《弘一大师全集》第八册，第385页。
② 后人尤可从弘一的涅槃留影中意会到此点。这帧留影显然是20世纪中国人的死亡情景照中最著名的作品之一，可在多种有关弘一的文集、传记与怀感集中看到。参见《老照片》第一辑，山东画报出版社，1997，第30页。

第八章　横比较：晚清民初佛学大家与印光的净土思想之比较

"老法师！我这次走后，今生不能再来了，将来我们大家同到西方极乐世界再见吧！"说话声音很小，很真挚，很沉静的！让人听到都很感动的。当时我点头微笑，默然予契。临出山门，四众弟子在山门口里边搭衣持具预备给他送驾，他很庄重很和蔼的在人丛里走过去，回过头来又对大家说：

"今天打扰诸位很对不起，也没什么好供献，有两句话给大家，作为临别赠言吧！"随手在口袋里掏出来一个小纸条，上写：

"乘此时机，最好念佛！"①

彼时的弘一，他所内具的笃定、无畏与自然心态，正体现出古往今来的净土宗大师们所特有的风范，他最终寻到了自我的精神家园，达成了精神信仰层面上的涅槃，迥异于那个早年在长亭外、古道边，为"知交半零落"②而惆怅、为"游子伤漂泊"③而伤叹的风流才子李叔同，弘一因此而成就为弘一。

从才子李叔同到高僧弘一的人生之旅中，吾辈作为旁人所能看到的，是弘一进入了净土宗的信仰、规范与修持之后，自然本真就有自觉自律的舍弃，对美的感受、对艺术的追求就有自觉自律的弱化，终极关怀则得以凸显。作为一个典型的个案，也典型地体现出净土宗、律宗的信仰与修持，在收摄人心、规范行为取舍，尤其是在提升信仰与修持境界等方面的主要功效。

对此，弘一生前所最推崇的居士——范古农居士，④在弘一圆寂后，尝为弘一大师题"香光庄严"四字，其意在于：

（弘）一师出家，即依蕅益大师，礼地藏、诵普贤，归心净土。……观其于念佛声中舍报安详，生西瑞相，不是过焉。须知华枝

---

① 大光：《影尘回忆录》，四川省宗教文化经济交流服务中心，1998，第396页。
② 李叔同：《送别》，载《弘一大师全集》第八册，第98页。
③ 李叔同：《忆儿时》，载《弘一大师全集》第八册，第70页。
④ 弘一在1921年3月《致毛子坚》一信中，有言"音（引注：弘一，法名演音）于当代缁素之中，最崇服者于僧则印光法师，于俗则范大士（引注：范古农居士）"。参见《弘一大师全集》第八册，第275页。

春满者,香庄严也;天心月圆者,光庄严也。谨题"香光庄严"四字,以证师之预知往生极乐云尔。①

弘一深得弥陀信仰之道,并落实在具体的修持践履之中,有周全的善因进而结出圆满的善果。

(四)弘一的弘净舍禅观

在其他方面,弘一认为净土宗最切合现代人的根机,也选择了皈依弥陀净土,故他对禅宗的批判,则与印光的观点,几无二致:

> 他如禅宗及天台、贤首、慈恩诸宗,皆不甚适现今之时机。禅宗尤其不宜。以禅宗专被上上利根,当世殊无此种根器。其所谓学禅宗者,大率误入歧途,可痛概也。②

也许这种观点不无偏激,因为与印光同时代的虚云,为禅宗翘楚,其地位不逊于禅宗的其他祖师先贤;与同时代的佛教大师相比,虚云亦位列"四大师"之中,崇其者更尊为"四大师"之首。③ 唯有结合弘一对《印光法师文钞》的熟悉与推崇,结合印光弘一的师徒关系,结合印光对禅净信仰与修持的认知,从中不难看到的,在有关观点乃至具体提法上,弘一受印光的影响之深。

(五)弘一与印光的同异

因为弘一的信仰与思想深受印光的影响,故他们的弥陀净土信仰与修持取向,是一致的。其他诸如在看待禅宗等观点上,他们的思想观点也是相同或相近的。

弘一与印光也有各有侧重的异,这主要表现为弘一在追随印光提倡与修持念佛法门之外,还致力于振兴南山律宗。而这又是印光所接纳的,正

---

① 中国佛教协会编《弘一法师》,第 298 页。
② 林子青编《弘一法师书信》,第 226 页。
③ 傅伟勋就赞许虚云为当代中国第一高僧。参见傅伟勋《生命的学问》,浙江人民出版社,1996,第 147 页。

第八章　横比较：晚清民初佛学大家与印光的净土思想之比较

如他在论及律宗与净土宗时所言：

> 须知律为教、禅、密、净之基址，若不严持禁戒，则教、禅、密、净之真益莫得，如修万丈高楼，地基不固，则未成即坏。净为律、教、禅、密之归宿，如百川万流，悉归大海，以净土法门，乃十方三世诸佛，上成佛道，下化众生，成始成终之法门。①

> 律为教、禅、密、净之基址，不持律，则教、禅、密、净之真益不得，如修万丈高楼，地基不坚固，则未成即坏。净为律、教、禅、密之归宿，不念佛求生西方，则律、教、禅、密，皆难究竟。②

律为诸宗的基址，净为诸宗的归宿。从此定义出发，弘一以弘扬律宗而成名，以净土作为最后归宿，正是佛门内龙象之所为。他作为一代大师的宗教寄托，尽在此矣。换言之，弘一的选择，不仅是个性化的选择，③ 更是切合佛法宗旨的选择。

叶圣陶先生在《两法师》中，尝记道：

> 弘一法师与印光法师并肩而坐，正是绝好的对比，一个是水样的秀美，飘逸，而一个是山样的浑朴，凝重。④

文学家的直觉往往是敏锐和精确的，此语可谓描述这两位大师的经典之语。如果再要做些补充的话，笔者想说的是，正是具有普适性的净土理想与净土信仰的趋同，促使"水样的秀美，飘逸"的弘一大师对"山样的浑朴，凝重"的印光大师终身执弟子礼，成就了民国时期的两位佛教大宗师的交往，并凸显超越了时空而独具魅力的宗教智慧。

---

① 印光：《庐山青莲寺结社念佛宣言书》，《印光大师全集》第一册，第330页。
② 印光：《金陵妙悟律院垂裕记》，《印光大师全集》第一册，第671页。
③ 在根据个性选择宗派信仰上，太虚曾论及律与净的相通之处："律依众团折伏自我而至于解脱，净依圣国引摄自我而至于往生，皆以屈抑自我为行者；而禅密则反是。……故猖狂者当裁以律净，而畏缩者当奋以禅密；勇强者可摄入禅密，而怯弱者可导归律净。"参见太虚《律禅密净四行论》，《太虚大师全书》第2册，第360~361页。
④ 叶圣陶：《两法师》，《未厌居习作》，第193~194页。

四　太虚的弥勒净土与人间净土观

太虚法师，早年出家，中年于普陀山闭关治学，著有《整理僧伽制度论》，主张革新佛教制度。他曾在武昌、厦门、重庆等地创办佛学院，主办《海潮音》月刊。他于1925年率佛教代表团去东京出席"东亚佛教大会"。其后又游历法、英、德、美诸国，为中国僧人到欧美宣传佛教之始。抗日战争时期，他往缅甸、印度、锡兰（今斯里兰卡）、新加坡等地访问，争取国际佛教徒对我国抗战的同情。抗战胜利后，他担任了中国佛教整理委员会主任。遗著有《太虚太师全书》等。

（一）印光与太虚的互动

印光与太虚作为晚清与民国时期中国佛教教界内位居顶峰的两位大师，[①] 彼此弘扬佛法的人生志趣、佛学思想尤其是净土理念却有同有异，两人各自开创并引导了现代佛教的两种主流。[②]

比较来看，印光更专注于对传统佛教的守成，强调佛教信众尤其是出家僧尼要严格地遵循传统戒律，坚守弥陀净土信仰，注重求来世的生死解脱，可谓是20世纪中国佛教界持守传统的主要代表。太虚则自觉地注重佛教的改革，以革新佛制、净化人生、铸造世界性文化为毕生的追求，不时就有包括科学在内的时髦之论来论佛法之努力，力求融贯佛教各宗学说，

[①] "在近二十年中的中国佛教界，能尊称为第一流高僧的僧侣，首推印光大师与太虚大师。虽然在这二十年间，中国第一流的高僧，过去有谛闲法师，现在有弘一法师、虚云和尚、兴慈法师、仁山法师等，但引起全国佛教徒信仰之心的，只有印（光）太（虚）二老。这个事实，一者可以二老的皈依徒众之数量断定；二者可以二老对于中国佛教的实际贡献证实。因印老年高戒长，有几十年的修养工夫，我们应当恭敬尊重他为全中国的第一尊宿。"参见大醒《拜识印光大师的因缘及其印象》，载《印光大师全集》第五册，第2435页。

[②] 这在两人早年的不同遭际中就显出端倪，如江灿腾先生所指出：太虚早年所受的"传统的佛教丛林教育，从禅坐、阅藏、听经，到宗教境界的体验"，一开始就是被刻意栽培的，"以便承担日后改革重任的"。这使太虚"不同于深怀出世思想的修行者，如当时的印光，或后来的弘一两大师那样。后者的出家生涯，始终是保守的、谨慎的内敛姿态。这两种不同的形态，也构成了日后中国佛教改革事业中，所代表的不同集团"。参见江灿腾《人间净土的追寻》，台北稻乡出版社，1989，第179~180页。

第八章 横比较：晚清民初佛学大家与印光的净土思想之比较

以助现世此岸的信众成就佛道的修行（即"人格成则佛法成"），其思想言行也就不乏革新、外扩和现代化的成分，是20世纪中国佛教界改良派的领军人物。[①] 印光与太虚的不同，还反映在各自的个性上，印光的性格是内敛、严厉、专一、木讷而大智若愚的，太虚则是外扩、随和、渊博而又才情毕露的。从信仰的角度，印光的言说更易为佛教信众所接受，而太虚的言说却更易成为引起争议乃至批评的对象。[②]

但相异并不意味着印光与太虚之间就没有共同的语言。主因在于往生净土是一个佛教徒的终极追求，故太虚对于净土宗、对于被尊为净土宗第十三祖的印光，深怀着极高的推崇。这典型地反映在他所撰写的《莲宗十三祖印光大师塔铭》中，文中有言：

> 极乐往生一法，虽佛说多经，马鸣、龙树、无著、世亲诸师亦著于论，然至中国，弘扬始盛，蔚为大宗。唯佛教诸宗，在华各昌一时而浸衰，独莲宗递代增盛，旁流及朝鲜、日本、安南，靡不承中国之统。波澜转壮，则滥觞庐山莲社，博约其化于昙鸾、道绰、善导、永明又深其旨，至云栖爰集大成，灵峰、梵天、红螺益精卓，沿至清季民初，尽一生精力，荷担斯法，解行双绝者，则印光大师也。……师本由儒生入佛，历游禅教而归专净业。适儒士被弃于民初欧化之际，故清季以来，曾读儒书而被道入净土法门者独多也。……师志行纯笃，风致刚健，亲其教览其文者，辄感激威德力之强，默然折服，翕然崇仰，为莲宗十三祖，洵获其当也。……铭曰：
>
> 满众生觉，彻诸佛悲，净土一法，独能尽之。……
>
> 传此法流，沿至清季，印师崛兴，遂极奥致。

[①] "太虚法师一生的活动就更有强烈的政治意味了。太虚决不只是一个博学的佛教义学僧人，他对社会的关注和影响，他的奔走呼吁，使二十世纪上半叶的中国佛教透出了前所未有气息。……这一时期佛教中也有更为传统的人物，比如终生致力于弘扬净土一宗的印光法师。"参见黄夏年《〈近现代著名学者佛学文集〉缘起》，载黄夏年主编《印光集》，中国社会科学出版社，1996，第3页。

[②] 作为太虚弟子的大醒对此有言："单独信仰印（光）老而背面随意批评太（虚）老的人，却时常碰到。可是单独信仰太老而随便任意对印老乱加批评的人，可以说绝无仅有。"参见大醒《拜识印光大师的因缘及其印象》，载《印光大师全集》第五册，第2444页。

印光思想、净土信仰与终极关怀

    纯笃刚健，天下仰风，一塔永峙，华岳比崇。①

  在上述引文中，值得注意处有三：其一是太虚所阐明的净土宗法系，印光位列莲宗十三祖，其后成为了史家的公认之论。其二是称誉印光"解行双绝"、"遂极奥致"，也就是不仅肯定印光的修持，对印光的思想见解也是倍加推崇，肯定了印光作为同时期净土宗集大成者的地位。其三是能启迪众生觉悟、贯彻实现诸佛慈悲之愿，唯有净土修持法，"净土一法，独能尽之。"太虚深知"法贵当机，当机者妙，药贵愈病，愈病者善"②之理，而印光的教化之功是巨大的，堪当如此高誉。

  同在这篇《莲宗十三祖印光大师塔铭》中，太虚道出了自己与印光的交往与交情：

    余识师普陀后寺于宣统元年，继此十年间，余每每居普陀前寺，与师往返普陀前后山甚频，书偈赠答非一，近二十年始渐疏阔，师与余相契之深，远非后时起信诸缁素所了知。③

  太虚自认与印光相契之深，远远不是后来信仰佛教的诸缁素所能够知道的。那么，在"后时起信诸缁素"眼中，太虚与印光的关系又是如何的呢？

  通过太虚弟子大醒的《拜识印光大师的因缘及其印象》一文中的一些回忆，或可管中窥豹。文中记载，印光认为应通过个人的好言行去慢慢感化一般的僧侣，不必提什么"整理僧伽制度"的新花样。④印光是传统的，强调人格与道德文章去感化人，而不接受用制度去制约人的时尚观念。相比之下，太虚的设想则更富于操作性，也更合现代僧团内部发展的需要。印光还曾批评武昌佛学院。⑤随着渐趋高龄，印光更认为修持往生净土为重中之重，其他事小可以忽略不提，对于太虚关于改良僧伽制度、兴办僧

---

① 太虚：《莲宗十三祖印光大师塔铭》，载《印光大师全集》第七册，第4~5页。
② 太虚：《我怎样判摄一切佛法》，《太虚大师全书》第2册，第525页。
③ 太虚：《莲宗十三祖印光大师塔铭》，载《印光大师全集》第七册，第4页。
④ 大醒：《拜识印光大师的因缘及其印象》，载《印光大师永思集》，第65页。
⑤ 大醒：《拜识印光大师的因缘及其印象》，载《印光大师永思集》，第66页。

第八章　横比较：晚清民初佛学大家与印光的净土思想之比较

伽教育等议，同样听不入耳，认为是出家人不肯发心念佛求生净土之举。①

（二）太虚的弥陀净土观

太虚尝以"禅律密净"来总结自己信仰与思想的心路历程，也就是出家后，先由禅而律，然后，在"民十二元旦，序《慈宗三要》，束禅观于真实义品，摄律行于瑜伽戒本，特发挥《弥勒上生经》旨，遂于内院净土有其专趣，则由禅律而净矣。顷年以境缘增上，受习密咒，然最后所归仍在回向兜率。则律禅密如次而贯达于净，亦为兼习四行之一序列。"②兜率弥勒净土成为了他的信仰与思想的归宿。

太虚经历了"禅律密净"的历程，再面对佛教内各宗"种种斥他非而炫己是"之时状，他就坚持平等地看待各宗：

> 各宗皆为佛法，皆可得根本而起后得，如于理量同时性相不二之圆觉；无奈后人不解，为各宗起竞之由。吾人若能贯通考察，则禅宗直证圆觉，兼用空慧；律宗教遵唯识，亦兼天台；而天台、贤首、净土、真言，宗在法界圆觉，各标其胜。而此性相与法界三宗，又统属佛教之大乘法。凡大乘法皆以诸法实相为根本，以无上菩提为究竟，夫何轩轾之有？故明佛法之全体及大乘之平等者，于宗下教下显教密教等抑他扬自之偏言，概无取焉。③

按古人的说法，车子前高后低谓"轩"，前低后高则谓"轾"。太虚认为各宗无"轩轾"之分，主张佛教各宗是如如平等的。这显然有民主时代的印记，而从根本上论，更是符合佛法真谛的。太虚认为唯有如此，方能成就"普容遍摄五乘、三乘、大乘的佛法，方成为真正的台贤禅净中国佛法"④。为此，"普容遍摄"是一条必经的途径，像仅强调禅宗的单提向上直指顿悟的宗旨一样，仅强调净土宗的念佛，而没有真正的包容，就是不够的，缘由在于：

---

① 大醒：《拜识印光大师的因缘及其印象》，载《印光大师永思集》，第67页。
② 太虚：《律禅密净四行论》，《太虚大师全书》第2册，第365页。
③ 太虚：《佛法大系》，《太虚大师全书》第2册，第341页。
④ 太虚：《佛法总学》，《太虚大师全书》第2册，第438页。

251

印光思想、净土信仰与终极关怀

> 念佛固然也能够总持一切佛法，然若不能普容遍摄一切佛法，而反事排斥，单执一句"阿弥陀佛"，亦不过执持空名罢了。①

较之印光对弥陀净土信仰的专注，太虚之长在善于深入各宗后而出其外，进而得出另一番独特认识。

对于净土信仰，太虚认为净土信仰在中土的流行，是符合国人的思维与心理习惯的，所谓：

> 汉土民性，豪迈通脱，乐于简易。②

从根子上看，也就是从法门的内涵与外延来看，毋庸置疑的结论是：

> 净土法门，深大圆广，统摄无量，而居佛法中最高之位也。故吾人对此不可不明信奉行。③

此语道出了太虚净土观的两项要点，一是净土法门居佛法中最高之位，是佛法信仰之终极所在。二是佛教徒对净土法门不可不明信奉行，既要明信，也要奉行，信行合一，不可偏废。

净土有十方净土，往生的终极净土也就是有多种选择的，归根结底，净土信仰对于归属佛教的任何宗派之佛教徒而言，都是最稳当保险的：

> 唯净土宗之往生十方净土，在现行之意义上，若达行证之极，虽成实、俱舍亦证涅槃而无待往生净土，然为一生未能极证而防退堕计，则皆有托庇于某一佛圣的清净国土之需要。不唯禅宗有"有禅有净土"的修法，而密宗亦有密严、香拔拉等。成实、俱舍虽未明求生他方佛净土，而亦有期生得闻佛法国中之意。④

---

① 太虚：《佛法总学》，《太虚大师全书》第2册，第438页。
② 太虚：《律禅密净四行论》，《太虚大师全书》第2册，第361页。
③ 太虚：《〈佛说无量寿经〉要义》，《太虚大师全书》第29册，第2416页。
④ 太虚：《佛法一味论之十宗片面观》，《太虚大师全书》第2册，第343页。

第八章　横比较：晚清民初佛学大家与印光的净土思想之比较

既然人生必死，有聚必有散，且人生不过百年，命在呼吸之间，为防一生的退堕，净土信仰就是一种最相宜最稳当的信仰。

依据佛教经论，太虚具体区分净土种类为三种：

一为"究竟净土"，即法性佛土及自受用佛土；

二为"他受用佛净土"，是佛为十地菩萨所现的净土；

三为"方便摄受众生净土"。

前二种净土皆非凡夫、外道、二乘所能到的，第三种净土则是十方佛菩萨变现的净土，是专为摄受众生而设的。[1]

对于"方便摄受众生净土"，太虚依据佛教义理、史实，尤其是20世纪以来在敦煌石窟发现的多种净土变（在弥陀净土变外，更有药师净土变、千手观音净土变、弥勒净土变、地藏净土变等），指出净土是多极化的、宽泛的：

> 净土，是通于诸佛及圣位菩萨的净土。……所以净土范围是很广阔而普遍。[2]
>
> 今此所谓净土行，亦总摄兜率净土、极乐净土以至华藏净土、寂光净土等一切净土行门；在舍此短浊身器后，别取一常净身为所归处。[3]

三千大千世界中有十方净土，弥陀净土只是十方净土之中的一方净土。

太虚具体论及了弥陀净土信仰，因弥陀净土"以往生西方得不退转为宗"[4]，故太虚如是教化信众：

> 随顺阿弥陀佛，发如是愿，自利利人，超此恶世，直入极乐，得不退转；行菩萨道，广化一切众生，皆使离一切苦，得究竟乐。此则修弥陀净土之大胜利也，吾人岂可忽诸！[5]

---

[1] 太虚：《兜率净土与十方净土之比观》，《太虚大师全书》第18册，第1362～1363页。
[2] 太虚：《佛教的教史教法和今后的建设》，《太虚大师全书》第2册，第477页。
[3] 太虚：《律禅密净四行论》，《太虚大师全书》第2册，第358页。
[4] 太虚：《〈佛说阿弥陀经〉讲要》，《太虚大师全书》第29册，第2438页。
[5] 太虚：《〈佛说无量寿经〉要义》，《太虚大师全书》第29册，第2416页。

强调佛教信众尤其不可忽视修持弥陀净土法门，缘由在于这项修持既可达自利也可达利人的目标，自利是自身可以超越此岸恶世，直入极乐世界，成不退转菩萨的果位；利人是通过自身实践菩萨道，可以广化一切众生，使众生终离脱一切苦，导入究竟极乐的弥陀净土。

太虚具体地分析信仰与修持弥陀法门的主要内容，"约之不出信、愿、行之三要。"①

对于三要之中的行，太虚同样推崇以念佛作为修持方式："修行以念佛为稳当。"② 念佛是方便之举，又是根本之举：

> 从凡夫发心以历三贤十圣乃至成佛，无不须念佛，无不由念佛。盖念佛不念佛，即佛魔之分界，净染之两途也。不唯一切有情由学佛以求成佛，皆不离念佛，乃至十方过现诸佛之普度众生，亦是不离念佛。……故自利利他，彻始彻终皆只是一念佛妙行耳。③

不论是持名念佛、观像念佛，或是观想念佛、实相念佛，都有着最根本的相通之处：

> 皆要以佛为境，与心相应；故念佛是此心专注佛境，明记不昧不忘，是心念佛，是心即佛，方能算是真实念佛。④

修持者念佛念到心佛相应，心佛一体，才算真实念佛。

（三）太虚的弥勒净土信仰

在净土信仰的选择上，与同时代的印光、虚云、弘一等佛门高僧、大部分佛教信众的选择不同，太虚的净土信仰选择是发愿往生弥勒兜率净土。

在太虚看来，与十方净土相比较，兜率的净土有三种殊胜处：

---

① 太虚：《往生安乐土法门略说》，《太虚大师全书》第 30 册，第 2832 页。
② 太虚：《讲学与修行》，《太虚大师全书》第 30 册，第 2846 页。
③ 太虚：《讲学与修行》，《太虚大师全书》第 30 册，第 2850 页。
④ 太虚：《〈解深密经·如来成所作事品〉讲录》，《太虚大师全书》第 14 册，第 13 页。

第八章　横比较：晚清民初佛学大家与印光的净土思想之比较

一、十方净土有缘皆得往生，但何方净土与此界众生最为有缘，未易可知。弥勒菩萨以当来于此土作佛，教化此界众生，则为与此界众生有缘可知，特现兜率净土，故应发愿往生其中以亲近之也。二、兜率净土，同在娑婆，且在欲界；此变化净土在同处同界故，与此界众生特有亲切接近之殊胜缘，故他方净土泛摄十方有情，而此则专化此土欲界众生也。三、弥勒净土，是由人上生。故其上生，是由人修习十善福德成办，即是使人类德业增胜；社会进化成为清净安乐；因此可早感弥勒下生成佛，亦为创造人间净土也。①

一是就未来时态言，弥勒菩萨未来会来此土作佛，教化此界众生，也就是与此界众生有殊胜之因缘。二是就现在时态言，弥勒菩萨已经发愿成就兜率净土，兜率净土与此界同属娑婆世界、同在欲界，专化此土欲界众生，对娑婆世界的众生有亲切接近殊胜之因缘。三是就上生与下生的指向言，人之所以能上生弥勒净土，是由于人修习十善福德，现时的人修习了十善福德，现时的社会就会进化成清净安乐的社会，也就可早日感动弥勒下生此土成佛，进而创造人间净土。故太虚就发愿往生兜率净土，求得以亲近弥勒菩萨。

弥勒佛在将来会下生此土作佛，教化此界众生，这也就是"龙华三会"②。太虚还特别强调，弥勒下生的时间距离现代还十分遥远，以此说来堵住诸如假借世界末日说来蛊惑人心的各种邪说。③

（四）太虚的人间净土观

太虚的弥勒净土信仰，是直接与他提出的"人间佛教""人间净土"的现世理想目标相衔接的。他依据佛典中"人身难得，佛法难闻"而论及人生的真正价值：

---

① 太虚：《兜率净土与十方净土之比观》，《太虚大师全书》第18册，第1363~1364页。又参见太虚《〈佛说观弥勒菩萨上生兜率陀天经〉讲要》，《太虚大师全书》第14册，第94页。
② 太虚：《怎样赴龙华三会》，《太虚大师全书》第6册，第270页。
③ 太虚：《怎样赴龙华三会》，《太虚大师全书》第6册，第271页。

> 我们是人身难得今已得，佛法难闻今已闻。这种机缘颇不易得；既来到这人世间，既入宝山，切莫空手而归！我们要誓愿成佛，才能获得做人的真价值。①

时不我待与注重现实做一个好人之意，溢于言表，体现出了他颇看重现实人生的价值取向。

他的理想目标之一，在于"使人间可为实行佛法的根据地"②。重人间，重现世，重生活，这也就是太虚的倾向：

> 盖生老病死等本不成问题，生活问题解决，则死等问题自解决也。③

佛法胜于世间法之处，就在于佛法是要彻底解决生活问题的。太虚强调要重视人生的改善，重视在现实人间建立人间净土，这也就是"人生佛教"应有的题中之意。

太虚认为，人类的愿望不外乎是身命资用之安全和永生极乐的获得，前愿惟佛说的"郁单越人间"④能满足之，后愿惟佛说的"无量寿净土"能满足之。

在太虚看来，须弥山即现在的太阳系，"郁单越人间"是太阳系中的人间之一，该洲气候宜人，景色秀丽，而且独具特点："其地又有自然粳米，不藉耕种，解洁白净，无有皮会，欲熟食时，别有诸果，名曰'敦持'……不假薪炭，自然出焰，随言所欲，熟诸饮食"，又有各种充满享乐的园地，实行共产制度，公共食宿，男女共育，"人合大群，天下一家。"⑤该洲较之"四洲"之一的"南赡部洲"即地球而言，是"模范人间"。

---

① 太虚：《学佛先从做人起》，《太虚大师全书》第5册，第177页。
② 太虚：《我怎样判摄一切佛法》，《太虚大师全书》第2册，第529页。
③ 太虚：《生活与生死》，《太虚大师全书》第5册，第196页。
④ "郁单越人间"即在本书第三章中已有论及的"北俱卢洲"，是印度佛教所言的须弥山四方咸海中的四大洲中综合条件最优胜的一洲。
⑤ 太虚：《建设人间净土论》，《太虚大师全书》第47册，第369页。

第八章　横比较：晚清民初佛学大家与印光的净土思想之比较

那么，人如何才能往生"郁单越人间"呢？

那就要奉行十善业才能往生："或复有人作是等念：我于今者，应行十善，以是因缘，我身坏时，当的往生'郁单越'中。彼处生已，住寿千年，不增不减。"①"南赡部洲"作为不理想的人间，是可以通过以"郁单越人间"为楷模来进行改造的。太虚进一步指出，考察作为"模范人间"的"郁单越人间"，其特色在于：

> 福充一洲，则自产全备矣；寿定千年，则身命安宁矣；可谓已能满足吾人求"身命资产安全"之愿望矣。惟考其致此胜果之因由，乃在行十善业，则知吾人今欲满足身命资产安全之愿望，亦惟勤行十善业为能致之也。苟能以此"郁单越人间主义"施行南赡部洲——即地球，则变"南赡部"为"郁单越"可也。②

换言之，只要人人勤行十善业，则人人的身命资产安全就得以保障与实现，地球就可以建成人间净土。

在太虚看来，建造"人间净土"的具体途径，须经历三阶段。

首先，是由"改造自心"着手，推己及人，此名"心的净化"。

其次，是"器的净化"，即改造人间环境，满足人生"依持受用"。

最后，是将此净化的设想，推广到整个宇宙众生，是谓"众的净化"。③

这显然是一项系统庞大而需要无数代人为之奋斗的理想。在具体设计方案上，太虚还提出了具体的计划，提议通过设立十善村、五戒村和三皈依村，④ 以佛法理想来改造人间，如是，"南赡部洲"也就可以建设成为人间净土。

在学理上，太虚的"人间净土"作为一种新说，与中土佛教传统流行的净土说已经不尽一致，但其现实价值与现实指向意义也更强："太虚等人的人间净土、人生佛教和人间佛教的理念，就其实质来说，是强调人们

---

① 太虚：《建设人间净土论》，《太虚大师全书》第47册，第370页。
② 太虚：《建设人间净土论》，《太虚大师全书》第47册，第371~372页。
③ 太虚：《佛法救世主义》，《太虚大师全书》第46册，第107页。
④ 太虚：《建设人间净土论》，《太虚大师全书》第47册，第402~403页。

道德素质的提高，精神境界的升华，从而使人间社会日益净化、文明、和谐、美好。这些理念与早期佛教的出世精神、佛教的泛众生论并不一致，但由于结合了中国的传统文化和中国民情实际，适应时代发展的需要，因此成为当代中国佛教实践活动的指针，并显示出强大的生命力。"①

（五）太虚与印光的同异

印光与太虚都有坚定的净土理想，印光推崇的弥陀净土信仰与太虚推崇的弥勒净土信仰，都是共存在佛教信仰体系的往生净土，同属信愿念佛的法门，都是寻求生死解脱、终极存在的法门。

不同在于，对于个体信仰者而言，弥陀净土与弥勒净土是不可兼得的往生净土。对于印光与太虚而言，印光是发愿往生弥陀净土的净土宗的一代宗师，太虚则向往着往生弥勒净土，同时强烈主张建设"人间净土"，他们各自向往净土的歧异，也就是这两位大师的主要歧异点之一。

印光为什么发愿往生弥陀净土而不是弥勒净土？

这对于净土宗的宗师乃至一般信众而言，是一个早已有公认答案的问题。前已有述，此不再详论。要而言之，印光坚信弥陀净土的实存，坚信弥陀净土的皈依者一定能往生西方极乐世界进而得到永生，这项往生不会再退转到娑婆世界，可永享极乐。因为弥勒佛与观音菩萨同样以救助苦难的众生作为终极的愿望，印光对于弥勒及其净土有着充分的认识与高度的尊崇。② 由于以了生死为终极目标，往生弥陀净土就是建立在来世彼岸时空中的信仰与信念，无须在现实中验证，也就不会在现实中破灭，故以印光为代表的净土宗信众，就不易受时代风云变幻与世事变迁的影响。

太虚则通过提倡往生弥勒净土来提倡"人间净土"和人间佛教，并努力创建人间净土，是心有出世意而毋忘入世行之举，甚得"佛法不与世法违"的意旨。但"人间净土"的完美理念与污浊现实的巨大反差，使其往往处于知其不可为而为之的彷徨之中，他又不满足于独善其身，也就唯有

---

① 方立天：《中国佛教哲学要义》上卷，中国人民大学出版社，2002，第216页。
② 印光如是论弥勒佛："弥勒慈心，与观音两相符合，随类逐形，寻声救苦，慈隆即世，悲臻末劫，作现在之恃怙，为未来之世尊。此时觌面一笑，以结系珠之缘，他年龙华三会，同授无生之记。弥勒于世，因缘甚深。"参见印光《普陀山法雨寺募修天王殿及鼓楼疏》，《印光大师全集》第一册，第429~430页。

第八章　横比较：晚清民初佛学大家与印光的净土思想之比较

只求耕耘，不问收获，作一个在"冰雪大地撒种的痴汉"①——这项悲凉的夫子自道，虽出自作为太虚弟子的印顺法师（1906～2005年）之心胸，或许多少正是太虚的心绪之延续。

太虚与印光思想相异之处的另一个主要问题则是：人间净土如何可能？

人间净土的最终实现，也就意味着要完全消解六道轮回等自原始佛教以来的重要的信仰学说，完全消解苦难的此岸世界与极乐的彼岸净土的差别，实质上也就意味着对佛教信仰的消解。恰是这点，对印光而言，是不可想象更不可接受的，缘由在于：

> 三界无安，犹如火宅，众苦充满，出离莫得。②

包括欲界、色界和无色界在内的"三界"属于"迷界"，众生居其中，如居火宅，不离众苦，从究竟义而论，此岸的现实世界是不足以成为最终的归宿地的，所谓：

> 三界原来一戏场，诸人及早返家乡。③

印光对于"南赡部洲"的三界内众生皆苦的认识，直接道出了该洲居民勇猛强记而能造业行，能修梵行，有佛出其土，终可蒙佛接引而得以往生极乐的终极结论。"北俱卢洲"即"郁单越人间"的居民虽寿足千岁，平等安乐，无苦难领受，依然是有限的，尤其是该洲无佛出世，其居民也就失去了往生极乐的终极关怀。

对此，即使是主张"人间净土"的太虚，也是充分意识到了。太虚提出的"人间净土"只是方便法门，作为人，毕竟在此岸的苦难世界生活过，当然有尽可能改造这个苦难世界的义务与责任，但终极的信仰却不能以"人间净土"作为究竟——此点的最好例证，是太虚依然以发愿往生弥勒净土作为自己的究竟之愿。

---

① 印顺：《冰雪大地撒种的痴汉》，转引自江灿腾《人间净土的追寻》，第221～227页。
② 印光：《〈佛说轮转五道罪福报应经〉集解题词》，《印光大师全集》第一册，第810页。
③ 印光：《为梨园会首某上堂》，《印光大师全集》第一册，第798页。

可见太虚与印光之异，最主要是往生弥勒净土或往生弥陀净土之异，其次才是此岸净土（人间净土）与彼岸净土（弥勒净土或弥陀净土）之异。

印光与太虚作为同时代的一代高僧，都同样强调信仰的重要，一如《华严经》所云："信为道源功德母。"但两人对信仰的具体内涵的解说，则略有歧异。

印光所言的"信"，是无条件地建立在净土修持的基础上。太虚所言的"信"，在此之外，则多少带有学理的色彩：

> 此信心并非泛泛的信仰，而是从研究教理，或实习修行后所得成的真诚确信。①

针对有人对净土作文学观（认为净土是文学想象）或哲学观（认为净土是类似于柏拉图之理想国的假设之目的），太虚则力求以科学来论证净土的实有，如列举现代天文学的观测结果，说明净土在浩瀚的宇宙中有实存的时空条件：

> 净土实有，理教可证。经云："虚空无边，世界无量。"此种事实，在古代尚不易证知，近时科学昌明则证之殊易。如天文学家谓太阳系有八大行星，吾人之地球为八行星之一；如此太阳系之世界，空中不知凡几。于此可见科学发达，益知于世界之大，实足以证明佛说之不诬也。世界既多，苦乐应异……故超此染界，即有诸佛净土；变化土则为佛与众生间沟通之桥梁。是故净土之有，宁不许耶！②

以现代天文学家所观测到的世界之大来说明净土的实有。但世界之大，仅是净土的可能性前提，而太虚就将此视为净土实有的充分证明了。事实上，科学的观测与认识总还是有限的，将科学引入净土信仰，并没有能消弭这种信仰依然存在的具体问题，比如，往生的过程？往生的验证？等

---

① 太虚：《世界佛学苑之佛法系统观》，《太虚大师全书》第2册，第494页。
② 太虚：《〈佛说观弥勒菩萨上生兜率陀天经〉讲要》，《太虚大师全书》第14册，第93页。

第八章　横比较：晚清民初佛学大家与印光的净土思想之比较

等。印光的选择依然是通过信仰主义而涤除科学主义与怀疑主义的，毕竟，信仰与科学实证各有着不同的领地，要信仰也就意味着要放弃怀疑的意愿。从这一方面看，印光是传统的，而太虚的努力则有着更多的现代色彩，乃至认为"佛法是科学的哲学，哲学的宗教"①。

总的说来，在往生净土的问题上，提倡弥陀信仰的印光更具出世之心。发愿往生弥勒信仰的太虚则更有入世之情怀，他提倡的"人间佛教"与"人间净土"，进一步强化了唐宋以来的中国佛教所具有的入世化、人生化与世俗化的倾向，这对在20世纪50年代后在中国港台地区兴起的以直面现代社会与现代人生为取向的新型佛教团体、佛教慈善和佛教文化事业，对在20世纪80年代起在中国大陆佛教界兴起的提倡人间净土的理想、以期利国利他也利己的倡议，都有着直接的导引关系。"自从近代太虚法师大力提倡'人生佛教'或'人间佛教'以后，中国佛教界一直在探讨如何适应现代世界和中国社会的新的变化把古老的佛教进行革新，使之与现实人生密切结合，为民众福祉、社会发展进步作出贡献。"②

太虚的人生佛教与人间净土佛教思想，因此而更具经世致用的价值，也更具社会学乃至政治学的意义。

五　欧阳竟无对净土的否弃

欧阳竟无居士，原名渐，江西宜黄人。他早年习程、朱、陆、王之学，后受友人桂伯华影响而信佛，曾两谒杨文会居士，从其学佛。杨文会去世后，欧阳竟无继承其遗志，经营金陵刻经处，并附设佛学研究部。1920年在南京成立支那内学院。抗日战争爆发后，他率院众携经板入川，在江津建立支那内学院蜀院。遗著有《竟无内外学》等。

从师承关系上，欧阳竟无虽出于杨门，但其信仰与思想已与乃师有不少区别。

杨欧之别的主要一点在于，杨文会偏于教，力求平等地看待各宗而归

---

① 太虚：《佛法原理与做人》，《太虚大师全书》第5册，第179页。
② 杨曾文：《人间净土思想与不二法门》，《人间净土与现代社会》，法鼓文化，1998，第202页。

于净土，依然是立足于修持与终极关怀的原点来看待佛法。欧阳竟无则更重于学，注重唯识佛理的探究辨析而轻视佛教的信仰成分，视学理探寻重于信仰修持。

（一）欧阳竟无对净土的否弃

欧阳竟无在否弃净土方面的典型语，是在列举"今时佛法之蔽"时，指出第五蔽即为："学人全无研究方法，徘徊歧途，望门投止，非视学佛为一大难途，即执一行一门以为究竟，如今之言净土者即是。如此安望佛法之能全显露耶！"而要除此弊，"非先入唯识、法相之门不可。"① 他尤其强调学佛要从唯识学开始，唯有学唯识才是学佛者的入门功课：

> 不研唯识，其心不细，易入歧途；其陋不除，易流笼统。是故学佛入门，须始唯识。②

显然可见的是，他大力提倡唯识。在净土观上，较之乃师杨仁山居士，他更倾向于采取质疑乃至毫不掩饰的显性否定之负面看法与态度。

具体事例方面，欧阳竟无明确地以特例来拒绝弥陀净土信仰：

> 净土宗动言临终正念，即得见阿弥陀佛往生彼国，事果称理，因无疵也。特是人之就死，四大败坏，若痛逾常，其能正念者已不多睹，即令平时无间勤修，舍报时能一心不乱。然如陡然闷绝，或梦寐中为人所贼而遽舍报，将之奈何？理有未明，则事多有碍。智者于此，应更详审。③

他以净土宗的修持者在临终前因苦痛而难以保持一心不乱的事例，以及还可能是猝死或在睡梦中为贼人所加害的特例，非议净土宗信众所践履的临

---

① 欧阳竟无：《唯识抉择谈》，载王雷泉编选《悲愤而后有学——欧阳渐文选》，上海远东出版社，1996，第25页。
② 欧阳竟无：《释教训第三·文字五》，载王雷泉编选《悲愤而后有学——欧阳渐文选》，第175~176页。
③ 《欧阳竟无先生语录初辑》，转引自《中国近现代佛教人物志》，第385~386页。

第八章　横比较：晚清民初佛学大家与印光的净土思想之比较

终法门。

在欧阳竟无的平生之论中，最具争议的是"佛法非宗教非哲学"论。为了论证"佛法非宗教"，他如此写道：

> 凡宗教家类必有其宗教式之信仰。宗教式之信仰为何？纯粹感情的服从，而不容一毫理性之批评是也。佛法异此。无上圣智要由自证得来，是故依自力而不纯仗他力。依人说话，三世佛冤，盲从迷信，是乃不可度者。《瑜伽师地论》："四力发心：自力、因力难退，他力、方便力易退"，是也。①

要证得无上圣智，关键是依据自力、因力，而他力、方便力则是不足为凭的。欧阳竟无同样强调信仰的重要，并将"信"分为两种，一为"愚人之盲从"，另一为"智人之乐欲"，后者具体是：

> 信有无上菩提，信有已得菩提之人，信自己与他人皆能得此菩提，此信圆满，金刚不动，由斯因缘始入十信；此而不信，永劫沉沦。②

他提倡的是信自力而非包括佛力在内的他力，如此才能避免永劫沉沦的结局。

（二）欧阳竟无的了生死之愿

欧阳竟无是一个对死亡敏感并发大愿欲了生死的佛教徒。他的一生，频遭至亲高足的死亡打击，数次经历了白发人送黑发人的人间至惨之痛，而每经历一次这样的惨痛，他都移惨痛之情到佛学研究中，发心钻研，直至冰释存疑。

在这方面，欧阳竟无尝述自己的求道治学是"有激于自身而出者"，

---

① 欧阳竟无：《佛法非宗教非哲学》，载黄夏年主编《欧阳竟无集》，中国社会科学出版社，1995，第3页。标点有所不同。
② 欧阳竟无：《佛法非宗教非哲学》，载黄夏年主编《欧阳竟无集》，第3~4页。

印光思想、净土信仰与终极关怀

这主要是指:

> 渐幼孤,庶出,母长年病。初习程朱,得乡先生大誉,虽足树立,而生死事不了。继学陆王,虽较直截,而亦不了生死。……女兰,年十七,随予学于宁,予入陇而死,痛彻于心脾,中夜哀号而无可奈何,遂翻然求学,通宵达旦,钻研《瑜伽》,于是《唯识》、《瑜伽》涣然冰解。……无端而东儿死,生世十九年耳,聪明而不禄,诚悼痛之!许一鸣同时死,黄树因同年死,于是习《般若》,不能融贯。逾年而同怀姊死,又聂耦庚死,乃发愤治《智论》而《般若》娴习。①

无常倏忽,人生几何?欧阳竟无早年尝学陆王心学,虽较直截,依然不能了生死。然后,他又经历了先丧女再丧子的锥心之痛,有中夜哀号,然后,有的还是其他亲友死亡所带来的种种无可奈何。其后,他进而力求通过专研佛教学理来求生死解脱,个我的生命体验与其所钻研的佛学得以一以贯之,这即其自谓的"悲而后有学,愤而后有学,无可奈何而后有学,救亡图存而后有学"②。他以这种自我所直面死亡时油然而生而敏锐无比的大悲、大愤、大无可奈何和大救亡图存之心,开启了自我研习与思考佛学的源泉,这是一种升华的移情,却是直面死亡时的对抗移情,结出的也就依然是苦涩的果实。③

欧阳竟无在其小儿欧阳东"浴泳而溺以死"后,悲愤之时,撰《欧阳东泗毙哀纪碑》一文,决意"吾乃为东发愿,为一切众生发愿",其中有愿为:

> 愿一切众生,永无溺事。人如鱼游,水如空气。兔浮龙潜,过涉

---

① 欧阳竟无:《再答陈真如书》,载王雷泉编选《悲愤而后有学——欧阳渐文选》,第333页。
② 欧阳竟无:《〈内学〉叙言》,载王雷泉编选《悲愤而后有学——欧阳渐文选》,第76页。
③ 欧阳竟无的"悲愤",令笔者想到了鲁迅的"怒":"忍看朋辈成新鬼,怒向刀丛觅小诗。"(《无题》)革命家或有革命情绪者的口头语乃至书面语,是可以不事修饰乃至不讲究口德的,故在朋辈成"新鬼"时,心中的"怒"也就可以移情到写写小诗上。这与欧阳竟无将"悲愤"移到"学"上,虽曲异,然而调子却是同一的。

第八章 横比较：晚清民初佛学大家与印光的净土思想之比较

厉揭；瀚池香海，康逵坦地。

愿一切众生，匪徒无溺。罡威海啸，山烈地坼，霎时惶惑，虚空逼塞，雉经刀药，王难虫食，一切夭横，永兹除祓。魔不得便，人不得隙。

愿一切众生，匪徒不矢横，首丘贤善，终其天年。预知时至，脱然须叟，如比丘入三禅。①

这些由诗性文字构成的愿文透露出他的一片大悲心，其发愿之真诚及其愿望之美好，令人难忘。发愿之主旨是生活在此界的一切众生得以天年善终，临终时心智清醒，预知时至，瞬间即了生脱死，相应的精神状态就如比丘入三禅。

但因此而带来的问题，至少有二。

第一，佛可以发愿，人也皆可以发愿，这不是人佛的区别。按佛教教义而言，人佛的区别在于，佛的发愿由佛力来实现，人却没有相应的力。作为人的欧阳竟无，有愿，但毕竟不是阿弥陀佛或其他佛，力呢？

净土宗大师的有关思想堪为对比。这方面的说法可列举许多，此处仅列二例。

比如，昙鸾有语：

凡是生彼净土及彼菩萨人天所起诸行，皆缘阿弥陀佛本愿力故。何以言之？若非佛力，四十八愿便是徒设。②

愿以成力，力以就愿，愿与力不可分，力愿才能相符，佛的愿力结合才能显现威力。在这里，佛力是关键的关键。

所以，印光有这样一项依据弥陀净土信仰而具全然确当性的结论说道：

---

① 欧阳竟无：《欧阳东泗毙哀纪碑》，载王雷泉编选《悲愤而后有学——欧阳渐文选》，第431～432页。
② 昙鸾：《往生论注》卷下，载《大正藏》第四十册，第843页。

念佛法门，全仗佛力。①

第二，欧阳竟无是在"为一切众生发愿"，但"人如鱼游，水如空气"之愿，在此岸世界，显然仅是站在人本立场上，由一个因儿子被水吞噬而过度悲伤的父亲所发的愿。但此愿不仅在因存在着悖逆现实世界的想象而在当下被证伪，而且其所言的"一切众生"在逻辑义理上不具周延性，因为对于鱼虾螃蟹来说，所发之愿应该是"鱼如人走，空气如水"，鱼虾螃蟹是"众生"的一部分，当然也不能忽视它们的立场，鱼虾螃蟹如人走、空气如水也就具有确当性。如此一来，矛盾也就凸显了，在"三界无安，有如火宅"的此岸娑婆世界，到底应该是"人如鱼游，水如空气"？或应该是鱼虾螃蟹如人走，空气如水？这不论是就现实，或是就逻辑而言，都是一个绕不开的难以兼容的问题。

逻辑困境如此，"水如空气"之愿还会面对更大的现实困境。水如果真如空气，那就意味着地球上的水全变成了空气，意味着我们生活的这个名为"地球"实为"水球"的蔚蓝星球将不会再有水存在，这也就意味着包括人在内的众多生灵将完全失去生存的基础。很显然，"水如空气"是一项令人匪夷所思的虚妄之愿。

六　肯定净土之主流、否定净土之支流及其各自的趋归

太虚在《中国佛学》中，曾经区分出中国佛学的主流与旁流，并指出其各有四个特点。

太虚认为，包括净土宗在内的中国佛学主流，有以下四个特点。

一是"本佛"，即佛本论，直承于佛，推本于佛。

二是重经，因本佛，故重视佛所说的经和律，决不以论为主。

三是博约，由博览而约要，一面固须博览群经，但又要从博览中抉出诸法的要旨。

四是重行，即依所约要旨而本之去实践修行。

---

① 印光：《复周志诚居士书二》，《印光法师文钞三编》（上），第261页。

第八章　横比较：晚清民初佛学大家与印光的净土思想之比较

包括欧阳竟无所推崇的唯识论在内的中国佛学旁流，也有以下四个特点。

一是本理，不是直本于佛，所本的是空或唯识的理。

二是重论，即并不直据佛说的经，只以发挥此理的各祖师所著的论典为重。

三是授受，因重论，故其思想也便拘入几部论的范围内，传授而承受，不能博取佛的一切经而发挥伟大的创作。

四是重学，平常都孜孜钻研讲说，而不能往佛经中摘取要旨去修行证果。①

结合中国佛学主流与旁流的各自四个特点，杨文会与"民初四大师"何以重视、提倡并发愿皈依净土信仰？欧阳竟无何以抨击并拒绝净土信仰？也就可以在依据与理据上获得说明。②

从多元化的角度来看，以印光为代表的"民初四大师"所强调的信（仰），欧阳竟无推崇的学（理），都有令人难以忘怀的执著。在解脱的理路上，两人代表着不相往来的两种倾向。从究竟的探究上看，两相比较，印光提倡在入世中求往生净土之路，在今生、此岸勤勉努力地持有信、愿和行，结论性或言终极性的往生极乐世界之果报，则留待后世、彼岸，其信仰义理既简洁亦明快，对广大信众更富感召力。欧阳竟无欲求"佛法之能全显露"的目标，则令其可以不倦地在学理上作探索，在佛学知识界中开了一代学风，但个人的短促人生有涯，而佛法经藏与智慧却无涯如海，他的目标也就是理想成分甚多，个人却无达成的可能。净土偏于信仰与修持，唯识重在学理与研究，不同的理路，从两位大师的不同遭际中，已可看出端倪。

就终极关怀的径路与境界而论，像印光这样的虔诚的信仰与修持佛法者，与类似欧阳竟无那样更注重从学理径路上寻求佛法本质的思想者，其追求及其境界是大有歧异的。

---

① 太虚：《中国佛学》，浙江省佛教协会，1994，第179~180页。
② "如果说金陵刻经处杨仁山、欧阳竟无等人，以学理取向为先，而印光则以社会教化为上，这是二者的差别之处。"参见陈永革《佛教弘化的现代转型：民国浙江佛教研究（1912-1949）》，第165~166页。从金陵刻经处的沿袭，可将杨仁山与欧阳竟无并列；但杨仁山与欧阳竟无的区别之一，则在前者仍重社会教化，后者才是以学理取向为先的。

印光思想、净土信仰与终极关怀

以印光为代表的净土宗信众是群体的,他们通过简洁的信念,跳跃过琐碎的知识层面。印光对作为知识分子的读书人有这么一番劝诫:

> 择一寂静隐晦之处,力修净业,将从前所得之学问文章,抛向东洋大海外,作自己原是一无知识之人,于不生分别心中,昼夜六时,专持一句洪名圣号,果能死尽偷心,当必亲见本来面目。①

当修持到不生分别心的境界,万物一体,明众生皆有佛性,进而倚靠信仰而最终在精神世界中解脱痛苦,了生脱死,在信仰中获得大自在、大愉悦,从而直接契入终极关怀。就具体的个我而言,关于学理探究与了生死修持的关系,即是知与行的关系,印光深知衡量两者的得失天平未必是平衡的:

> 须知大通经教者,未必即生能了生死。欲即生了生死,当注重于信愿念佛求生西方也。②

知其得失,再选择得失,印光推崇与提倡的就是通过信愿念佛来求生西方净土。他坚持认为,修净土法门者:

> 不致好高务胜,随经教知识语言所转。③

这并不是说净土宗就没有"经教知识语言",而只是强调相应的信仰者,其心不会被玄奥之学理所转,以致迷失信仰。印光继承了善导等净土宗祖师的径路,认为末世凡夫"良以业识未消,三昧未成,纵谈理性,终成画饼。又以古人闻理性当体便是,则进行弥速。今人闻此等语言,则废弛道业,但欲任己业识茫茫之天真耳"④。信仰不是不需要理性,但不能以理性来消解信仰,否则理性就是画饼之谈。

---

① 印光:《复叶玉甫居士书》,《印光法师文钞三编》(上),第55页。
② 印光:《一函遍复》,《印光大师全集》第二册,第861页。
③ 印光:《曹云荪了义居士舍宅为念佛林发隐》,《印光大师全集》第一册,第744页。
④ 印光:《与康泽师书》,《印光大师全集》第一册,第131页。

第八章　横比较：晚清民初佛学大家与印光的净土思想之比较

欧阳竟无所取的径路则是孤独的，面对剪不断理还乱的学理问题，时常要领受"独上高楼"却不能"望尽天涯路"的苦涩。理性思考的本身并不轻松，理性思考的本身或就是痛苦的源头之一，何况是以观照人生痛苦的佛理作为思考的对象？！唯识论在唐朝的玄奘、窥基之后迅速消歇，主要原因之一就是唯识论因忠实于对梵文经论的翻译，未经革命性的吸收改造，字义繁琐而导致了曲高和寡。对此，陈寅恪先生曾指出：

> 释迦之教义，无父无君，与吾国传统之学说、存在之制度无一不相冲突。输入之后，若久不变易，则决难保持。是以佛教学说能于吾国思想史上，发生重大久长之影响者，皆经国人吸收改造之过程。其忠实输入不改本来面目者，若玄奘唯识之学，虽震荡一时之人心，而卒归于消沉歇绝，近虽有人焉，欲燃其死灰，疑终不能复振，其故匪他，以性质与环境互相方圆凿枘，势不得不然也。①

此处虽不直接点出近人之名，却直白对相关学者欲燃唯识学的死灰、欲复振唯识学的努力，抱着一种极致的怀疑。循此角度观之，当不难发现，正因为经历了漫长的中国化吸收与改造过程，净土信仰才产生了重大而久远的影响。

值得注意的是，即使一代宗师如玄奘，生前也还是以发愿往生弥勒净土作为自己人生的终极取向——这项取向，在民国，为太虚所继承。千余年过去了，欧阳竟无在"佛法非宗教非哲学"的旗帜下，欲重振唯识宗的显赫，并以白衣之身在讲法时呈现出一派"舍我其谁"的教主风范，在发愿时则取佛菩萨的口吻——如他在"吾乃为东发愿，为一切众生发愿"的所有愿望，以诗一般的愿文透出他的一片大悲心，发愿之真诚及其愿望之美好，是任何一个有良知的后知者都不应随意嘲讽的。但也仅此而已，因为生活在现世的此岸中，众生只要还食人间烟火，就不能不经受悲欢离合、生老病死之苦，这在佛经所记载的佛陀教理中，早已是悟明之理，也是向佛教信众与准信众反复宣教过的教理。欧阳竟无所道的"人如鱼游，水如空气"不是事实，欲

---

① 陈寅恪：《冯友兰〈中国哲学史〉下册审查报告》，《陈寅恪文集之三：金明馆丛稿二编》，上海古籍出版社，1980，第251页。

印光思想、净土信仰与终极关怀

众生在现世此岸"永无溺事""终其天年"① 之愿，也经不起谁都可以随口道来的经验事实尤其是溺水死亡事例统计数字的挑战，从而流为不切实际的空泛之愿。他以"佛法非宗教非哲学"立论，论点如壁立千仞，但其结果也就消解了佛法的宗教意味，而只欲从纯哲学的角度来理解。

如果说欧阳竟无对此犹抱琵琶半遮面地无意承认，作为其传人的吕澂，对此则是开诚布公的：

> 我在以后的四十余年中，始终把佛学作为一种哲学，作为社会科学系统中不可或缺的一门学问进行研究。②

相应于乃师欧阳竟无"佛法非宗教非哲学"的说法，如果将唯识学视为"佛学"的主流而其他佛教宗派理论及其修持又可以忽略不计的话，那么，"始终把佛学作为一种哲学"之说，倒是大致不差的，因为唯识学的那种既有客观罗列又有主观情识的系统理论，确实是在知识论的范畴内，可以作相当多的知解说明与分析的，乃至如欧阳竟无的夫子自道：

> 毗庐遮那顶上行，六经皆我注脚，求人之所以为人斯已耳，何佛之学？何孔之学？③

在构筑自我精神世界的个人理路上越走越远。但仅强调这些，多少也就意味着消解了佛法、佛学作为宗教的信仰及其所能提供的终极关怀。

信仰论与知识论、肯定净土与否定净土的归趣，因此也就大异其趣。从这个层面上，虚云就直接指斥欧阳竟无：

> 以他的见解，作《楞严》百伪说，来反对《楞严》……这都是法

---

① 欧阳竟无：《欧阳东泗毙哀纪碑》，载王雷泉编选《悲愤而后有学——欧阳渐文选》，第 431～432 页。
② 吕澂：《佛学研究和支那内学院》，载黄夏年主编《吕澂集》，中国社会科学出版社，1995，第 317 页。
③ 欧阳竟无：《孔学杂著·孔佛概论之概论》。转引自程恭让《抉择于真伪之间——欧阳竟无佛学思想探微》，华东师范大学出版社，2000，第 273 页。

第八章　横比较：晚清民初佛学大家与印光的净土思想之比较

末的现象。①

身处末法时期，又面对佛教的断层，杨仁山则认为："佛教命脉，仅如悬丝"，尤其有必要强调：

> 阐扬圣教者，须将死法说成活法，不得将活法说成死法。②

作为中国近代佛教复兴之父的杨仁山所道出的此语，真可谓可点可圈的一番苦心之语。

佛法教人了生死。直面死亡时，我们就不难比较印光、弘一与欧阳竟无的分野。

品味印光反复描述的那种极乐心境，与弘一"悲欣交集"（尤其要注意的是，"悲欣交集"是以"悲"为始，而以"欣"为终结的）的心境，再品味欧阳竟无在丧失爱子后的那一番痛彻肺腑之言及"诚悼痛之！"的心境，其区别是泾渭分明的。

显然，印光、弘一与欧阳竟无的分野，区别初看似为是否要走知识论或佛法学理化的径路，是肯定或否定净土信仰的抉择。但更实质的区别之一，却是当事人在直面死亡时，或因信仰而生极乐的心境，或因世俗悲伤而生极痛的心境，分别在心境层面上，分别在接纳或拒绝净土信仰所提供的终极关怀上。作为一代宗师，他们在精神境界上各有各的大承当，各有各的终极关怀，但印光、弘一的心境亮堂、喜乐乃至极乐，欧阳竟无的心境晦暗、悲苦乃至悲愤，同样是显而易明的。

就晚清与民国时期的净土信仰思潮而论，有弥陀净土、弥勒净土、人间净土……要对这种思潮作一种完整的概括，结论是多元性而非统一性。杨文会与"民初四大师"的净土信仰，各有各的终极关怀，不一而足。在这其中，印光的信仰心路同样也不是唯一的，而是在净土多元信仰中，有特色也最有代表性的终极关怀之一。

---

① 岑学吕编著《虚云法师年谱》，第184页。
② 杨仁山：《评〈真宗教旨〉》，《杨仁山居士遗著》第十一册，第5页。

271

第九章 点比较：印光、史怀哲和章太炎对《太上感应篇》的误读及其价值

《太上感应篇》（以下简称《感应篇》）是道教的经典著作之一，全篇思想素材源自《太平经》《赤松子经》等，面世时代或为北宋初，南宋理宗时已有刊本传世，其作者迄今尚无定论。[①] 全篇共1200余字，开头即以"祸福无门，惟人自召；善恶之报，如影随形"16字为纲，然后叙说人要行善积德才能长生多福，并列举了20多条善行、100多条恶行，以为趋善避恶的准绳，提出了"欲求天仙者，当立一千三百善，欲求地仙者，当立三百善"的标准，并谓人体内有名为"三尸"的司过之神，时刻记录人的恶行，定期上白天曹、下讼地府，告人罪状，述人过恶，天因此而定夺人的寿夭祸福；还特别强调了"立善多端，莫先忠孝"，这也就是成仙证道的根基。《感应篇》将道教方术和戒律贯穿于道德修养之中，由神来对人作道德上的善恶评判，促人从一念起处下功夫。最后以诸恶莫作，众善奉行，积善天必降福，行恶天必降祸来做结语。全篇主要宣扬天人相感、因果报应思想，既有儒之伦理规范，又有释、道之宗教信条，融儒、释、道三家思想于一文中。

对于《感应篇》这个文本，在20世纪的上半叶，印光、史怀哲和章太炎这三位中外大师级人物，给出了不同的解读，其中不乏误读。

一 印光对《感应篇》的解读

就出世间法而论，《感应篇》作为道教劝善书中的一种，印光并不认

[①] 卿希泰主编《中国道教》（第二卷），知识出版社，1994，第124~125页。

第九章　点比较：印光、史怀哲和章太炎对《太上感应篇》的误读及其价值

同以它的终极取向作为个人信仰的终极取向：

> 此书究极而论，止乎成仙。若以大菩提心行之，则可以超凡入圣，了生脱死，断三惑以证法身，圆福慧以成佛道，况区区成仙之人天小果而已乎?!①

依据印光的终极追求，超凡入圣、了生脱死、成就佛道才是福慧圆满，是人生的至大而终极的成就，成仙只是人天之间的非终极的小成就。

就世间法论，在提供道德关怀的依据方面，印光则十分推崇《感应篇》，原因在"欲人明明德，止至善，最初下手，令先从格物致知而起"方面，《感应篇》与儒家的《四书》《五经》相比较，也有其优势：《四书》《五经》"以文言浩瀚，兼以散见各书，不以类聚，颇难取法。而未多读书者，更无因奉为典型也"。《感应篇》则有以下的优势，优势之一是：

> 撮取惠吉、逆凶、福善、祸淫之至理，发为掀天动地、触目惊心之议论。何者为善？何者为恶？为善者得何善报？作恶者得何恶报？洞悉根源，明若观火。且愚人之不肯为善，而任意作恶者，盖以自私自利之心使之然也。今知自私自利者，反为失大利益，得大祸殃，敢不勉为良善、以期祸灭福集乎？由是言之，此书之益人也深矣。故古之大儒，多皆依此而僭修焉。②

与《四书》《五经》相比，《感应篇》文义的优势之一，是具体回答了何种行为是世间之善，何种行为是世间之恶。

优势之二，则是回答了行善者会获得何种善报，作恶者会获得何种恶报。效果就是更多的人阅读后，因明白因果报应之理而知道自己应该如何做：

> 善恶之各有报应，则谁肯为恶而召祸乎？此风一行，善以善报，

---

① 印光:《〈感应篇直讲〉序》,《印光大师全集》第二册，第 1164～1165 页。
② 印光:《〈感应篇直讲〉序》,《印光大师全集》第二册，第 1164 页。

则礼让兴行,干戈永息,人民安乐,天下太平矣。①

可见在印光的思想世界里,《感应篇》的价值也就是一本优秀而通俗的人间道德教本,有助于促使各种人在世间落实各项具体的道德关怀,最终可以落实到成就佛道的终极关怀上。

印光还具体区分出"感应"有六种类,一是显感显应,二是冥感冥应,三是冥感显应,四是显感冥应,五是亦冥亦显感而显应,六是亦冥亦显感而冥应。并对各种感应具体予以说解:

> 显感显应者,现生竭诚尽敬礼念供养,即蒙加被,逢凶化吉,遇难成祥,及业消障尽,福增慧朗等。冥感冥应者,过去生中曾修竭诚礼念等行,今生虽未修习,由宿善根,得蒙加被,不知不觉,祸灭福臻,业消障尽等。冥感显应者,宿生曾种善根,今生得蒙加被。显感冥应者,现生竭诚礼念,不见加被之迹,冥冥之中,承其慈力,凶退吉临,业消障尽等。亦冥亦显感而显应者,宿世曾种善根,今生竭诚礼念,显蒙加被,转祸为福等。亦冥亦显感而冥应者,宿世曾种善根,今生竭诚礼念,冥冥之中,承其慈力,获种种益也。了此则知功不虚弃,果无浪得,纵令毕生不见加被之迹,亦不至心生怨望,半途而废。感应之道,微妙难思。②

如此分类并定义后,"感应"即是因缘果报的另一说,"感"可喻为种植,"应"则可喻为开花结果。佛教的三世轮回说,为"感应"分显冥说提供了基础性的认知空间,《感应篇》就可以达到促进世间人改过修善、惜福集福的目标。之所以大力推荐此书,缘由是"印光大师看得非常清楚,要想挽救灾难,拯济人类,唯有唤醒一切众生觉悟,断恶修善,明因识果"③。

尤其值得注意的是,印光还重提了《感应篇》是"元宰必读书"的历史故事,具体如下:

---

① 印光:《〈感应篇直讲〉序》,《印光大师全集》第二册,第1165页。
② 印光:《石印〈普陀山志〉序》,《印光大师全集》第一册,第442~443页。
③ 净空:《改过修善 惜福集福——〈太上感应篇〉讲记》,团结出版社,2010,第2页。

第九章 点比较：印光、史怀哲和章太炎对《太上感应篇》的误读及其价值

> 清，长洲彭凝祉，少奉此书，以迨荣膺殿撰，位登尚书后，尚日读此书，兼写以送人，题名为"元宰必读书"；又释之曰："非谓读此书，即可作状元宰相，而状元宰相，决不可不读此书。"①

为什么印光尤其赞同状元宰相们决不可不读《感应篇》之说？原因是状元宰相之类的位高权重者，其一念一行一决定都有着更大的影响力，连接乃至决定着万千百姓的或福或祸或生或死。他们如能通过阅读《感应篇》，进而明白因果感应之理，决策时就能怀有悲悯心，更多地顾及天下苍生而不仅是一己私利，这显然有助于增加人间的福祉与福音。

二 史怀哲对《感应篇》的解读

史怀哲（Albert Sehweitzer，1875-1965 年）是诺贝尔和平奖获得者（1952 年度）、"敬畏生命伦理学"创立者，他在《哲学和动物保护运动》一文中，曾如是论及《感应篇》：

> 《太上感应篇》（赏罚之书），中国宋代（公元 960~1227）的一部 212 条伦理格言集，其中同情动物具有重要地位。这些格言本身也许是非常古老的。这部至今仍然很受民众推崇的格言集表达了这样的思想，"天"（上帝）赋予一切动物以生命，为了与"天"和谐一致，我们必须善待一切动物。《太上感应篇》将喜欢狩猎谴责为下贱行为。它还认为植物也有生命，并要求人们在非必要时不要伤害它们。这部格言集的一个版本还用一些故事来逐条解释同情动物的格言。②

显然，史怀哲是人从对动植物生命关怀的角度来解读《感应篇》的。

在同一文章里，他还进一步通过比较中国、印度与西方各主要思想家、道教、婆罗门教、佛教与基督教在对待动植物问题上的差异，先后得出了两项结论性的认识：

---

① 印光：《〈感应篇直讲〉序》，《印光大师全集》第二册，第 1164 页。
② 〔德〕阿尔贝特·史怀哲：《敬畏生命》，陈泽环译，上海社会科学院出版社，1996，第 73 页。

> 我们乐于承认，与我们相比，在中国和印度思想中，人和动物的问题早就具有重要地位；而且，中国和印度的伦理学原则上确定了人对动物的义务和责任。
>
> 中国伦理学的伟大在于，它天然地并在行动上同情动物。但是，它距在整个范围内探讨人和动物的问题还很远。它也不能够教导民众真正对动物行善。中国思想的静止状态出现得太早了，它僵化在经学中，停留在古代流传下来的爱动物的思想上，没有进一步发展它。①

这两项结论既有确当的认识，也有可供商榷之处，稍后将给予相应的评议。

三 章太炎对《感应篇》的解读

章太炎（1869~1936年）在《东京留学生欢迎会演说辞》中，有这么一段涉及对《感应篇》以及净土宗的评价：

> 佛教的理论，使上智人不能不信；佛教的戒律，使下愚人不能不信。通彻上下，这是最可用的。但今日通行的佛教，也有许多的杂质，与他本教不同，必须设法改良，才可用得，因为净土一宗，最是愚夫愚妇所崇信的。他所求的，只是因为现在的康乐，子孙的福泽。以前崇拜科名的人，又将那最混帐的《太上感应篇》、《文昌帝君阴骘文》等，与净土合为一气，烧纸、拜忏、化笔、扶箕，种种可笑可丑的事，内典所没有说的，都一概附会进去。所以信佛教的，只有那卑鄙恶劣的神情，并没有勇猛无畏的气概。②

章太炎的这段话，为了提倡佛教改良，基本上是将《感应篇》、净土宗及其净土信众予以彻底否认。

---

① 〔德〕阿尔贝特·史怀哲：《敬畏生命》，陈泽环译，第74页。
② 转引自潘桂明《中国居士佛教史》下册，第870页。

第九章　点比较：印光、史怀哲和章太炎对《太上感应篇》的误读及其价值

四　印光、史怀哲和章太炎对《感应篇》的误读

从文本阅读的角度看，即使文本同一，但不同阅读者对文本的解读也是多种多样的，不同的误读也就在所难免。

在不同人的不同阅读中，即使"误读"无时无处不在，结合以上三位大师对《感应篇》的论述，问题尤其变得明确与尖锐：生活在同一时代的这三人，都是大师级人物，他们何以面对同一历史读本，结论却或是大部分肯定（印光），或是部分肯定（史怀哲），或是完全的否弃（章太炎），他们的误读何在？他们何以在理解上有这么大的歧异？歧异之中又隐含着哪些有价值的思想信息？

印光的误读在于，在终极关怀方面，他并不认同以《感应篇》的道教终极取向，而是用净土宗的终极取向来含摄道教的终极取向，用成佛来含摄成仙。在这项大前提下，他对《感应篇》有助于在人世间落实道德关怀的作用，则给予了高度的褒赞与推崇。联系到他对儒家的学说义理也选择了同样的态度与舍取，其中所体现的，正是他坚持以弥陀净土信仰作为根基的释儒道三教合一的思想或信仰取向。

史怀哲的误读，诸如将"天"解读为"上帝"，则主要源自他的基督教信仰取向。另外，了解不透彻也是一个因素，毕竟他读到的中国文化与宗教经典不多，当他指出中国伦理学的伟大在于"天然地并在行动上同情动物"之余，又认为"它距在整个范围内探讨人和动物的问题还很远。它也不能够教导民众真正对动物行善"时，他所说或所理解的"中国伦理学"，至少是没有包含中国佛教尤其是净土宗伦理学在内的，正如在我们从传统佛教延续到印光的佛性论和戒杀吃素思想中都能看到的，在其中的义理与具体践履中，人和动物关系不是"还很远"，相反，不论是就有情众生的根性来论，还是就终极关怀的最终落实来论，同样可以被归类在"有情众生"中的人和动物，是完全一致的，即彼此同具佛性，不仅同有安享天年的依据，也都有最终往生弥陀净土的根性与可能性。中国的佛教信众尤其真正的佛教徒从这种信念出发，也就真正地奉行对动物行善、对他人行善和对所有动物行善之举，戒杀

吃素、护生放生才成为中国佛教信念中已有且根深蒂固的题中之意，并在千百年的历史实践中实际转化为中国佛教徒吃素的具体修持与践履。

章太炎的话语中所存在的误读，则有更多的可圈可点之处。

第一，章太炎论佛教信仰者时完全从根性、智愚来论，但区分智愚的标准未必尽是客观的——能否在他人选择信仰时，就当他是来企业应聘找工作一样，先让他做个智力测验，然后再根据其智愚来进行区域性或流水作业式的安排？如果这样做，显然有违佛教的众生平等之义，众生平等包括信仰亦平等。

第二，如果上智人信了佛教的理论，佛教的戒律是否就可以不奉行？如果下愚人不接受佛教的理论，他们又如何"不能不信"佛教戒律呢？佛教戒律毕竟不是法律——现实中上智人与下愚人对于法律也不遵守，更何况是戒律？而且对于戒律而言，重要的不仅是知与信，更是行。在晚清与民国时期，奉行戒律的典范，恰恰是虚云、印光、弘一等这些深谙佛教理论并以净土信仰作为自己终极信仰的大师们。

第三，"愚夫愚妇们"选择信仰净土宗，终极目标是往生弥陀净土，而不仅是为了现在的康乐和子孙的福泽。即便是为现在的康乐和子孙的福泽，难道就是可以嘲笑的吗？哪个正常宗教的教义，会教导信仰者往不求现世康乐、不求子孙福泽的方向努力呢？何况是提倡出世法不与世法违的佛法？讲"净土一宗，最是愚夫愚妇所崇信的"，未必有统计数字上的支持，相反的例证却比比皆是，就章太炎的同时代人而言，位列佛教史"民初四大师"的虚云、印光、弘一和太虚法师，被称为同时期"中国佛教复兴之父"的杨仁山居士，无一不是崇信净土并发愿往生净土的。历史延续至今，净土宗正因能同时吸引上智人与下愚人的信奉，才得以成为中国汉传佛教乃至东亚佛教的主流。

第四，章太炎说《感应篇》等是"最混帐的"，仅与印光与史怀哲之论相比，更多显示他作为革命家的简单化意气化短促化之语。

第五，章太炎说信佛教尤其是信净土宗的人中，"只有那卑鄙恶劣的神情，并没有勇猛无畏的气概"的绝对之说，也不符合历史事实。仅在晚清与民国时代，与章太炎此说相反的人物例子俯拾皆是，如以"苟因国家

第九章　点比较：印光、史怀哲和章太炎对《太上感应篇》的误读及其价值

生死以，岂因祸福趋避之"自铭并勇于禁烟的林则徐①，提倡"念佛不忘救国，救国必须念佛"②的弘一等，都是净土宗的虔诚信徒。

五　误读的理论依据及其价值

显然，以上三人看待、评论《感应篇》的理论依据或原点，或活用或否弃，彼此是有差异乃至是大相径庭的，印光根据的是佛教理论尤其是净土宗的教义，史怀哲则有基督教的信仰背景和着力弘扬爱护动物生命运动的意愿与举措，章太炎则更多地表现出对佛教、净土宗、《感应篇》等传统信仰与传统文本的否弃倾向，他们各自的思想或信仰立场预设，也就导致了各自在对同一文本在理解上出现了大歧异。因此，即使是大师们对同一个文本出现相应的误读，也就毫不稀奇。

新的问题在于：这些误读也有价值吗？

印光之误读的价值，在于他立足于弥陀净土信仰，突出地昭示了《感应篇》的道德说教，并将道德关怀的意旨落实在终极关怀之中。他这种以佛摄道的作为，依据虽在佛本论，但并没有完全对道教的典论抱着一种单纯的"非我族类"的排斥态度，他自有他的心胸，这种心胸源自佛教智慧所具有的包容。虽然时代不同了，但印光误读的价值，其一仍在于坚守，也即坚守净土信仰的终极关怀以及道德关怀。其二在于对道教经典的活用。

章太炎之误读的价值，在于他从思想的角度，表达出了对净土宗与《感应篇》的否定理解，他以偏激的语言质问，揭示了诸如"烧纸、拜忏、化笔、扶箕"等问题之所在。他力图通过思想、思考与鼓呼，在信仰上消解净土，也就意味着消解中国佛教已经成型并保留至今的终极归宿。思想未必仅限于思想，鼓呼未必仅限于鼓呼，当类似的极端思想与鼓呼演化为极端行动时，带来的就是令人痛心乃至不可挽回的巨大损失——在20世纪的中国，类似例子是不胜枚举的。

---

① 印光：《林文忠公〈行舆日课〉发隐》，《印光大师全集》第二册，第1341~1342页。
② "抗战时期，（弘一）大师手书'念佛不忘救国，救国必须念佛'横额多幅分赠各方，勉勖诸佛弟子共赴国难。"参见《弘一大师全集》第七册，第9页。

印光思想、净土信仰与终极关怀

史怀哲之误读的价值，在于表达出了他对动物生命、对自然生态的一种深刻而真挚的关怀。而且较之章太炎，他在评价上的雍容，他对包括中国传统伦理学在内的中国传统文化的积极评价，他对人与动植物生命的敬畏姿态，也是令人难忘的。史怀哲与印光一样，在那个风雨如晦、人命尚且朝不保夕的年代，如此大力提倡对动物生命的关怀，其深度与力度，即使与当今最积极的保护动物生命的主张与运动相比，也是有过之而无不及的。

在当今多元化的时代，仅有一种声音已经是一种遥不可及的奢求。世俗关怀与终极关怀的知之不易，从以上三位大师对《感应篇》的不同解读与误读，就可见一斑。它也同样表明，在信仰多元化的时代，类似印光的信仰心路，同样不是唯一的，而只是在多元信仰中，有特色也有代表性的一条佛学终极关怀的归宿之路。后人们对于任何文本的解读，"完全意义上的还原是不可能的"[1]。换言之，客观的只是历史文本，而后人对历史文本的任何解读都是主观的，甚或难免误读。误读源自作为主体的阅读者，源自阅读者运用自己的阅历、知识、信仰、思想乃至情感价值参照系去衡量文本，仁智互见，同一个文本也就有了被作各种解读乃至误读的无限可能，从而给原文本增加更多的附加值。跟更多基于一般感受的普通读者不同，思想家站在什么立场，对于已经历史化的文本也就会有什么样的解读，其中的意义在于，一方面是新意因此得以进一步阐发，另一方面则是部分肯定、部分否定乃至完全否定的误读也就因此而产生，其中的思想观点都维系着历史的不中断，多元化路子也得以更多地开启。但思想家如果一味囿于仁智互见之地，他们所依据的信仰、思想价值乃至情感参照系及由此得出的结论，是要受到历史检验的，他们的误读也将因此而明确。而那些缺乏立场预设的随心所欲的误读，毕竟不值得提倡。这也是任何一个后学者所不能绕避的。

---

[1] 龚隽：《知我者，谓我心忧！——龚隽与惠敏法师关于佛学研究的讨论》，载冯达文、张宪主编《信仰·运思·悟道》，第418～419页。

第十章　印光思想与弥陀净土信仰的终极关怀意蕴

雅斯贝斯在1949年出版的《历史的起源与目标》一书中，提出了"轴心时代"（Axial Period，中文亦有译为"轴心期"）这个著名的历史表述。

"轴心时代"说指出，以公元前500年为中心、从公元前800年到公元前200年的这段时期，是人类文明精神的重大突破时期，最不平常的事件集中在这一时期，多个文明国度与区域都出现了伟大的精神导师，中国出现了孔子、老子和诸子百家；印度出现了《奥义书》和佛陀；在巴勒斯坦，先知们纷纷涌现；古希腊文明出现了荷马、柏拉图和阿基米德等贤哲。雅斯贝斯认为：

> 这个时代的新特点是，世界上所有三个地区的人类全都开始意识到整体的存在、自身和自身的限度。人类体验到世界的恐怖和自身的软弱。他探询根本性的问题。面对空无，他力求解决和拯救。通过在意识上认识自己的限度，他为自己树立了最高目标。……这个时代产生了直至今天仍是我们思考范围的基本范畴，创立了人类仍赖以存活的世界宗教之源端。[①]

在这些世界宗教中，儒教、道教和佛教的范畴与教义教理，都深刻地影响着中国和中国人，在轴心时代以降的2000年里，在本质残酷的皇权帝制下，体现着孔子、老子和佛陀智慧的儒、道、释三教，在华夏大地逐渐形成了维系着世道人心的信仰体系与行为信念，即使是不断面临着天灾尤其

---

① 〔德〕卡尔·雅斯贝斯：《历史的起源与目标》，魏楚雄、俞新天译，华夏出版社，1989，第8~9页。

印光思想、净土信仰与终极关怀

是人祸，我们的那些睿智的先祖在主流上，始终力求用理智、道德乃至有信仰与智慧的方法和方式，来面对这个冷酷的世界。时至今天，在全球的范围内，轴心时代留给我们的思想遗产，依然是最宝贵的思想遗产：

> 我们当今的历史意识，还有我们对自己目前状况的意识，直至我仅能暗示的结果，都是由轴心期概念所决定的，不论这一论点是被接受还是被否定。①

在历史的长河中，源自释迦牟尼佛的汉传佛教信仰，逐渐形成了弥陀净土信仰的主流。印光作为净土宗第十三祖，弥陀净土信仰是他的思想主旨，他的思想与著作，是净土宗之弥陀净土信仰的集大成之作。作为净土宗离我们这个时代最近的一位祖师大德，至今，印光已经圆寂70多年了，在海峡两岸，在汉传佛教的华文世界里，印光的书文已然成为净土宗与弥陀净土信仰的经典。在更注重追求和平与发展的当今时代，我们该如何思考与评价弥陀净土信仰的价值和意义？印光思想与修持的价值和意义？或许，通过相应的思考，我们也能通过印光的思想，通过古代与近现代的净土信仰与思潮，管中窥豹般地一窥佛法尤其是弥陀净土信仰的核心真谛之一二。

一　向死而生的终极关怀

宗教的起源和流布，与人们意识到生命尤其是自我生命终会死亡的事实，是密不可分的。当一个人能自觉地意识到自己生活在特定的时空中，在时间坐标上，不仅生活在现在，还能回忆过去，想象未来，生活、回忆与想象，现在、过去与未来，彼此相连，在感知与意识上是可以相互重叠互渗的。有情生命尤其是同类生命层出不穷、概莫能外的死亡事实，令确立自我意识者得以预知自己将来也必有一死、自己的肉身也会尘化为土。历史以降，外境如沧海桑田般的变迁，作为类的人，却依然是"千古艰难惟一死"，个体生命是如此无奈地面对死亡，以至在死亡来临时，诚惶诚

---

① 〔德〕卡尔·雅斯贝斯：《历史的起源与目标》，魏楚雄、俞新天译，第29页。

第十章 印光思想与弥陀净土信仰的终极关怀意蕴

恐地称之为"死神的降临",跟其他任何领域不同,人不可能战胜这个"神"而只能俯首称臣……

佛陀、基督等这类伟大的智者在直面死亡时,引发了情感与认识上的大触动与大顿悟,成为他们日后产生宗教意识、确立宗教信仰和创立宗教信仰体系的大转机。对此,马林诺夫斯基已确当地指出:

> 宗教底一切源泉之中,要以死亡这项生命底最末关节,无上的转机,为最重要了。死亡是通于另一世界的大门,这不只是字面的意义而已。据初始宗教底大多数学说来说,宗教底启发尚不都是来自死亡这件事,也是很多很多来自死亡这件事的;关于这一点,正统的学说在大体上都是对的。①

个体生命的死亡是促成宗教诞生的最重要乃至最主要的因素,也是佛教、基督教和伊斯兰教等世界性大宗教之所以有延续数千年而至今的命脉的最重要的前提。

面对"死亡之神"的肆虐,宗教的价值与意义,就在于提出了"拯救之神"的谱系与具体的拯救径路,并最终落实在终极关怀上。

保罗·蒂利希对"终极关怀"的定义是:

> 宗教是对属于并应该属于我们的终极关怀之对象的终极关怀。这意味着,信仰是一种被终极关怀所支配的状态,上帝就是这种关怀的内涵的代名词。②

---

① 〔英〕马林诺夫斯基:《巫术科学宗教与神话》,李安宅译,中国民间文艺出版社,1986,第29页。
② 〔美〕蒂利希:《文化神学》,陈新权等译,工人出版社,1988,第50页。需说明的是,此译本中,"ultimate concern"被译为"终极眷注"。而由相同译者翻译并收入《蒂里希选集》的译本,"ultimate concern"则被译为"终极关切",参见《蒂里希选集》(上),何光沪选编,上海三联书店,1999,第410页。何光沪先生则指出,将"ultimate concern"译为"终极关切"才能表示其包括"客观"与"对象"的内涵,参见《蒂里希选集》(上),"编者前言",第15页。此前,傅伟勋先生则将"ultimate concern"译为"终极关怀",参见傅伟勋《生命的学问》,浙江人民出版社,1996。考虑到约定俗成的因素,本文在引用时,"ultimate concern"取译为"终极关怀"。

印光思想、净土信仰与终极关怀

终极关怀是源自终极力量的关怀，或是源自终极的、无限的关怀，而作为生命有限有涯的过客——如包括人在内的动植物生命，则只可接受而不可给予终极关怀。从基督教[①]的角度来看，唯有上帝可以给予终极关怀，上帝的完美天堂，可在来世帮助人们摆脱不完善的心理和物质境地。举一反三，广而言之，类似阿弥陀佛等，同样具有终极关怀的宗教内涵，[②] 这里的缘由在于：

> 宗教指向人类精神生活中终极的、无限的、无条件的一面。宗教，就这个词的最广泛和最根本的意义而言，是指一种终极的关怀。[③]

"终极关怀"作为宗教的最具普泛性的定义，包容了所有宗教信仰内容的具体限定，成其为终极、无限与无条件的关怀。

终极关怀中的"关怀"，涉及包括"关怀者"和"被关怀者"这两极。就宗教信仰的意义而言，"关怀者"是至高无上、绝对、无限和可以拯救人类乃至普度众生的象征，恒以"神格"表现出来；作为"被关怀者"，不论是信教者，或是范围更广泛的有情众生，则是相对、有限和需要拯救或需要普度的对象，生命苦短而又不免生老病死，人的有限作为乃至德行所体现的"人格"，正是这种有限性的主要表现之一。就"终极关怀"的内涵而论，宗教信仰有主客观意义，主观方面，信仰是信仰者旨归特定的终极关怀而最终形成的；客观方面，终极关怀则是信仰者落实具体信仰后的精神归宿，或也可言为精神家园之所在。

在《信仰的动力》中，蒂里希还具体地指出，作为包容各种具体关怀的终极关怀，体现出了三个特征。

一是对信众提出系统的要求。

[①] 此处的"基督教"是在包括天主教、东正教和新教的广义范围来使用的。参见刘小枫主编《20世纪西方宗教哲学文选》（上卷），"编者前言"，第2~3页。

[②] 在这方面，阿弥陀佛与上帝尤有类似性。据现代比较宗教学的研究结果表明，强调他力的弥陀净土信仰、观音信仰，与西方宗教的影响有关，是东西方宗教文化复杂交流的成果。就弥陀净土信仰而言，约在公元2世纪，基督教已传播到了印度西北部，从而为基督教的救生降恩观念能补充到佛教信仰中提供了直接的源泉，推动产生了弥陀净土信仰的他力本愿思想。这种思想随着佛教传入中国而得到了突出的发展。参见孙昌武《中国佛教文化序说》，南开大学出版社，1990，第93~94页。

[③]〔美〕蒂里希：《蒂里希选集》（上），第382页。

第十章　印光思想与弥陀净土信仰的终极关怀意蕴

二是发出威胁。

三是做出承诺。①

具体而言,这三个特征,一是信众应该怎样做?二是信众若不遵守系统的要求,就会受到怎样的惩罚?三是信众若遵守了信仰的系统要求,又会获得哪些好的回报?各种宗教的终极关怀,几无例外。

傅伟勋先生依据个人兼操哲学与宗教的教学经验以及钻研(大乘)佛学的个人心得,指出虽然很难对"宗教"一词作出标准界说,但至少可以举出宗教之所以成为宗教的几个不可或缺的基本因素:

(1) 终极关怀(ultimate concern);

(2) 终极真实(ultimate reality/truth);

(3) 终极目标(ultimate goal);

(4) 终极承诺(ultimate commitment)。②

傅氏进而在排除有神论的特定内容(如创世、启示等)后,将"终极关怀"视为一个典型的后设宗教语词,认为"终极关怀"作为概念的提出,无助于蒂里希欲挽救传统基督教神学危机的企图,反而变成了足以推动世界宗教(如基督教与佛教)彼此之间相互对谈(dialogue)、相互交流(mutual exchange of ideas)甚至相互冲击(mutual challenge)的重要契机或桥梁。经由一番后设宗教学的普遍化之后,"终极关怀"可以用来说明任何宗教探求的始点或基点,有其宗教实存的主体性深意。

傅氏进一步指出,在所有的世界性宗教之中,佛教的"终极关怀"最能表现此一宗教探求的主体性深意,而无需假定启示、创世等特定宗教的根基预设(basic presuppositions of a particular religion)。他并将有关义理应用到对(中国)大乘佛教真谛的重新探讨上,认为专就根本佛教或原始佛教而言,在四圣谛的学说中,苦谛("一切皆苦")显示出佛教探求的终极关怀,集谛("一切皆苦"的因缘考察)表现终极真实(即佛法)的探索开端,灭谛(因缘灭则苦灭)则是佛教的终极目标,道谛(八正道)则是所有佛教徒为了获致终极目标而自我担负的终极承诺,并落实在修行实践

---

① *Dynamics of Faith*, p. 2.

② 傅伟勋:《从终极关怀到终极承诺》,《生命的学问》,第 4~5 页。

中所具现化了的工夫进路或磨炼历程。①

傅氏所揭示的包括"终极关怀"在内的宗教不可或缺的四项基本因素，以及蒂利希对终极关怀三个特征的描述，或有助于我们能更好地诠释与评价印光与净土宗的弥陀净土思想。

在净土宗信仰与印光的信仰思想体系中，佛法的核心问题是勘破生死进而了生死的问题。了生死，在现世表现为信仰主体彻底克服了对死亡的恐惧，意味着信仰主体因在现世与此岸不可逃避的死亡而实现了对死亡的超越，并因此岸的死亡而在来世与彼岸的时空中实现了永生——西方弥陀净土为此提供了信仰的终极依据。在这种信仰的语境与意境中，看似现世与此岸的生死问题，实质为来世与彼岸的永生与恒存的问题。

印光继承佛意祖语所宣示的阿弥陀佛、西方极乐净土，作为一种终极关怀的所在，对于净土宗信徒而言，是自我精神信仰中终极、无限与无条件的存在，阿弥陀佛是慈母之上的慈母，西方极乐净土是一个极乐世界。世间慈母之爱虽然也是无条件的，却是世间、有限和世寿仅能延续数十年的爱；阿弥陀佛之慈爱则是出世间、无限和永生之爱，连曾给儿女带来了无条件之爱的慈母，也要领受这种无限和永生之爱，净土宗因此提倡念佛与行善的功德要回向先人与众生。往生弥陀净土也就是今生今世的头等大事。众生欲往生弥陀净土，就须信愿念佛，仗佛慈力，进而摆脱轮回，超越死亡轮回而往生西方极乐世界，最终超凡入圣、了生脱死。

从表征上看，净土宗信众终而复始地反复念佛，类同于其他宗教的祈祷，是净土宗信仰者的一种信仰自语、独白，以此来实现意、言、行三者的统一，念佛人的弥陀信仰也就得以不断地强化乃至固化。念佛的核质是一种信仰的单向沟通，也就是念佛者在现生当下，主动通过念佛而心归阿弥陀佛，来世往生佛国。② 有这点信仰保障，对于不可逃避死亡的人来说，"则死不但无可悲，且大可幸也。"③ 临终的一刻，也会保持相应的意识：

---

① 参见傅伟勋《从终极关怀到终极承诺》，《生命的学问》，第5~23页。
② "生念佛号，死生佛国。辞生死之幻苦，享常住之真乐。承事弥陀，参随海众，闻圆音而三惑净尽，睹妙境而四智圆明。不违安养，遍入十方；上求下化，广作佛事。彻证即心本具之佛性，普作苦海度人之慈航。"参见印光《绍兴何阆仙家庆图序》，《印光大师全集》第一册，第446页。
③ 印光：《饬终津梁跋》，《印光法师文钞三编》（下），第895页。

第十章　印光思想与弥陀净土信仰的终极关怀意蕴

> 离此苦世界，生彼极乐世界，是至极快意之事，当生欢喜心。①

死亡不是寂灭，现世的死亡是往生极乐世界的转折，故极乐即死亡，死亡即极乐。这种结果，是根植在深刻洞察包括人在内的众生所经受的生老病死诸痛苦之基础上的。通过净土信仰，死亡这项被世俗视为极悲之事就转为极乐之事，无疑促使净土宗信众能直面死亡，随着修持的深浅与长短，或多或少地清除自我内心对死亡的高度恐惧的生物本能，将最根本的生存焦虑多少消解于无形中，向死而生，从而超越死亡。

众生往生净土的根据，在包括印光在内的净土宗大师们的思想与语境中，从"被关怀者"即众生的层面言，是大乘佛教的佛性论所奠定的，众生均有成佛的根性是根基，往生弥陀净土则是净土宗信徒的终极目标。从"关怀者"即阿弥陀佛或包括阿弥陀佛在内的"西方三圣"的层面而言，阿弥陀佛所发的大愿是净土宗信仰系统特有的终极承诺。对于众生而言，阿弥陀佛意味着整体的绝对，不仅是众生可以超越苦海的最可信赖的依靠，而且从佛性一致平等的角度看，众生与佛无异。从共时性而言，相对于有缺陷的众生，佛在觉悟上是绝对圆满的，在道德上是完美无瑕的，②包括阿弥陀佛在内的十方佛，通过其发出的终极承诺，昭示并践履着普度众生、承载众生脱离苦海的理想。对于净土信仰者而言，要达到终极目标，落实终极真实，就须有信仰觉悟与皈依行为的统一。如果没有信仰的觉悟，无尽而矛盾不已的思考不仅不能助人解脱痛苦，相反，却会增加思想者的痛苦。信仰因此要求拒绝随机漫步式的胡思乱想，根绝怀疑，通过皈依弥陀净土来解脱自我的身心痛苦，使人在此生就可以获得身心尤其是心的坦然，最终能了生死，即所谓：

> 见思不尽，生死莫免。唯有净土，专仗佛力，如子幼稚，赖母抚

---

① 印光：《临终三大要》，《印光大师全集》第二册，第 1335~1336 页。
② "佛则唯以无缘大慈、同体大悲、度脱众生为怀，了无人我彼此之心；纵度尽一切众生，亦不见能度所度之相，故得福慧具足，为世间尊。众生则唯以自私自利为事，虽父母兄弟之亲，尚不能无彼此之相，况旁人世人乎哉？……是则唯欲利人者，正成就其自利。而唯自利者，乃适所以自害也。"参见印光《〈药师如来本愿经〉重刻跋》，《印光大师全集》第一册，第 626 页。

287

育；如度大海，须仗舟船，直登彼岸，身心坦然。①

一条荡荡西方路，直下归家莫问程；自是不归归便得，故乡风月有谁争?!②

在印光看来，弥陀净土信仰给众生提供了普度苦海的舟船，众生心性的回归目标，同样是特指的，是必须在佛教信仰中才得以臻达的。③ 众生往生弥陀净土，也就是实现了超越苦海的终极目标。阿弥陀佛兑现了终极承诺，净土宗信徒达到了终极目标，也就落实在挚信的净土宗信徒终往生弥陀净土的终极真实中。

有了这些具体的终极真实、终极目标和终极承诺，往生净土也就成为作为宗教的净土宗之真。换言之，对于净土宗信徒，一句"阿弥陀佛"具有周全尽蕴的涵容，作为人生的最高意义，作为生命的安顿，净土宗的终极关怀也就得以落实。

从佛陀、慧远、莲池到印光的原初关注点，是对生死事实的焦虑，是拒绝接受将有情生命的死亡当作一种不可避免的寂灭。死亡并不意味着绝对的终了，而只是生命形式的一种转化轮回。六道轮回说阐述了一般有情生命的生死是可转换、可过渡的，但还未触及超越的境界。故净土宗大师们最关注的关键点，始终是如何使人在心灵中彻底祛除死亡的阴影，勇于面对死亡，接受死亡，通过死亡而获得超脱，获得大究竟。佛陀指出的是一条信仰之路，从慧远到印光则是据佛教净土宗的经籍之论而予以宣弘，并数十年如一日地坚持不懈地修持。他们的思想与修持，是宗教大师们在无数次的思想与修持之后的再一次，同样表明不论是从哲学或是宗教的路径进入，真正的人生觉悟都与化解自身的死亡焦虑有关。

我们还可以从多维角度来观察与思考其中的内涵意蕴。

在现代心理分析学家看来，当人们随时面对着可能引致死亡的各种自

---

① 印光：《〈佛说轮转五道罪福报应经〉集解题词》，《印光大师全集》第一册，第811页。
② 印光：《定海张总戎荐亲对灵小参》，《印光大师全集》第一册，第772页。
③ 印光就《楞严经》的"发真归元"说，具体说明了"归"的含义："归者，归投、归还，即返照回光复本心性之义。然欲返照回光复本心性，非先归心三宝依教奉行不可。"参见印光《归心堂跋》，《印光大师全集》第一册，第616页。

第十章　印光思想与弥陀净土信仰的终极关怀意蕴

然或人为的天灾人祸（如地震、火灾、水患、疾病以及战争等），尤其是面对终归不可避免的死亡时，宗教提供的是一种心理保护的屏障。典型如弗洛伊德提出了以下的看法："如果死亡本身不是某种自然的东西，而是一个邪恶意志的狂暴行动，如果自然界中处处都有一些存在物在我们周围，就像我们在自己的社会中所认识的那样，那么，我们就能够自由地呼吸，就能够在处身于怪异事物包围时仍然觉得自在，就能够凭借一些精神手段来对付自己那愚蠢的忧虑了。也许，我们仍然是毫无保护的，但我们却不再是无依无靠的、瘫痪无力的了。我们至少可以作出反应。甚至有可能，我们确实不再是毫无保护的了。"正因为有这么一种信仰或心理的保护屏障，宗教信仰也就等于"人类最古老的、最强烈的、最执着的愿望的完成"[①]。包括佛教在内的智慧型宗教，源自轴心时代而得以延续发展至今。

当代科学家通过科学实验得出的一个结论是，对于有宗教信仰的人们而言，当他们与其他无终极信仰者同时感知到同样的不确定和错误时，终极信仰能起到一种和抗焦虑药物一样的缓冲效果，有信仰系统的人会认为世界发生的一切都是有意义的，所以他们心安理得地接受一切错误和不确定。宗教可能为宗教信仰者提供一个理解世界的框架，让他们清楚何时做、怎么做和如何处理特定的情况，为他们和世界的互动提供一个蓝图。信仰宗教的人，对生活有一个更长远的看法和宏大的信念，因此不会轻易对自己作出的判断感到焦虑和后悔。不过，这也是一把双刃剑，即在降低焦虑的同时，宗教也可能会让人们失去修正错误的能力。最佳的方式还是尽量去找到某种平衡。与政治相比较，宗教超乎政治的一点在于，宗教可以提供一种终极的解释，甚至对于我们身后的未知事物，宗教都有一种极大的控制感，也因此会给人们带来更大的安慰。[②]

信仰错位乃至缺位，精神与道德就会出现可怕的真空，于是我们的社会就流行着虚假，相当一部分的人甚至不能接受自己的有限性，你我他（她），作为客人时，不能说多一句的真话，否则就是众人眼中的屈原或

[①] 〔英〕约翰·希克：《宗教哲学》，何光沪译，三联书店，1988，第77~82页。
[②] 参见悠扬《宗教真的是"鸦片"？》，《南方人物周刊》2009年第22期。

"乌鸦嘴";作为主人时,则不易接受多一句的真话,否则就是在众目睽睽之下下不了台。举个典型的例子,你我他(她),当身处新人婚礼的婚庆场合时,除了说几句诸如"百年好合""恭贺新婚大喜"或"早生贵子""白头偕老"之类的套路化的喜兴话,还能说什么?而信仰基督教的新郎与新娘,在教堂举行婚礼时,却要在神父的主持下,在众目睽睽之下,庄重地举手,面对面郑重地互相发誓:

> 我以上帝的名义,郑重发誓:接受你成为我的妻子(丈夫),从今日起,不论祸福、贵贱、疾病还是健康,都爱你,珍视你,直至死亡。

本来,祸福、贵贱、疾病或健康乃至死亡,这都是正常人生所难免的遭际,是我们有限人生的有限性的呈现,是有正常心智者所必须直面与接受的,当相关状态出现问题时,要学会去解决,进而学会放下的。在成熟社会中,家庭与组织(现代主要是企业与政府)都是社会的核心构成之一,夫妻关系则是家庭中的核心关系,夫妻是甚深之缘,所谓的百年修得同船渡、千年修得共枕眠,佛教、基督教家庭因为以佛、以上帝为至高尊崇的偶像,成员的心中有终极关怀,所以往往也就能更理智、更达观地直面因祸福、贵贱、疾病或健康乃至死亡所带来的种种变故,更淡定地面对,更从容地去处置,也就更易获能更周圆一些的结局。

于是,当我们作为有限生命体,与灾祸、贫贱、疾病等不幸不期而遇时,无信仰无信念者的反应,多是生物性的本能反应,难免惊慌失措乃至怨天尤人——为什么不幸就落到"我"(或"我"的某位至亲某位良师益友等)的头上?为什么"我"就这么倒霉?为什么好人如"我",就不能一生平安?等等。极端者更有思想一落千丈的,人生一蹶不振的,灾祸、贫贱、疾病等不幸不能打败自己,是自己彻底地打败了自己。反之,真有信仰真有信念者,对不可避免的死亡都能平静地接受,会淡然视之,淡定应对,其中的内里乾坤很简单,既然死亡作为人生最大的挑战,都可以直面和应对,灾祸、贫贱和疾病等就更是可以直面也可以应对的。

就印光的弥陀信仰观而论,阿弥陀佛与观音菩萨等佛菩萨与信众同

第十章 印光思想与弥陀净土信仰的终极关怀意蕴

在，净土宗信众有相应的信愿行，也就获得了抗御死亡的精神支柱。印光的弥陀净土信仰思想，也就同具蒂利希所指出的终极关怀三特征，一是道明了众生如不信仰弥陀净土，则会再陷轮回，也就是发出了"威胁"。二是提出了皈依阿弥陀佛则会往生西方极乐净土，依据在于阿弥陀佛所发的四十八大愿，也就是做出了"承诺"。三则是对净土宗信众提出系统的行为要求。"只有当关怀的问题在人的心灵中萌生之后，内在之人才在这种关怀中显现自己。所谓的关怀乃是指，世界对于人必须有意义，人对于世界也必须有意义，在人的内心，使人自己能倾听这个世界的那种东西对人来说必须有意义，从而，人对于世界才必得有意义。"① 按此思路与要求，人活在世上，要实现终极关怀的归宿，要达到超越苦海的终极目标，体现在世俗关怀方面，该如何做，就至少有三方面的问题要同时顾及。

一是个人与个人、个人与群体、群体与群体之间，如何保持协调并进行健康互动？

二是包括自我在内的人类群体，如何通过合理的有所为与有所不为，与其他生物群体保持和谐的互动？

三是个人与群体如何通过了生死来衔接临终关怀与终极关怀，最终实现安身立命尤其是自我精神的安顿？

在印光的思想系统中，这些问题均因循着特定的弥陀净土信仰维向而有着明确的答案，终极关怀也就得以先落实在道德关怀、生态关怀和临终关怀等具体的世俗关怀上。终极关怀与世俗关怀的关系，是本末、体用的关系，彼此既有区别，又密不可分。对于真正的宗教虔信者而言，"终极的关怀就实际存在于所有初步的关怀中，并使这些初步的关怀成为神圣不可侵犯的。从根本上讲，宗教和世俗领域并不是分离的领域，勿宁说它们彼此存在于对方之中。"② 进一步通过诠释印光的相关思想，当可更深入地把握其终极关怀与世俗关怀思想彼此间的本与末、体与用的关系。

---

① 〔丹麦〕克尔凯戈尔：《宗教的激情》，载刘小枫主编《20世纪西方宗教哲学文选》（上卷），第448页。
② 〔美〕蒂利希：《文化神学》，陈新权等译，载《蒂里希选集》（上），第410页。

二 儒佛双美的道德关怀

人活天地间,既是以个体生命的生物形态生存在自然世界中,同时又是以社会化的角色生存在人类社会里。作为有限的个体,面对个我的现实处境,世俗关怀较之终极关怀,也就更有当下存在的迫切与必要,这些关怀长久地存在于人与社会相互维系的发展进程中,并成为人类文明与文化核质层中的精髓部分。在这其中,就包括了道德关怀。

中国传统道德关怀的思想成分,主要是由儒、道、释三家来提供的。以儒、释两家来论,儒学提倡积极进取的人生哲学,要求个人从修身齐家做起,最终以治国平天下为己任,注重入世,追求现世的显赫事功。佛学则以摆脱、去灭众生的贪、嗔、痴等心病,最终摆脱生死烦恼为终极目标。作个不尽恰当的形象比喻,如果儒家推销的是入世进取的精神食粮,佛家提供的则是医治心病的药方,印光直接指出:

佛法之益世在精神上。[①]

儒佛两家也就具备了相互补充、相互支持的思想基础。

看待儒佛关系,印光的思想取向是儒佛并举,追求儒佛相得益彰的双美结局,其道德关怀思想主要是通过儒佛思想的互补而成立的。他在佛本论基础上,提出儒佛双美论,核质是落实人生的道德关怀。按克利福德·吉尔兹的说法,宗教信仰"包含的是一种对改造日常经验的权威的优先接受"[②]。具体就包括印光思想在内的弥陀净土信仰理路言,阿弥陀佛是一项优先通过信仰接受的能根本改造净土宗信众日常经验的权威,是能从根本上改造与规范他们的思言行并将之纳入"诸恶莫作,众善奉行"之道轨的最高道德权威。换言之,一个人心中是否有类似阿弥陀佛的道德权威,是否遵从且奉行这个道德权威所提出的相应要求,不仅是宗教与非宗教在道德依据上的主要分野,也是导致截然不同之世俗行为的内在依据之一。

[①] 印光:《复焦易堂居士书》,《印光法师文钞三编》(上),第121页。
[②] 〔美〕丹尼尔·贝尔:《资本主义文化矛盾》,赵一凡等译,三联书店,1989,第221页。

第十章　印光思想与弥陀净土信仰的终极关怀意蕴

佛教的因果律，作为净土宗信众自律的内在律令，则是直接将净土宗信众的日常思行纳入"诸恶莫作，众善奉行"的内在规限。在印光的信仰语境中，因果律与三世时空观结合，有些看似是与信仰相矛盾乃至是冲击信仰的事例，也可以在相应的观点中获得解答。典型例子之一，是一位念佛吃素行善二十余年的老妇人被车撞后惨死，有居士对此惊惶疑惑。对此，印光的答疑解释为：

> 为善必有善报，作恶必有恶报。为善而得恶报，乃宿世之恶业果报，非现在之善业果报也。汝等诸人，见此老人，得此果报，心中便有为善无福，善不足为之邪见，故致惊惶疑惑。①

这种解答，不论是调适当事者的心理，或是信仰的自圆其说，既是相辅相成，更是必要的。

印光从社会效能的角度，考虑了从强化人的内在伦理道德律而言，如果按宋代儒学大家那样否定三世因果、六道轮回，对人伦道德建设与维系社会安定是无益的：

> 既无因果，无有后世。则尧桀同归于尽，谁肯孳孳修持，以求身后之虚名乎？以实我已无，虚名何用？由兹善无以劝，恶无以惩。②
> 且谓人死，形既朽灭，神亦漂散。纵有锉斫舂磨，将何所施？神已散矣，令谁托生？由是恶者放心造业，善者亦难自勉。③

这里的问题是包括现代人在内的历代人都面临着的一个尖锐问题：既然一个大恶人大造恶业后是死，一个大善人力行善事后也是死，大恶人的死与大善人的死，又均是一种断然的寂灭，那么，就终极究竟而言，相应于这种断然的寂灭，造恶与行善又有何区别？

在佛教的因果报应观未流布于中土前，连深受中国传统本土文化尤其

---

① 印光:《复周颂尧居士书》,《印光大师全集》第二册, 第877页。
② 印光:《〈挽回世道人心标本同治录〉序》,《印光大师全集》第二册, 第1141页。
③ 印光:《佛学图书馆缘起》,《印光大师全集》第二册, 第1394页。

293

是儒家思想影响的士大夫知识分子，即使伟大如司马迁，在相应的问题前，也深感矛盾，忧闷难解。①

眼界再扩大点，确实，在古今中外的历史长河中，"有多少快乐是被强盗、弑父者和暴君享受的啊。"② 类似的现象，在佛经中也有记载，如《观无量寿佛经》就记载着："劫初以来，有诸恶王，贪国位故，杀害其父一万八千"，皇子为篡王位而杀害身为国王的自己生身父亲，就已经是数不胜数。具体举例，身为太子的阿阇世，在执囚父王之外，还更欲加害与父王为伴的母亲——韦提希夫人，③等等。

时空延展，相对于佛教的因果报应观，人间的今生报应如果只能落实在现世的时空内，不具周全性。人们通过法律、外在道德规范和发自内心的自我谴责来实施果报的相应事例，未必就能完全支持所有正直者所翘首期盼的那种天网恢恢、疏而不漏的心理预期，就现时态来看，善未必有善报、恶未必有恶报的案例始终是存在的。正因为现世依据法律的果报有这种缺陷，中国历代的作家才能创作出李慧娘、窦娥等典型文学形象，她们在冤死后，也要化成厉鬼回来报复作恶者，伸张正义，以此作为现世报应的欠缺与不足所引发的重要的心理补偿，作为善恶必得相应报应的一项理想寄托点。当这种故事与理念，通过文学艺术作品而被我们的社会、人民尤其是民俗心理所广泛接受后，不仅表明了超现世的因果报应说在普罗大众意识中已经落地生根，还进一步表明了超现世的因果报应说，在相当长

---

① 典型如司马迁《史记·伯夷列传》中，就曾有如此的深刻迷惑与仰天慨叹："或曰：'天道无亲，常与善人。'若伯夷、叔齐，可谓善人者，非邪？！积仁洁行如此而饿死！且七十子之徒，仲尼独荐颜渊为好学。然回也屡空，糟糠不厌，而卒蚤夭。天之报施善人，其何如哉？盗跖日杀不辜，肝人之肉，暴戾恣睢，聚党数千人，横行天下，竟以寿终，是遵何德哉？……余甚惑焉，倘所谓天道，是邪非邪？"在儒家的历史图谱中，伯夷、叔齐是品行高洁之士，颜回则是不因生活的清贫而稍改向学求道之心的典范，但他们的人生却不免或饿死或早夭的结局，这于他们，因义之所在、理之所寄与情之所系，当是无怨无愧又无悔的；盗跖则是杀人越货、十恶不赦乃至割人肝、吃人肉的强盗之首，却得以寿终正寝。前者令人感到悲壮、深怀痛惜，后者令人发指，如此巨大的反差，在他们生前死后的旁观者看来，即使是见闻识广者如司马迁，心理还是难免不平与失衡的痛切感。况且，在司马迁的慨叹中，结合其自身受宫刑而发愤著史的身世，也正折射出一种顾影自怜的无限哀怨。
② 〔古罗马〕马可·奥勒留：《沉思录》，何怀宏译，中国社会科学出版社，1991，第49页。
③ 《大正藏》第十二册，第340页。其事可谓佛教的《哈姆莱特》版，而其智慧寓意更在莎翁的《哈姆莱特》之上。

第十章　印光思想与弥陀净土信仰的终极关怀意蕴

的时期里已经成为治理社会溃疡与修理社会心理创伤的合理寄托与希望。①否则，那些十分宝贵的正面心理预期倘若失落，加上社会上屡有造恶者未必得恶报、行善者未必得善报的事例，社会规范与个人自律也就更易于松弛，导致社会无序化现象的加剧，欲作恶者也就更可以肆无忌惮地横行，②乃至可以我死之后哪怕洪水滔天之类的极端说辞与做法，来漠视世人尤其是后来者的命运与利益。欲行善者也因心无归属，难以自省自勉自励，导致种种见利妄为、见义不为的行径，终致缺乏持续向善的动力。

印光从其信仰原点出发，认为在一个成熟的社会，应该是：

> 人情如水，因果如堤。③

在举世滔滔的社会中，面对如洪水般的人情人欲，因果报应观就是能挡住不良人情人欲之类洪水的堤坝，真正接受因果报应观念者，也就可以因自觉而自律。要恢复与加强因果报应的心理预期，就须经由包括三世报应说在内的系列信念来促成。作为类的人，唯有先明确了因果联系观，才会产生信仰与理性生活；反之，人们如果"没有起码的理智，没有对因果关系，对物我、彼我关系的某种朦胧的区分能力，不可能产生信仰；反之，没有信仰把因果关系、物我与彼我关系作为世界的秩序固定下来，也就没有人类社会的理性生活"④。一个正常人的信仰与理性生活，始终离不开因果联系观的导引。

按佛教的三世因果报应说作引申，可导出这么一种疑问：既然因果报应是纵贯三世的，前因必感后果，后果必有前因，善恶之报——不管是争

---

① 黄家章：《鬼的多面观》，《博览群书》1989 年第 7 期。
② 曹雪芹笔下的王熙凤，曾在铁槛寺面晤老尼时，在这方面，有一典型的宣言："你是素知道我的，从来不信什么阴司地狱报应的，凭是什么事，我说要行就行……"（《红楼梦》第十五回）而王熙凤作为"聪明反被聪明误"的典型，殊不知，在她死后，其女儿得刘姥姥的照应，那种隐含的正是因果报应之理。这虽是文学而非信史人物语，但正如亚里士多德的"诗比历史更真"的命题所揭示的，其在揭示一个人是否相信因果报应，与其对自身语言尤其是行为是否有所敬畏有所顾忌的联系上，同样不失典型的意义。顺便要提的一个问题是，既然离了佛法的因果报应思想，整部《红楼梦》的框架与人生的宿命，都将是无从想象与认识的，那么，读者尤其是有关学者可以游离在这种思想之外，进而奢谈对包括王熙凤在内的红楼人物的思想、行为与命运的理解吗？
③ 印光：《〈挽回世道人心标本同治录〉序》，《印光大师全集》第二册，第 1142 页。
④ 冯达文：《旧话重提：理性与信仰》，《中国哲学的本源——本体论》，广东人民出版社，2001，第 2 页。

不到的福或是逃不掉的祸，对具体的承当者，均为合理的自作自受，"非自天降，天不过因其所为而主之耳。"被推到极致的问题也就明确了：既然是福是祸都不能逃过，则接受因果观的信仰者，即使是在面临着丧生失命时，也只应生欢喜心而不生愤恨心，现"设有恶人，欲来害己，将不与计校，任彼杀戮乎？"对于此问题，印光的回答，首先是作圣凡之分，然后指出圣凡的不同的应对之道：

> 凡修行人，有凡夫人，有已证法身之菩萨人；又有以维持世道为主者，有以唯了自心为主者。若唯了自心及已证法身之菩萨，则如所云。以物我同观，生死一如故也。若凡夫人，又欲维持世道，则居心固当如菩萨深慈大悲，无所不容；处事犹须依世间常理，或行捍御而摄伏之，或以仁慈而感化之。事非一概，其心断断不可有毒恚而结怨恨耳。①

修行人分两类，一是以维持世间公道为主的入世者，他们处事以世间常理为依据，或通过捍御外侮进而摄伏恶人，或通过仁慈言行来感化恶人。二是唯了自心及已证法身之菩萨，他们已达物我同观、生死如一的境界，就不会与恶人猛兽计较，而是牺牲自我的肉身来成就大道，最典型的例子是《贤愚经》等佛经描述的王子舍身饲虎的故事；类似的思想与例子，在中国佛教历史中，并不鲜见，典型如东汉高僧安世高遇杀手的故事。② 佛教立宗的意

---

① 印光：《示净土法门及对治瞋恚等义》，《印光大师全集》第一册，第 791～792 页。
② 东汉时，著名佛经翻译家安世高不仅是以译经来传播因果思想，还曾以奇异的个人遭际来昭示相应思想。史载，他曾在寇贼大乱时前往广州，"行路逢一少年，垂手拔刀曰：'真得汝矣。'世高笑曰：'我宿命负卿，故远来相偿，卿之愤怒，故是前世时意也。'遂申颈受刃，无惧色，贼遂杀之。"（语见（梁）僧祐撰《出三藏记集·安世高传》，载《大正藏》第五十五册，第 95 页）在此，债有主，怨有头，少年是报了前世被杀之仇，安世高则是偿还了前世所欠的命债。按因果链条的连续性，两人的仇杀还会按原始的血亲复仇的方式延续下去，令受到伤害的一方凭借一定的暴力手段，使自己的某种利益得以实现或补偿，并使对方得到制裁和惩罚。这种依据丛林法则实施的复仇具有一定的确当性，但又是漫无节制的，腥风血雨，苦海无边，可以按照单纯的因果链条类推循环下去，导致无限的恶的循环。佛教因此主张人们通过皈依佛法来进行修持，以截断这种世情因果链条的简单连续性，避免冤冤相报无时了，这也就是印光所说的"不作杀因，自无杀果"。参见印光《佛川敦本学校缘起序》，《印光大师全集》第一册，第 594 页。所以，安世高之所以能毫无惧色地面对死亡，也正如印光所言："菩萨舍头目髓脑时，皆于求者，作善知识想，作恩人想，作成就我无上菩提道想。"参见印光《示净土法门及对治瞋恚等义》，《印光大师全集》第一册，第 790 页。类似的事例，在雨果的《悲惨世界》中，神甫对冉阿让的偷盗行为的宽恕，也很典型，内在的依据依然是根植于宗教信仰的。

第十章 印光思想与弥陀净土信仰的终极关怀意蕴

义,就在于促使众生在六道轮回的因果链条中振拔出来,臻达佛道。因果报应观作为往生净土信仰的信仰理论基石,意味着个体可以通过今生的修善,求得来世的永生,最终抵御死亡对生命的侵蚀。

现世无常、人命短暂也就成为印光所经常强调的论点,以引导信众在现世行善,思言行符合世间的道德伦理规范,通过虔诚念佛来求往生,通过阿弥陀佛的接引来挣脱生死轮回的苦海,从而彻底克服和摆脱个体生命对死亡的恐惧。在现世,弥陀净土信仰也就具体落实在道德关怀中,这种关怀不是外力强加给被关怀者的,而是被关怀者意识到因果相续之义理后而自觉自愿形成的自律。正如蒂里希所说,"自律意指个人服从理性的法则,这法则作为一个合理的存在物是他在自身之中发现的。"自律的理性力求使自己脱离"未把握的印象"和"未塑造的奋争",自律的独立乃是任性的对立面,并服从于其自身的本质结构即理性法则,这种法则是心智和实在之中的自然法则,是植根于存在本身的基础之中的神圣的法则。① 在世俗社会中,具备至高世俗道德而无宗教信仰者,对于自己的职责或义务所在,仅是鞠躬尽瘁,死而后已;而保有虔诚敬畏心的宗教信仰者,因坚持这种神圣的法则,对于自己的职责或义务,同样具备至高的立足于世俗道德的承当,更因有超现世的终极关怀,是死而不已的。

古今历史对佛教因果观的否定观点,还有来自知识界的:

> 或以为浅近之义,而弃置之。②

印光对此种观点给予了回击。在他看来,三世因果论作为形象化的说教,确有浅近的一面,故因果论的教化对象也就是特指的:

> 大根则直示一真法界,令其无住生心,以迄断惑证真。小器则详谈三世因果,令其趋吉避凶,而为入道方便。③

---

① 〔美〕蒂里希:《理性的启示》(系统神学第一部),《蒂里希选集》(下),第981~982页。
② 印光:《因果为儒释圣教之根本说》,《印光大师全集》第一册,第719页。
③ 印光:《济南净居寺重兴碑记》,《印光大师全集》第一册,第656页。

印光思想、净土信仰与终极关怀

三世因果报应说确实有更适合引导根基浅者通过趋吉避凶，进而进入道门的功效。但如果因为三世因果论的形象、直白与浅近，就加以摒弃，则不妥。举世滔滔的如潮人流之中，大根器者毕竟只是少数乃至极少数，小根器者则占大多数，弘佛者不可能对这大多数人张口就谈玄说妙、论道阐性。在历史与现实中的中国城乡社会中，相当多的市民或村民做一辈子的好人，以助人行善为乐，其行为的思想依据，并不是那些高深晦涩的理论理念，而多是那看图说教式的因果报应说，以及由因果报应说而建树起的诸如"善有善报，恶有恶报；不是不报，时候未到；时候一到，一齐都报"等类似的人生理念，它们较之教科书所总结出的道德伦理原则，更是世俗伦理得以支撑的基石之一。这一点，即使是对于作奸犯科者，同样适用，具体的案例在今天也并不鲜见。①

从佛陀教化与社会效果的角度看，佛教四众依从三世因果律而自律，将因果律作为入道的方便之门，形成具有强大心理约束力的自律，正如马克斯·韦伯所言：

> 一种建立在宗教基础上的伦理观念只要维持了宗教规定的态度，就能产生一定的心理约束力。只要宗教信仰存在，这种约束力就极其有效。②

真有正信者必有自律，进而在自身行为上扬善弃恶，在漫漫人生路上求趋吉避凶的人生结局，也就是顺理成章的。

虽身为出世修行者，印光对于礼义道德的重建与国家的兴盛，却仍抱着很高的期待：

> 中国之贫弱，由于不依礼义，依礼义何至贫弱。试问贫弱之因，何一不是贪赃受贿以利外人乎？……为今之计，当以提倡因果报应，生死轮回，及改恶修善信愿往生，为挽回劫运，救国救民之第一著。

---

① 胡巨阳、刘诗泉：《3名男子抢劫单身女性后下跪还300元，称怕遭报应》，新华网，http://news.xinhuanet.com/legal/2012-09/08/c_123688468.htm。
② 〔德〕马克斯·韦伯：《新教伦理与资本主义精神》，于晓等译，三联书店，1987，第160页。

第十章　印光思想与弥陀净土信仰的终极关怀意蕴

谈玄说妙，尚在其次。然欲救世，非自己躬行，断无实效。由身而家，由家而邑，由邑而国，此风一倡，或可有意料不及之效，否则便难梦见矣。①

这看似是他单纯地从道德主义的角度出发，将近代中国之弱归因于国民道德的滑坡与沦丧，有一相情愿的简单化倾向。但在实质上，他提倡因果报应，劝人改恶修善，以此作为挽回末法时代的劫运、救国救民的第一要务，强调要自己躬行，由自身而扩及家庭，由家庭而扩及城邑，由城邑而扩及国家，追求实效，或可收到意料不及的效果，并坚持将谈玄说妙的理路探寻放在次要的位置，突出表明了他在社会道德重建方面的不懈努力。

言行合一，印光及其徒众们也就更欲推己及人，力求通过具体践履来影响家庭与社会，造福一方，并为此而不断提出和尝试落实佛教道德建设的相应方略。

在家庭方面，印光具体提出居士们要落实在家修行三要务。

在社会，印光及其徒众们则试图通过传播佛法来感化改造监狱的服刑者。客观地看，监狱未必就是改造犯人的最佳场所，以致人们不时可看到类似的案例：一个犯案的小罪犯被投入监狱惩罚改造后，不仅没有洗心革面，反而因为曾身处监狱这个大染缸而滋长出更多的仇恨，学到了更多的犯罪技巧，出狱后，很快就蜕变成一个杀人越货的大罪犯……可见，真正的洗心革面一定是发自内心的，而不仅是外在、形式乃至是投机取巧式的悔过，是否洗心革面也不是与服刑的时间长短成正比的，罪犯服满刑期尤其是长刑期，并不意味着他就已经脱胎换骨。在这方面，作为治疗心病的佛法，正可发挥独特的心理治疗作用。印光是如此看待被法律惩处的以身试法者的：

其原在于不知因果报应、福善祸淫，及生死轮回、三途恶报等事，一本利己之野心，不惧害人之恶报，故陷乎此。②

---

① 印光：《复袁福球居士书》，《印光大师全集》第一册，第 218 页。
② 印光：《项伯吹先生〈定海县监狱讲经参观记〉跋》，《印光大师全集》第一册，第 621～622 页。

罪犯们拒绝接受因果意识,认为人既然终有一死——不管是好死或是歹死,人死之后,一了百了,神识全灭,哪有什么因果报应?故歹活不如"好"活,意识与行为也就全无底线,以至屡屡作奸犯科。

印光认为,在对罪犯们实行法律惩罚(这是现世果报之一)之外,更要帮他们在思想上建树起因果报应观,即使是对于那些已经在监狱内领受着惩罚的犯人们,也不例外。印光对定海县聘请普陀山的僧人为"教诲师",向监犯们宣讲因果报应、佛国安乐等理,对智德法师"居然以监狱为道场,以狱囚为法侣"[1] 之举,推崇极高。印光考虑到监犯们多是因年幼时无贤父贤母的善教,成长过程中又缺良师益友的提携,见识偏浅,以致作出了背道而驰、越理犯分之举,致堕牢狱,虽属咎由自取,实堪怜悯,故主张对他们宣讲为人所当尽之道,因果无爽之理,希冀他们能改过迁善,转化从良,使他我同归圣贤之域,使国家天下永享太平。[2]

这是一种居于佛教因果律令的"试验"(事实如此,但印光及其他奉行者不提"试验"二字而决然去做,正表明其对自我所选择的信仰的坚定),受时代与地域之限,影响力或许有限。但相应的尝试及其解说,毕竟表明了印光力图使作为一种社会基本良知的佛教因果观,在矫正时弊时,能发挥出更多的社会作用,其道德理想中的慈悲关怀,也是明显的。参与改造罪犯,是落实道德关怀的功德无量之事,其意义不在写作书文、谈玄说妙之下,因为在传统褒扬的人之"三立"中,就是以"立德"为首的。

印光进一步指出:

> 经云:"菩萨畏因,众生畏果。"菩萨恐招恶果,故断恶因。恶因断而恶果无从而生。众生竞作恶因,至受恶果。受恶果时,不知自忏往业,又复更造恶法以为对治,则怨怨相报,经劫不息。可不哀哉?!可不畏哉?![3]

---

[1] 印光:《项伯吹先生〈定海县监狱讲经参观记〉跋》,《印光大师全集》第一册,第622页。

[2] 印光:《〈教诲浅说〉序》,《印光大师全集》第一册,第602页。

[3] 印光:《复永嘉某居士昆季书》,《印光大师全集》第一册,第96页。

第十章　印光思想与弥陀净土信仰的终极关怀意蕴

明晓因果律，众生就可向作为觉者的菩萨靠近，不仅畏恶果，也能畏恶因、断恶因。佛法不以神创世界来说明世界的起源，而是以因果律来解说世界的来龙去脉，也就不是以"神律"作为自律的内在基础。在自律或他律的分野中，自律的依据源自内心的道德令，他律的依据则源自外在的诸如法律、行为准则的规范等。落实道德关怀，偏重在于自律。自律不是局限在某些特定的时空中，而是在生活的每时每刻、每一场面，不论是暗室独处或众目睽睽下，毫无差别地发生着规则的作用，"慎独"也就尤其重要。佛法的因果报应观，支持根植于内心的道德自律，自律意味着由自己的内心准则而不是外在的条件或环境来决定自己的道德选择，道德意味着由自我而不是他人来承担责任，关键在一念之自觉，自觉自主地支配自我，坚持自律的意志，不为虚妄的欲望所束缚。因果律决定着自律的必要，善有善报，相应的道德关怀也得以成型和流布。落实终极关怀未必就一定要落实道德关怀，但道德关怀的落实却会有助于落实终极关怀。

这些思想，并不仅是身为高僧的印光、弘一等的认识。在近现代知识分子群体中，对佛学有高深造诣与研究的梁启超，对于自己的子女，曾有这么一段夫子自道：

> 思成前次给思顺的信说："感觉着做错多少事，便受多少惩罚，非受完了不会转过来。"这是宇宙间唯一真理，佛教所说的"业"和"报"就是这个真理（我笃信佛教，就在此点，七千卷《大藏经》也只说明这点道理。）凡自己造过的"业"，无论为善为恶，自己总要受"报"，一斤报一斤，一两报一两，丝毫不能躲闪，而且善和恶是不准抵消的。……并非有个什么上帝作主宰，全是"自业自得"……佛教所说的道理，大略如此。他说的六道轮回等等，不过为一般浅人说法，说些有形的天堂地狱，其实我们刻刻在轮回中，一生不知经过多少天堂地狱。……若能绝对不造恶业（而且常造善业——最大善业是"利他"），则常住天堂（这是借用俗教名词），佛说是"涅槃"（涅槃的本意是"清凉世界"）。我虽不敢说常住涅槃，但我总算心地清凉的时候多。换句话说，我住天堂时候比住地狱的时候多，也是因为我比较少造恶业的缘故。我的宗教观、人生观的根本在此，这些话都是我

切实受用的所在。①

梁启超在此说七千卷《大藏经》只是说明了"业"和"报"的道理，显然不全面。但他通过这种说法，向自己的子女强调了造业与因果报应的关系，强调了人生一世，要少造最好是不造恶业，要常造利他的善业，以求得自我的心地清凉，明示这是能令自我切实受用的宗教观、人生观之根本，可谓语重心长。有学者指出：梁启超"给自己子女留下的最宝贵的遗产是什么？是现世现报的佛学业报说"②。有这样立足根本、语词到位而恳切的家教，梁启超的9个子女，成人后个个成才，其中仅国家级院士就出了3个，在20世纪的中国社会，家教可谓是大成功。

在印光思想中，道德关怀凸显了终极关怀，今生修善决定着来生的永生，人在世俗的每一言行思，同样有神圣的追求。女侠施剑翘的个案，正是这种道德关怀与终极关怀结合的画龙点睛之笔。③ 真有宗教信仰的人，真有终极关怀的人，是始终心有道德律从而也就是行为始终不逾底线的人，是善于把握分寸的人，是懂得平衡与拿捏把握名与利、进与退、入世与出世等关系的人。在这方面，可资借鉴的一项显著反例是，民众在以民间口语评价那些歹人作恶者时，往往会说上一句：本来就不是善男信女。

蒂里希尝指出，"从世界历史角度来看，自律与他律的冲突，乃是从神学上理解人类精神史在古希腊和现代的发展以及许多别的问题的关键。"

---

① 梁启超：《1925年7月10日给孩子们书》，载林洙编《梁启超家书》，中国青年出版社，2009，第75~76页。
② 蒋广学：《中国学术思想史散论——中国思想家评传丛书读稿札记》，南京大学出版社，2012，第815页。
③ 因报杀父之仇，1935年11月13日，施剑翘枪杀了正在天津念佛堂虔诚礼佛的北洋军阀头目之一的孙传芳，后蒙特赦出狱。步入不惑之年后，原本无畏无惧的她，结合个人遭际和八年抗战的严酷，猛生觉悟，作诗云："四十年来一梦长，牺牲自我为谁忙？醒时顿觉佛缘近，心印菩提万丈光。"终因仰慕印光法师的思想与高风，于1947年在灵岩山寺参加"印光大师舍利入塔纪念典礼"时，皈依净土高僧、灵岩山寺住持妙真法师（其灵岩山寺住持一职，于1940年由圆寂前的印光法师所推荐担任），个人心愿得以由报一家之仇而升华到救度众生的高度。参见邓子美《吴地佛教文化》，中央编译出版社，1996，第63~68页。只是后来经历了时代的巨大动荡与转型，施剑翘的净土信仰没能延续。参见〔美〕林郁沁《施剑翘复仇案：民国时期公众同情的兴起与影响》，陈湘静译，江苏人民出版社，2011。

第十章　印光思想与弥陀净土信仰的终极关怀意蕴

经过了历史的演变，

> 在技术理性的指引下，自律征服了所有的反对但却完全丧失了深度的一维。它变得浅薄、空洞，没有终极意义，并造成了有意识或无意识的绝望。在这种情况下，种种具有准政治特性的强有力的他律，就进入了由一种缺乏深度之维的自律造成的真空。反对空虚的自律和破坏性的他律的双重斗争，使得对新神律的追求在今天十分紧迫，与古代世界行将结束之时同样地紧迫。①

个人的自律因为失去了终极意义，接踵而来的就一定是有意识或无意识的绝望。

中国当代社会同样面临着反对空虚的自律和破坏性的他律的双重斗争，这与社会发展所产生的偏差密切相连——失落了因果报应观，肆无忌惮的行为也就屡见不鲜；信仰不再，萌生与弥漫的就是无边无际的空虚感。中华历史五千年，文明历程屡屡被打断，原因之一就在于不仅是山中贼不少，心中贼更多，所以，即使我们的历史屡有《清明上河图》的盛景，也每每因为天灾尤其是人祸的毁灭，只能成为一缕又一缕的过眼烟云。现在依然是破山中贼易、破心中贼难的年代，甚至是破心中贼更难的年代……

以儒、释、道为主干的中国传统思想中，不乏因果报应意识，其中又以佛家的因果律最为强调。一个成熟且正常的社会，依法依规努力的人们应该获得合理的回报，人们同时还会普遍坚信作恶者将受到惩罚，包括因果观在内的佛教道德体系，不仅是倡导，更是强化了这种信念的系统化。从功能论的角度来看，佛家的因果律与三世时空，给人观照生命提供了立足在宗教坐标上的参照系，主观上有助于人们建树起扬善惩恶的意识，在落实人伦道德方面的具体实效，自是不可轻易抹杀。人生苦短，万古千秋以三世时空来观之，亦是过眼烟云瞬间过，在现世，在此岸，我们的生命，或游戏人生？或选择道德关怀，再踏上漫漫的求终极关怀之路？都是

---

① 〔美〕蒂里希：《理性的启示》（系统神学第一部），《蒂里希选集》（下），第 983～985 页。

一种现实人生中的多种选择之一，却有是否自觉之分。

后者，是印光的自觉选择。这种选择自有其超越时空的意味。

三 护生慈行的生命关怀

印光作为一个与世无争的出世僧人，虽痛感中国近现代包括人在内的有情众生经历着惨烈杀劫，但因个人能力之所限，又常感无奈：

> 予常痛近世杀劫之惨，欲挽无力。①

这就更促令他自觉地依据佛性论、佛教因果观与轮回观，力求融合儒佛思想，针对种种时弊，反对一切轻视尤其是否弃生命的意识、说法与行径，着力提倡护生、戒杀、吃素这些可从我做起、从当下做起的善举。在那个生命贱如草芥甚至是不如草芥的时代，他始终坚持佛法中的护生智慧，坚持众生平等观，提倡并身体力行着珍惜生命、善待生命的意识，令他的生态关怀思想，始终保持着同时代不少思想家所无法企及的高度及博大的包容性。

珍惜生命，先从珍惜人的生命说起。

人在面临关键选择时，是选择财富，还是选择生命？这是一个古今同存并不时要求不同的人回答的问题。

对此问题，印光继承了传统文化中重生（命）轻财（物）的意识，明确地提倡珍惜生命的选择：

> 大丈夫生于世间，当具超格知见。岂可使身外之物，累坏自身。譬如金珠满屋，强盗来抢，只宜舍之速逃，岂可守财待死。良以金珠虽贵，若比身命，犹然轻贱。既不能两全，只可舍金珠而全身命耳。②

人活世间，自有不违世间法的职责要去践履。更重要的在于心净方净土

---

① 印光：《金陵三汉河法云寺放生池疏》，《印光大师全集》第一册，第406页。
② 印光：《与卫锦洲居士书》，《印光大师全集》第一册，第79页。

第十章　印光思想与弥陀净土信仰的终极关怀意蕴

净,人身难得,佛法难闻,故印光屡屡提倡人要珍惜生命,珍惜光阴,生命不息,念佛不止。即使是对于下海游泳者,印光也不乏一番苦口婆心的叮咛:

> 南海多漩涡,防不胜防,每年有人惨遭灭顶,切勿儿戏,后悔莫及。①

在自然世界中,人应爱好自我生命,不能儿戏。

人是有自由意志的,但人能够通过诸如自杀来体现自己的自由意志吗?佛教传统是反对自杀的,认为自杀只是自杀者心中的瞋、痴等念集中爆发所引致的极端行为之一。如《佛说释摩男本四子经》中就有记载:

> 佛言:"其有淫者,亦欲自杀亦欲杀人;瞋怒者,亦欲自杀亦欲杀人;痴者,亦欲自杀亦欲杀人。"②

按净土宗的教义,众生是此身死后,才可能往生弥陀净土。死亡难免,但众生却不应采取各种自杀的方式来为死亡而死亡,欲实现终极关怀的理性信仰者,既不应惧怕死亡,也不应通过自杀来自寻死路。这是一种很重要的生命意识,其中所强调的理智、责任与态度,从更大范围来看,在信仰的领地,是正教堪与邪教区分开来的基石之一,也是判别正教与邪教的主要标准之一,③ 是一项具有普世价值的宗教理性意识。

从珍惜生命的原点出发,印光随时随缘地批驳无知僧俗的那些既害人性命又断人慧见的邪说谬论,如他在《与高鹤年居士书》中,论及南五台山摄身岩与普陀山观音跳时的一番话,即突出地表明了相关的思考:

> 摄身岩者,以其峰峦陡,壁立万仞。至其岭者,向下望之,不禁战兢惕厉,身心悚然,妄想消灭,正念昭彰。即《楞严》所谓"都摄

---

① 张曙蕉:《纪念文集·追慕原始要终之第一位》,载沈去疾编著《印光法师年谱》,第182页。
② 《大正藏》第一册,第848页。
③ 参见〔德〕埃穆特《反邪教手册》,中央编译出版社,2001,第34~52页。

六根，净念相继"之意。盖以身为总名，六属别目。以总摄别，故但曰"摄身"耳。其后哲人悉没，志乘佚失。无知僧俗，遂讹作"舍身"。以讹传讹，无人改正。诬罔名山，莫此为甚。岂有菩萨现身亲开之山，而以此害道误人之名，以名其山峰之理乎？又有魔民，造作魔说，谓观音于此舍身，方成道果，以诳惑愚夫愚妇。如是齐东无稽之谈，玷污大士，贻辱法道，招外道之邪谤，启愚人之魔思，为害诚非浅浅。此与普陀以"观音眺"作"观音跳"，同一魔见。诚令人可叹！可恨！可悲！可怜！①

无知僧俗将学理充分的"摄身"讹作世俗的"舍身"，以讹传讹，害道误人，以诳惑迷途不知返的愚夫愚妇去自杀，难怪印光要以严词即"可叹！可恨！可悲！可怜！"之"四可"来抨击之。

印光的这种正见，在同时代的佛教界有良知的僧俗人士中，引发了广泛的共鸣与呼应，如深受印光思想熏陶的高鹤年居士，在来到普陀山十二景之一的"潮音古洞"前，听闻"洞口时有愚夫投岩舍身，求生净土"时，就以无限悲悯之语气，感慨地指出：

夫欲生净土，但净其心，心若不净，舍此幻化之身，有何益哉？入于九种横死，反受苦矣。②

自杀是横死的一种，是受苦而非解脱。况且，从世间法的人伦角度来考虑，让白发人送黑发的自杀者，也属后者的不孝之举——在这方面，提倡儒佛双美论的印光，深知儒家理论与教诲的不可替代性。

从大的方面言，印光提倡珍惜生命，反对自杀。从小的方面论，即使是对于个人身体发肤的损伤，也应防止。如他尝论及"臂香"即于个人臂上燃香以供佛的行为，依历史来看，"如来于《法华》、《楞严》、《梵网》等大乘经中，称赞苦行。令其然身、臂、指，供养诸佛。对治贪心及爱惜

---

① 《印光大师全集》第一册，第161页。
② 高鹤年：《名山游访记》，第199页。参见《普陀山志》，上海书店出版社，1995，第185页。

第十章　印光思想与弥陀净土信仰的终极关怀意蕴

保重自身之心"自有其特定的针对性，重要的是，其中的舍，"必须至心恳切，仰祈三宝加被。唯欲自他业消慧朗，罪灭福增。"时世变迁，如果是仿其行而不得其意，则不应提倡，故他反对丁福保居士燃臂香：

> 功德由心愿而广大，果报由心愿而速获。其或心慕虚名，徒以执著之心，效法除著之行。且莫说然臂香，即将全身通然，亦是无益苦行。以执著心，求名誉念。既无三轮体空之解，又无四弘普摄之心。以如来破除身见之法，转增坚固身见。罪福由心而分，果报由心而异。故《华严》谓"牛饮水成乳，蛇饮水成毒"。智学证涅槃，愚学增生死者，此也。①

与此异曲同调的另一突出事例是，印光主张弘一法师暂缓以血写经。② 在有关信仰者或个人信仰未坚树时，或身体条件不允许时，印光都明确反对一切仅拘泥于形迹的模仿行为尤其是模仿秀。

透过以上这些似乎是佛教信仰 ABC 的说法，当不难发现印光思想之中所蕴含的理性。

在现代战争较古代的"烽火连三月"更漫长更残酷之时，包括人在内的众生的死亡，更是一种介乎呼吸之间的事实。印光在战时大力提倡护生的言行，表明了真正的佛教徒在护生信念下，更应坚持自己的护生信仰与行为，这既有直接反对战争的当下之义，更有超越当下，强调保护各种动物生灵以实现生死解脱，同时维护现世生态平衡的长远考虑。举目 20 世纪上半叶的东亚，在同时代的佛教徒中，以印光为代表的持守护生思想的中国僧侣，与未能持守护生思想反而为虎作伥的日本部分僧侣，就构成了一项鲜明的对照：中日恢复邦交后，日中友好佛教协会在 1976 年 5~6 月组织了第一次对华访问团，按其团长之语，这是一次"忏悔的访问"，原因在于：

---

① 印光：《复丁福保居士论臂香书》，《印光大师全集》第一册，第 137 页。
② 黄家章：《印光对弘一的思想影响与弘一的信仰归宗》，《经济与社会发展》2010 年第 11 期。

印光思想、净土信仰与终极关怀

> 有佛教国之称的日本，虽说受到军部的压力，在日中两国惨痛的战争名义下，有过大量的屠杀行为，而持有不杀生戒的日本佛教徒，为什么不能起而阻止这种行为，反而不能不助纣为虐，这是一种何等的恶魔的孽障，只有深深忏悔，别无他言。在这里，我们代表日本佛教徒，再次负荆请罪，向有八亿之称的遗属们，请求宽恕我们的罪行。①

与此形成鲜明对照的是，在1923年9月东京大地震发生后，中国佛教会很快成立了"中国佛教普济日灾会"（印光为该会的会员之一），为东京大地震的死难者举行祈祷冥福的大法会，派出代表赴日吊唁和慰问，并筹款建造了供养死者之灵的大梵钟，送到了日本。②

珍惜生命，还必须关注人之外的其他情识动物，落实戒杀护生。

归纳言之，古今中外对动物戒杀护生的动机、行为及客观效果，约略可分为两种。

第一种是发自人的内心自觉自愿的戒杀护生，其相应的行为由相应的信仰与信念来导引，通过内在的自律与禁忌来维系。

典型如印光所阐述的佛教净土宗的戒杀护生思想与实践，就很有代表性。这种思想以佛性论作为出发点，以信仰往生弥陀净土作为终极归结，要求念佛人作为有自主意识的道德承当者，当自己意欲求往生时，就应同时推己及人再及（动）物，就不能也更不会以强凌弱地剥夺其他人和其他动物求往生的权利，也就不能漠视他们和它们在现世的生存权利。当这种宗教观点转化为世俗观点，备受推崇与努力实现的信仰目标也就转化成为一项简明的行为准则，即尊重所有人与所有动物的生存权，人不应仅图眼前自利，通过恃强凌弱之行来屠宰动物，以满足自己的口腹之欲乃至奢侈排场。

既然对人要实行人道主义，那么，进一步类推，对狗就要行"狗道主义"；对牛就要行"牛道主义"，因为"牛于人有功，食之更加罪过"③；

---

① 〔日〕道端良秀：《日中佛教友好二千年史》，徐明、何燕生译，商务印书馆，1992，第196~201页。
② 〔日〕道端良秀：《日中佛教友好二千年史》，第137~138页。
③ 印光：《复马宗道居士书一》，《印光法师文钞三编》（下），第576页。

第十章 印光思想与弥陀净土信仰的终极关怀意蕴

等等。更根本地论,对动物要实行佛道主义,所谓:

  佛视众生,犹如一子。①

因为主张一切有情的佛性平等,佛法也就从根本上否认人与动物之间有根性上的差别。据此信念,念佛人的护生意识及其行为,就凸显了人作为万物之灵的风范,否则,人又何以异于整日互相搏杀、互相吞噬的食肉动物?

  佛教徒要想获往生的"得",必要前提之一就是要有护生的"舍"。具体而论,这种"舍"又分为两类,一是彻底而毫无保留的,如佛陀的舍身饲虎。二则是相对有保留的,如舍弃肉食而选择素食。前一类是佛与菩萨的前世化身才能作出的大雄所为,后一类则是一个虔诚而又合格的中国净土宗信徒②所应该做到的,以此作为他们慈悲心的外化。

  第二种戒杀护生,则是根据法律法规等外在约束而促成的,如在现代,鉴于全球环境恶化、动植物的种类与数量日趋减少,保护动植物已经在世界上成为广泛的时代强音,众多国家与地区先后制定出了程度不等的保护动植物的各种法律法规,并在相应国家与地区加以实施,这直接促使人类对动植物尤其是珍稀动植物的多方位保护,得以社会化、法规化和程序化地实施,也更富于可操作性。

  这种护生是通过社会化的法律法规来保障实施的,是通过外在的他律来维系,甚至是以法律专政的方式来保障的,法律法规就是不管个人的认识意志如何,都必须无条件地予以遵守并奉行,否则,东窗事发时,就会受到相应的惩罚。在今天的文明社会,杀人是犯罪,如古代的武松、李逵那样杀死如老虎这样的现代濒危珍稀动物,同样是犯罪。这多少说明了滞后于智慧的世俗观念与法律,也在进步——虽然这种进步有亡羊补牢之意味,是现代人发现自己处在一个尴尬乃至危险的境地后才不得已而为之举。法律的成文与出台,证明的也正是相关问题的严重性。

---

① 印光:《陕西南五台山大觉岩西林茅篷专修净业缘起记》,《印光大师全集》第一册,第635页。
② 这里作"中国"的界定,是必要的,因为净土宗传入日本后,日本的净土宗信徒未必全选择吃素。

309

比较以上两种对动物的护生，不难发现，由法律即他律来规限约束的护生，与由发自内心的宗教情感、信念及相应自律萌发的护生，有着很大的差异。

一是这两种护生的理论依据不同，导引的行为也就有自律与他律之异。以印光为代表的净土宗信徒是依据六道轮回、因果报应的信念，坚持认为（动）物我一体，视众生如父母，敬畏一切动物的生命，从而最大限度地扩展自我一念不忍的恻隐之心，不愿将痛苦强加于任何动物，不是依据动物 A、动物 B、动物 C……是否侵犯了人的利益，进而判认 A 是"害虫"，B 是"益虫"，C 是"非害非益虫"；不再因追求个人的口腹之欲而施虐于动物，相应的护生观也就彻底地放弃了人类中心主义观，自觉自律地保护各种动物的生命——即使是对于常识所判认"害虫"乃至"妖精"者，也不例外。① 在此，戒杀护生作为一项明晓的信仰取向和行为准则，为包括净土宗在内的汉传佛教信众所持守，相应的信念需要一种宽广胸怀来包容，更需要天长日久的坚持再坚持。

佛教信众的这种信仰取向，其结果也应和了注重生物保护的生物学、动物学家们的有关观点，在后者看来，地球上的每一种生物，人类都有义务和责任去保护好它们，每个物种不管大小，都是天地造化之德的硕果之一，在自然生态系统中都有着独特的作用，任何生物都是构成地球生态系统中食物链的一员，它们与其他生物相互依存，食物链靠生物的多样性来维持，对任何一种生物人为的大规模减少或消失，都会影响整个生物链结构的完整性。在自然界生态系统中的所有能量、物质流动，都有赖于这条以不同物种构成的食物链作为渠道，物种多样丰富，则渠道畅通，自然能量与物质流动的效率也高，不同渠道之间还可以互补，代偿其他被破坏的渠道，这样就有利于使一时失去的生态平衡得以迅速恢复，保持生态系统的稳定。反之，物种单一，会直接导致生态系统抗干扰能力差，难以保持

---

① 历史上，深受佛教护生智慧影响的苏东坡居士，在《次韵寄定慧钦长老》中即有诗句言："为鼠常留饭，怜蛾不点灯"。参见黄家章、黄慧锦《为人处世与〈菜根谭〉》，广西民族出版社，2001，第 229~230 页。小说《西游记》中的唐僧在制止孙悟空棒杀各种妖魔鬼怪时，也屡屡有提及此意的话语，如在孙悟空棒杀白骨精后，唐僧对孙悟空指斥道："出家人时时要方便，念念不离善心，扫地恐伤蝼蚁命，爱惜飞蛾纱罩灯。你怎么步步行凶？打死这个无故平人，取将经来何用？你回去罢！"（第二十七回《尸魔三戏唐三藏，圣僧恨逐美猴王》）

第十章　印光思想与弥陀净土信仰的终极关怀意蕴

稳定。

相较于这些智慧与义理，法律法规的社会化护生观的出台，则相对滞后，是根据动植物种类与数量日趋减少的严峻事实而因应危机制订和实施的，是一种外在的他律，其成立的依据在于通过法规来硬性制止人们的涸泽而渔之举，力求避免人类成为这个星球上唯一仅存的动物，力求避免生态环境末日的到来。

二是护生范围的不同。以印光为代表的净土宗信徒之护生范围，是包涵所有有情识感知的动物，所以他们的食物也就仅为维系个我生命所必需的最低限度的植物，这种素食的选择具有非凡的价值与意义：

> 东方宗教的信徒们，特别是佛教徒们，早就懂得把能量流通降低到最低限度的价值。……一个人将维持人体生存所必需的能量降低到最低限度后，他便到达了涅槃或真理的境界。东方宗教早就宣称，不必要的个人能量耗费只会增加世界的混乱。根据东方信条，只有同周围世界融为一体，才能达到终极真理。这只有同自然的其他部分建立起统一的关系才能做到。①

当佛教信众将维系生命所需的必要补给，限定在一项最基本的最小的范围内即水、空气与植物性食物时，既有当下的价值，也更具指向未来的意义，那就是通过从自己做起，从当下做起，通过降低自己的个人能量耗费来延缓或减少世界的混乱。

只是，这样一些善举看似依然有不彻底之处，自然而然地萌生的问题依然存在。其中的问题之一是，人总要喝水，而水中有虫，有微生物，我们喝水岂不是杀生？②

印光在当年，也遇到了类似的质疑："人之一吸，即有无数细虫，入其腹中，皆为杀生，皆为食肉，汝何能不杀不食？"印光对此给出的答案，

---

① 〔美〕杰里米·里夫金、特德·霍华德：《熵：一种新的世界观》，吕明、袁舟译，上海译文出版社，1987，第213页。
② 民初作家程善之在名为《自杀》的小说里，即写了接受近代科学知识的佛教徒因了悟水中布满微生物，为不杀生而只能自杀。参见陈平原编《佛佛道道》，人民文学出版社，1990，第5页。

首先是人要活下去，其次是分层次来论，不能因为要戒杀护生就不要呼吸：

> 知有所不能，而竭力勉其所能，则为菩萨大慈大悲心行。知有所不能而概不戒，则成地狱种子矣。[1]

是要尽其所能去爱护有情动物的生命，不是以不喝水也不呼吸之类的诡辩，来为杀生的恶行辩解，那埋下的只会是成就地狱的种子。

类似的问题，并不是近现代科学昌明后才出现的。在古人看来，尤其是古已有之的佛教对立者或一知半解者看来，彻底的素食者为了维系生命，还是要吃蔬果，但与有情动物一样，蔬果等无情植物也同具佛性。于是，问题产生了，而答案也是在历史上早已有之：

> 禅客问："若有情无情俱有佛性，杀有情而食啖其身分，即结于罪怨相报。损害无情，食啖五谷、菜蔬、果栗等物，不闻有罪互相雠报也。"师曰："有情是正报，从无始劫来，虚妄颠倒，计我我所，而怀结恨，即有怨报。无情是依报，无颠倒结恨心，所以不言有报。"[2]

这里所云的"正报"，是指主体依过去善恶业因而感得的果报正体，如在六道轮回中，生于人间者，即受人间之果报；生于畜性者，即受畜性之果报。"依报"是指依于正报而受相应止住之所的果报，如受人间之正报者，则必有与其相应之家屋器物等依报；受畜性之正报者，则必有与畜性相应之巢穴等依报。可见，"正报"为主，"依报"为辅，所以取舍选择也就可以退而求其次了。

社会化法律所要求护生的范围，只是那些因数量日趋减少而濒临灭绝的动植物种类，对它们要分一、二、三之类的等级序列，专家们据此制订且不断增订数量化的次序，但这种理路依然是人类中心主义的，否则，今人就很难判认，为什么动物 A 比动物 B 尤其比动物 C 更应安享一级保护动

---

[1] 印光：《复卓智立居士书七》，《印光法师文钞三编》（下），第 1018 页。
[2] （南唐）释静、释筠编撰《祖堂集》，吴福祥、顾之川点校，岳麓书社，1996，第 76 页。

第十章 印光思想与弥陀净土信仰的终极关怀意蕴

物的资格,也同样很难从义理上说明:在动物 A 种群应成为高枕无忧的被人类保护的种类时,动物 B 种群尤其动物 C 种群则只能领受人们的任意捕杀。

三是对护生行为的奖惩有异。在印光的净土信念中,从根植于内心的因果报应观出发,在三世时空里,可引出天网恢恢疏而不漏的信念,奖惩是超时空的,行善必有善报,作恶必受恶报,终将会报。这些浅显而朴素的信念,时时处处在约束着佛教四众,所以,即使是一个人独处,也不能不慎独。

与此相比较,现世的人间法律即使再严密,却也难免有漏洞,作恶者在现世未必得恶报,窃钩者诛、窃国者侯的事例在历史上并不鲜见,乃至"千夫所指,无疾而终"者,也不乏其例,这也多少助长了某些作恶者的侥幸,人都敢杀,何况动物?东窗事发,最坏的结果也只是一命偿一命,执行世间法所体现出的因果报应,得以实施,后果却已不可挽回,比如老虎被打死了,打死老虎者也要偿命,但生命毕竟已是往者不可追。社会秩序需要法律来维护,但仅有法律是不够的,世道人心需要信仰与信念来维系,宗教作为提供信仰与信念的最主要的精神资源库,在以往历史提供了道德伦理标准与精神支柱。没有切入精神世界的宗教,法律的效果就难免要大打折扣,在对待动物生命的层次如此,在更多社会层次上,也是如此。

综上所述,印光所阐述的佛教护生观是超拔在世俗层面之上的,蕴涵佛教的信仰智慧。他的有关阐述,作为 20 世纪中国佛教护生智慧的究竟说,使净土宗信众的护生行为更自觉地立足在佛性论的基础上,超越人类中心主义。佛性是内在的,是一种超验的成佛根性,对众生而言,佛性是周延遍存的,佛陀、菩萨、人、饿鬼、畜生、地狱……同具佛性,区别仅在于佛陀、菩萨的佛性是已经全面显现、大放光明的,而人、饿鬼、畜生等的佛性则是潜在的、仍被遮蔽的,后者彼此之间的遮蔽程度虽有所不同,却无核质的缺失。要尊重动物的佛性,人就没有权力去剥夺其他动物往生乃至成佛的可能。在印光所崇弘的净土宗的往生理想中,不乏灵性动物得以往生的事例。[①] 非净土宗人看到这些记载,或不信或只当是寓言或

[①] 以《净土圣贤录》所记的"往生物类"为例,唐朝有鹦鹉,宋朝有鸲鹆,明朝有白鹦鹉,它们或口诵弥陀或观音的圣号而得往生。参见(清)彭希涑撰《净土圣贤录》中册,卷九,《物类十》。

神话看。只是,即使是寓言或神话,也每每蕴寓着相应信仰的深刻含义。类似的记述就表明这些动物是净土宗信众敬重乃至仿效的榜样,世间并非仅有人才是至高无上的,唯有得以往生的有情生命体——人畜均可以——才是至高无上的,人要实现终极关怀,离不开动物生命进程与结局的完美,离不开生命关怀上对动物生命的存养。在印光看来,人也就没有傲慢自大的依据,而只应常持惭愧的意识,除去自负心,视人与情识动物的真如佛性平等,视情识动物的生命与人的生命有着同样的尊严,人也就应该落实生态关怀,爱惜、呵护而绝非虐待、欺凌,更不应屠杀和吞噬有情动物。佛性说在护生智慧的中心地位,使护生的规则成为次要的、派生的,护生智慧中对情识生命的敬畏感,才是根本和最重要的,这也就有助于从根本上抑制人们漠视生命的贪婪意念与行动。

可见,印光关于戒杀吃素的护生思想,也就不仅可与动物保护的现代理念相衔接,还可以从信仰智慧的高度提升相关的世俗理念,原因在于后者多是从被屠杀动物的种类与数量是不可再生、不可复原,以至有碍于人类的生存与可持续发展的论点来立论的,仍不能摆脱人类中心主义。

再从思想比较的角度进入,或能更进一步挖掘印光的护生观所具有的智慧蕴涵。

孟子沿袭《礼记》"玉藻篇"所言的"君子远庖厨",是出于存养自己的恻隐心和良知心,而这种恻隐和良知,又是发端于以血缘关系为依据的"亲亲"原则,进而推己及人,所谓:

> 唯能"亲亲",故自吾老幼以及人之老幼。[1]

再进而推之极致,则是民胞物与,与万物同体。可惜,民胞物与的境界太高蹈。所以,局限于亲亲的原点,部分国人也就始终只是关心自己的家庭和亲属,只相信自己的亲属,上阵父子兵,处处流行夫妻店,相关的文化也就是建立在家族血缘关系而不是建立在一个理性的社会基础之上,在紧急危难的时刻,只在乎自己直系亲属的福祉,对与自己毫不相关的人所遭受的苦难,尤其对其他动植物的生命苦难,则屡有视而不见的心态与举

---

[1] (宋)程颢、程颐:《二程集·河南程氏粹言》卷一,中华书局,1981。

第十章　印光思想与弥陀净土信仰的终极关怀意蕴

止，由自私而生出冷酷。

基督教的出发点则与儒者的"亲亲"原则相反，认为唯有挣脱血缘与亲情关系而去"亲仇""亲敌"，才可步向普世之爱的目标，而这又以超血缘的爱上帝作为发端。

> 要爱你们的仇敌。为那逼迫你们的祷告。这样就可以作你们天父的儿子。……你们若单爱你们的人，有什么赏赐呢，就是税吏不也是这样吗？你们若单请你们兄弟的安，比人有什么长处呢，就是外邦人不也是这样吗？①

从而得以接近上帝那彻底、绝对而又普遍的恩慈与博爱。

在这些歧异外，儒学与基督教都有一项共同的"爱人如己"的精神，这也就是孔子所言的"己所不欲，勿施于人"②，耶稣所讲的"你们愿意人怎样待你们，你们也要怎样待人"③，两条路子的最终目标是"一体之仁""普世之爱"，是宇宙生命的大通畅。④ 但具体到对生命的爱护，儒学与基督教的"爱人如己"的精神，所爱护的生命又仅是限于人，对于其他动物的生命则没有过多的关注。

儒生们的"君子远庖厨"，只是对被屠杀的动物作一种耳目感官上的回避，看不见，听不到，求自己的耳根清净、保有自己的恻隐之心就行。

基督徒依据创世说的生命层次说，对人之外的动物的认知，不外是认为它们就是为人所俘、为人所用并为人所享的对象而已，它们自被创造出来起，与人就不是在同一层面上的，人作为万物之灵长，可以随心所欲地处置这些动物，人对它们的宰杀与饕餮是天经地义的。对于以下这个问题："为什么基督教不把同情动物作为律令？"史怀泽给出的答案是：

> 原始基督教期待着世界末日很快来临，从而一切动物摆脱它们苦

---

① 《新约·马太福音》5：44~47。
② 《论语·颜渊》。
③ 《新约·马太福音》7：12。
④ 陈立胜：《"形的良知"及其超越——兼论新儒学与基督教仁爱模式之异同》，《孔子研究》1997年第2期。

难的日子也是指日可待的。①

换言之，世界末日一天不到，动物们也就一天难以摆脱自己被屠宰的苦难命运。

在这方面，印光依佛教教义尤其是净土宗教义而阐述的护生观，与儒学和基督教的精神，显然是大有不同的。

在印光看来，佛与菩萨之外的众生生命是轮回的，众生都具平等无二的佛性，有成佛的潜能，"人为万物之灵"②，就应有更多的承当，就应对有情动物视同一体，就应对动物行一体之仁，就应对动物进行具体的保护，而不是依据自己的聪明与掌握的技术来任意宰杀并饕餮动物，个人屠杀动物之举，是断灭自己的慧命与觉悟、增加自己轮回痛苦的得不偿失之举。印光虽也强调孝敬父母，但佛教护生的发端既非儒家的"亲亲"③，也非基督教的"亲仇""亲敌"，而是在众生佛性平等的原则上，平等无二地看待有情众生的生命，以同体慈悲之心，观一切众生与己身同体，从而生起拔苦与乐、平等绝对之悲心，进而善待众生生命。如此，佛教的护生思想也就不仅涵容了人世间从"亲亲"到"亲仇""亲敌"的情感与外延，更把这种护生外延扩衍到了有情动物，其理路也就不仅是推己及人，更是推己及于有情动物，从而使有关信众在更大范围内认同并践履护生的意识。这种意识的源头及其普世价值，同样十分明显，正如约翰·希克所言：

> 佛教非自我中心的意识观念，生活在对一切生命的怜悯之中，这些对许多人都有一种内在的、要求他们忠诚的价值。……这一无私人格的观念，能够为任何宗教传统或非宗教传统所承认和回应。④

---

① 〔德〕史怀泽：《哲学和动物保护运动》，《敬畏生命》，第 78~93 页。
② 印光：《项伯吹先生〈定海县监狱讲经参观记〉跋》，《印光大师全集》第一册，第 621 页。
③ "出家则孑然一身，无所依倚。"参见印光《法雨寺建如意寮募缘疏》，《印光大师全集》第一册，第 434 页。可见出家后的僧人尤不受世俗"亲亲"原则的约束。
④ 〔美〕约翰·希克：《宗教之解释》，王志成译，第 218 页。

第十章　印光思想与弥陀净土信仰的终极关怀意蕴

在中国佛教、中国净土宗的信仰体系中，这种包含有非自我中心观念的护生观，已有上千年的悠久历史渊源，在近现代的多元观念中依然是独树一帜，并在更大范围内获得了更多的呼应。

与同时代的护生思想相比较，印光建立在弥陀净土解脱论上的护生观，在语境与思想依据上，与史怀泽所创立的"敬畏生命"伦理学也就有同又有不同。史怀泽立足在善恶论的基础上，认为"善的本质是：保持生命，促进生命，使生命达到其最高度的发展。恶的本质是：毁灭生命，损害生命，阻碍生命的发展"。主张人类对动物行为的伦理，应该达到"把杀生看作是我们文化的耻辱柱"[①] 的高度。但从世间法的结论来考量，两人的护生思想还是殊途同归的，而且两人的护生思想都同具宗教的世界观，对此，史怀泽有着以下的自觉：

> 敬畏生命的世界观具有宗教的特性，承认和实行它的人具有根本的虔诚。……敬畏生命的世界观本质上类似基督教的世界观。由此产生的可能性是：基督教和思想之间的关系也不同于以往，它更有利于精神生活。[②]

两人的不同则在于，由于中国佛教历史已有系统并不断为世代佛教徒所持守的护生观，印光的努力就重在诠释与宣传。史怀泽的"敬畏生命"观，则重在依据善恶论对基督教的生命伦理作更新与发挥，相对基督教的原有动物观，是新说。

在护生的思考与践履方面，在20世纪中，尤其值得一提的是，印度圣雄甘地同样把"不杀生"的佛教戒律，融化到了他所提倡的爱的法则中。他认为杀生对于国家与民族而言，是一种耻辱，提倡人们要爱一切动物——包括害虫和猛兽在内。[③] 这也是他理想的"乡村共和"（Republic of Community）或人间净土的一项组成部分，反映出了包括佛教不杀生思想

---

① 〔德〕史怀泽：《人类思想发展中的伦理问题》，《敬畏生命》，第78~93页。
② 〔德〕史怀泽：《回顾与展望》，《敬畏生命》，第134页。
③ 尚劝余：《圣雄甘地独特的宗教人生观》，《世界宗教文化》1997年夏季号，第49~53页。

在内的宗教渊源。① 甘地本人曾先后尝试不同的饮食，在印度教、耆那教和佛教的素食主义倾向的影响下，他最终相信素食足以满足人体的最小需求，自青年在英国留学时期起，甘地即成长为一个素食主义者，"我是自觉地选择了素食，认同了素食，并决心把宣扬素食主义作为终生的使命。"② 此后，他就终生信奉仁爱、不杀生和素食的原则，并自觉践履之。这是道德的选择，"而道德就是宗教的本质。"③

还须指出的是，甘地包括护生在内的一切所思所言、所作所为，同样有着终极的指向：

> 三十年来我想要的、我争取的，就是自我实现，和神灵面对面，达到"莫克萨"（Moksha）。④

这里所言的"莫克萨"，意思是脱离生与死的自由，最接近"解脱"之意。⑤ 这种东方式的思维或宗教归结，显然跟印光的佛法教人了生死说，有着一种本质上的相通。

由不杀生的信仰与思想出发，甘地提倡并在印度领导了声势浩大的非暴力不合作运动，非暴力即不杀生或不伤害，视不使用暴力是谦逊的极限，追求用爱的福音来代替仇恨，用自我牺牲来代替暴力，用心灵的力量来抗拒野蛮的武力，直接促使了古老的印度赢得了独立，并进入了现代的民主社会。因为有宗教与道德观的坚强支撑，甘地非暴力思想及其践履，不仅不是信仰脆弱的标志，而是信仰不可动摇的标志。甘地及其思想，因此而赢得了举世的声誉，典型如爱因斯坦作为甘地的最著名的景仰者之一，对甘地有以下高度评价：

> 一个不靠外在权威的扶持而成为本民族领袖的人；一位不是凭借

---

① 李志夫：《从印度传统论甘地之人间净土思想》，《人间净土与现代社会》，法鼓文化事业股份有限公司，1998，第247~266页。
② 〔印度〕甘地：《甘地自传》，钟杰译，新世界出版社，2012，第37页。
③ 〔印度〕甘地：《自序》，《甘地自传》，第4页。
④ 〔印度〕甘地：《自序》，《甘地自传》，第4页。
⑤ 〔印度〕甘地：《自序》，《甘地自传》，第4页，译者注一。

第十章　印光思想与弥陀净土信仰的终极关怀意蕴

投机取巧，也不是凭借技术装备，而是纯粹依靠令人信服的人格力量而成功的政治家；一位一贯反对使用武力的胜利的斗士；一位智慧与谦逊、果敢与坚定的人；一位将全部力量都用来推动民族崛起与改变民族命运的人；一位用纯粹的人性尊严对抗残暴，并在任何时候都不屈服的人。在未来的时代，可能极少有人相信，这样一个血肉之躯曾经在地球上匆匆走过。①

在笔者看来，2000多年前的印度，诞生了释迦牟尼，印度文化与印度佛教因此成为拓展与深化中华文化与中华宗教之河的源头之一。现代印度则因诞生了甘地，印度文化与宗教，对于中华文化与中华宗教之河，进一步融汇入具有普世价值与意义的世界文化与世界宗教之海洋，依然有莫大的启迪作用。转益多师是吾师，现代印度文化与甘地的思想与践履②，仍堪为中华文化与中华宗教之师。

从印光、甘地到史怀泽，从亚洲到欧洲，为什么在20世纪，爱护生命、敬畏生命能成为一种强音？

答案之一或许就是，两次世界性的大战俱发生在20世纪上半叶，在这些相应时段内非正常死亡的人畜数目，即使比之于创世纪以来的任何一个世纪，也是屡创历史纪录的。包括希特勒、日本侵略者等黑暗势力为营造形形色色的所谓人间天堂，不惜大批量屠杀族群与人群的惨痛历史，一幕幕"一将功成万骨枯"的时状事实，都更加刺激有良知者的耳目和心灵，也更促使印光、史怀泽、甘地等这些伟大的心灵，大力提倡对人与动物生命的呵护与珍惜。重温这些观点，比较它们的同异，把握其实质，不难发

---

① 钟杰：《译者序》，载《甘地自传》，第1页。
② 诺贝尔和平奖获得者西蒙·佩雷斯在《什么是政治？》一文中，曾如此评价甘地："在近二百年里有两位重要的人物：一位是法国人拿破仑，一位是印度人甘地。从他们的身上我们可以特别清楚地看到这一点：拿破仑有惊人的统治才能，但是他首先是一名斗士，所以他会杀人。甘地跟他截然相反，他向世界证明了，人们能够不用暴力来达到重大的政治目标。比较一下这两个人，可以看出他们代表了两种完全不同的政治原则——拿破仑代表战争和暴力，甘地代表和平。从长远来看，谁会更强烈地影响历史呢？当然是甘地，因为每一个人都清楚地知道，人们不应该互相杀人，而是应该以不使用暴力的方法来解决别人的困难。"参见〔德〕贝蒂娜·施蒂克尔编《诺贝尔奖获得者与儿童对话》，张荣昌译，三联书店，2003，第13页。

现护生与和平并不是一个没有紧密联系的主题。

对于自己生活的年代,印光有如下痛彻心扉的描述:

> 现今外洋各国大战数年。我国始因意见不同,竟成南北相攻。加以数年以来,水、风、旱、潦、地震、土匪、瘟疫等灾,频迭见告。统计中外所伤亡者,不下万万!痛心疾首,惨不忍闻!①

在这样一个天灾人祸频仍尤其是人祸甚于天灾的时代崇弘护生观,印光大力提倡对情识生命的敬重与敬畏,无条件地要求佛教信众与准信众克服以自我为中心的妄自尊大的倾向,注重培植一种个体的自谦乃至是惭愧意识的心态。就他的所思所行的彻底性言,达到了历史与时代的一个极致。乍看印光的那些看似古朴而不具广泛社会性的护生思想,在强调和平意识、强化环保行为的今天,也还是可以通过相应的途径转换成现代观念乃至机制的。这仅在世俗层面上,也显然有助于人与动物、人与环境和人与人的关系更趋于平衡合理,其体现出的纯粹非暴力的和平主义实质,同样是明显的。

时空浩瀚,机缘可遇不可求。印光提倡护生时,对于异见者一直保留着足够的耐心与宽容,一个净土宗信徒的所为不外是:

> 自己改恶修善,一心念佛。凡一切亲故并有缘之人,亦当以此教之。其反对之人,当作怜悯想,不可强制令行,按牛头吃草,万万做不得。②

此语既认可了现实的多元化,也反映出了印光对净土法门的无限自信,对反对者(不是一些宗教所称的"异教徒")的无限宽容——自己所欲,不是必须施予人,尤其不是必须急于施予人。印光这种糅合了耐心、宽容和自信的意识,在过去和现在,都仍是中国汉传大乘佛教里最足以自豪、自立与自信的智慧的组成部分之一。

---

① 印光:《重刻〈安士全书〉序二》,《印光大师全集》第一册,第462页。
② 印光:《复永嘉某居士书六》,《印光大师全集》第一册,第121页。

第十章 印光思想与弥陀净土信仰的终极关怀意蕴

举目世界，在还有人打着某些宗教信仰的旗号，制造局部战争或恐怖事件的噪音叫嚣与恐怖行为远未消失的今天，各主要宗教信仰在当今绝大部分民主法制的现代国度里，已获得了较充分的尊重与保护。那么，有关宗教代言人应如何指导其信徒在人间、在现世的作为呢？答案是不一而足的，其中不乏不足为训乃至臭名昭著的。[①] 极端宗教势力鼓吹暴力、鼓吹建立仇恨和因仇恨而萌生的屠杀，不断掀起战争、杀戮，不断地吞噬着人类的文明，企图把人类逼入互相厮杀的绝境。历史与现实已经表明，仇恨与暴力绝对不是出路，只会伤及每一个人。出路，仍在于仇必和而解，在于非暴力的和平与发展。

比较出真知，多方比较对照，更可见印光相应思想的难能可贵，佛教所提倡的护生，是一种真慈悲，是一种极大限度的博爱，当印光将护生作为净土宗的一项主题来加以阐扬，当净土宗将护生当作信仰及其生命践履中的一项主要且活跃的行动，蕴涵有大慈悲的大智慧自在其中。有情动物是自然造化赐给人类的天然盟友，人们残杀这些天然盟友，只会最终危害人类自身。结合历史与现实来看，人类要真正地爱护动物，真正地尊敬生命，就须有一种超越而非局限于人类利益的智慧，一种不再是俯视万物而视其全为人类利用的狭隘视角。这正是印光依据佛性论立论的护生思想所可以提供的。

要评价一个社会、一个群体和一个人是否有着健全的心智与理智，至少有三点要考量，那就是要看他们和他（她），一是如何看待与对待本群体和敌对群体的失败者？二是如何看待与对待本群体内的不幸者和孱弱者？三是如何看待与对待其他的动植物生命？

按汤因比的说法，现代人对人以外的自然所具有的尊严性问题，有必要恢复以前对它们所持的崇敬和体贴，他为此区分出了"正确"与"错误"的两种宗教：

[①] 如作为发动 2001 年"9·11"恐怖袭击的劫机者之一的阿哈兹纳维，留下了这么一段遗言："根据我们宗教学者的指示，只有发动针对敌对国家的自杀式袭击，才可确保回教国家的安全。"（语见《凤凰周刊》2002 年第 13 期，2002 年 5 月 5 日）这种针对敌对国家（更具体地说，是所谓"敌对国家"里的无辜平民）的自杀式袭击，真能确保有关国家及其所属组织的安全吗？事实恰恰相反，塔利班政权因此而加快了自己失去国家统治权的进程。

正确的宗教，就是教导我们对人和包括人以外的整个自然，抱有崇敬心情的宗教。相反，错误的宗教，就是允许牺牲人以外的自然，满足人本身欲望的宗教。①

对于宗教与哲学的真假，史怀泽则主张这样一种判断依据：

任何宗教或哲学，如果不能建筑在尊重生命上，便不是真宗教或真哲学。②

所以从人性的最大高度看，人对于同类动物的屠杀与灭绝，是一种不可饶恕的罪恶；从包含有慈悲爱心的宗教智慧而言，对于人之外的动植物尤其是动物生命的屠杀与灭绝，同样是一种不可饶恕的罪恶。"近现代自然神学以及环境神学的出现，使得动物低人一等的观念受到了挑战。"③ 佛教的护生意识与实践，正因此而不断获得了其他宗教的呼应，并逐渐形成这样一种普世的共识，在我们这个蔚蓝的星球上，人要配得起真正的万物之灵的称号，就必须贯彻与其他动植物、整个自然界的共存与共同繁荣，才可能实现人类与个我福祉的最大增长。这也就是《世界宗教议会走向全球伦理宣言》所宣示的：

人是无限地宝贵的，必须无条件地受到保护。但是同样地，与我们一同在这个行星上的动物和植物的生命，也应当得到保护、保存和照顾。对自然的生命根基无限制的剥夺，对生物圈的无情的破坏以及宇宙空间的军事化，所有这些都是野蛮的暴行。作为人，我们对地球和宇宙，对空气、水和土壤，有一种特别的责任，尤其是考虑到未来的世代更是如此。在这个宇宙中，我们所有的人都紧密相联，我们所有的人都互相依赖。我们当中的每一个人都依赖于我们全体的福利。因此，决不应该鼓励人类对自然和宇宙的操纵。与此相反，我们应该

---

① 〔英〕阿诺德·约瑟夫·汤因比、〔日〕池田大作：《展望二十一世纪——汤因比与池田大作对话录》，荀春生等译，国际文化出版公司，1985，第381页。
② 转引自冯沪祥《人、自然与文化》，人民文学出版社，1996，第317页。
③ 陈怀宇：《动物与中古政治宗教秩序》，上海古籍出版社，2012，第13页。

第十章　印光思想与弥陀净土信仰的终极关怀意蕴

养成与自然和宇宙和谐相处的生活。①

由以上种种可见，印光的相关思想不仅是其道不孤，更是不乏超宗教的普世情怀与蕴涵。延续佛教的护生观，印光表达出了珍惜生命、关怀生态以及对众生的终极关怀，肯定了天地间包括人类在内的有情动物的生命的神圣性，从而在信仰上牢固设定了动物生命与人的生命一样，同具最高价值即佛性的观念，这种最高价值是此外的一切价值都不可比拟的，护生因此是最有价值与意义之举。对于以印光为代表的净土宗信徒而言，当弥陀净土内化为信仰时，关怀众生、爱护生命，就成为他们得以往生弥陀净土的前提，从而自觉地尊敬生命，呵护众生，将动物纳入生命保护的范围内，从而将一己的终极关怀扩衍为众生的终极关怀，② 生命关怀与生态关怀也就成为终极关怀应有的题中之意，人与自然的紧张关系在终极关怀中得以消解，人与自然的复杂关系在终极关怀中得以纯化，人与动物的复杂关系在护生观中得以简洁化和可操作化。最终，生命关怀与生态关怀的践履，也就成为实现终极关怀的前提与例证。净土宗与印光的这些思想，崇敬自然，尊重生命，触及终极关怀的普世与普适性，当可归类在"正确"名下的宗教中，是实至名归的"真宗教"。佛教徒吃素也能感知幸福，尤其是在不杀生中感到幸福，这种幸福感的培养，不完全是源自天赋，而更多的是源自信仰，并为信仰中的信念所固化。

在我们的传统文化中，在隐含着弱肉强食意识的传统语言中，都不乏暴戾意识，典型例子之一，是对动物世界中的各种各样的动物不乏仇视与轻贱，不仅是类似虎视眈眈、狼子野心之类的话语盛行，而且对于作为人类农耕劳作主要帮手的动物如牛，狩猎与安全的主要帮手如狗，以及人类饮食主要对象之一的家禽如猪和鸡，也不乏牛鬼蛇神、猪朋狗友和小肚鸡肠等负面的说辞，成为体现这些暴戾意识的暴力语言。事实上，在作为类的人群中，凶恶的人要比最凶恶的野生动物更凶恶，因为动物的最好武器

---

① 〔德〕孔汉思、〔德〕库舍尔编《全球伦理：世界宗教议会宣言》，何光沪译，四川人民出版社，1997。该宣言于1993年8月28日至9月4日在美国芝加哥召开的世界宗教议会大会上提出，并获来自地球上几乎每一种大大小小不同宗教的6500名代表签字批准。
② 犹太教的生命观与此类似，参见爱因斯坦《有没有一种犹太人的生命观？》，《爱因斯坦文集》第三卷，第103~104页。

不外乎是它们的牙齿和爪子，而人更聪明，已经进化出了手，可以制造越来越精致、杀伤力越来越大的工具，也越来越拥有可以杀戮动植物生命的许多选择。同样在作为类的人群中，善良的人比最善良的野生动物更善良，因为人在聪明与机巧之上，还有远高于其他动物的智慧与慈悲心，可以萌发并培植出超越杀戮的大智慧，可以呵护并延续能实现人与众生和平相处的一念大慈悲。具体到我们每个人的日常生活，关爱动物、植物的生命，关爱人群中的其他弱者，始终是凸显我们人性的高贵、彰显我们人性的光辉的最突出表征之一。

在早已告别了冷兵器尤其是开发出了核武器的20世纪，包括人在内的众生生命所遭受的涂炭与灭顶威胁，较之历史，已经放大了千万倍，广岛、长崎核爆炸的伤亡人数已经以"十万人"作为计量单位，20世纪下半叶，在美国、苏联等国领导人眼中可以预见到的核战争，更有以"亿人"作为计量单位的。现在的我们和我们的子孙，面临着前所未有的严峻局面，生命的存亡维系在极少数人的一念之间。专注于探索宇宙奥秘的霍金曾指出：

> 即使人类社会拥有未来，科学仍不能预测人类社会的未来。因此，危险在于，我们破坏、毁灭环境或自相残杀能力的增长速度远大于我们使用智慧运用这些能力的速度。①

在历史与现实中，我们已经见过尤其是间接闻知"见"过了许多的杀戮，是在错乱的个人意志乃至国家意志的命令乃至强令下进行的，以往的科学技术在助长人类的毁灭环境与残杀能力方面所起的极大的负面作用，令人记忆犹新，令心怀良知者痛心疾首。

与此相伴的，则是类似佛教的不杀生不杀戮的戒令，通过类似自释迦牟尼、慧远到印光那样的或口耳或笔墨的相传承，更多并最终落实在佛教徒行为选择与个体私德培植的层面上，这始终是在人类历史长河中反映出人性光辉中的最大亮点之一。类似印光所阐发的佛教护生意识，对于人们尤其是佛教信众恰如其分而又平和地运用科学技术所提供的延伸力量，在

---

① 〔英〕斯蒂芬·霍金：《宇宙的未来》，载斯蒂芬·霍金等著《未来的魅力》，李大光译，江苏人民出版社，1997，第11页。

个体私德培植上有所用心，在个人行为选择上力求善始善终，始终提供了一种富含宗教智慧的诫示，一种富含宗教智慧的行为方圆规则。作为智慧，它当然不是唯一的，却是不乏实效的。

和平主义是20世纪最伟大的思想，唯有这种思想得到了普世的传播，人类在20世纪下半叶才得以治理两次世界大战留下的创伤，在20世纪90年代初才得以告别东西方冷战的铁幕时代，更多地致力于共建和平时代，求得社会、民族与民生的长足发展。不幸的是，即使是在今天的世界，部分国家与地区还在为民族、宗教的歧异而大动干戈，枪弹与炮弹横飞下，是黎民百姓的血肉横飞……在我们生活的一些地区，法律虽然禁令人们再去捕食珍稀动物，但大街小巷餐馆内的饕餮客们却还在大快朵颐——仅在能夺人性命的非典、禽流感等恶疾流行时才有所收敛；曾几何时，善于反复再三鼓噪的通俗歌曲还促使不谙世事的部分少儿乃至成人，满大街吟唱"你就是心太软，心太软"的曲调……一些人已经够残酷了，而流行的影视作品却还在时时塑造着那种因一语不合、一眼不顺尤其是一念心生，就可以屠杀无数生灵的"酷"上加"酷"的"英雄"偶像，荧屏银幕上的炮火纷飞更甚于烟花焰火的灿烂……这些，不也正是我们时代最大悲哀中的一幕又一幕景象吗？！

如果说人类任何一次巨大的历史灾难，都是以历史的进步作为补偿的，那么，在涉及环境与动植物保护的生态关怀上，人类已经造成的种种不可逆的灾难，能够以历史的进步（首先是观念的进步）作为补偿吗？我们还有足够的时间和空间来落实生命关怀，落实生态关怀吗？……

带着这些疑问，在更多思考并落实在当下应该如何做的同时，偶尔回头望望，或许，也足以令我们对包括印光护生思想在内的佛教护生智慧，多一些客观的评价、理性的反思，乃至一些类似高山仰止般的感触。毕竟，印光弘传的佛教护生思想，历史悠久，在过去的千百年里，都是和平主义思想的极致。

四 临终关怀：终极关怀与世俗关怀的联结时点

在现代都市化的当今社会，专业殡葬师在每一个工作日，都要面对着

印光思想、净土信仰与终极关怀

各种人的遗体与各种丧事,他们在接运不同的遗体时,与不同逝者的不同家属有着最直接的沟通,并归纳出了以下的一些场景:

> 不同信仰的人们有不同的表现,基督教和佛教家庭的葬礼通常安静有序,无信仰的人们更多哭天抢地;穷人穷大方,富人卖排场……①

这其中有两种场面,一是有宗教信仰家庭的亲朋葬礼通常安静有序,二是无宗教信仰的人们更多的是哭天抢地。为什么会出现这两种截然不同的场景呢?

原因在于,基督教和佛教,能为其信仰者提供一种非世俗亲情与力量所可能企及的临终关怀,这种临终关怀,在宗教提供的关怀体系中,是联结终极关怀与世俗关怀的衔接关怀。

就印光的信仰取向看,弥陀净土信仰所意味着的终极关怀,含摄了以"临终三大要"为主要落实点的临终关怀。终极关怀与虔诚的弥陀净土信仰如影随形,意味着精神世界上一劳永逸的皈依;弥陀净土信仰的临终关怀则主要通过系统有序的仪规,令逝者得以安详往生,令生者在直面他人尤其是亲朋的逝世时,尤能体会到心灵的宁静与踏实,不乏淡定与从容。

有生就有死,死亡是一种事实,是每一代人乃至每一个人生存焦虑的最深层导因,②但却未必是所有人都能直面的事实。包括临终关怀在内的终极关怀的缺失,死亡就会凸显出世俗人生的虚无与荒谬。印光指出了不知不觉者对生死问题的回避:

> 大丈夫生于世间,事事无不豫为之计,唯有生死一事,反多置之

---

① 赵佳月、魏奇琦:《殡葬师,生命的摆渡人》,《南方人物周刊》总第 310 期,2012 年 8 月 13 日。
② "那产生焦虑的,不是对于普遍的短暂性的认识,甚至也不是对于他人之死的体验,而是这些事件对于我们自己不得不死这一潜在意识所产生的印象。焦虑就是有限,它被体验为人自己的有限。这是人之为人的自然焦虑,在某种意义上,也是所有有生命的存在物的自然焦虑。"参见蒂利希《存在的勇气》,成穷等译,贵州人民出版社,1998,第 29 页。

第十章 印光思想与弥陀净土信仰的终极关怀意蕴

不问。①

置身于天地间的大丈夫们对世俗之事常有预计与谋划，但为何对生死之事却多"置之不问"呢？或许，他们之中，少数人因为抱着类似孔子"未知生，焉知死"的理性回避，多数人因为现世那些繁杂与繁重的事情已够操心烦心而无暇顾及生死，还有就是迷糊混沌地不知生也不知死地存活着……珍惜生命，思考死亡，在临终关怀中平静地接受死亡，进而在终极关怀中安顿身心，多少也就是独立在生计忙碌之外的另一种有些奢侈的信仰抉择。

但回避或逃避，也就意味着放弃了对思考宗教问题的一个原初契机的拷问，原因在于宗教问题是与生命的生死密切相连的：

> 整个宗教的基础是恐惧——对神秘的恐惧，对失败的恐惧，对死亡的恐惧。②

现代医学发现，病危时没有精神支持网络的人，尤其是男性，死亡率比具有精神支持网络者高3倍。

有鉴于此，西方天主教于1967年创办"善终院"，提倡对重病垂危濒死者给予"善终照顾"或"临终关怀"（Hospice），对其作为"全人"的身体、心理、社会、心灵各个层面的需要给予关怀照顾，给予心理辅导，帮助其解除痛苦和恐惧，俾能平安、尊严地迎接死亡。③ 临终关怀的理念在于："善终照顾的是人，而不是病；它突出质量，而不是寿命"，旨在帮助生命末期的病人多获得一些幸福。④ 在历史与现实生活中，在阅读那些宗教、哲学与文学艺术的名著中，我们都不难发现，有宗教或类宗教的信仰作为精神支撑者，可以积极而主动地直面死亡、不惧死亡，乃至向死而生。

反之，无宗教或类宗教的信仰作为精神支撑者，难免就只能消极而被

---

① 印光：《〈净土问辨〉〈功过格〉合刊序》，《印光大师全集》第二册，第1190页。
② 〔英〕罗素：《一个自由人的崇拜》，胡品清译，时代文艺出版社，1988，第59页。
③ 陈兵：《佛教的临终关怀与追福超度》，《法音》2005年第8期。
④ 刘锦秀：《临终关怀与幸福悖论》，《医学与社会》2009年第1期。

动地抵触死亡、以回避死亡来试图逃避死亡,对于自我死亡则最好是连想都不要想,能回避一天是一天,能回避一时是一时,在当下,仅从不少人对类似4的数字都要唯恐避之不及等现象中,不难看出相关的行为选择及其背后的脆弱心理,智慧的死亡观与适时到位得体的临终关怀,也都暂付阙如。据内地在"文化大革命"之后成立的第一家临终关怀医院——松堂医院对8000多个临终老人的统计,有93%的老人没有宗教信仰,"他们没有宗教帮助他们摆脱对死亡的恐惧,因此需要心理医生了解病人的生活经历,与之交流,以减轻他们的紧张心理。"[1] 大多数没有宗教信仰的老人,显然不能借助并得益于可以帮助宗教徒摆脱死亡恐惧的宗教传统。

在这方面,佛教有着久远的临终关怀传统。在近现代佛教历史中,印光所总结的《临终三大要》,作为一种已有又行之有效的捷径,其中的可资借鉴性,更是毋庸忽视的。一个个濒临死亡的生命,可能得到全面的医学抢救和周到的看护,却同样可能是带着一颗悲凉的心灵而不情愿地辞世的。这种现象警示着宗教的临终关怀不是医疗上对生命的抢救所可以代替的,前者靠信仰来挽救精神,触及永恒;后者却只是凭药物与医疗器械来挽救有机的身体,而终止在回天无力时。前者是形而上的,对灵魂负责,充满向往净土或天堂的暖情;后者则只就形体而展开工作,每每如手术刀一样冰冷。作为印光主要助手的德森法师,曾比较临终有助念、无助念之间的损益,指出在现代的医院里,"医院章程,悉依西法,饬终助念,万难照办。"以至于净土宗信徒"糊糊涂涂,死在院中"[2]。这确实是一个不能不正视与解决的问题。

最好的医学关怀能提供人道的医疗服务,但对涉及精神上的临终关怀与终极关怀,则多无能为力。就人类已有历史而言,宗教信仰一直是能提供包括临终关怀在内的终极关怀的最主要途径之一,"从现代人还不免的局限性看,虽然医学扮演了临终关怀的主角,但宗教的支持仍然需要。西方临终关怀中心不但从宗教慈善卫生机构演变而来,而且维持较久的中心都与宗教有关。"[3]

---

[1] 朱晓超:《谁来关怀"临终关怀"?》,《财经》2002年第5期,第13页。
[2] 德森:《得助念失助念之损益比较》,载《印光大师全集》第二册,第1417~1420页。
[3] 邓子美:《传统佛教与中国近代化》,华东师范大学出版社,1994,第260页。

第十章　印光思想与弥陀净土信仰的终极关怀意蕴

对净土宗信众而言，落实《临终三大要》，就意味着具体践履净土信仰所应获得或提供的临终关怀。这种关怀是在信仰（印光对"信"之一字，有特别的强调）的虔诚心境与净土宗化的临终场境中落实的，"虔诚越是深刻，就越不需要认识超验的东西。"① 在这方面，印光的虔诚也同样突出。② 即使在非信仰的前提下，我们的研究也可以从功效论的角度出发，看到宗教信徒因信仰的虔敬而获得的幸福感。在弥陀净土信仰给信众宣述的往生净土的意识中，那些转世不死的乐观乃至极乐意识，始终洋溢着一种浓郁的终极眷注与关怀，其意念虽涉死亡而绝无世俗的悲伤哀戚感。也正因为有这么一种终极关怀的信念作支柱，净土宗的临终关怀也就异于且超越于世俗的临终关怀。净土宗信众与阿弥陀佛的关系，体现在阿弥陀佛的四十八大愿中，体现在净土宗信众对阿弥陀佛的念诵修持中，还体现在种种程式化的仪规中，这些都造就了净土宗信众在一个人临终时的内心宁静与喜悦，这种内心宁静与喜悦感，也正是任何宗教的临终关怀践履所追求的最高境界。净土宗信众通过净土信仰，经历了长短不同、程度不等的修持，俗世令人最为悲摧的死亡也就变成了一种告别世俗哭泣的喜悦，一种告别世俗痛苦的极乐向往，死亡不是绝灭，现世的死亡是往生极乐世界的转折，而死亡者临终前的安详表现又为众所显见，故极乐即死亡，死亡即极乐，死亡不需要悲悲戚戚也不需要哭哭啼啼。

在世俗社会中，多是英雄慷慨就义易，凡人从容就死难的。对于个体生命而言，直面死亡时是否有一种不惊惧、不恐怖的态度与行为，正是衡量个我的人生观是否有效、有力量的主要表征之一。在印光反复阐述的净土宗的临终关怀意识中，每个生命的现世历程，就是处在生死流变的路途上。对于已死者，生者是旁观者——却也是一个不能永远置身度外的旁观者，因为死亡是每个生命的归宿，他人的死亡不过是自己死亡的预演。作为助念者的净土宗信众，从事的不是一项普通的世俗工作，而是履行一项追求出世、连接彼岸的信念，其作为的依据，根植在内化于心的弥陀净土信仰与道德自律令中。他们在完成这项工作时所表现出的善意，是在为逝

---

① 〔德〕史怀哲：《回顾与展望》，《敬畏生命》，第135页。
② 陈荣捷先生指出，净土宗由形式主义转向虔敬主义的关键，在印光曾于其中专修的红螺山资福寺的道风影响。参见陈荣捷《现代中国宗教的趋势》，台北文殊出版社，1987，第84页。

者念佛,是为众生念佛,也是为自己而念佛。为此,印光在向德森论及自己身后事时,有这样一份至关重要的嘱咐:

> 光死,仍照常为自己念佛,不须为光念。何以故?以尚不与自己念,即为光念,也不济事。果真为自己念,不为光念,光反得大利益。①

以此体现出众生超越死亡的尊严,往生净土的期望。

可以进而比较基督教徒与佛教徒面对逝者的不同处置。

从基督教信仰出发,基督教信徒们在静默,默思着,其中的意识是:

> 没有人是独自存在的孤岛;每个人都是大地的一部分;如果海流冲走一团泥土,大陆就失去了一块,如同失去一个海岬,如同朋友或自己失去家园:任何人的死都让我受损,因为我与人类息息相关;因此,别去打听钟声为谁鸣响,它为你鸣响。②

从佛教净土宗的信仰出发,净土宗信徒们则在心口一致地念佛,为逝者念佛,为天下众生念佛,同样也是为自己念佛,体现出净土信仰视众生为一体的大慈悲。通过助念,面对着又一次死亡,助念者又接受了一次死亡教育,生命因死亡而凸显其尊严——如果一个人不能有尊严地活着,那么,他至少应该可以有尊严地面对死亡。人都会有一死,但人的精神却不能没有安顿,这也就最终展示出了净土宗所能提供的终极关怀。作为阿弥陀佛的皈依者,他们也就能从容淡定地视死为(不是"如")归。净土宗作为一种理性且不乏超越感的宗教,也就得以弥散流布,并成为中土和东亚佛教信仰世界中的最强音。这些,就是印光的《临终三大要》中对临终关怀的具体追求,并通过普世相同的可操作途径来予以落实。相关信仰与行为,对曲高和寡的哲学和偏重于物质的科学技术而言,多少是心所不及和

---

① 印光:《致德森法师书》,《印光大师全集》第五册,第 2411~2412 页。
② 〔英〕约翰·多恩:《丧钟为谁而鸣:生死边缘的沉思录》,林和生译,新星出版社,2009,第 142 页。

第十章 印光思想与弥陀净土信仰的终极关怀意蕴

力所不逮的。

净土宗的临终关怀还涵及对往生者身后事的操办，遗体处置是其中最主要的一项。一般而言，人们对于亲人的尸体多抱着一种回避、厌弃与亲近、怀恋互相交织的矛盾态度。① 印光在《临终三大要》中，要求生者对已逝者尸体要小心翼翼地呵护，依靠信仰的纯真与团体的亲和力，以消弭一般人对逝者尸体的回避与厌弃，萌发出佛教徒应有的慈悲心。不仅对亲人如此，即使是面对陌路人，也应如此；和平时期如此，在不幸灾难或战争等天灾人祸降临的非常时期，也如此。在印光生活的那个个体生命朝不保夕的战争年代，即使是在类似南京大屠杀后的血腥现场，也有佛教自愿者进行着救死扶伤、掩埋遇难者尸体等善后工作，在这些活跃的身影中，恰恰可以使人感受到佛教的临终关怀思想（包括印光的相关思想）所潜藏着的慈悲意识。

更进一步说，遵循佛教的传统观，印光提倡对尸体进行火化处理，同样是不落在现代意识之后的。往生信仰最注重的是往生于弥陀净土，唯有往生，才是不生不灭、不垢不净、不增不减，才能超越短暂，永驻恒久，世间的火化并不损妙性——这也就是真达法师在印光火化仪式的《举火法语》中所言：

> 此焰只焚三有相，归来妙性一轮新。②

而不是不惜生者的财力、物力和精力来注重厚葬，这种厚葬已经被智慧与时间证明了是徒劳多于有益的，在人口急剧膨胀而可耕土地却在急剧减少的今天，更是如此。这对打破传统的土葬观念与行为，无疑是至今尚未失效的一剂具有中国佛教特色的良方。国内近 30 多年来的

---

① 马林诺夫斯基对此指出："一面是对于死者的爱，一面是对于尸体的反感；一面是对于依然凭式在尸体的人格所有的慕恋，一面是对于物化了的臭皮囊所有的恐惧：这两方面似乎是合而为一，互相乘除的。这种情形，在当前行动底自然流露上可以看得见，在丧礼底程序上也可以看得见。最近的亲属，如母之丧子，妻之丧夫，子女之丧双亲，不管在尸体的装殓或处置上，也不管在葬后的礼仪或祭祀上，都是具有某种程度的反感与恐惧同真诚的爱恋混在一起，从不曾单有消极的质素表现出来或者是占了优势。"参见马林诺夫斯基《巫术科学宗教与神话》，第 30 页。

② 真达：《举火法语》，载《印光大师全集》第五册，第 2421 页。

殡葬改革，宣传语总是说要树科学文明新风，故要改土葬为火葬云云。事实上，类似说法是大有可质疑之处的，且不论其中包含科学万能的意识未必全面，还包含了对传统的无知和对传统意识的过分轻蔑，仅对遗体采取火葬的方式而言，佛教创立者释迦牟尼就是火化的，舍利子就是经历那次著名的火化后，成为举世闻名、至今尚存的珍贵至"国宝"级的物化结晶体。

在论及人的宗教关怀时，克尔凯戈尔曾指出：

> 这种关怀（Bekummernis）绝不是靠某种精细的或包罗万象的知识来满足，不，它渴求的是另一类型的知识。这种知识一刻也不与单纯的知识沾边，而且，在具有知识的那一瞬间，它就已经转化为行动了。所以，在此根本谈不上什么知识的占有。[1]

同理，在印光的净土信仰中，信仰的知识重要，信仰的行动而且是持续不断的行动就更为重要[2]，建设佛化家庭如此，[3] 爱护生灵如此，临终关怀也是如此。临终关怀的价值，在于使人在面临死亡时也能感受到人的神圣，克服死亡的恐惧：

> 有怕死的心，就不得往生了。[4]
> 然念佛之人，不贪生，不怕死。[5]

既然现世的死亡是必然要来的，那就让死者怀着欢乐来尊严而又体面地面对死亡，成就直面死亡的净土极乐主义。在这种信仰中，"生命皆苦"，死亡更是生命之苦之极致的肯定语句，不是否定有生必有死的现世，而是要导引出"往生极乐净土"的最高信仰思想，彼岸净土世界的相关信念得以

---

[1] 〔丹麦〕克尔凯戈尔：《宗教的激情》，载刘小枫主编《20世纪西方宗教哲学文选》（上卷），第448页。
[2] 圆瑛法师如是评价印光："其大过人之处，不在能说，而在所行如所言。……一生如一日。"参见圆瑛《印光大师生西事实》，载《印光大师全集》第五册，第2429页。
[3] 黄家章：《印光的儒佛融合思想论》，《孔子研究》2012年第2期。
[4] 印光：《示华权师病中法语》，《印光大师全集》第二册，第1352~1353页。
[5] 印光：《陈了常优婆夷往生事迹兼佛性发隐》，《印光大师全集》第一册，第735页。

升华。作为面对痛苦和死亡的此生定局时必不可少的生存观念与修持，净土宗信众通过弥陀净土所架设的信仰之桥，人的死亡也就完成了由苦到乐、由悲到喜、由白喜事变红喜事、由不幸到幸乃至大幸的转换，丧仪也就升华成了逝者往生弥陀净土的道场，不再显现世俗儿女情长的哭啼相。通过信仰，经历了修持，死亡就变成了一种告别哭泣的喜悦，念佛而不惧死亡，念佛而得好死，念佛而得往生，这已经是吸引潜在信徒由不信、将信将疑到正信的重要因素。

结合终极关怀的具体个案，对那些既有共性又个体化的深刻宗教体验与感受进行研究，不仅必要，而且关键，原因在于"宗教研究必须讨论的，首先是个人的直接的宗教体验，更多的是人们的实际体验而不是人们关于宗教的理论……首先必须把握住的，是精神性的感受"①。生死存亡之时，有信仰者的淡定与达观，无信仰者的慌乱与嚎哭，反映出的感受，确实已有云泥之别。善始善终，这很关键。

五　印光思想具全了作为宗教的系统化蕴涵

概括言之，印光的那些依据净土宗教义而阐述的净土信仰思想，具体来说，就是包括了世俗关怀、临终关怀和终极关怀在内的净土信仰思想，已经具全了作为"宗教"的系统化的蕴涵：

> 它是人类意识的一个组成部分，是对生存"总秩序"及其模式的认知追求；是对建立仪式并使得那些概念神圣化的感情渴求；是与别人建立联系或同一套将要对自我确立超验反应的意义发生关系的基本需要；以及当人面对痛苦和死亡的定局时必不可少的生存观念。②

从世俗层面言，净土信仰蕴涵的世俗关怀与临终关怀，在自古及今的汉传

---

① 〔美〕斯塔伯克：《转变中的宗教》，转引自〔英〕夏普《比较宗教学史》，第139页。
② 〔美〕丹尼尔·贝尔：《资本主义文化矛盾》，第221页。

佛教信仰群体中，以道德有序与宗教仪轨维系着世道人心；从终极层面言，弥陀净土则为净土宗信众提供了终极关怀，是人类对宗教精神家园的终极确认之一。印光思想体系，是作为民国佛教四大师之一的印光对弥陀净土信仰的系统阐述。我们要认识与研究印光的净土思想体系，要认识与研究弥陀净土思潮，相对应的部分也就是重点。

附录　印光思想研究综述

以往对印光的认识,首先主要是来自佛门尤其净土宗门人的有关回忆和立足于净土信仰及其修持的阐发。其后,从无到有,学界对于印光思想的学理研究成果,从系统性、深度与广度来看,不断地在进一步扩展与深化。

以下对这些已有的学理研究成果,除了不重复正文所提及的部分,简要综述如下。

一　对印光思想的总体与要点的把握

作为净土宗的高僧,印光不仅有蔚成体系的弥陀净土思想,而且还具足弥陀净土的修持践履。这也就意味着研究者在研究印光的相关思想时,同样要研究他的修持方法及其径路。

释见正法师在《印光大师的生平与思想》中,分别就印光净土思想的渊源,印光对禅宗与密宗的拣别,印光何以推崇净土以及对往生生因的看法,提倡以净土为究竟之依归等方面,阐述了印光净土思想的理论基础。其次,指出印光对于净土法门的实践方法有其个人的特色,也就是陈荣捷博士指出的"他主要的志趣是在宗教生活,而非宗教哲学",进而具体阐述了印光通过调和儒、释并实践于净土法门中,其实践方法大体可分为五个方面:一是从敦伦尽分闲邪存诚入手;二是以家庭教育和因果报应相结合;三是以居家修行适应时代需求;四是以至诚念佛医治众生的病;五是对摄心念佛及十念记数的见解。这些其实也是传统佛教与儒家伦理中最为民众熟知的部分,却因印光的人格感召和大力提倡而获得了新的生命。[1]

---

[1]　参见见正法师著《印光大师的生平与思想》,东初出版社,1995。

江灿腾先生在《试论印光大师的净土思想》一文中,[1]将延续传统的印光净土思想内涵归纳为三点。一是坚信兼具自力佛力的净土法门超胜,普被三根、统摄诸宗。二是诚信愿真切,佛视众生犹如一子,故念佛者要具足坚信、了知、深信、回向、十念等信愿资粮,就可往生西方。三是分清禅、净之界限,指出禅与净土,理本无二;若论专修,其相天殊。禅净双修的实质完全是无禅无净土。修净土即信愿持名,求生西方,非偏指"唯心净土,自性弥陀"等。印光净土思想的实践则体现在:一是提示念佛方法,勿用观心念法,常用摄心念法,都摄六根,久之身心归一。二是存心立品助净业,包括孝养父母、奉事师长、慈心不杀、修十善业,明因果,重慎独,志心忏悔,自利利他。三是念佛为主,念观音为助。

尤其值得一提的是,李圆净居士依据《印光法师文钞》的要义,采撷印光的直接论述,编成了《印光法师嘉言录》,分十个方面概括性地总结了印光的思想体系:"一、赞净土超胜。二、劝信愿真切。三、示修持方法。四、论生死事大。五、勉居心诚敬。六、告注重因果。七、分禅净界限。八、释普通疑惑。九、谕在家善信。十、标应读经典。"[2]作为净土宗人研读《印光法师文钞》后的一种凝练总结,为后出的《印光法师嘉言录续篇》《印光大师文钞菁华录》等所沿用,其分类同样值得研究者重视。

周军先生在《印光法师研究》(四川大学2004年博士学位论文)中,对印光法师的生平与思想进行了较系统的研究,指出在清末民初,传统佛教一方面外辱于庙产兴学、反宗教反迷信运动等社会新潮流,另一方面又内迫于理论诠解乏力、脱离现实生活、宗教混滥、修持实践衰落及滥度经忏等教内消极现象。作为近代佛教改革和复兴的灵魂人物,针对传统佛教所面临的困境,印光法师主张以六道轮回、善恶报应及了生脱死等因果事实来适时有效地宣扬佛教的核心义理,以敦伦尽分、闲邪存诚的伦理内省方法来确立佛教的现实生活基础,以诸宗分界、净土为归的判教思想来指导佛教的弘传和发展,以拣择剃度、勤修定慧的制度规范来推动佛教丛林之复兴。若对印光法师一生的弘法活动及其佛学思想进行总的概括,因果

---

[1] 江灿腾:《试论印光大师的净土思想》,《人间净土的追寻》,第165~176页。
[2] 李圆净编《印光法师嘉言录》,载《印光大师全集》第四册,第1444页。

可以说是其贯彻始终的纲领。针对当时道德沦丧、僧团腐败的社会现实，出于救世以利民生、护教以续慧命的宗教热诚，印光法师一方面极力驳斥理学家之流对佛教因果思想的不实指责，并极力辨正道教、民间宗教及民间信仰对佛教因果思想的滥讹；另一方面又积极宣扬佛教因果思想以匡正显讹。就对佛教因果思想的正面宣扬来看，与近代其他佛门代表人物相比，印光法师更加侧重因果事实的宣传及理论核心的说明，而非因果理论的系统诠释和推演，其重心主要是在轮回、伦常及净土等三个方面。轮回是他劝世励僧的理论依据，伦常是他化俗立基的修持根本，净土则是他弘法利生的究竟归宿。三者虽深浅历然不同，却又互为依靠、不可分隔。立足于清末民初儒学衰绝及佛教脱离现实生活的具体情况，印光法师明确提出援儒入佛、以佛济儒的文化互补主张。

二　印光思想的历史渊源及其时代影响

见正法师指出，印光他力本愿念佛思想的历史渊源，主要经由资福寺彻悟祖师的著作而来，再上溯明末的蕅益和莲池大师的思想遗风，而与历代净土诸祖的法脉相衔接。可以说，印光前后思想的渊源，有其一贯的精神存在。[①]

张一留先生在《净土教势之演进及印光大师之教理观》一文[②]中，通过扼要回顾净土宗诸祖之教理，以论净土教之统合融摄各宗，儒佛一贯，固为诸祖相传之趋势，亦为佛道至大之证明。印光作为净土宗诸祖教理的杰出继承者，深慨乎世道衰微，竟至极点，众庶之急须普遍劝化，爰于方便之中，选一下手最易、收机最广之圣法，其莫过于"一句弥陀、四句世善"。"一句弥陀"即以念佛三昧，普摄一切三昧，三慧全修，三学具足。"四句世善"即"诸恶莫作、众善奉行、敦伦尽分、闲邪存诚"，首两句本出于佛，后两句确本儒书，表明印光据儒书而崇世善。印光一面严立规约与课程，建净土道场于灵岩山寺，俾出家僧众，得专习常途；一面并提世

[①] 参见见正法师著《印光大师的生平与思想》。
[②] 张一留：《净土教势之演进及印光大师之教理观》，载张曼涛主编《净土思想论集》（一），大乘文化出版社，第 131~140 页

善,以教在家弟子,《印光法师文钞》全部,皆为居士而发。这在教理上,相通于莲池所云:"家有净室,闭门念佛可也,不必供奉邪师。家有父母,孝顺念佛可也,不必外驰听讲。家有经书,依教念佛可也,不必惟施空门。"等等。

对于印光思想的时代影响,邓子美先生指出,净土宗是近代佛教中蔚为兴盛的一脉,它同样受到奔腾的佛教革新主流的冲击,这从印光的一生思想与事业中可以体现出来。印光与太虚的志趣不同,但在温和地改革佛教的某些层面上,彼此还是取长补短。印光虽未明确提倡佛教改革,然而他的思想在多方面不同于传统佛教:第一,倡导佛教救世说。第二,主张儒释合一。第三,反对迷信。第四,在根本上主张诸法平等的同时,竭力推崇净土。第五,注重身教,坚持不当住持,不收出家弟子,不登大座说法。他自奉极俭,修身唯谨,皈依他的在家佛教徒,数以十万计,他被人奉为净土宗第十三祖。直接受他人格感召的净土宗信徒在禁欲伦理上,与欧美清教徒相比,有过之而无不及。这些都表明,印光并非像20世纪20年代激进的青年僧人所认为的那样保守。相反,他的有些改革主张是相当激进的,而且严格地奉行。虽然他未能也不可能自觉地努力发挥出净土宗对于促进社会近代化的应用潜力,但在他的支持与带动下,苏州灵岩山寺等寺的僧人在填补社会的伦理断裂层方面,在兴办社会慈善事业方面,施省之、徐蔚如等居士在建设近代佛教居士团体、救济难民和佛教文化事业等方面,都做了许多有益于佛教近代化的扎扎实实的工作。因此,净土宗在从各大中城市到乡村,从笃信佛教的居士到一般祈求现世利益的市民中流传最广,成为近代大乘佛教的重镇。①

在《印光大师的生平与思想》中,见正法师指出,《印光法师文钞》及《印光法师文钞续编》作为阐扬佛理、发明因果之作,在教内有着巨大的感人力量,风行海内外,因之而受感化者非常多,这也是印光大师以文字般若利济众生的殊胜。见正法师通过回顾和点评印光的人格与思想对弘一、德森、大醒、高鹤年、范古农、李炳南等僧俗人士的影响,具体阐述了印光对同时代的著名僧侣居士的影响。

---

① 参见邓子美《传统佛教与中国近代化——百年文化冲撞与交流》,华东师范大学出版社,1994,第169~172页。

三　印光的弘法特色

陈永革先生在《佛教弘化的现代转型：民国浙江佛教研究（1912-1949）》一书中指出，印光的弘法并不在于精英佛教、学理佛教、贵族佛教，而是民众佛教、社会佛教、平民佛教，其思想特色主要有三。一是"元典化"的取向，通过刻经弘法，提倡回归本源法之正信，以简择眼光来唤起社会民众对佛法的正信。二是以人承为始基的"人间化"取向，根据中国传统社会注重个体修养且以家庭为本位的社会结构，提倡契应时机的佛法修为，以人道伦常为进修佛法的始基，敦伦劝善，注重建设佛化的家庭教育，由个体修持而家庭感化进而达到社会共同向善，推进基层布教、自我教化。三是以佛法普世的"宗教化"取向，通过信愿行来修持正法，落实佛法信仰的终极意义，具有"虔敬主义"的倾向。这三大弘法取向相资为用，以在家与出家、个体与家庭、地方与社会等多维互动的佛教弘化，不仅切实地回应了中国佛教传统的时代变迁，而且还为"个体导向"的佛教信愿修持及其社会实践提供了崭新的佛法弘学范式，至今仍然值得重视与总结。

四　印光思想中的临终关怀意识

对于印光思想的临终关怀意识，邓子美先生指出，在20世纪上半叶的八年抗战中，净土宗仍大为流行。国人虽忌讳谈死，但如何正确对待死亡却是当时人们天天面临的最现实问题。而净土宗的生死观很有独到之处，印光对此深为理解，他在清末民初即大书"念佛待死"四字。犹如真正的禅者拥抱生活，真正的净土宗人也敢于正视死亡，因为按《阿弥陀经》所说，阿弥陀佛会接引执持"阿弥陀佛"名号的临终者往生阿弥陀佛极乐国土。据此，净土宗发展了一套极其近似于现代医学临终关怀的操作机制，成为莲宗吸引信众，特别是老弱病残的有力手段。佛教其他宗派虽然也很重视生死，然其操作却不如净土那样简易可行。净土宗的教义与修持，在正视死亡方面也已浑然一体。原因有三。一是净宗主张依靠自力的同时，可以借助他力救度即借助"阿弥陀佛与诸圣"的"接引"，从而可以极大提高衰弱的垂死者自身不惧死亡的意志力，减少恐惧感带来的精神痛苦。其他宗派若否认他力，那么就只有极少数意志坚强者才能达到对净土宗人来说是轻而易举的正视死亡的境界。二是垂死者借助全神贯注的念佛或观想而"一心不乱""心不颠倒"，唤起对净宗教义中死亡即往生的向往，念佛动作与向往信念相互配合，有助于压倒对死亡的恐惧，并为此强调濒死者不能牵动情欲，亲属等不能以俗事来打扰。三是为了创造不易被打扰的安详就死的氛围，净宗还创造了助念方法。这样，从外界氛围到内心心态，从一生修行到临终一刻，净土宗信徒都尽可能地对死亡做了周密安排，而且从《净土圣贤录》看，也取得了很人道的效果。作为印光得力助手之一的德森，对"往生"有深入的观察与研究，其中一部分论述附于《印光法师文钞续编》，这为用现代医学、社会学、心理学、伦理学、宗教学观点发掘净土宗"临终关怀"机制中的积极因素提供了借鉴。[①]

五　印光思想中的教育思想

　　杜钢先生对印光的教育思想进行了较系统的研究，内容涉及印光的家教观、教育内容、教育方法和教育目的观等方面。杜钢先生在《印光教育思想研究》（北京师范大学 2005 年博士学位论文）中指出，中国传统教育的主体架构体系乃是由儒家（儒教）教育、道家（道教）教育与佛教教育所建构而成的。其中，儒家教育占据着主导地位，道家教育与佛教教育则为其辅弼，三者相辅相成，彼此之间互有影响和融通。中国佛教宗派纷呈，学说庞杂，因此，中国佛教教育的体系和范畴也便显得异常丰富多彩。净土宗乃是中国佛教的一大主流宗派，因而，净土宗教育也便在整个中国佛教教育领域中占据着主导地位。在净土宗教育中，阿弥陀佛本愿乃是净土宗教育目的得以创建和流布的理论与实践根源所在，它所彰显的乃是净土法门这一佛教中唯一的他力修学法门的本质理念特征与现实运作模式。阿弥陀佛本愿的核心内容即是往生，由此，净土宗以"净业三福"为主要表现形式的教育内容与以"信、愿、行三资粮"为纲宗的修学方法等，也便均是围绕着往生这一净土宗教育的核心教育价值目的取向来加以

[①] 参见邓子美《传统佛教与中国近代化——百年文化冲撞与交流》，第 258～260 页。

具体筹划和实际运作的。印光是中国近现代佛教四大高僧之一以及中国佛教净土宗的第十三代祖师。他的教育思想主张乃是在中国近现代佛教教育整体上处于枯朽衰败和日趋衰亡的时代背景下提出的。印光的教育思想理念继承了净土宗传统教育思想理论的精髓，并对之加以契理契机的发挥和阐扬，从而在近现代社会的中国佛教信众中产生了异常深广的影响，并对中国近现代佛教教育从濒临衰亡逐渐走向新生和复兴，并进而实现由传统向现代的转轨，做出了不可或缺的贡献。印光的教育思想体系彰显着鲜明的"儒佛兼具，以佛摄儒"的特征。他在教育目的上，主张将儒家"入世成人式"的教育价值目的取向与佛教净土宗"往生成佛式"的教育价值目的取向有机结合起来，"以儒学为佛学的基础，以佛学为儒学的归宿。"在教育内容上，印光大力崇尚净土宗行者应当以儒家所推崇的道德伦常教育为基础性教育内容，并进而借助因果报应这一关键性教育内容所发挥的中介和枢纽作用，达成对净土法门这一净土宗特有教育内容的有效修学，从而为净土宗行者最终成功往生阿弥陀佛净土做好最充分的准备。为了使自己的教育思想主张能够在佛教信众中产生良好的教育影响和效果，印光在具体的施教过程中，尤其注重对言传身教法、应机施教法与答疑解惑法等几种主要教育方法的合理运用，并也确实受到了众多佛教信众的感戴和欢迎。这也大大奠定了印光在中国近现代佛教教育史上所享有的崇高声望和所具有的显赫地位的坚实群众基础。

在对印光教育思想进行系统研究的基础上，杜钢先生将研究的视域进行了拓展，并于2007年完成了题为《中国佛教净土宗教育研究》的论文（华东师范大学2007年博士后论文）。

六　对印光及其思想的评价

江灿腾先生在《试论印光大师的净土思想》一文中指出，净土思想的深奥与其他经典无异；然在信仰上，偏重于广大信众所能理解信行的层面，在宗教生活的特质上，是为了满足社会大众的宗教情绪和提供坚定的依赖感，对此不宜从纯哲理的角度来进行批判。印光的净土思想，清楚而坚决地界定为"持名念佛"的提倡，实际上他是传统禅净双修的思想的继承者。通过多年的努力，印光透过《印光法师文钞》和印经事业，将传统净土思想的影响面扩大到全中国，包括今日的台湾地区。①

　　陈兵、邓子美先生则指出，印光一生的贡献，不仅在于开示净土法要、把灵岩山寺等改成净土道场、开展佛教文化与社会慈善事业、平息庙产兴学风潮等方面，更突出的贡献表现在印光对净土教理的体会与弘扬，以及他的高超人格对社会伦理道德的影响。从现存共三编的《印光法师文钞》看，其中"论"与"演说"大多为净土专论，至少也涉及净土。书信最多，大部分为就净土教理的应机问答。印光虽与近代许多名僧一样，主张以佛法救世，诸法平等，但其根本是深信西方净土，故对禅净双修也颇有微词，认为："净土者，即信愿持名，求生西方。非偏指唯心净土，自性弥陀也。"这为净土宗恢复成为独立宗派，从而诸宗并兴，迎来中国佛教的整体繁荣创造了前提。此外，印光融会儒学，教人"敦伦尽分""先做好人"，以"敬"为念佛诀要。他也反对少数专修净业者一味自私地求往生，要求其遍及全国的在家归依弟子与净土宗人"必须发慈悲心，行方便事，息贪嗔痴，戒杀戒盗，自利利人，方合佛意"。于此，净土宗人大多也身体力行。这对填补转型社会的伦理断层，改善社会道德风尚影响深远。印光有关净土教理的论述散见多文及书信，就其阐发形式而言尚不够系统，但西方净土的各方面教理理路已基本明确，后学如李炳南、释明学等终不能也无意超越。夏莲居、黄念祖、释净空等虽融通密净、台净，但无疑也遵循着印光指出的以西方净土为归的方向。不过，这并不意味着西方净土教理的发展已到此为止。②

---

① 江灿腾：《试论印光大师的净土思想》，《人间净土的追寻》，第174页。
② 参见邓子美、陈兵《二十世纪中国佛教》，民族出版社，2000，第331~332页。

参考文献

一 历代经论史典籍

《大正新修大藏经》(简称《大正藏》),台北新文丰出版股份有限公司,影印本。

《乾隆大藏经》,中国书店出版社。

《卍续藏经》,台北新文丰出版股份有限公司。

(后秦)鸠摩罗什译《佛说阿弥陀经》一卷,《大正藏》第十二册。

(曹魏)康僧铠译《佛说无量寿经》二卷,《大正藏》第十二册。

(刘宋)畺良耶舍译《佛说观无量寿佛经》一卷,《大正藏》第十二册。

(唐)玄奘译《药师琉璃光如来本愿功德经》一卷,《大正藏》第十四册。

(唐)般若译《大方广佛华严经·入不可思议解脱境界》(《普贤菩萨行愿品》),《大正藏》第十册。

(唐)般剌蜜谛译《大佛顶如来密因修证了义诸菩萨万行首楞严经·大势至念佛圆通章》,《大正藏》第十九册。

(吴)康僧会译《六度集经》八卷,《大正藏》第三册。

(唐)义净译《譬喻经》一卷,《大正藏》第四册。

(元魏)慧觉等译《贤愚经》十三卷,《大正藏》第四册。

(西晋)竺法护译《生经》五卷,《大正藏》第三册。

《菩萨本行经》三卷,《大正藏》第三册。

(吴)支谦译《菩萨本缘经》三卷,《大正藏》第三册。

(后汉)迦叶摩腾共法兰译《四十二章经》一卷,《大正藏》第十

343

七册。

（宋）释宝云译《佛本行经》七卷，《大正藏》第四册。

（东晋）瞿昙僧伽提婆译《中阿含经》六十卷，《大正藏》第一册。

（东晋）瞿昙僧伽提婆译《增壹阿含经》五十一卷，《大正藏》第二册。

（西晋）竺法护译《正法华经》十卷，《大正藏》第九册。

（唐）玄奘译《般若波罗蜜多心经》一卷，《大正藏》第八册。

（后秦）鸠摩罗什译《金刚般若波罗蜜经》一卷，《大正藏》第八册。

（东晋）法显译《大般涅槃经》三卷，《大正藏》第一册。

《净土四经》（《佛说阿弥陀经》《无量寿经》《观无量寿佛经》《华严经·普贤行愿品》），金陵刻经处同治五年刻本。

《净土五经》（《佛说阿弥陀经》《无量寿经》《观无量寿佛经》《楞严经·大势至念佛圆通章》《华严经·普贤行愿品》），福建莆田广化寺佛经流通处黄耀德堂印本。

《无量寿经》，陈林译注，中华书局，2010。

《楞伽经》，赖永海、刘丹译注，中华书局，2010。

《禅宗三经》，李英武注，巴蜀书社，2005。

《阿弥陀经》，（南北朝）鸠摩罗什译，王党辉注译，中州古籍出版社，2010。

《净土宗三经》，弘学注，巴蜀书社，2005。

（唐）法海集记：《南宗顿教最上大乘摩诃般若波罗蜜经六祖惠能大师于韶州大梵寺施法坛经》一卷，《大正藏》第四十八册。

（东晋）慧远：《庐山慧远法师文钞》，江西庐山东林寺1984年印行本。

（唐）玄奘译《阿毗达磨俱舍论》三十卷，《大正藏》第二十九册。

（唐）窥基：《大乘法苑义林章》七卷，《大正藏》第四十五册。

（唐）怀感：《释净土群疑论》七卷，《大正藏》第四十七册。

（唐）道绰：《安乐集》二卷，《大正藏》第四十七册。

（南唐）释静、释筠编撰《祖堂集》，吴福祥、顾之川点校，岳麓书社，1996。

（宋）程颢、程颐：《二程集·河南程氏粹言》，中华书局，1981。

（宋）延寿：《万善同归集》三卷，《大正藏》第四十八册。

（五代）延寿：《永明延寿禅师全书》（上、中、下册），宗教文化出版社，2008。

（宋）宗晓：《乐邦文类》五卷，《大正藏》第四十七册。

（明）祩宏：《竹窗随笔》，金陵刻经处光绪二十四年刻本。

（明）祩宏：《莲池大师全集》，福建莆田广化寺版本。

（明）祩宏：《莲池大师全集》（上、中、下），张景岗点校，华夏出版社，2011。

（明）祩宏：《莲池大师集》，陈德星堂，1981年印本。

（明）憨山：《憨山老人梦游集》五十五卷，《续藏经》第七十三册。

（明）憨山：《憨山大师法汇初集》，香港佛经流通处，1997。

（明）蕅益：《蕅益大师净土集》，上海佛学书籍，1995。

（梁）释慧皎：《高僧传》十四卷，《大正藏》第五十册。

（梁）僧祐：《出三藏记集》十五卷，《大正藏》第五十五册。

（清）彭希涑：《净土圣贤录》（三册），苏州灵岩山寺，1986。

（清）魏源：《老子本义·净土四经·诗比兴笺》，岳麓书社，2011。

守成法师辑录《历代净土高僧选集》，福建省佛教协会，1993。

石峻等编《中国佛教思想资料选编》（共三卷七册），中华书局。

李淼主编《中国净土宗大全》，长春出版社，1996。

《普陀山志》，上海书店出版社，1995。

《感应篇汇编》，苏州报国寺弘化社。

《净土圣贤录（白话）》（四册），苏州报国寺弘化社，2010。

《智颛净土思想之研究》（上、下册），王孺童校注，宗教文化出版社，2007。

二 晚清与民国论典著述

印光：《印光大师全集》（七册），释广定编辑，佛教出版社，1991。

印光：《增广印光法师文钞》（上、下册），徐蔚如编辑，苏州灵岩山寺。

印光：《印光法师文钞续编》（上、下卷），明道、妙真编辑，苏州灵岩山寺。

印光：《印光法师文钞三编》（上、下册），罗鸿涛编辑，福建莆田广化寺，1990。

印光：《印光法师文钞》（三册），张育英校注，宗教文化出版社，2000。

黄夏年主编《印光集》，中国社会科学出版社，1996。

印光：《新编全本印光法师文钞》（全24册），北京大方广华严书局编注，中州古籍出版社，2010。

印光：《印光大师说净土》，曾琦云译注，宗教文化出版社，2006。

印光：《灵岩遗旨》，智随编，岳麓书社，2008。

印光：《印光大师说佛》，中国华侨出版社，2011。

印光：《印光大师家庭教育嘉言录》，守拙编，世界知识出版社，2011。

印光：《一书在手 如师相随——印光法师答念佛600问》，华东师范大学出版社，2010。

印光：《佛的智慧：印光大师说佛》，程群编，中国文史出版社，2011。

印光：《印光法师话家庭教育》，北京大方广华严书局选编，弘涛注释，华东师范大学出版社，2012。

印光：《印光法师话慈善公益》，北京大方广华严书局选编，余池明注释，华东师范大学出版社，2012。

印光：《印光法师话处世为人》，北京大方广华严书局选编，朱延锋注释，华东师范大学出版社，2012。

印光：《印光法师论儒学》，北京大方广华严书局选编，余池明注释，华东师范大学出版社，2012。

陈海量编辑《印光大师永思集》，福建莆田广化寺佛经流通处。

印光：《印光法师手书金刚经》，中国书店，2012。

印光：《印光大师文汇》，华夏出版社，2012。

杨仁山：《杨仁山居士遗著》（十一册），金陵刻经处。

杨仁山：《杨仁山全集》，周继旨校点，黄山书社，2000。

净慧主编《虚云和尚全集》（全九册），中州古籍出版社，2009。

净慧编《虚云和尚开示录》，书目文献出版社，1993。

虚云：《虚云和尚方便开示》，福建莆田广化寺，1993年印赠本。

虚云：《虚云和尚法汇续编》，河北佛教协会，1990。

虚云：《虚云和尚说佛》，中国华侨出版社，2011。

太虚：《太虚大师全书》（64册），印顺等编，太虚大师全书影印委员会。

太虚：《太虚大师全书》，宗教文化出版社，2005。

太虚：《中国佛学》，浙江省佛教协会，1994。

太虚：《太虚大师说佛》，中国华侨出版社，2011。

太虚：《太虚佛学》，浙江古籍出版社，2012。

《弘一大师全集：修订版》编辑委员会编《弘一大师全集》（全十册），福建人民出版社，2010。

中国佛教协会编《弘一法师》，文物出版社，1984。

林子青编《弘一法师书信》，三联书店，1990。

弘一：《索性做了和尚——弘一大师演讲、格言集》，上海三联书店，1995。

弘一：《弘一大师选集》，福建莆田广化寺佛经流通处。

弘一：《弘一大师说佛》，中国华侨出版社，2011。

王维军主编《弘一法师手书嘉言集》，西泠印社出版社，2010。

大光：《影尘回忆录》，四川省宗教文化经济交流服务中心，1998。

王雷泉编选《悲愤而后有学——欧阳渐文选》，上海远东出版社，1996。

黄夏年主编《欧阳竟无集》，中国社会科学出版社，1995。

黄夏年主编《梁启超集》，中国社会科学出版社，1995。

梁启超：《佛学研究十八篇》，辽宁教育出版社，1998。

梁启超：《中国佛教研究史》，上海三联书店，1988。

黄夏年主编《章太炎集、杨度集》，中国社会科学出版社，1995。

王志远主编《圆瑛大师文汇》，华夏出版社，2012。

黄夏年主编《吕澂集》，中国社会科学出版社，1995。

宽律等编集《净土圣贤录》，上海佛学书局印本，第四册"近代部分"。

高鹤年:《名山游访记》,上海佛学书局,1995。

王志远主编《高鹤年大德文汇》,华夏出版社,2012。

黄常伦主编《方外来鸿——近现代高僧致高鹤年居士信函手迹》,宗教文化出版社,2002。

王志远主编《丁福保大德文汇》,华夏出版社,2012。

丁福保:《西洋医学史》,东方出版社,2007。

丁福保:《中国成功家庭教育读本》,杨民译,新世界出版社,2008。

聂云台:《保富法》,中国城市出版社,2007。

(明)袁了凡(原著),聂云台:《了凡四训与保富法》,中国对外翻译出版公司,2012。

范古农:《古农佛学答问》,黄山书社,2006。

陈寅恪:《陈寅恪文集之三:金明馆丛稿二编》,上海古籍出版社,1980。

李炳南:《论语讲要》,长江文艺出版社,2011。

三 中文论著及译著

沈去疾编著《印光法师年谱》,天地出版社,1998。

释见正:《印光大师的生平与思想》,东初出版社,1995。

印光法师著,释传印讲记:《〈净土决疑论〉讲记(修订版)》,金城出版社,2013。

夏金华:《印光大师年谱长编》,台北花木兰文化出版社,2011。

灵悟法师:《印光法师》,宗教文化出版社,2011。

李明:《印光"因果正信"居士观研究》,宗教文化出版社,2012。

余池明:《印光法师的故事》,华东师范大学出版社,2012。

岑学吕编著《虚云法师年谱》,宗教文化出版社,1995。

林子青编著《弘一法师年谱》,宗教文化出版社,1995。

印顺:《太虚法师年谱》,宗教文化出版社,1995。

汤用彤:《汤用彤全集》,河北人民出版社,2000。

周叔迦:《周叔迦佛学论著集》,中华书局,1991。

吕澂:《中国佛学源流略讲》,中华书局,1979。

参考文献

蒋维乔:《中国佛教史》,上海古籍出版社,2004。

冯友兰:《中国哲学史新编》第六册,人民出版社,1989。

任继愈主编《中国佛教史》(第一卷),中国社会科学出版社,1981。

任继愈主编《中国佛教史》(第二卷),中国社会科学出版社,1985。

任继愈主编《中国佛教史》(第三卷),中国社会科学出版社,1988。

中国佛教协会编《中国佛教》(第一辑),知识出版社,1980。

中国佛教协会编《中国佛教》(第二辑),知识出版社,1980。

中国佛教协会编《中国佛教》(第三辑),东方出版中心,1989。

中国佛教协会编《中国佛教》(第四辑),东方出版中心,1989。

中国佛教协会编《中国佛教》(第五辑),中国社会科学出版社,2004。

印顺:《中国禅宗史》,上海书店,1992。

李富华:《佛教学》,当代世界出版社,2000。

吕大吉:《宗教学通论新编》(上、下册),中国社会科学出版社,1998。

牟钟鉴、张践:《中国宗教通史》(上、下册),社会科学文献出版社,2000。

释大安主编《超越千载的追思——纪念慧远大师诞辰1670年》,宗教文化出版社,2008。

张敬川:《庐山慧远与毗昙学》,中国社会科学出版社,2012。

张曼涛主编《民国佛教篇》,大乘文化出版社。

张曼涛主编《净土思想论集》(一),大乘文化出版社。

张曼涛主编《净土思想论集》(二),大乘文化出版社。

张澄基:《净土今说》,慧炬出版社,1981。

周叔迦:《周叔迦佛学论著集》,中华书局,1991。

印顺:《印顺法师佛学著作全集》(全23卷),中华书局,2009。

印顺:《净土与禅》,中华书局,2011。

印顺:《净土学论集——印顺法师佛学著作选集》,中华书局,2010。

印顺:《净土与禅》,正闻出版社。

方立天:《佛教哲学》,中国人民大学出版社,1991。

方立天:《慧远及其佛学》,中国人民大学出版社,1984。

方立天：《中国佛教哲学要义》（上、下卷），中国人民大学出版社，2002。

方立天：《方立天文集》（第1卷、第2卷、第3卷、第4卷），中国人民大学出版社，2006。

陈扬炯：《中国净土宗通史》，江苏古籍出版社，2000。

陈扬炯：《善导法师传》，宗教文化出版社，2002。

陈扬炯：《道绰法师传》，宗教文化出版社，2000。

陈扬炯：《昙鸾法师传》，宗教文化出版社，2000。

杨曾文主编《当代佛教》，东方出版社，1993。

杨曾文主编《日本近现代佛教史》，浙江人民出版社，1996。

黄夏年：《中外佛教人物论》，宗教文化出版社，2005。

周贵华：《作为佛教的佛教》，宗教文化出版社，2010。

冯达文：《中国哲学的本源——本体论》，广东人民出版社，2001。

冯达文、张宪主编《信仰·运思·悟道》，中山大学出版社，2003。

冯达文：《中国哲学的探索与困惑》，中山大学出版社，1989。

赖永海：《中国佛性论》，上海人民出版社，1988。

赖永海：《中国佛教文化论》，中国青年出版社，1999。

赖永海：《佛学与儒学》，浙江人民出版社，1992。

苏晋仁：《佛教文化与历史》，中央民族大学出版社，1998。

洪修平、陈红兵：《中国佛学之精神》，复旦大学出版社，2009。

魏承思：《中国佛教文化论稿》，上海人民出版社，1999。

郭朋：《郭朋佛学论文选集》，社会科学文献出版社，2011。

释慧严：《净土概论》，东大图书公司。

魏磊：《净土宗教程》，宗教文化出版社，1998。

弘学：《净土探微》，巴蜀书社，1999。

刘长东：《晋唐弥陀净土信仰研究》，巴蜀书社，2000。

廖阅鹏：《净土三系之研究》，佛光出版社。

释大安：《净土宗教程》（修订本），宗教文化出版社，2006。

林克智编著《实用净土宗辞典》，宗教文化出版社，2007。

黄元公：《浙江净缘——净土法门在浙江》，宗教文化出版社，2006。

英武、正信：《佛教入门——净土宗》，巴蜀书社，2009。

赖品超、学愚主编《天国、净土与人间：耶佛对话与社会关怀》，中华书局，2008。

于海波：《清代净土宗著述研究》，巴蜀书社，2009。

高振农：《佛教文化与近代中国》，上海社会科学院出版社，1992。

郭朋、廖自力、张新鹰：《中国近代佛学思想史稿》，巴蜀书社，1989。

李向平：《救世与救心——中国近代佛教复兴思潮研究》，上海人民出版社，1993。

麻天祥：《反观人生的玄览之路——近现代中国佛学研究》，贵州人民出版社，1994。

麻天祥：《20世纪中国佛学问题》，武汉大学出版社，2007。

麻天祥：《晚清佛学与近代社会思潮》，河南大学出版社，2005。

麻天祥主编《佛学百年》，武汉大学出版社，2008。

于凌波：《中国近现代佛教人物志》，宗教文化出版社，1995。

潘桂明：《中国居士佛教史》（上、下册），中国社会科学出版社，2000。

陈兵、邓子美：《二十世纪中国佛教》，民族出版社，2000。

邓子美：《传统佛教与中国近代化》，华东师范大学出版社，1994。

邓子美：《吴地佛教文化》，中央编译出版社，1996。

何建明：《佛法观念的近代调适》，广东人民出版社，1998。

肖平：《近代中国佛教的复兴》，广东人民出版社，2003。

刘成有：《近现代居士佛学研究》，巴蜀书社，2002。

黄志强：《近现代居士佛学》，巴蜀书社，2005。

卓新平主编《20世纪中国社会科学（宗教学卷）》，广东教育出版社，2009。

陈永革：《阳明学派与晚明佛教》，中国人民大学出版社，2009。

陈永革：《佛教弘化的现代转型：民国浙江佛教研究（1912-1949）》，宗教文化出版社，2003。

程恭让：《抉择于真伪之间——欧阳竟无佛学思想探微》，华东师范大学出版社，2000。

张志刚：《宗教学是什么》，北京大学出版社，2002。

叶圣陶：《未厌居习作》，中国青年出版社，1995。

杨庆丰：《佛学与哲学——生命境界的探寻》，顶渊文化事业有限公司。

卢升法：《儒学与现代新儒家》，辽宁大学出版社，1994。

顾伟康：《禅净合一流略》，东大图书公司。

孙昌武：《中国佛教文化序说》，南开大学出版社，1990。

陈荣捷：《现代中国宗教的趋势》，文殊出版社，1987。

卿希泰主编《中国道教》（第二卷），知识出版社，1994。

王月清：《中国佛教伦理研究》，南京大学出版社，1999。

王路平：《大乘佛学与终极关怀》，巴蜀书社，2001。

李志夫：《中印佛学之比较研究》，中国社会科学出版社，2001。

陈少明编《情理之间——冯达文教授七秩寿庆文集》，巴蜀书社，2011。

江灿腾：《人间净土的追寻》，稻乡出版社，1989。

江灿腾：《明清民国佛教思想史论》，中国社会科学出版社，1996。

杨健：《清王朝佛教事务管理》，社会科学文献出版社，2008。

李四龙：《欧美佛教学术史——西方的佛教形象与学术源流》，北京大学出版社，2009。

释惠敏主编《人间净土与现代社会》，法鼓文化，1998。

刘小枫：《个体信仰与文化理论》，四川人民出版社，1997。

冯沪祥：《人、自然与文化》，人民文学出版社，1996。

陈平原编《佛佛道道》，人民文学出版社，1990。

黄家章、黄慧锦：《为人处世与〈菜根谭〉》，广西民族出版社，1991。

罗同兵：《太虚对中国佛教现代化道路的抉择》，巴蜀书社，2003。

傅伟勋：《生命的学问》，浙江人民出版社，1996。

傅伟勋：《死亡的尊严与生命的尊严》，北京大学出版社，2006。

海波：《佛说死亡——死亡学视野中的中国佛教死亡观研究》，陕西人民出版社，2008。

余理等：《崇拜心理学》，华龄出版社，1997。

李桂玲编著《台港澳宗教概况》，东方出版社，1996。

陈荣捷：《现代中国宗教的趋势》，文殊出版社，1987。

洪丕谟：《心灵的梦圆——净土宗那些大师们》，长江文艺出版社，2011。

李四龙：《天台智者研究（兼论宗派佛教的兴起）》，北京大学出版社，2003。

李四龙：《中国佛教与民间社会》，河南教育出版社，2009。

汪志强：《印度佛教净土思想研究》，巴蜀书社，2010。

陈金龙：《南京国民政府时期的政教关系：以佛教为中心的考察》，中国社会科学出版社，2011。

陈泉州编著《弥勒净土集》，华夏出版社，2009。

释根通主编《中国净土宗研究》，宗教文化出版社，2008。

许寿裳：《亡友鲁迅印象记》，上海文化出版社，2006。

星云：《人间佛教书系——禅学与净土》，上海辞书出版社，2008。

李承贵：《儒士视域中的佛教——宋代儒士佛教观研究》，宗教文化出版社，2007。

黄公元：《一代巨匠 两宗祖师——永明延寿大师及其影响研究》，宗教文化出版社，2009。

刘成有、学愚主编《全球化下的佛教与民族——第三届两岸四地佛教学术研讨会论文集》，光明日报出版社，2011。

陈怀宇：《动物与中古政治宗教秩序》，上海古籍出版社，2012。

金泽等主编《中国宗教报告（2012）》，社会科学文献出版社，2012。

金泽、邱永辉主编《中国宗教报告（2011）》，社会科学文献出版社，2011。

金泽等主编《中国宗教报告（2010）》，社会科学文献出版社，2010。

金泽、邱永辉主编《中国宗教报告（2009）》，社会科学文献出版社，2009。

金泽、邱永辉主编《中国宗教报告（2008）》，社会科学文献出版社，2008。

张志刚：《宗教哲学研究——当代观念、关键环节及其方法论批判（增订版）》，中国人民大学出版社，2009。

覃德清：《民生与民心——华南紫村壮汉族群的生存境况与精神世界》，中国社会科学出版社，2009。

范丽珠等：《当代世界宗教学》，时事出版社，2006。

刘述先：《全球伦理与宗教对话》，河北人民出版社，2006。

朱封鳌主编《中华佛缘人物志》，上海辞书出版社，2009。

向斯：《皇帝的佛缘》，紫禁城出版社，2004。

韩养民、唐群编著《尊佛的皇帝》，山东画报出版社，2008。

何志平、陈云根：《文化政策与香港传承——何志平五年的雪泥鸿爪》，中华书局，2008。

刘小枫主编《20世纪西方宗教哲学文选》（三卷），上海三联书店，1991。

史宗主编《20世纪西方宗教人类学文选》（二卷），上海三联书店，1995。

〔德〕康德：《实践理性批判》，张永奇译，中国社会科学出版社，2009。

〔德〕马克思：《资本论》第一卷，人民出版社，2004。

〔印度〕甘地：《甘地自传》，钟杰译，新世界出版社，2012。

〔德〕卡尔·雅斯贝斯：《历史的起源与目标》，魏楚雄、俞新天译，华夏出版社，1989。

〔美〕费正清、费维楷编《剑桥中华民国史（1912–1949年）》下卷，刘敬坤等译，中国社会科学出版社，1998。

〔意〕贝奈戴托·克罗齐：《历史学的理论和实际》，傅任敢译，商务印书馆，1982。

〔日〕铃木大拙：《通向禅学之路》，葛兆光译，上海古籍出版社，1989。

〔英〕约翰·多恩：《丧钟为谁而鸣：生死边缘的沉思录》，林和生译，新星出版社，2009。

〔德〕埃穆特：《反邪教手册》，鲁路译，中央编译出版社，2001。

〔德〕马克斯·韦伯：《新教伦理与资本主义精神》，于晓等译，三联书店，1987。

〔俄〕列夫·托尔斯泰：《天国在你们心中》，李正荣、王维平译，上海三联书店，1997。

〔美〕保罗·蒂里希：《蒂里希选集》（上、下卷），何光沪选编，上海三联书店，1999。

〔美〕保罗·蒂利希：《文化神学》，陈新权等译，工人出版社，1988。

〔美〕约翰·麦奎利:《二十世纪宗教思想》,高师宁、何光沪译,上海人民出版社,1989。

〔英〕约翰·希克:《宗教哲学》,何光沪译,三联书店,1988。

〔英〕约翰·希克:《宗教之解释》,王志成译,四川人民出版社,1998。

〔英〕约翰·希克:《第五维度》,王志成、思竹译,四川人民出版社,2000。

〔美〕丹尼尔·贝尔:《资本主义文化矛盾》,赵一凡等译,三联书店,1989。

〔美〕米尔顿·弗里德曼:《资本主义与自由》,张瑞玉译,商务印书馆,2004。

〔英〕埃里克·J. 夏普:《比较宗教学史》,吕大吉、何光沪、徐大建译,上海人民出版社,1988。

〔荷〕许理和:《佛教征服中国——佛教在中国中古早期的传播与适应》,李四龙、裴勇等译,江苏人民出版社,2003。

〔日〕望月信亨:《中国净土教理史》,释印海译,正闻出版社。

〔日〕池田大作:《我的佛教观》,潘桂明等译,四川人民出版社,1990。

〔日〕中村元主编《中国佛教发展史》,天华出版事业公司。

〔日〕镰田茂雄:《简明中国佛教史》,郑彭年译,上海译文出版社,1986。

〔英〕渥德尔:《印度佛教史》,王世安译,商务印书馆,2000。

〔日〕松本文三郎:《弥勒净土论》,张元林译,宗教文化出版社,2001。

〔德〕孔汉思、〔德〕库舍尔编《全球伦理:世界宗教议会宣言》,何光沪译,四川人民出版社,1997。

〔美〕霍姆斯·维慈:《中国佛教的复兴》,王雷泉、包胜勇、林倩等译,上海古籍出版社,2006。

〔美〕洛佩兹 编《佛教解释学》,周广荣、常蕾、李建欣译,上海古籍出版社,2010。

〔美〕肯尼斯·K. 田中:《中国净土思想的黎明——净影慧远的观经

义疏》，冯焕珍、宋婕译，上海古籍出版社，2008。

〔美〕竹林：《信仰间对话》，王志成、王蓉、朱彩虹译，宗教文化出版社，2009。

〔德〕阿尔贝特·史怀哲：《敬畏生命》，陈泽环译，上海社会科学院出版社，1996。

〔德〕孙志文：《现代人的焦虑和希望》，陈永禹译，三联书店，1994。

〔英〕马林诺夫斯基：《巫术科学宗教与神话》，李安宅译，中国民间文艺出版社，1986。

〔日〕道端良秀：《日中佛教友好二千年史》，徐明、何燕生译，商务印书馆，1992。

〔英〕阿诺德·约瑟夫·汤因比、〔日〕池田大作：《展望二十一世纪——汤因比与池田大作对话录》，荀春生等译，国际文化出版公司，1985。

〔波兰〕柯拉柯夫斯基：《宗教：如果没有上帝……》，杨德友译，三联书店，1997。

〔美〕杰里米·里夫金、特德·霍华德：《熵：一种新的世界观》，吕明、袁舟译，上海译文出版社，1987。

〔英〕斯蒂芬·霍金等：《未来的魅力》，李大光译，江苏人民出版社，1997。

〔美〕斯特伦：《人与神——宗教生活的理解》，金泽、何其敏译，上海人民出版社，1991。

〔英〕路德维希·维特根斯坦：《文化与价值》，黄正东、唐少杰译，清华大学出版社，1987。

〔德〕贝蒂娜·施蒂克尔编《诺贝尔奖获得者与儿童对话》，张荣昌译，三联书店，2003。

〔美〕爱因斯坦：《爱因斯坦文集》（三卷），许良英等编译，商务印书馆，2010。

〔英〕萨达提沙：《佛教伦理学》，姚治华、王晓红译，上海译文出版社，2007。

〔美〕林郁沁：《施剑翘复仇案：民国时期公众同情的兴起与影响》，陈湘静译，江苏人民出版社，2011。

〔瑞士〕布伦诺·S. 弗雷、阿洛伊斯·斯塔特勒：《幸福与经济学：经济和制度对人类福祉的影响》，静也译，北京大学出版社，2006。

〔德〕鲍吾刚：《中国人的幸福观》，严蓓雯等译，江苏人民出版社，2010。

沈颢、（不丹）卡玛·尤拉主编《国民幸福——一个国家发展的指标体系》，北京大学出版社，2011。

〔以〕泰勒·本-沙哈尔：《幸福超越完美》，机械工业出版社，2011。

〔美〕爱德华多·波特：《一切皆有价》，赵德亮译，中信出版社，2011。

四　论文

周军：《印光法师研究》，四川大学 2004 年博士学位论文。

周军：《略论印光法师禅净思想》，《求索》2004 年第 2 期。

周军：《试述印光法师的家庭教育思想》，《宗教学研究》2003 年第 3 期。

杜钢：《印光教育思想研究》，北京师范大学 2005 年博士学位论文。

杜钢：《印光大师之家教观浅探》，《法音》2004 年第 8 期。

杜钢：《中国佛教净土宗教育研究》，华东师范大学 2007 年博士后论文。

杜钢：《印光大师之教育方法探微》，《法音》2009 年第 9 期。

杜钢：《印光大师之教育内容管窥》，《法音》2009 年第 12 期。

杜钢：《浅论印光大师之教育目的观》，《法音》2010 年第 4 期。

黄家章：《印光思想与终极关怀》，中山大学 2004 年博士学位论文。

黄家章：《论印光净土思想所蕴涵的终极关怀意识》，《学术论坛》2006 年第 9 期。

黄家章：《"宗""教"之别与扬净抑禅：印光净土思想的两块基石》，《现代哲学》2011 年第 1 期。

黄家章：《印光、史怀哲和章太炎对〈感应篇〉的误读及其价值》，《学术论坛》2011 年第 2 期。

黄家章：《研思印光思想的意义与路径》，载《情理之间》（论文集），巴蜀书社，2011。

黄家章：《印光与太虚的互动及彼此净土观的同与异》，《经济与社会发展》2011年第12期。

黄家章：《印光的儒佛融合思想论》，《孔子研究》2012年第2期。

黄家章：《善导的弥陀净土思想与印光的善导观》，载《隋唐思想与信仰学术讨论会论文集》（中山大学、广州城市职业学院，2012年11月3日）。

黄家章：《莲池的弥陀净土思想观和莲池与印光的比较观》，《经济与社会发展》2012年第11期。

黄家章：《佛法教人了生死——印光的三幅书法及其净土思想与修持的核心点》，《学术论坛》2012年第12期。

孙勇才：《印光大师的儒佛融合思想》，《南京晓庄学院学报》2008年第2期。

孙勇才：《苏州灵岩山寺的佛教文化特征》，《苏州科技学院学报》（社会科学版）2008年第4期。

孙勇才：《印光大师与苏州现代佛教》，《河南师范大学学报》（哲学社会科学版）2008年第5期。

孙勇才：《变荒淫之域为佛教圣地——苏州灵岩山寺的文化独特性》，《苏州教育学院学报》2008年第4期。

李保奎：《印光法师佛学思想研究》，吉林大学2008年硕士学位论文。

崇恩：《印光大师与近代净土宗的振兴》，《法音》1998年第5期。

李明：《从东晋慧远、唐代惠能到民国印光——铸就中国佛教儒释双美互成品格的三座丰碑》，《五台山研究》2011年第1期。

辛雷乾：《融合儒佛，力斥排佛——印光法师思想评介》，《西藏民族学院学报》（哲学社会科学版）2007年第3期。

方立天：《中国佛教净土思潮的演变与归趣》，《法音》2003年第9期。

方立天：《弥陀净土理念：净土宗与其他重要宗派终极信仰的共同基础》，《学术月刊》2004年第11期。

黄夏年：《1995年中国佛学研究综述——兼谈当前佛学研究有关问题》，《宗教学研究》1996年第4期。

参考文献

王志成：《佛教净土、基督教天国与非实在论宗教哲学》，《浙江大学学报》（人文社会科学版）2007年第4期。

王公伟：《净土宗与禅宗对于净土观念的诠释意趣》，《安徽师范大学学报》（人文社会科学版）2003年第1期。

王公伟：《中国佛教净土宗的思想发展历程探析》，《世界宗教研究》2005年第4期。

王公伟：《试析中国净土思想发展的路径》，《社会科学战线》2005年第6期。

王公伟：《从弥勒信仰到弥陀信仰——道安和慧远不同净土信仰原因初探》，《世界宗教研究》1999年第4期。

王公伟：《永明延寿与中国净土宗的发展》，《烟台师范学院学报》（哲学社会科学版）2005年第3期。

陈永革：《从智慧到信仰：论晚明净土佛教的思想转向》，《浙江学刊》1998年第2期。

杨曾文：《人间净土思想与不二法门》，载《人间净土与现代社会》，法鼓文化1998年12月。

杨曾文：《弥勒信仰的传入及其在民间的流行》，《中原文物》1985年特刊。

杨曾文：《佛教的阿弥陀、观世音和弥勒信仰》，《佛教和中国文化》1988年第3期。

杨曾文：《中日两国的净土教》，《中国史研究》1995年第1期。

韩昇：《净土宗的机遇——中日两国净土教的比较研究》，《佛学研究》1996年第5期。

姚长寿：《净土三经与净土五经》，《佛教文化》1990年第2期。

龚隽：《近代中国佛学研究方法及其批判》，《二十一世纪》总第43期，香港中文大学中国文化研究所。

冯焕珍：《净影寺慧远的真识心缘起思想研究》，中山大学2003年博士学位论文。

冯焕珍：《现代中国佛学研究的方法论反省》，《论衡丛刊》（第2辑），巴蜀书社，2002。

陈立胜：《"形的良知"及其超越——兼论新儒学与基督教仁爱模式之

异同》,《孔子研究》1997 年第 2 期。

龚隽:《念佛禅——一种思想史的解释》,载《信仰·运思·悟道》,中山大学出版社,2003。

尚劝余:《圣雄甘地独特的宗教人生观》,《世界宗教文化》1997 年夏季号。

仁慧:《儒佛会通的印光大师》,《慈霖》(福建莆田城厢区锦亭寺)第十四期,1997 年 12 月。

朱晓超:《谁来关怀"临终关怀"?》,《财经》2002 年第 5 期。

谢路军:《善导净土思想特点与称名念佛法门的流行》,《世界宗教研究》1998 年第 2 期。

傅坤:《善导净土思想的哲学探析》,西藏民族学院 2008 年硕士学位论文。

黄家章:《也谈禅文化热与中国知识分子心态》,《中国图书评论》1990 年第 4 期;《新华文摘》1990 年第 10 期转载。

黄家章:《慧能佛教思想对我国社会的影响》,《中国哲学史研究》1987 年第 2 期。

黄家章:《视角的认同:禅与艺术的比较观》,《博览群书》1987 年第 8 期。

黄家章:《禅的智慧》,《博览群书》1988 年第 11 期。

黄家章:《恋中之禅的絮语》,《博览群书》1989 年第 12 期。

黄家章:《平常心是道》,《东方文化》1995 年第 5 期。

黄家章:《护生智慧》,《广西日报》1994 年 8 月 8 日。

黄家章:《茶禅一味》,《广西日报》1994 年 10 月 24 日。

黄家章:《禅意与健心》,《东方文化》1994 年 11 月。

黄家章:《〈菜根谭〉——富于禅意禅趣的处世恒言》,《博览群书》1990 年第 9 期。

黄家章:《宗教与文化的关系谈——关于宗教学的思考札记之一》,《广西统战理论文集》第二辑,1986。

赵晓:《有教堂的市场经济与无教堂的市场经济》,《科学投资》2003 年第 1 期。

徐威:《佛教节日与老北京民俗》,《中国宗教》2005 年第 2 期。

张有才：《往生与临终关怀——佛教净土宗的生命伦理观》，《五台山研究》2006年第3期。

林克智：《净土法门与临终关怀》，《法音》1994年第12期。

杨笑天：《永明延寿〈四料拣〉（四料简）的背景、意义及真伪问题》，《佛学研究》2004年第13期。

园慈：《印光大师对净土宗的贡献》，《佛学研究》2008年第17期。

张子开：《试论弥勒信仰与弥陀信仰的交融性》，《四川大学学报》（哲学社会科学版）2006年第1期。

郭莲花：《柳宗元的弥陀净土信仰》，《柳州师专学报》2009年第1期。

贾发义：《武则天与佛教净土信仰》，《首都师范大学学报》（社会科学版）2007年第6期。

陈兵：《佛教的临终关怀与追福超度》，《法音》2005年第8期。

魏承思：《"人间菩萨"何泽霖》，《南方人物周刊》2012年第11期。

王永平：《宗教节俗与唐人的休闲娱乐生活——以三元节、佛诞日与降圣节为中心》，《山西大学学报》（哲学社会科学版）2011年第4期。

徐威：《佛教节日与老北京民俗》，《中国宗教》2005年第2期。

王亚荣：《香港佛教的现状及其发展趋势》，《中国宗教》2004年第7期。

陈开科：《浅析香港宗教的现状及其发展》，《云梦学刊》1997年第2期。

赵朴初：《香港佛教界庆祝佛诞迎请佛牙舍利瞻礼大会演讲词》，《香港佛教》第469期，1999年6月。

释觉光：《香港佛教界庆祝佛诞迎请佛牙舍利瞻礼大会开幕词》，《香港佛教》第469期，1999年6月。

吴梓明：《宗教与香港社会：个案与理论的反思》，《上海大学学报》（社会科学版）2007年第3期。

凌凡：《灵骨初现，仰止佛陀》，《香港佛教》第623期，2012年4月。

《第三届世界佛教论坛暨香港佛教界迎请佛顶骨舍利瞻礼祈福大会护法委员会》，《香港佛教》第625期，2012年6月。

齐晓飞：《关于在和谐社会构建中发挥宗教积极作用的思考》，《世界宗教文化》2011年第1期。

杨海文：《"人间佛教"与传统文化现代化》，《福建论坛》（人文社会科学版）2013年第1期。

杨海文：《儒释道三教合流的历史经验》，《孔子研究》2013年第2期。

任国征：《印光大师如何看待家教？》，《中华读书报》2013年2月27日。

五 外文专著

Paul Tillich, *Dynamics of Faith*, Harper & Row, 1957.

John Macquarrie, *Twentieth Century Religious Thought*, SCM.

A. F. Wright, *Buddhism in Chinese History*, Stanford University Press, 1959.

H. Welch, *The practice of Chinese Buddhism: 1900 - 1950*, Cambridge: Harvard University Press, 1985.

后　　记

　　2004年5月初，在美丽的康乐园，我以题为《印光思想与终极关怀》的博士学位论文通过了答辩。时光流逝如白驹过隙，又九年多过去了，在过去的这些年里，我以不疾不徐之心，在当时博士学位论文的基础上，写就了本书。

　　在当年写就的博士学位论文后记中，那时的我，颇为"不能按老祖宗'磨一剑'的十年之期来写作此文"而遗憾。当下掐指一算，我早已经花了十年时间来写作本书了，它可谓是自己过去十多年的磨心之作。较之当年的博士学位论文，本书的内容、框架有了较大幅度的拓展，内容有了增益，做个潮的比喻，如说博士学位论文是1.0版，本书就至少是3.0版，前者与后者，分别反映的是，我在不惑之年后的前端与后端，在学术研习与心路思考上的一种记录。在这个过程中，我深感写作不是磨剑而是磨心的事，因为剑外显，心内蕴。

　　1995年前的九年半时间里，我在广西大学哲学系（后改名社会管理学系，现公共管理学院）任教。1995年后的10多年里，我的三部曲，一是在羊城的康乐园读博，二是在鹏城的金融企业做企业管理与证券研究，三是在邕城的广西社科院做学术研究工作。在此期间，自己有书斋研读，有企业工作，有游学四方，有读有字书时，也有读无字书时，转益多师是吾师，转益多书是吾书，转益多思是吾思，始终是我的心态与状态。尤其是到广西社科院工作后，我更能过着一个活在现代都市的学者所期望的那种自由而不散漫的生活，阅读、观察、参访、思考与写作成为一种常态。我名家章，这回真能安心在家写文章了，以禅家所说的平常心，过着一种饥来即食困来即眠的生活。在此期间，当我在广州六榕寺和光孝寺，韶关南华寺，南宁三宝堂和念佛堂，武汉归元寺，普陀山法雨寺，苏州灵岩山寺和"印公关房",宁波阿育王寺、杭州虎跑寺、上海玉佛寺、陕西法门寺和大慈恩寺,深圳弘法寺,香港天坛大佛、宝莲寺和《心经》碑林,澳门普济禅院,北京的故宫、广济寺、雍和宫和永安寺,桂林祝圣寿等处寻访时,本书所涉及的主题与有关内容,始终在我的脑海里萦绕。

生活在当下这么一个追求流光溢彩灯红酒绿的浮华年代,先后生活在广州、武汉、深圳和南宁这几个现代大都市,尘劳忙碌之余,更得益于到广西社科院工作后的气定神闲,我阅读与思考的,较身边人,多了慧远、莲池、蕅益、杨仁山、虚云、印光、弘一、太虚等大师们的全集,写作言说了生死、印光思想、净土信仰与终极关怀的本书,这对自己,确是一种难忘与独特的心路经历。除阅书阅世阅人阅心之外,结合传统与时状,寻思先哲大师们的冰心慧语,"几万万年月皆如水逝、云卷、风驰、电掣,无不尽去,而至于今年今月而暂有我。此暂有之我,又未尝不水逝、云卷、风驰、电掣而疾去也。"①别有一番滋味在心头。具体到本书论题所涉及,屡屡深感我们已有5000年悠久历史的民族文化,不仅自有其悠远的长度,还有由佛学智慧等不断拓宽与挖掘的阔度与深度,在这方面,印光思想与弥陀净土信仰,是一个很有研究价值的个案。

本书写作时间达10年以上,原因如下。

其一是佛教语境与吾辈早年教育语境的距离甚大,难在入庐山难,入庐山后再出庐山观庐山更不易。所以,本书中的一些章节或段落、一些寥寥三言两语乃至一些脚注,作为自家的感受语或感悟语,或就是自己经过三五年的问题郁积或学术积累后的猛然一觉语,或就是午夜梦醒时或晨起豁然开朗时因思考明晰而速记语,如琢如磨故有斯思斯语,自己虽无古人那一吟双泪流的多愁情怀,却也对古人两句三年得之类的感受增添了一些体会,其中甘苦自知,今已不足为外人道。

其二是我还能按老祖宗"磨一剑"的逾十年之期来写作本书,时至今日,还始终以一种平和心态来看待这一平实而水到渠成的"成果",这尤其要感谢我读博时的导师冯达文教授,从30多年前(1982年)冯先生给我等本科生授课时起,他那风和雨润般的教化(不仅仅是"教育"),就一直恒惠于我,尤其是他那身教重于言教之风,使我更体悟到"以言教者

---

① 金圣叹:《批〈西厢记〉序》。

讼，以身教者从"①之理。他对包括我在内的诸弟子怀有"不用扬鞭自奋蹄"的信任，也正是我们之所以不敢懈怠、之所以能投入的主因之一。

本书如还有一得之见的些微价值，则尤要一提我的父亲。本书的研思写作，在精神传承上，则是包括父亲的信仰、人生言行与睿智，父亲书房中的佛藏与道藏、经史子集、二十四史……种种活水源头，在我心田中所引萌浇灌出的一颗小树苗。想起父亲生前对我论文写作的垂注，想起甲申年即2004年春节，我在父亲书房中为博士学位论文的定稿而查阅《乾隆大藏经》的场景……一切，犹在眼前。时空承接、印象叠感中，其中自有一种精神在流贯不已。

我的本科和读博时光，是在红墙绿瓦、绿草如茵的康乐园中度过的。康乐园有中山先生所书的10字校训：博学、审问、慎思、明辨、笃行；康乐园弥漫着陈寅恪先生所提倡的风骨与学风：独立之精神，自由之思想……先哲前贤们的殷切教诲，我铭记在心，虽未曾达而始终心向往之。在美丽的康乐园，本科时我参加并跑完了全程马拉松，当时艰苦坚韧的场景宛如发生在昨日，数十年过去了，想想人生不外乎就是一场马拉松，认真写一本书的全程，当也可作如是观。

读博期间，我得以亲身感受李锦全、陈玉森、袁伟时、陈鼓应、黎红雷、何博传等诸先生的言传身教，至今铭感不已。

当年我的博士学位论文答辩时，得到时任中山大学领导的李延保、黄达人、李萍、梁庆寅等诸教授的关心与过问，他们奖掖后学之言行，犹在我眼前耳畔，至为感念。

读博时的同窗陈立胜、冯焕珍教授等诸君对本书的前稿，再三阅正，并惠借惠寄有关学术资料，令我受益良多。感谢陈少明、龚隽教授在我做博士论文开题报告时所做的具体指导，感谢叶李枚老师，感谢大学与读研同窗吴育林、张海清、庞彩霞、陈学东、邢益海、赵兴保、陈开先、肖滨、张志林、李兰芬、全秋菊、李昶、殷秋明、方映灵、覃德清、陈畅等诸君给我的帮助，难忘彼此间如磋如磨的学术交流，令我每每能转益多师。

尚缘悭一面的张俊明先生在1996年慷慨赠我《印光大师全集》，大学

---

① 范晔：《后汉书·第五伦传》。

同窗陈依群、周晓燕、李蓟怡等诸君，以及何泽霖、钟澄贤居士自日本、中国香港、中国台湾为我搜集与捎带有关研究资料；范沙丹、庞小军、陈浩武、彭兴韵、张军等先生给我提供了诸多的帮助或点拨；我读博时，明生法师、张宪、张朝发先生等惠借我书籍，在此一并致谢。

2004年，方立天教授（中国人民大学）、徐小跃教授（南京大学）、洪修平教授（南京大学）、单世联研究员（广东社科院）和吴重庆研究员（广州社科院）认真阅读了我的博士论文《印光思想与终极关怀》并写出了书面评语。答辩委员会的赖永海教授（南京大学）、黎红雷教授（中山大学）、陈少明教授（中山大学）、龚隽教授（中山大学）和李大华研究员（广州社科院）则就论文给笔者以多方面的耳提面命，衷心感谢以上各位评委老师。

本书获广西社会科学院出版基金资助出版。感谢广西社科院翁乾麟研究员、中山大学陈立胜教授和广西大学郑朝晖教授花心血为本书写出了审读报告；感谢认真且公正评议本书的广西社会科学院学术委员会的各位委员。

感谢中国社科院世界宗教研究所的黄夏年先生在繁忙的学术研究与编务工作之余，拔冗为本书作序。

本书在出版前，由社会科学文献出版社的有关编辑转呈中国社科院世界宗教研究所所长、中国社科院学部委员、中国宗教学会会长卓新平先生，他在审阅书稿后，慨然应允本书入选由他主编的"世界宗教研究丛书"。我与卓先生至今未谋面，借助于报刊尤其是网络之便，我以往是屡屡得益于卓先生的高论宏论，神交有年。今有如此善缘，特此感谢卓先生的赏识与抬爱。

感谢广西社科院的韦克义、吕余生、黄铮、钟启泉、曾德盛、古小松、黄天贵、黄志勇、黄信章、李建平、寿思华、曾家华、刘汉富、覃振锋、蒋小勇、吕永权等诸位先生对我的关心与指导。感谢广西社科院的张国宏、吴坚、杨鹏、唐平、陈禹静、韦燕南等诸多同事历年来对我的关心、指导与帮助，本人铭感在心。

本书的小部分章节以专题论文的形式，发表在《学术论坛》《现代哲学》和《孔子研究》等核心期刊上，感谢张成兴、杨海文先生和胡彩芬、彭彦华女士为此而做的相关编辑工作。

后 记

亲人们历年来对我读博、工作与生活所给予的爱、鼓励与支持，恒暖我心。大哥、大嫂、二哥与三位姐姐随侍父母，令异地的我能稍缓不能于父母膝前行孝的内疚；二姐对我的鞭策与支持，使我不至于因懈怠而放弃；妻子在我读博时克服两地分居之难，在完成好繁重教务之余，还要敬老持家教子，委实不易……此书开始酝酿写作时，儿子在上小学；十多年过去了，他已在万里之外的大洋彼岸读研了。在匆匆的时光中，他的身心在成长，我也在成长——主要的却已不在身体上，学识重要，接近智慧更重要。

本书的主要参考文献及其著译者综列于书后。这些文献面世的时间跨越古今，衷心感谢文献的所有古今著译者，他们中有慧眼独具的历代大师，也不乏踏实做学问的历代和当代学者，他们付出的无形心力、智慧与留存的有形文字般若，始终是帮助我能多少看清自己极为有限之学术探索路的照明灯。

感谢社会科学文献出版社的谢寿光先生、王绯女士和黄金平先生为本书的编辑出版所付出的辛劳。

改革开放迄今已有三十余年，学术界仍不乏假、大、空之风。我深知自己人微言轻，无力也就无心纠正时弊。能把握的，仅是自己的小笔与键盘，能要求自己的，仅是做学问要立足真、小、实，要一字一句一段一思一文然后是一书地耕耘过来。我的人生词典中，向往着理想的三善，一是与人为善，二是结善缘并珍惜之，三是从善如流。一篇论文、一本书的写作，似乎是很个人的事。回想起来，却还是众善缘和合的结晶。文章千古事、得失寸心知的古训在前，我亦倍感写作是会留下遗憾的过程，这些遗憾或表现在，本书的一些内容必还可更充实些，一些提法必还可更全面周到些，一些文字离信雅达还有距离……说来惭愧，却也要"定稿"了。也罢，天下事总是了犹未了，人生又何处无遗憾？本书写作，焉能例外？作为一个学者，心绪与文章，肯定就不是在十年八载里的 N 书 N 文里就能道完写尽的，且随缘任运，待日后。有机会出版，意味着有机会接受更多方家明师的阅正教导乃至耳提面命，这或也能促我更上一层楼。这是我当下的希望，我感恩着，也期待着。

始记于甲申年（2004 年）夏日，
讫记于癸巳年（2013 年）夏日，邕城耀之书堂

图书在版编目(CIP)数据

印光思想、净土信仰与终极关怀/黄家章著.—北京：社会科学文献出版社，2013.12（2018.5 重印）
（世界宗教研究丛书）
ISBN 978-7-5097-5317-0

Ⅰ.①印… Ⅱ.①黄… Ⅲ.①净土宗-哲学思想-研究 Ⅳ.①B946.8

中国版本图书馆 CIP 数据核字（2013）第 278698 号

· 世界宗教研究丛书 ·
印光思想、净土信仰与终极关怀

著　　者 / 黄家章

出 版 人 / 谢寿光
项目统筹 / 王　绯
责任编辑 / 黄金平　关晶焱

出　　版 / 社会科学文献出版社·社会政法分社（010）59367156
　　　　　　地址：北京市北三环中路甲29号院华龙大厦　邮编：100029
　　　　　　网址：www.ssap.com.cn
发　　行 / 市场营销中心（010）59367081　59367018
印　　装 / 三河市尚艺印装有限公司

规　　格 / 开　本：787mm×1092mm　1/16
　　　　　　印　张：23.75　字　数：389千字
版　　次 / 2013年12月第1版　2018年5月第2次印刷
书　　号 / ISBN 978-7-5097-5317-0
定　　价 / 85.00元

本书如有印装质量问题，请与读者服务中心（010-59367028）联系

版权所有 翻印必究